# TOURISM & RESTAURANT BUSINESS

관광·외식사업 창업을 위한

# 법의 이해와 적용

최영민 저

- 여행업
- 관광숙박업
- 관광객 이용시설업

- 국제회의업
- 카지노업
- 유원시설업

- 관광 편의시설업
- 외식사업
- 가맹사업

(주)백산출판사

# 머리말

법 학습의 핵심은 무엇인가? 법은 왜 공부해야 하는가? 답은 명확하다. 법조항을 이해하고 현실에 적용할 수 있는 능력을 갖추는 것이다.

그러나 지난 20년 동안 대학에서 관광관련 법규를 강의하면서 다양한 방법으로 학생들에게 전공 관련법의 체계와 내용을 전달하고자 노력했지만, 막상 학기가 끝나고 나면 수강생들이 얼마나 강의내용을 이해하고 적용할 수 있는 응용능력을 갖추었는지에 대한 의문이 들곤 했다. 법을 전공하지 않은 학생들에게 복잡한 법 구조와 익숙하지 않은 법조항 등에 대한 이해가 쉽지 않기 때문이었다.

고민 끝에 강의방식을 법 · 시행령 · 시행규칙의 나열식 설명 방법에서, 수강생이 사업 당사자가 되어 해당 사업의 창업을 위한 법적 진행과정에 대한 답을 찾는 방식으로 바꾸어 보았다. 결과적으로 2018년 1학기 강의가 지난 20년 동안의 법규수업 중 가장 효율적이었다는 결론을 얻게 되었고, 학기를 마무리하며 부족한 자료를 공유하고자 하는 바람으로 본서를 준비하게 되었다.

잘 준비된 많은 법 관련 교재들이 있지만, 감히 본서가 타 교재와 약간의 차별성이 있다면 다음과 같은 내용들이다.

첫째, 관광 · 외식 관련 9개 분야의 창업을 위한 법률조항을 사업별로 분리 · 정리하여 관심 사업을 선택하여 참조할 수 있도록 했다.

둘째, 사업별 창업을 위해 필요한 법조항들은 원본을 그대로 정리하여 전달하되, 법(➡법) · 시행령(⇒시행령) · 시행규칙(→시행규칙) · 기타 간접 관련법(⋯→별지)을 사안별로 함께 정리하고, 법조항에 대한 표기색과 표기문자를 달리함으로써 법체계에 대한 시각적 이해를 얻고자 했다.

셋째, 사업별 법조항을 옮겨놓는 과정에서 각 장의 사업과 해당 없는 조항을 삭제 또는 흐린 색으로 표기하여 독자의 이해도를 높이고자 했다.

넷째, 사업별 설명 이전에 핵심질문을 제시하여 단원별로 무엇을 학습해야 하는지에 대한 학습목표를 제시했다.

본서는 2018년 법제처 홈페이지에 공지된 5가지 법률을 활용하여 자료를 정리하였다. 관광사업의 창업관련 법규는 '관광진흥법'을 토대로 작성되었고, 그 중 국제회의업은 관광진흥법에 수록된 내용만으로 부족하다 판단하여 '국제회의산업 육성에 관한 법률'을 함께 수록하였다. 또한 외식사업은 '외식산업 진흥법', 가맹사업은 '가맹산업진흥에 관한 법률'과, '가맹사업거래의 공정화에 관한 법률'을 활용하였다.

모쪼록 본 교재가 관광 · 외식 분야의 전공 학생들뿐만 아니라 여행업, 관광숙박업, 관광객 이용시설업, 국제회의업, 카지노업, 유원시설업, 관광 편의시설업, 외식사업 그리고 각종 가맹사업을 준비하는 사업자 분들에게도 창업을 위한 법률의 이해 · 활용에 조금이나마 도움이 될 것으로 기대한다.

끝으로 원고가 세상의 빛을 볼 수 있도록 물심양면 후의를 전해 주신 (주)백산출판사 관계자 여러분들과 원고편집을 위해 수고를 해준 홍란지, 오영롱 조교 선생님들께 진심으로 감사드린다.

2018년 6월 청파동 수련교수회관 연구실에서

최영민 씀

# 차례

# 제 1 장

# 여행업

1. 개요
2. 핵심질문
3. 여행사 창업관련 法 Road Map

# 제 1 장

# 여행업

## 1. 개요

여행업은 등록을 필요로 하는 관광사업이다. 여행업을 창업하기 위해서 무엇을 준비해야 할까? 물론 시장성을 분석하여 자본과 공간을 준비하는 것이 순서일 것이다. 그러나 무엇보다 중요한 것은 여행사를 운영하고자 하는 사업 당사자의 머릿속에 창업을 위한 법률적 진행과정이 구체적으로 인식되어 있어야 한다.

본 장에서는 관광진흥법－관광진흥법 시행령－관광진흥법 시행규칙에 분산되어 있는 여행업 창업에 필요한 관련 법조항들을 한눈에 이해할 수 있도록 정리하고자 하였다.

여행업의 종류 및 등록기관, 등록과 등록 후 변경에 필요한 서류, 필요한 자본금과 시설 및 설비기준, 여행사업자에게 필요한 보험 또는 공제의 규모와 종류, 기획여행과 관련된 다양한 기준 등에 대한 학습을 통하여 여행업 창업의 기본적 내용들을 숙지해보도록 하자.

## 2. 핵심질문

1. 여행업의 정의?
   ➡ 법 제3조

2. 여행업의 종류와 종류별 차이점은?
   ⇒ 시행령 제2조

3. 여행업의 등록 기관은 어디인가?
   ➡ 법 제4조

4. 여행업 등록을 위해 갖추어야 하는 자본금 · 시설 및 설비 기준은?
   ➡ 법4조 3항
   ⇒ 시행령 별표1

5. 여행업 등록 절차 및 신청 시 제출서류는?
   → 시행규칙 제2조

6. 여행업 등록 후 변경등록이 필요한 경우는?
   ➡ 법 제4조 4항
   ⇒ 시행령 제6조

7. 여행업자가 보험 또는 공제에 가입해야 하는 이유와 규모의 종류는?

➡ 법 제9조

→ 시행규칙 제18조 1항

8. 기획여행을 실시하는 여행업자가 추가로 유지해야 하는 보증보험 또는 영업 보증금의 경우는?

→ 시행규칙 제18조 2항

9. 여행업자가 가입하거나 예치하고 유지하여야 할 보증보험 등의 가입금액 또는 보증금의 기준은?

→ 시행규칙 제18조 - 별표 3

10. 여행업자가 될 수 없는 경우는?

➡ 법 제7조

11. 여행업 등록증 발급 시 행정기관에서 작성보존관리 해야 하는 사업자 등록대장의 내용은?

⇒ 시행령 제4조

→ 시행규칙 제4조

12. 기획여행의 광고 시 기재해야 하는 사항은?

➡ 법 제12조

→ 시행규칙 제21조

13. 여행업자가 여행계약을 체결할 때 여행자 보호를 위하여 여행자에게 여행지에 대해 제공해야 할 안전정보 내용은?

➡ 법 제14조

→ 시행규칙 제22조의4 1항

14. 여행업자가 여행계약을 체결하였을 때 여행자에게 제시해야 하는 서류는?

➡ 법 제14조 2항

15. 국외여행 인솔자란?

➡ 법 제13조

→ 시행규칙 제22조

→ 시행규칙 제22조의 2

## 3. 여행사 창업관련 法 Road Map

1. 관광사업종류(법 제3조)
2. 여행업 분류(시행령 제2조)
3. 등록관청(법 제4조)
4. 등록시 제출서류
   - 대차대조표(시행규칙 제2조 3항)
   - 사무실 및 예치금(시행령 별표 1)
   - 보험가입 및 보험예치금(법 제9조/시행규칙 제18조/시행규칙 별표 3)
5. 결격사유(법 제7조)
6. 등록증발급(시행령 제4조)
7. 등록대장(시행규칙 제4조)
8. 사업내용(기획여행실시: 법 제12조)
   - 기획여행광고내용(법 제12조)
   - 여행계약(법 제14조)
   - 국외여행 인솔자(법 제13조)
9. 변경등록(시행령 제6조1항5호)
10. 등록증 재발급(시행규칙 제5조)
11. 벌칙

1. 여행업의 정의
➡법 제3조

| 법 | 시행령 | 시행규칙 |
|---|---|---|
| 법 제3조<br>(관광사업의 종류) | 시행령 제2조<br>(관광사업의 종류) | |

**법 제3조(관광사업의 종류)〈개정 2007.7.19., 2015.2.3〉**

01_여행업

여행자 또는 운송시설 · 숙박시설, 그 밖에 여행에 딸리는 시설의 경영자 등을 위하여 그 시설 이용 알선이나 계약 체결의 대리, 여행에 관한 안내, 그 밖의 여행 편의를 제공하는 업

2. 여행업 분류
⇒시행령 제2조

**시행령 제2조(관광사업의 종류)**

① 「관광진흥법」(이하 "법"이라 한다) 제3조제2항에 따라 관광사업의 종류를 다음과 같이 세분한다.〈개정 2008.2.29., 2008.8.26., 2009.1.20., 2009.8.6., 2009.10.7., 2009.11.2., 2011.12.30., 2013.11.29., 2014.7.16., 2014.10.28., 2014.11.28., 2016.3.22., 2019.4.9.〉

가. 일반여행업: 국내외를 여행하는 내국인 및 외국인을 대상으로 하는 여행업(사증(査證)을 받는 절차를 대행하는 행위를 포함한다)

나. 국외여행업: 국외를 여행하는 내국인을 대상으로 하는 여행업(사증을 받는 절차를 대행하는 행위를 포함한다)

다. 국내여행업 : 국내를 여행하는 내국인을 대상으로 하는 여행업

3. 등록관청
➡법 제4조

| 법 | 시행령 | 시행규칙 |
|---|---|---|
| 법 제4조(등록) | 시행령 제3조<br>(등록절차)<br>시행령 제4조<br>(등록증의 발급)<br>시행령 제5조<br>(등록기준)<br>시행령 제6조<br>(변경등록) | 시행규칙 제2조<br>(관광사업의 등록신청)<br>시행규칙 제3조<br>(관광사업의 변경등록)<br>시행규칙 제4조<br>(관광사업자의 등록대장)<br>시행규칙 제5조<br>(등록증의 재발급) |

**법 제4조(등록)**

① 제3조제1항제1호부터 제4호까지의 규정에 따른 여행업을 경

영하려는 자는 특별자치시장 · 특별자치도지사 · 시장 · 군수 · 구청장(자치구의 구청장을 말한다. 이하 같다)에게 등록하여야 한다. 〈개정 2009.3.25., 2018.6.12.〉

② 삭제〈2009.3.25.〉

③ 제1항에 따른 등록을 하려는 자는 대통령령으로 정하는 자본금 · 시설 및 설비 등을 갖추어야 한다. 〈신설 2007.7.19., 2009.3.25.〉

④ 제1항에 따라 등록한 사항 중 대통령령으로 정하는 중요 사항을 변경하려면 변경등록을 하여야 한다. 〈개정 2007.7.19., 2009.3.25.〉

⑤ 제1항 및 제4항에 따른 등록 또는 변경등록의 절차 등에 필요한 사항은 문화체육관광부령으로 정한다. 〈개정 2007.7.19., 2008.2.29., 2009.3.25.〉

### 시행령 제3조(등록절차)

① 법 제4조제1항에 따라 등록을 하려는 자는 문화체육관광부령으로 정하는 바에 따라 관광사업 등록신청서를 특별자치시장 · 특별자치도지사 · 시장 · 군수 · 구청장(자치구의 구청장을 말한다. 이하 같다)에게 제출하여야 한다. 〈개정 2009.10.7., 2019.4.9.〉

4. 등록시 제출서류
- 대차대조표
→시행규칙 제2조3항
- 사무실 및 예치금
⇒시행령 별표 1
- 보험가입 및 보험예치금
➡법 제9조
→시행규칙 제18조
→시행규칙 별표3

### 시행규칙 제2조(관광사업의 등록신청)

① 「관광진흥법 시행령」(이하 "영"이라 한다) 제3조제1항에 따라 관광사업의 등록을 하려는 자는 별지 제1호서식의 관광사업 등록신청서에 다음 각 호의 서류를 첨부하여 특별자치시장 · 특별자치도지사 · 시장 · 군수 · 구청장(자치구의 구청장을 말한다. 이하 같다)에게 제출하여야 한다. 〈개정 2009.3.31., 2009.10.22., 2015.4.22., 2019.4.25.〉

1. 사업계획서
2. 신청인(법인의 경우에는 대표자 및 임원)이 내국인인 경우에는 성명 및 주민등록번호를 기재한 서류

2의2. 신청인(법인의 경우에는 대표자 및 임원)이 외국인인 경우에는 「관광진흥법」(이하 "법"이라 한다) 제7조제1항 각 호에 해당하지 아니함을 증명하는 다음 각 목의 어느 하나

에 해당하는 서류. 다만, 법 또는 다른 법령에 따라 인 · 허가 등을 받아 사업자등록을 하고 해당 영업 또는 사업을 영위하고 있는 자(법인의 경우에는 최근 1년 이내에 법인세를 납부한 시점부터 등록 신청 시점까지의 기간 동안 대표자 및 임원의 변경이 없는 경우로 한정한다)는 해당 영업 또는 사업의 인 · 허가증 등 인 · 허가 등을 받았음을 증명하는 서류와 최근 1년 이내에 소득세(법인의 경우에는 법인세를 말한다)를 납부한 사실을 증명하는 서류를 제출하는 경우에는 그 영위하고 있는 영업 또는 사업의 관련 법령에서 정하는 결격사유와 중복되는 법 제7조제1항의 결격사유에 한하여 다음 각 목의 서류를 제출하지 아니할 수 있다.

가. 해당 국가의 정부나 그 밖의 권한 있는 기관이 발행한 서류 또는 공증인이 공증한 신청인의 진술서로서 「재외공관 공증법」에 따라 해당 국가에 주재하는 대한민국공관의 영사관이 확인한 서류

나. 「외국공문서에 대한 인증의 요구를 폐지하는 협약」을 체결한 국가의 경우에는 해당 국가의 정부나 그 밖의 권한 있는 기관이 발행한 서류 또는 공증인이 공증한 신청인의 진술서로서 해당 국가의 아포스티유(Apostille) 확인서 발급 권한이 있는 기관이 그 확인서를 발급한 서류

3. 부동산의 소유권 또는 사용권을 증명하는 서류(부동산의 등기사항증명서를 통하여 부동산의 소유권 또는 사용권을 확인할 수 없는 경우만 해당한다)
4. 회원을 모집할 계획인 호텔업, 휴양콘도미니엄업의 경우로서 각 부동산에 저당권이 설정되어 있는 경우에는 영 제24조제1항제2호 단서에 따른 보증보험가입 증명서류
5. 「외국인투자 촉진법」에 따른 외국인투자를 증명하는 서류(외국인투자기업만 해당한다)

② 제1항에 따른 신청서를 제출받은 특별자치시장 · 특별자치도지사 · 시장 · 군수 · 구청장은 「전자정부법」 제36조제1항에 따른 행정정보의 공동이용을 통하여 다음 각 호의 서류를 확인하여야 한다. 다만, 제3호 및 제4호의 경우 신청인이 확인에

동의하지 않는 경우에는 그 서류(제4호의 경우에는 「액화석유가스의 안전관리 및 사업법 시행규칙」 제71조제10항 단서에 따른 완성검사 합격 확인서로 대신할 수 있다)를 첨부하도록 해야 한다. 〈개정 2009.3.31., 2009.10.22., 2011.3.30., 2012.4.5., 2015.4.22., 2019.3.4., 2019.4.25.〉

1. 법인 등기사항증명서(법인만 해당한다)
2. 부동산의 등기사항증명서
3. 「전기사업법 시행규칙」 제38조제3항에 따른 전기안전점검 확인서(호텔업 또는 국제회의시설업의 등록만 해당한다)
4. 「액화석유가스의 안전관리 및 사업법 시행규칙」 제71조제10항제1호에 따른 액화석유가스 사용시설완성검사증명서(야영장업의 등록만 해당한다)

③ 여행업 및 국제회의기획업의 등록을 하려는 자는 제1항에 따른 서류 외에 공인회계사 또는 세무사가 확인한 등록신청 당시의 대차대조표(개인의 경우에는 영업용 자산명세서 및 그 증명서류)를 첨부하여야 한다.

**사무실 및 예치금(시행령 별표 1)** 〈개정 2019.4.9.〉

### [시행령 별표1] 관광사업의 등록기준

1. 여행업
   - 가. 일반여행업
     - (1) 자본금(개인의 경우에는 자산평가액): 1억원 이상일 것
     - (2) 사무실 : 소유권이나 사용권이 있을 것
   - 나. 국외여행업
     - (1) 자본금(개인의 경우에는 자산평가액): 3천만원 이상일 것
     - (2) 사무실 : 소유권이나 사용권이 있을 것
   - 다. 국내여행업
     - (1) 자본금(개인의 경우에는 자산평가액): 1천500만원 이상일 것
     - (2) 사무실 : 소유권이나 사용권이 있을 것

| 법 | 시행령 | 시행규칙 |
|---|---|---|
| 법 제9조<br>(보험가입 등) | | 시행규칙 제18조<br>(보험의 가입 등) |

**보험가입 및 보험예치금(법 제9조, 시행규칙 제18조, 시행규칙 별표3)**

**법 제9조(보험 가입 등)**

관광사업자는 해당 사업과 관련하여 사고가 발생하거나 관광객에게 손해가 발생하면 문화체육관광부령으로 정하는 바에 따라 피해자에게 보험금을 지급할 것을 내용으로 하는 보험 또는 공제에 가입하거나 영업보증금을 예치하여야 한다.〈개정 2008.2.29, 2015.5.18〉

**시행규칙 제18조(보험의 가입 등)**

① 여행업의 등록을 한 자(이하 "여행업자"라 한다)는 법 제9조에 따라 그 사업을 시작하기 전에 여행알선과 관련한 사고로 인하여 관광객에게 피해를 준 경우 그 손해를 배상할 것을 내용으로 하는 보증보험 또는 영 제39조에 따른 공제(이하 "보증보험등"이라 한다)에 가입하거나 법 제45조에 따른 업종별 관광협회(업종별 관광협회가 구성되지 아니한 경우에는 법 제45조에 따른 지역별 관광협회, 지역별 관광협회가 구성되지 아니한 경우에는 법 제48조의9에 따른 광역 단위의 지역관광협의회)에 영업보증금을 예치하고 그 사업을 하는 동안(휴업기간을 포함한다) 계속하여 이를 유지하여야 한다.〈개정 2008.8.26., 2017.2.28.〉

② 여행업자 중에서 법 제12조에 따라 기획여행을 실시하려는 자는 그 기획여행 사업을 시작하기 전에 제1항에 따라 보증보험등에 가입하거나 영업보증금을 예치하고 유지하는 것 외에 추가로 기획여행과 관련한 사고로 인하여 관광객에게 피해를 준 경우 그 손해를 배상할 것을 내용으로 하는 보증보험등에 가입하거나 법 제45조에 따른 업종별 관광협회(업종별 관광협회가 구성되지 아니한 경우에는 법 제45조에 따른 지역별 관광협회, 지역별 관광협회가 구성되지 아니한 경우에는 법 제48조의9에 따른 광역 단위의 지역관광협의회)에 영업보증금을 예치하고 그 기획여행 사업을 하는 동안(기획

여행 휴업기간을 포함한다) 계속하여 이를 유지하여야 한다. 〈개정 2010.8.17., 2017.2.28.〉

③ 제1항 및 제2항에 따라 여행업자가 가입하거나 예치하고 유지하여야 할 보증보험 등의 가입금액 또는 영업보증금의 예치금액은 직전 사업연도의 매출액(손익계산서에 표시된 매출액을 말한다) 규모에 따라 별표 3과 같이 한다.〈개정 2010.8.17.〉

④ 제1항부터 제3항까지의 규정에 따라 보증보험등에 가입하거나 영업보증금을 예치한 자는 그 사실을 증명하는 서류를 지체 없이 특별자치시장 · 특별자치도지사 · 시장 · 군수 · 구청장에게 제출하여야 한다. 〈개정 2009.10.22., 2019.4.25.〉

⑤ 제1항부터 제3항까지의 규정에 따른 보증보험 등의 가입, 영업보증금의 예치 및 그 배상금의 지급에 관한 절차 등은 문화체육관광부장관이 정하여 고시한다.〈개정 2008.3.6.〉

### [시행규칙 별표 3] 보증보험등 가입금액(영업보증금 예치금액) 기준(제18조제2항 관련) 〈개정 2010.8.17〉

(단위:천원)

| 여행업의 종류 (기획여행도 포함) / 직전 사업연도 매출액 | 국내 여행업 | 국외 여행업 | 일반 여행업 | 국외 여행업의 기획여행 | 일반 여행업의 기획여행 |
|---|---|---|---|---|---|
| 1억원 미만 | 20,000 | 30,000 | 50,000 | 200,000 | 200,000 |
| 1억원 이상 5억원 미만 | 30,000 | 40,000 | 65,000 | | |
| 5억원 이상 10억원 미만 | 45,000 | 55,000 | 85,000 | | |
| 10억원 이상 50억원 미간 | 85,000 | 100,000 | 150,000 | | |
| 50억원 이상 100억원 며만 | 140,000 | 180,000 | 250,000 | 300,000 | 300,000 |
| 10억원 이상 1,000억원 디만 | 450,000 | 750,000 | 1,000,000 | 500,000 | 500,000 |
| 1,000억원 이상 | 750,000 | 1,250,000 | 1,510,000 | 700,000 | 700,000 |

(비고)

1. 국외여행업 또는 일반여행업을 하는 여행업자 중에서 기획여행을 실시하려는 자는 국외여행업 또는 일반여행업에 따른 보증보험등에 가입하거나 영업보증금을 예치하고 유지하는 것 외에 추가로 기획여행에 따른 보증보험등에 가입하거나 영업보증금을 예치하고 유지하여야 한다.
2. 「소득세법」 제160조제3항 및 같은 법 시행령 제208조제5항에 따른 간편장부대상자 (손익계산서를 작성하지 아니한 자만 해당한다)의 경우에는 보증보험등 가입금액 또는 영업보증금 예치금액을 직전 사업연도 매출액이 1억원 미만인 경우에 해당하는 금액으로 한다.

3. 직전 사업연도의 매출액이 없는 사업개시 연도의 경우에는 보증보험 등 가입금액 또는 영업보증금 예치금액을 직전 사업연도 매출액이 1억원 미만인 경우에 해당하는 금액으로 한다. 직전 사업연도의 매출액이 없는 기획여행의 사업개시 연도의 경우에도 또한 같다.
4. 여행업과 함께 다른 사업을 병행하는 여행업자인 경우에는 직전 사업연도 매출액을 산정할 때에 여행업에서 발생한 매출액만으로 산정하여야 한다.
5. 일반여행업의 경우 직전 사업연도 매출액을 산정할 때에, 「부가가치세법 시행령」 제 26조제1항제5호에 따라 외국인관광객에게 공급하는 관광알선용역으로서 그 대가를 받은 금액은 매출액에서 제외한다.

5. 결격사유
➡법 제7조

| 법 | 시행령 | 시행규칙 |
|---|---|---|
| 법 제7조(결격사유) | | |

**법 제7조(결격사유)**

① 다음 각 호의 어느 하나에 해당하는 자는 관광사업의 등록등을 받거나 신고를 할 수 없고, 제15조제1항 및 제2항에 따른 사업계획의 승인을 받을 수 없다. 법인의 경우 그 임원 중에 다음 각 호의 어느 하나에 해당하는 자가 있는 경우에도 또한 같다. 〈개정 2017.3.21.〉

1. 피성년후견인 · 피한정후견인
2. 파산선고를 받고 복권되지 아니한 자
3. 이 법에 따라 등록등 또는 사업계획의 승인이 취소되거나 제36조제1항에 따라 영업소가 폐쇄된 후 2년이 지나지 아니한 자
4. 이 법을 위반하여 징역 이상의 실형을 선고받고 그 집행이 끝나거나 집행을 받지 아니하기로 확정된 후 2년이 지나지 아니한 자 또는 형의 집행유예 기간 중에 있는 자

② 관광사업의 등록등을 받거나 신고를 한 자 또는 사업계획의 승인을 받은 자가 제1항 각 호의 어느 하나에 해당하면 문화체육관광부장관, 시 · 도지사 또는 시장 · 군수 · 구청장(이하 "등록기관등의 장"이라 한다)은 3개월 이내에 그 등록등 또는 사업계획의 승인을 취소하거나 영업소를 폐쇄하여야 한다. 다만, 법인의 임원 중 그 사유에 해당하는 자가 있는 경우 3개월 이내에 그 임원을 바꾸어 임명한 때에는 그러하지 아니하다. 〈개정 2008.2.29.〉

6. 등록증발급
⇒시행령 제4조

| 법 | 시행령 | 시행규칙 |
|---|---|---|
| 법 제4조(등록) | 시행령 제4조<br>(등록증의 발급)<br>시행령 제5조<br>(등록기준) | 시행규칙 제4조<br>(관광사업자의 등록대장) |

**시행령 제4조(등록증의 발급)**

① 제3조에 따라 등록신청을 받은 특별자치시장 · 특별자치도지사 · 시장 · 군수 · 구청장은 신청한 사항이 제5조에 따른 등록기준에 맞으면 문화체육관광부령으로 정하는 등록증을 신청인에게 발급하여야 한다. 〈개정 2008.2.29., 2009.10.7., 2019.4.9.〉

② 특별자치시장 · 특별자치도지사 · 시장 · 군수 · 구청장은 제1항에 따른 등록증을 발급하려면 법 제18조제1항에 따라 의제되는 인 · 허가증을 한꺼번에 발급할 수 있도록 해당 인 · 허가기관의 장에게 인 · 허가증의 송부를 요청할 수 있다. 〈개정 2009.10.7., 2019.4.9.〉

③ 특별자치시장 · 특별자치도지사 · 시장 · 군수 · 구청장은 제1항 및 제2항에 따라 등록증을 발급하면 문화체육관광부령으로 정하는 바에 따라 관광사업자등록대장을 작성하고 관리 · 보존하여야 한다. 〈개정 2008.2.29., 2009.10.7., 2019.4.9.〉

④ 특별자치시장 · 특별자치도지사 · 시장 · 군수 · 구청장은 등록한 관광사업자가 제1항에 따라 발급받은 등록증을 잃어버리거나 그 등록증이 헐어 못쓰게 되어버린 경우에는 문화체육관광부령으로 정하는 바에 따라 다시 발급하여야 한다. 〈개정 2008.2.29., 2009.10.7., 2019.4.9.〉

7. 등록대장
→시행규칙 제4조

**시행규칙 제4조(관광사업자 등록대장)**

영 제4조제3항에 다라 비치하여 관리하는 관광사업자 등록대장에는 관광사업자의 상호 또는 명칭, 대표자의 성명 · 주소 및 사업장의 소재지와 사업별로 다음 각 호의 사항이 기재되어야 한다. 〈개정 2015.3.6., 2016.3.28., 2019.8.1.〉

1. 여행업: 자본금

8. 사업내용
기획여행실시
➡법 제12조

– 기획여행
광고내용
➡법 제12조

– 여행계약
➡법 제14조

– 국외여행
인솔자
➡법 제13조

| 법 | 시행령 | 시행규칙 |
|---|---|---|
| 법 제12조<br>(기획여행의 실시) | | 시행규칙 제21조<br>(기획여행의 광고) |

**법 제12조(기획여행의 실시)**

제4조제1항에 따라 여행업의 등록을 한 자(이하 "여행업자"라 한다)는 문화체육관광부령으로 정하는 요건을 갖추어 문화체육관광부령으로 정하는 바에 따라 기획여행을 실시할 수 있다.〈개정 2008.2.29.〉

**시행규칙 제21조(기획여행의 광고)**

법 제12조에 따라 기획여행을 실시하는 자가 광고를 하려는 경우에는 다음 각 호의 사항을 표시하여야 한다. 다만, 2 이상의 기획여행을 동시에 광고하는 경우에는 다음 각 호의 사항 중 내용이 동일한 것은 공통으로 표시할 수 있다.〈개정 2008.8.26, 2009.10.22, 2010.8.17, 2014.9.16〉

1. 여행업의 등록번호, 상호, 소재지 및 등록관청
2. 기획여행명 · 여행일정 및 주요 여행지
3. 여행경비
4. 교통 · 숙박 및 식사 등 여행자가 제공받을 서비스의 내용
5. 최저 여행인원
6. 제18조제2항에 따른 보증보험등의 가입 또는 영업보증금의 예치 내용
7. 여행일정 변경 시 여행자의 사전 동의 규정
8. 제22조의4의1항제2호에 따른 여행목적지(국가 및 지역)의 여행경보단계

| 법 | 시행령 | 시행규칙 |
|---|---|---|
| 법 제14조(여행계약 등) | | 시행규칙 제22조의4<br>(여행지 안전정보 등) |

**법 제14조(여행계약 등)**

① 여행업자는 여행자와 계약을 체결할 때에는 여행자를 보호하기 위하여 문화체육관광부령으로 정하는 바에 따라 해당 여행

지에 대한 안전정보를 서면으로 제공하여야 한다. 해당 여행지에 대한 안전정보가 변경된 경우에도 또한 같다. 〈개정 2011.4.5, 2015.2.3〉

② 여행업자는 여행자와 여행계약을 체결하였을 때에는 그 서비스에 관한 내용을 적은 여행계약서(여행일정표 및 약관을 포함한다. 이하 같다) 및 보험 가입 등을 증명할 수 있는 서류를 여행자에게 내주어야 한다. 〈개정 2015.5.18〉

③ 여행업자는 여행일정(선택관광 일정을 포함한다)을 변경하려면 문화체육관광부령으로 정하는 바에 따라 여행자의 사전 동의를 받아야 한다.

[전문개정 2009.3.25]

### 시행규칙 제22조의4(여행지 안전정보 등)

① 법 제14조제1항에 따라 여행업자는 여행자와 국외여행 계약을 체결할 때에는 다음 각 호의 사항을 포함한 해당 여행지에 대한 안전정보를 제공하여야 한다. 〈개정 2013.3.23., 2015.8.4〉

1. 「여권법」 제17조에 따라 여권의 사용을 제한하거나 방문·체류를 금지하는 국가 목록 및 같은 법 제26조제3호에 따른 벌칙
2. 외교부 해외안전여행 인터넷홈페이지에 게재된 여행목적지(국가 및 지역)의 여행경보단계 및 국가별 안전정보(긴급연락처를 포함한다)
3. 해외여행자 인터넷 등록 제도에 관한 안내

② 법 제14조제3항에 따라 여행업자는 여행계약서(여행일정표 및 약관을 포함한다)에 명시된 숙식, 항공 등 여행일정(선택관광 일정을 포함한다)을 변경하는 경우 해당 날짜의 일정을 시작하기 전에 여행자로부터 서면으로 동의를 받아야 한다.

③ 제2항에 따른 서면동의서에는 변경 일시, 변경내용, 변경으로 발생하는 비용 및 여행자 또는 단체의 대표자가 일정변경에 동의한다는 의사를 표시하는 자필서명이 포함되어야 한다.

④ 여행업자는 천재지변, 사고, 납치 등 긴급한 사유가 발생하여 여행자로부터 사전에 일정변경 동의를 받기 어렵다고 인정되는 경우에는 사전에 일정변경 동의서를 받지 아니할 수 있다. 다만, 여행업자는 사후에 서면으로 그 변경내용 등을 설명하

여야 한다.[본조신설 2009.10.22]
[제21조의2에서 이동 〈2011.10.6〉]

| 법 | 시행령 | 시행규칙 |
|---|---|---|
| 법 제13조<br>(국외여행 인솔자) | | 시행규칙 제22조<br>(국외여행 인솔자의 자격요건) |

### 법 제13조(국외여행 인솔자)

① 여행업자가 내국인의 국외여행을 실시할 경우 여행자의 안전 및 편의 제공을 위하여 그 여행을 인솔하는 자를 둘 때에는 문화체육관광부령으로 정하는 자격요건에 맞는 자를 두어야 한다.〈개정 2008.2.29, 2011.4.5〉

② 제1항에 따른 국외여행 인솔자의 자격요건을 갖춘 자가 내국인의 국외여행을 인솔하려면 문화체육관광부장관에게 등록하여야 한다.〈신설 2011.4.5〉

③ 문화체육관광부장관은 제2항에 따라 등록한 자에게 국외여행 인솔자 자격증을 발급하여야 한다.〈신설 2011.4.5〉

④ 제2항 및 제3항에 따른 등록의 절차 및 방법, 자격증의 발급 등에 필요한 사항은 문화체육관광부령으로 정한다.〈신설 2011.4.5〉

### 시행규칙 제22조(국외여행 인솔자의 자격요건)

① 법 제13조제1항에 따라 국외여행을 인솔하는 자는 다음 각 호의 어느 하나에 해당하는 자격요건을 갖추어야 한다.〈개정 2008.3.6, 2008.8.26, 2009.10.22, 2011.10.6〉

1. 관광통역안내사 자격을 취득할 것
2. 여행업체에서 6개월 이상 근무하고 국외여행 경험이 있는 자로서 문화체육관광부장관이 정하는 소양교육을 이수할 것
3. 문화체육관광부장관이 지정하는 교육기관에서 국외여행 인솔에 필요한 양성교육을 이수할 것

② 문화체육관광부장관은 제1항제2호 및 제3호에 따른 교육내용 · 교육기관의 지정기준 및 절차, 그 밖에 지정에 필요한 사항을 정하여 고시하여야 한다.〈개정 2008.3.6〉

**제22조의2(국외여행 인솔자의 등록 및 자격증 발급)**

① 법 제13조제2항에 따라 국외여행 인솔자로 등록하려는 사람은 별지 제24호의2서식의 국외여행 인솔자 등록 신청서에 다음 각 호의 어느 하나에 해당하는 서류 및 사진(최근 6개월 이내에 모자를 쓰지 않고 촬영한 상반신 반명함판) 2매를 첨부하여 관련 업종별 관광협회에 제출하여야 한다. 〈개정 2019.10.7.〉

1. 관광통역안내사 자격증
2. 제22조제1항제2호 또는 제3호에 따른 자격요건을 갖추었음을 증명하는 서류

② 관련 업종별 관광협회는 제1항에 따른 등록 신청을 받으면 제22조제1항에 따른 자격요건에 적합하다고 인정되는 경우에는 별지 제24호의3 서식의 국외여행 인솔자 자격증을 발급하여야 한다.

[본조신설 2011.10.6.]

9. 변경등록
⇒시행령 제6조1항5호

| 법 | 시행령 | 시행규칙 |
|---|---|---|
| 법 제4조(등록) | 시행령 제6조<br>(변경등록) | |

**시행령 제6조(변경등록)**

① 법 제4조제4항에 따른 변경등록사항은 다음 각 호와 같다. 〈개정 2015.3.17〉

2. 상호 또는 대표자의 변경

5. 여행업의 경우에는 사무실 소재지의 변경 및 영업소의 신설

② 제1항에 따른 변경등록을 하려는 자는 그 변경사유가 발생한 날부터 30일 이내에 문화체육관광부령으로 정하는 바에 따라 변경등록신청서를 특별자치시장 · 특별자치도지사 · 시장 · 군수 · 구청장에게 제출하여야 한다. 다만, 제1항제5호의 변경등록사항 중 사무실 소재지를 변경한 경우에는 변경등록신청서를 새로운 소재지의 관할 특별자치시장 · 특별자치도지사 · 시장 · 군수 · 구청장에게 제출할 수 있다. 〈개정 2008.2.29., 2009.10.7., 2019.4.9.〉

10. 등록증 재발급
→시행규칙 제5조

| 법 | 시행령 | 시행규칙 |
|---|---|---|
| 법 제4조(등록) | 시행령 제4조<br>(등록증의 발급) | 시행규칙 제5조<br>(등록증의 재발급) |

**시행령 제4조(등록증의 발급)**

① 제3조에 따라 등록신청을 받은 특별자치시장 · 특별자치도지사 · 시장 · 군수 · 구청장은 신청한 사항이 제5조에 따른 등록기준에 맞으면 문화체육관광부령으로 정하는 등록증을 신청인에게 발급하여야 한다. 〈개정 2008.2.29., 2009.10.7., 2019.4.9.〉

② 특별자치시장 · 특별자치도지사 · 시장 · 군수 · 구청장은 제1항에 따른 등록증을 발급하려면 법 제18조제1항에 따라 의제되는 인 · 허가증을 한꺼번에 발급할 수 있도록 해당 인 · 허가기관의 장에게 인 · 허가증의 송부를 요청할 수 있다. 〈개정 2009.10.7., 2019.4.9.〉

③ 특별자치시장 · 특별자치도지사 · 시장 · 군수 · 구청장은 제1항 및 제2항에 따라 등록증을 발급하면 문화체육관광부령으로 정하는 바에 따라 관광사업자등록대장을 작성하고 관리 · 보존하여야 한다. 〈개정 2008.2.29., 2009.10.7., 2019.4.9.〉

④ 특별자치시장 · 특별자치도지사 · 시장 · 군수 · 구청장은 등록한 관광사업자가 제1항에 따라 발급받은 등록증을 잃어버리거나 그 등록증이 헐어 못쓰게 되어버린 경우에는 문화체육관광부령으로 정하는 바에 따라 다시 발급하여야 한다. 〈개정 2008.2.29., 2009.10.7., 2019.4.9.〉

**시행규칙 제5조(등록증의 재발급)**

영 제4조제4항에 따라 등록증의 재발급을 받으려는 자는 별지 제7호서식의 등록증등 재발급신청서(등록증이 헐어 못 쓰게 된 경우에는 등록증을 첨부하여야 한다)를 특별자치시장 · 특별자치도지사 · 시장 · 군수 · 구청장에게 제출하여야 한다. 〈개정 2009.10.22., 2019.4.25.〉

제 2 장

# 관광숙박업

1. 개요
2. 핵심질문
3. 관광숙박업 창업관련 法 Road Map

# 제2장 관광숙박업

## 1. 개요

관광숙박업은 등록을 필요로 하는 관광사업이다. 그러나 관광진흥법에 명시된 여러 가지 관광숙박업의 종류에 따라 등록절차가 각각 다르므로 관광숙박업의 종류에 따라 법률적 절차를 이해하는 것이 필요하다.

관광숙박업은 크게 호텔업과 휴양콘도미니엄업으로 분류되고, 호텔업은 관광호텔업, 가족호텔업, 한국전통호텔업, 수상관광호텔업, 호스텔업, 소형호텔업, 의료관광호텔업 등으로 소분류되고 있다.

그 중 절차적으로 가장 복잡한 것은 관광호텔업과 휴양콘도미니엄업이다. 관광호텔업의 등록을 위해서는 사업계획서 승인－등록신청－등록심의위원회의 심의－등록증 발급－등급심사의 과정을 거쳐야 한다. 또한 휴양콘도미니엄업은 등록신청 이전에 사업계획서 승인－등록신청－등록심의위원회 승인－분양기준 및 보험보증에 관련된 사항을 필수적으로 인식해야 한다. 나머지 관광숙박업 종류는 상대적으로 관광호텔업과 휴양콘도미니엄업에 비하여 등록 절차가 간단하다 할 수 있다.

따라서 본 장에서는 관광호텔업과 휴양콘도미니엄업을 중심으로 창업을 위한 법조항을 소개하고자 한다.

## 2. 핵심질문

1. 관광숙박업은 누구에게 등록하는가?
   ➡ 법 제4조 1항

2. 관광숙박업 등록신청 서류는?
   → 시행규칙 제2조 1항

3. 호텔업의 등록신청서를 제출 받은 경우 행정적으로 확인해야 하는 서류는?
   → 시행규칙 제2조 2항
   → 시행규칙 제2조 4항
   ⇢ 별지 제2호 서식

4. 등록신청이 거부되는 경우는?
   ⇒ 시행령 제20조

5. 등록증 발급 후 관리보존 해야 하는 관광사업자등록대장에 기재되는 사항은?
   → 시행규칙 제4조

6. 관광숙박업 등록변경 사항은?
   ⇒ 시행령 제6조 1, 2, 3, 4호

7. 변경등록 사항 발생 수 변경등록신청서 제출 기한은?
⇒ 시행령 제6조 2항

8. 호텔업 및 휴양콘도미니엄업의 등록 기준은?
⇒ 시행령 별표 1의 2, 3호

9. 관광숙박업 승인신청 시기는?
➡ 법 제15조 1항

10. 관광사업 중 등록전 사업계획 승인을 받아야 되는 사업은?
➡ 법 제15조 1항
➡ 법 제15조 2항
⇒ 시행령 제12조

11. 사업계획서의 승인은 누구에게 받는가?
➡ 법 제15조 1항

12. 관광숙박업 사업계획서의 변경승인 사항은?
⇒ 시행령 제9조 1항

13. 관광숙박업 사업계획 승인신청서에 필요한 서류는?
→ 시행규칙 제23조

14. 관광숙박업 사업계획 승인신청 ㅅ` 인·허가 의제 사항은?
➡ 법 제16조 1항

15. 관광숙박 시설을 건축할 수 있는 토지용도는?

➡ 법 제16조 5항

⇒ 시행령 제14조

16. 우리나라 도지지역의 토지 용도는?

17. 연면적 · 용적률 · 건폐율이란?

18. 용도지구별 용적률과 건폐율의 기준은?

19. 관광숙박업 사업계획 승인 및 변경승인과정에서 학교보건법에 적용되지 않는 경우는?

➡ 법 제16조 7항

20. 관광숙박업 승인 및 변경승인 기준은?

⇒ 시행령 제13조 1항

⇒ 시행령 제13조 2항

21. 관광숙박업 등록심의위원회의 소속 기관은?

➡ 법 제17조 1항

22. 등록 시의 신고 · 허가 의제 사항은?

➡ 법 제18조 1항

23. 관광숙박업 중 등급심사 대상은?

➡ 법 제19조 1항

⇒ 시행령 제22조 1항

24. 관광사업 중 회원을 모집할 수 있는 사업은?

➡ 법 제20조 1항

⇒ 시행령 제23조 1항

⇒ 시행령 제23조 2항

25. 관광숙박업 사업자가 될 수 없는 경우는?

➡ 법 제7조

26. 관광사업자의 지위를 승계한 경우 관할 등록기관에 신고 기일은?

➡ 법 제8조 3항

27. 관광사업자가 관광사업을 휴업 또는 폐업할 시 해야 하는 행정절차와 기일은?

→ 시행규칙 제17조

28. 관광숙박시설 중 타인에게 경영위탁이 금지된 사항은?

➡ 법 제11조

## 3. 관광숙박업 창업관련 法 Road Map

1. 관광숙박업의 정의(법 제3조)
2. 호텔업의 종류(시행령 제2조)
3. 등록(법 제4조)
   - 등록절차(시행령 제3조)
   - 등록신청(시행규칙 제2조)
   - 등록기준(시행령 제5조)
   - 등록증의 발급(시행령 제4조)
   - 등록대장(시행규칙 제4조)
   - 변경등록(시행령 제6조/시행규칙 제3조)
   - 등록증 재발급(시행규칙 제5조)
4. 승인(법 제15조)
   - (시행령 제12조)관광숙박업
   - (시행령 제9조~14조)승인신청, 승인통보, 승인대상사업, 승인기준, 관광숙박시설 건축지역 변경 승인
   - (시행규칙 제23~24)승인신청, 변경승인신청
5. 등록심의위원회(법 제17조, 시행령 제15조~20조)
   - 관광숙박업
6. 등록시의 신고 · 허가의제(법 제18조/시행령 제21조)
7. 등급심사(관광숙박업)(법 제19조)
   - 시행령 제22조
   - 시행규칙 제25조
8. 우수숙박시설의 지정
   - 삭제〈2018.3.13〉
9. 분양 및 회원모집(법 제20조)
   - 시행령 제23조~26조의 1
   - 시행규칙 제26조~28조
10. 관광표지부착(법 제10조)

11. 상호의 사용제한(시행령 제8조)
12. 관광사업장 표지(시행규칙 제19조)
13. 결격사유(법 제7조)
14. 관광사업의 양수(법 제8조)
    - 시행규칙 제16~17조: 폐업 · 휴업 통보
    - 지위승계
15. 관광시설의 타인 경영 및 처분과 위탁 경영(법 제11조)

1. 관광숙박업의 정의
   ➡법 3조

| 법 | 시행령 | 시행규칙 |
|---|---|---|
| 법 제3조<br>(관광사업의 종류) | 시행령 제2조<br>(관광사업의 종류) | |

**법 제3조(관광사업의 종류)**

① 관광사업의 종류는 다음 각 호와 같다. 〈개정 2007.7.19, 2015.2.3〉

02_관광숙박업

가. 호텔업: 관광객의 숙박에 적합한 시설을 갖추어 이를 관광객에게 제공하거나 숙박에 딸리는 음식 · 운동 · 오락 · 휴양 · 공연 또는 연수에 적합한 시설 등을 함께 갖추어 이를 이용하게 하는 업

나. 휴양 콘도미니엄업: 관광객의 숙박과 취사에 적합한 시설을 갖추어 이를 그 시설의 회원이나 공유자, 그 밖의 관광객에게 제공하거나 숙박에 딸리는 음식 · 운동 · 오락 · 휴양 · 공연 또는 연수에 적합한 시설 등을 함께 갖추어 이를 이용하게 하는 업

2. 호텔업의 종류
   ⇒시행령 2조

**시행령 제2조(관광사업의 종류)**

① 「관광진흥법」(이하 "법"이라 한다) 제3조제2항에 따라 관광사업의 종류를 다음과 같이 세분한다. 〈개정 2008.2.29., 2008.8.26., 2009.1.20., 2009.8.6., 2009.10.7., 2009.11.2., 2011.12.30., 2013.11.29., 2014.7.16., 2014.10.28., 2014.11.28., 2016.3.22., 2019.4.9.〉

2. 호텔업의 종류
   가. 관광호텔업 : 관광객의 숙박에 적합한 시설을 갖추어 관광객에게 이용하게 하고 숙박에 딸린 음식 · 운동 · 오락 · 휴양 · 공연 또는 연수에 적합한 시설 등(이하 "부대시설"이라 한다)을 함께 갖추어 관광객에게 이용하게 하는 업(業)
   나. 수상관광호텔업 : 수상에 구조물 또는 선박을 고정하거나 매어 놓고 관광객의 숙박에 적합한 시설을 갖추거나 부대시설을 함께 갖추어 관광객에게 이용하게 하는 업
   다. 한국전통호텔업 : 한국전통의 건축물에 관광객의 숙박에 적합한 시설을 갖추거나 부대시설을 함께 갖추어 관광객에게 이용하게 하는 업
   라. 가족호텔업 : 가족단위 관광객의 숙박에 적합한 시설 및 취사도구를 갖추어 관광객에게 이용하게 하거나 숙박에 딸린 음식 · 운동 · 휴양 또는 연수에 적합한 시설을 함께 갖추어 관광객에게 이용하게 하는 업
   마. 호스텔업: 배낭여행객 등 개별 관광객의 숙박에 적합한 시설로서 샤워장, 취사장 등의 편의시설과 외국인 및 내국인 관광객을 위한 문화 · 정보 교류시설 등을 함께 갖추어 이용하게 하는 업
   바. 소형호텔업: 관광객의 숙박에 적합한 시설을 소규모로 갖추고 숙박에 딸린 음식 · 운동 · 휴양 또는 연수에 적합한 시설을 함께 갖추어 관광객에게 이용하게 하는 업
   사. 의료관광호텔업: 의료관광객의 숙박에 적합한 시설 및 취사도구를 갖추거나 숙박에 딸린 음식 · 운동 또는 휴양에 적합한 시설을 함께 갖추어 주로 외국인 관광객에게 이용하게 하는 업

3. 등록
➡법 제4조

- 등록절차
⇒시행령 제3조

- 등록신청
→시행규칙 제2조

- 등록기준
⇒시행령 제5조

- 등록증의 발급
⇒시행령 제4조

- 등록대장
→시행규칙 제4조

- 변경등록
⇒시행령 제6조
→시행규칙 제3조

- 등록증 재발급
→시행규칙 제5조

| 법 | 시행령 | 시행규칙 |
|---|---|---|
| 법 제4조(등록) | 시행령 제3조(등록절차)<br>시행령 제4조(등록증의 발급)<br>시행령 제5조(등록기준)<br>시행령 제6조(변경등록) | 시행규칙 제2조(관광사업의 등록신청)<br>시행규칙 제3조(관광사업의 변경등록)<br>시행규칙 제4조(관광사업자의 등록대장)<br>시행규칙 제5조(등록증의 재발급) |

**법 제4조(등록)**

① 제3조제1항제1호부터 제4호까지의 규정에 따른 여행업, 관광숙박업을 경영하려는 자는 특별자치시장 · 특별자치도지사 · 시장 · 군수 · 구청장(자치구의 구청장을 말한다. 이하 같다)에게 등록하여야 한다.〈개정 2009.3.25., 2018.6.12.〉

② 삭제〈2009.3.25.〉

③ 제1항에 따른 등록을 하려는 자는 대통령령으로 정하는 자본금 · 시설 및 설비 등을 갖추어야 한다.〈신설 2007.7.19., 2009.3.25.〉

④ 제1항에 따라 등록한 사항 중 대통령령으로 정하는 중요 사항을 변경하려면 변경등록을 하여야 한다.〈개정 2007.7.19., 2009.3.25.〉

⑤ 제1항 및 제4항에 따른 등록 또는 변경등록의 절차 등에 필요한 사항은 문화체육관광부령으로 정한다.〈개정 2007.7.19., 2008.2.29., 2009.3.25.〉

**시행령 제3조(등록절차)**

① 법 제4조제1항에 따라 등록을 하려는 자는 문화체육관광부령으로 정하는 바에 따라 관광사업 등록신청서를 특별자치시장 · 특별자치도지사 · 시장 · 군수 · 구청장(자치구의 구청장을 말한다. 이하 같다)에게 제출하여야 한다. 〈개정 2009.10.7., 2019.4.9.〉

② 특별자치시장 · 특별자치도지사 · 시장 · 군수 · 구청장은 법 제17조에 따른 관광숙박업 및 관광객 이용시설업 등록심의위원회의 심의를 거쳐야 할 관광사업의 경우에는 그 심의를 거쳐 등록 여부를 결정한다. 〈개정 2009.10.7., 2019.4.9.〉

[제목개정 2009.10.7.]

**시행규칙 제2조(관광사업의 등록신청)**

① 「관광진흥법 시행령」(이하 "영"이라 한다) 제3조제1항에 따라 관광사업의 등록을 하려는 자는 별지 제1호서식의 관광사업 등록신청서에 다음 각 호의 서류를 첨부하여 특별자치시장 · 특별자치도지사 · 시장 · 군수 · 구청장(자치구의 구청장을 말한다. 이하 같다)에게 제출하여야 한다. 〈개정 2009.3.31., 2009.10.22., 2015.4.22., 2019.4.25.〉

1. 사업계획서
2. 신청인(법인의 경우에는 대표자 및 임원)이 내국인인 경우에는 성명 및 주민등록번호를 기재한 서류

2의2. 신청인(법인의 경우에는 대표자 및 임원)이 외국인인 경우에는 「관광진흥법」(이하 "법"이라 한다) 제7조제1항 각 호에 해당하지 아니함을 증명하는 다음 각 목의 어느 하나에 해당하는 서류. 다만, 법 또는 다른 법령에 따라 인 · 허가 등을 받아 사업자등록을 하고 해당 영업 또는 사업을 영위하고 있는 자(법인의 경우에는 최근 1년 이내에 법인세를 납부한 시점부터 등록 신청 시점까지의 기간 동안 대표자 및 임원의 변경이 없는 경우로 한정한다)는 해당 영업 또는 사업의 인 · 허가증 등 인 · 허가 등을 받았음을 증명하는 서류와 최근 1년 이내에 소득세(법인의 경우에는 법인세를 말한다)를 납부한 사실을 증명하는 서류를 제출하는 경우에는 그 영위하고 있는 영업 또는 사업의 관련 법령에서 정하는 결격사유와 중복되는 법 제7조제1항의 결격사유에 한하여 다음 각 목의 서류를 제출하지 아니할 수 있다.

가. 해당 국가의 정부나 그 밖의 권한 있는 기관이 발행한 서류 또는 공증인이 공증한 신청인의 진술서로서 「재외공관 공증법」에 따라 해당 국가에 주재하는 대한민국공관의 영사관이 확인한 서류

나. 「외국공문서에 대한 인증의 요구를 폐지하는 협약」을 체결한 국가의 경우에는 해당 국가의 정부나 그 밖의 권한 있는 기관이 발행한 서류 또는 공증인이 공증한 신청인의 진술서로서 해당 국가의 아포스티유(Apostille)

확인서 발급 권한이 있는 기관이 그 확인서를 발급한 서류

3. 부동산의 소유권 또는 사용권을 증명하는 서류(부동산의 등기사항증명서를 통하여 부동산의 소유권 또는 사용권을 확인할 수 없는 경우만 해당한다)
4. 회원을 모집할 계획인 호텔업, 휴양콘도미니엄업의 경우로서 각 부동산에 저당권이 설정되어 있는 경우에는 영 제24조제1항제2호 단서에 따른 보증보험가입 증명서류
5. 「외국인투자 촉진법」에 따른 외국인투자를 증명하는 서류(외국인투자기업만 해당한다)

② 제1항에 따른 신청서를 제출받은 특별자치시장 · 특별자치도지사 · 시장 · 군수 · 구청장은 「전자정부법」 제36조제1항에 따른 행정정보의 공동이용을 통하여 다음 각 호의 서류를 확인하여야 한다. 다만, 제3호 및 제4호의 경우 신청인이 확인에 동의하지 않는 경우에는 그 서류(제4호의 경우에는 「액화석유가스의 안전관리 및 사업법 시행규칙」 제71조제10항 단서에 따른 완성검사 합격 확인서로 대신할 수 있다)를 첨부하도록 해야 한다. 〈개정 2009.3.31., 2009.10.22., 2011.3.30., 2012.4.5., 2015.4.22., 2019.3.4., 2019.4.25.〉

1. 법인 등기사항증명서(법인만 해당한다)
2. 부동산의 등기사항증명서
3. 「전기사업법 시행규칙」 제38조제3항에 따른 전기안전점검 확인서(호텔업 또는 국제회의시설업의 등록만 해당한다)
4. 「액화석유가스의 안전관리 및 사업법 시행규칙」 제71조제10항제1호에 따른 액화석유가스 사용시설완성검사증명서(야영장업의 등록만 해당한다)

④ 관광숙박업, 관광객이용시설업 및 국제회의시설업의 등록을 하려는 자는 제1항에 따른 서류외에 다음 각 호의 서류를 첨부하여야 하며, 사업계획승인된 내용에 변경이 없는 사항의 경우에는 제1항 각 호의 서류 중 그와 관련된 서류를 제출하지 아니한다. 〈개정 2015.3.6., 2019.3.4.〉

1. 법 제15조에 따라 승인을 받은 사업계획(이하 "사업계획"이라 한다)에 포함된 부대영업을 하기 위하여 다른 법령에 따라 소관관청에 신고를 하였거나 인 · 허가 등을 받은 경우

에는 각각 이를 증명하는 서류(제2호 또는 제3호의 서류에 따라 증명되는 경우에는 제외한다)

2. 법 제18조제1항에 따라 신고를 하였거나 인 · 허가 등을 받은 것으로 의제되는 경우에는 각각 그 신고서 또는 신청서와 그 첨부서류
3. 법 제18조제1항 각 호에서 규정된 신고를 하였거나 인 · 허가 등을 받은 경우에는 각각 이를 증명하는 서류

3의2. 야영장업을 경영하기 위하여 다른 법령에 따른 인 · 허가 등을 받은 경우 이를 증명하는 서류(야영장업의 등록만 해당한다)

3의3. 「전기사업법 시행규칙」 제35조제3항에 따른 사용전점검확인증(야영장업의 등록만 해당한다)

3의4. 「먹는물관리법」에 따른 먹는물 수질검사기관이 「먹는물 수질기준 및 검사 등에 관한 규칙」 제3조제2항에 따라 발행한 수질검사성적서(야영장에서 수돗물이 아닌 지하수 등을 먹는 물로 사용하는 경우로서 야영장업의 등록만 해당한다)

4. 시설의 평면도 및 배치도
5. 다음 각 목의 구분에 따른 시설별 일람표
   가. 관광숙박업: 별지 제2호서식의 시설별 일람표
   나. 전문휴양업 및 종합휴양업: 별지 제3호서식의 시설별 일람표
   다. 야영장업: 별지 제3호의2서식의 시설별 일람표
   라. 국제회의시설업: 별지 제4호서식의 시설별 일람표

⑥ 특별자치시장 · 특별자치도지사 · 시장 · 군수 · 구청장은 제2항에 따른 확인 결과 「전기사업법」 제66조의2제1항에 따른 전기안전점검 또는 「액화석유가스의 안전관리 및 사업법」 제44조제2항에 따른 액화석유가스 사용시설완성검사를 받지 아니한 경우에는 관계기관 및 신청인에게 그 내용을 통지해야 한다. 〈신설 2012.4.5., 2019.3.4., 2019.4.25.〉

⑦ 특별자치시장 · 특별자치도지사 · 시장 · 군수 · 구청장은 제1항에 따른 관광사업등록 신청을 받은 경우 그 신청내용이 등록기준에 적합하다고 인정되는 경우에는 별지 제5호서식의 관광사업 등록증을 신청인에게 발급하여야 한다. 〈개정

2009.10.22., 2012.4.5., 2019.4.25.〉

[별지 제2호서식]

## 관광숙박업 시설별 일람표

<table>
<tr><td>법인명</td><td colspan="2">※ 법인의 경우</td><td>상호<br>(명칭)</td><td></td><td>대표자</td><td></td></tr>
<tr><td>사업계획<br>승인일</td><td colspan="2">. . .</td><td>소재지</td><td></td><td>입 지</td><td>지역</td></tr>
<tr><td>최초등록일</td><td colspan="2">. . .</td><td>등급</td><td></td><td>등급결정일</td><td>. . .</td></tr>
<tr><td rowspan="2">시설규모</td><td>대지<br>면적</td><td>$m^2$</td><td>건축<br>면적</td><td>$m^2$</td><td>연건축면적</td><td>$m^2$</td></tr>
<tr><td colspan="2">층수</td><td>지하층,<br>지상층</td><td>객실 수</td><td colspan="2">실</td></tr>
<tr><td rowspan="2">객실형태</td><td colspan="2">싱글($m^2$)</td><td>더블<br>($m^2$)</td><td>투윈<br>($m^2$)</td><td>한실($m^2$)</td><td>스위트<br>($m^2$)</td></tr>
<tr><td colspan="2">$m^2$<br>( 실)</td><td>$m^2$<br>( 실)</td><td>$m^2$<br>( 실)</td><td>$m^2$<br>( 실)</td><td>$m^2$<br>( 실)</td></tr>
<tr><td rowspan="2">운영형태</td><td colspan="2">※ 호텔업명</td><td colspan="4">(호텔) 객실회원 수명</td></tr>
<tr><td colspan="2">휴양콘도<br>미니엄</td><td colspan="4">객실공유자 수 또는 회원 수: 명,<br>연간이용일수: 일</td></tr>
<tr><td>부대시설</td><td colspan="6">* 부대시설의 종류만 기재합니다.</td></tr>
<tr><td>주차시설</td><td colspan="6">○ 법정대수: 대 ( $m^2$)<br>○ 현황: 대 ( $m^2$)</td></tr>
<tr><td colspan="7">※ 휴양콘도미니엄의 경우 객실형태에 면적 및 객실 수를 기재합니다.</td></tr>
</table>

210mm×297mm[일반용지 60g/㎡(재활용품)]

### 시행령 제4조(등록증의 발급)

① 제3조에 따라 등록신청을 받은 특별자치시장·특별자치도지사·시장·군수·구청장은 신청한 사항이 제5조에 따른 등록기준에 맞으면 문화체육관광부령으로 정하는 등록증을 신청인에게 발급하여야 한다. 〈개정 2008.2.29., 2009.10.7., 2019.4.9.〉

② 특별자치시장 · 특별자치도지사 · 시장 · 군수 · 구청장은 제1항에 따른 등록증을 발급하려면 법 제18조제1항에 따라 의제되는 인 · 허가증을 한꺼번에 발급할 수 있도록 해당 인 · 허가기관의 장에게 인 · 허가증의 송부를 요청할 수 있다. 〈개정 2009.10.7., 2019.4.9.〉

③ 특별자치시장 · 특별자치도지사 · 시장 · 군수 · 구청장은 제1항 및 제2항에 따라 등록증을 발급하면 문화체육관광부령으로 정하는 바에 따라 관광사업자등록대장을 작성하고 관리 · 보존하여야 한다. 〈개정 2008.2.29., 2009.10.7., 2019.4.9.〉

④ 특별자치시장 · 특별자치도지사 · 시장 · 군수 · 구청장은 등록한 관광사업자가 제1항에 따라 발급받은 등록증을 잃어버리거나 그 등록증이 헐어 못쓰게 되어버린 경우에는 문화체육관광부령으로 정하는 바에 따라 다시 발급하여야 한다. 〈개정 2008.2.29., 2009.10.7., 2019.4.9.〉

**시행령 제5조(등록기준)**

법 제4조제3항에 따른 관광사업의 등록기준은 별표 1과 같다. 다만, 휴양 콘도미니엄업과 전문휴양업 중 온천장 및 농어촌휴양시설을 2012년 11월 1일부터 2014년 10월 31일까지 제3조제1항에 따라 등록 신청하면 다음 각 호의 기준에 따른다.〈개정 2012.10.29., 2013.10.31.〉

1. 휴양 콘도미니엄업의 경우 별표 1 제3호가목(1)에도 불구하고 같은 단지 안에 20실 이상 객실을 갖추어야 한다.

**[시행령 별표1] 관광사업의 등록기준 〈개정 2019.4.9〉**

2. 호텔업
   가. 관광호텔업
      (1) 욕실이나 샤워시설을 갖춘 객실을 30실 이상 갖추고 있을 것
      (2) 외국인에게 서비스를 제공할 수 있는 체제를 갖추고 있을 것
      (3) 대지 및 건물의 소유권 또는 사용권을 확보하고 있을 것. 다만, 회원을 모집하는 경우에는 소유권을 확보하여야 한다.

나. 수상관광호텔업

(1) 수상관광흐텔이 위치하는 수면은 「공유수면 관리 및 매립에 관한 법률」 또는 「하천법」에 따라 관리청으로부터 점용허가를 받을 것

(2) 욕실이나 샤워시설을 갖춘 객실이 30실 이상일 것

(3) 외국인에게 서비스를 제공할 수 있는 체제를 갖추고 있을 것

(4) 수상오염을 방지하기 위한 오수 저장·처리시설과 폐기물처리시설을 갖추고 있을 것

(5) 구조물 및 선박의 소유권 또는 사용권을 확보하고 있을 것. 다간, 회원을 모집하는 경우에는 소유권을 확보하여야 한다.

다. 한국전통호텔업

(1) 건축물의 외관은 전통가옥의 형태를 갖추고 있을 것

(2) 이용자의 불편이 없도록 욕실이나 샤워시설을 갖추고 있을 것

(3) 외국인에게 서비스를 제공할 수 있는 체제를 갖추고 있을 것

(4) 대지 및 건물의 소유권 또는 사용권을 확보하고 있을 것. 다만, 회원을 모집하는 경우에는 소유권을 확보하여야 한다.

라. 가족호텔업

(1) 가족단위 관광객이 이용할 수 있는 취사시설이 객실별로 설치되어 있거나 층별로 공동취사장이 설치되어 있을 것

(2) 욕실이나 샤워시설을 갖춘 객실이 30실 이상일 것

(3) 객실별 면적이 19제곱미터 이상일 것

(4) 외국인에게 서비스를 제공할 수 있는 체제를 갖추고 있을 것

(5) 대지 및 건물의 소유권 또는 사용권을 확보하고 있을 것. 다만, 회원을 모집하는 경우에는 소유권을 확보하여야 한다.

마. 호스텔업

(1) 배낭여행객 등 개별 관광객의 숙박에 적합한 객실을

갖추고 있을 것

(2) 이용자의 불편이 없도록 화장실, 샤워장, 취사장 등의 편의시설을 갖추고 있을 것. 다만, 이러한 편의시설은 공동으로 이용하게 할 수 있다.

(3) 외국인 및 내국인 관광객에게 서비스를 제공할 수 있는 문화 · 정보 교류시설을 갖추고 있을 것

(4) 대지 및 건물의 소유권 또는 사용권을 확보하고 있을 것

바. 소형호텔업

(1) 욕실이나 샤워시설을 갖춘 객실을 20실 이상 30실 미만으로 갖추고 있을 것

(2) 부대시설의 면적 합계가 건축 연면적의 50퍼센트 이하일 것

(3) 두 종류 이상의 부대시설을 갖출 것. 다만, 「식품위생법 시행령」 제21조제8호다목에 따른 단란주점영업, 같은 호 라목에 따른 유흥주점영업 및 「사행행위 등 규제 및 처벌 특례법」 제2조제1호에 따른 사행행위를 위한 시설은 둘 수 없다.

(4) 조식 제공, 외국어 구사인력 고용 등 외국인에게 서비스를 제공할 수 있는 체제를 갖추고 있을 것

(5) 대지 및 건물의 소유권 또는 사용권을 확보하고 있을 것. 다만, 회원을 모집하는 경우에는 소유권을 확보하여야 한다.

사. 의료관광호텔업

(1) 의료관광객이 이용할 수 있는 취사시설이 객실별로 설치되어 있거나 층별로 공동취사장이 설치되어 있을 것

(2) 욕실이나 샤워시설을 갖춘 객실이 20실 이상일 것

(3) 객실별 면적이 19제곱미터 이상일 것

(4) 「학교보건법」 제6조제1항제12호, 제15호, 제19호 및 같은 법 시행령 제6조제1호에 따른 영업이 이루어지는 시설을 부대시설로 두지 아니할 것

(5) 의료관광객의 출입이 편리한 체계를 갖추고 있을 것

(6) 외국어 구사인력 고용 등 외국인에게 서비스를 제공할 수 있는 체제를 갖추고 있을 것

(7) 의료관광호텔 시설(의료관광호텔의 부대시설로 「의료법」 제3조제1항에 따른 의료기관을 설치할 경우에는 그 의료기관을 제외한 시설을 말한다)은 의료기관 시설과 분리될 것. 이 경우 분리에 관하여 필요한 사항은 문화체육관광부장관이 정하여 고시한다.

(8) 대지 및 건물의 소유권 또는 사용권을 확보하고 있을 것

(9) 의료관광호텔업을 등록하려는 자가 다음의 구분에 따른 요건을 충족하는 외국인환자 유치 의료기관의 개설자 또는 유치업자일 것

(가) 외국인환자 유치 의료기관의 개설자

1) 「의료법」 제27조의2제3항에 따라 보건복지부장관에게 보고한 사업실적에 근거하여 산정할 경우 전년도(등록신청일이 속한 연도의 전년도를 말한다. 이하 같다)의 연환자수(외국인환자 유치 의료기관이 2개 이상인 경우에는 각 외국인환자 유치 의료기관의 연환자수를 합산한 결과를 말한다. 이하 같다) 또는 등록신청일 기준으로 직전 1년간의 연환자수가 500명을 초과할 것. 다만 외국인환자 유치 의료기관 중 1개 이상이 서울특별시에 있는 경우에는 연환자수가 3,000명을 초과하여야 한다.

2) 「의료법」 제33조제2항제3호에 따른 의료법인인 경우에는 1)의 요건을 충족하면서 다른 외국인환자 유치 의료기관의 개설자 또는 유치업자와 공동으로 등록하지 아니할 것

3) 외국인환자 유치 의료기관의 개설자가 설립을 위한 출연재산의 100분의 30 이상을 출연한 경우로서 최다출연자가 되는 비영리법인(외국인환자 유치 의료기관의 개설자인 경우로 한정한다)이 1)의 기준을 충족하지 아니하는 경우에는 그 최다출연자인 외국인환자 유치 의료기관의 개설자가 1)의 기준을 충족할 것

(나) 유치업자

1) 「의료법」 제27조의2제3항에 따라 보건복지부장관에게 보고한 사업실적에 근거하여 산정할 경우 전년도의 실환자수(둘 이상의 유치업자가 공동으로 등록하는 경우에는 실환자수를 합산한 결과를 말한다. 이하 같다) 또는 등록신청일 기준으로 직전 1년간의 실환자수가 500명을 초과할 것

2) 외국인환자 유치 의료기관의 개설자가 100분의 30 이상의 지분 또는 주식을 보유하면서 최대출자자가 되는 법인(유치업자인 경우로 한정한다)이 1)의 기준을 충족하지 아니하는 경우에는 그 최대출자자인 외국인환자 유치 의료기관의 개설자가 (가)1)의 기준을 충족할 것

3. 휴양콘도미니엄업

가. 객실

(1) 같은 단지 안에 객실이 30실 이상일 것. 다만, 2016년 7월 1일부터 2018년 6월 30일까지 제3조제1항에 따라 등록 신청하는 경우에는 20실 이상으로 한다.

(2) 관광객의 취사 · 체류 및 숙박에 필요한 설비를 갖추고 있을 것. 다만, 객실 밖에 관광객이 이용할 수 있는 공동취사장 등 취사시설을 갖춘 경우에는 총 객실의 30퍼센트(「국토의 계획 및 이용에 관한 법률」 제6조제1호에 따른 도시지역의 경우에는 총 객실의 30퍼센트 이하의 범위에서 조례로 정하는 비율이 있으면 그 비율을 말한다) 이하의 범위에서 객실에 취사시설을 갖추지 아니할 수 있다.

나. 매점 등

매점이나 간이매장이 있을 것. 다만, 여러 개의 동으로 단지를 구성할 경우에는 공동으로 설치할 수 있다.

다. 문화체육공간

공연장 · 전시관 · 미술관 · 박물관 · 수영장 · 테니스장 · 축구장 · 농구장, 그 밖에 관광객이 이용하기 적합한 문화체육공간을 1개소 이상 갖출 것. 다만, 수개의 동으로 단

지를 구성할 경우에는 공동으로 설치할 수 있으며, 관광지·관광단지 또는 종합휴양업의 시설 안에 있는 휴양콘도미니엄의 경우에는 이를 설치하지 아니할 수 있다.

라. 대지 및 건물의 소유권 또는 사용권을 확보하고 있을 것. 다만, 분양 또는 회원을 모집하는 경우에는 소유권을 확보하여야 한다.

### 시행규칙 제4조(관광사업자 등록대장)

영 제4조제3항에 따라 비치하여 관리하는 관광사업자 등록대장에는 관광사업자의 상호 또는 명칭, 대표자의 성명·주소 및 사업장의 소재지와 사업별로 다음 각 호의 사항이 기재되어야 한다. 〈개정 2015.3.6., 2016.3.28., 2019.8.1.〉

2. 관광숙박업
   가. 객실 수
   나. 대지면적 및 건축연면적(폐선박을 이용하는 수상관광호텔업의 경우에는 폐선박의 총톤수·전체 길이 및 전체 너비)
   다. 법 제18조제1항에 따라 신고를 하였거나 인·허가 등을 받은 것으로 의제되는 사항
   라. 사업계획에 포함된 부대영업을 하기 위하여 다른 법령에 따라 인·허가 등을 받았거나 신고 등을 한 사항
   마. 등급(호텔업만 해당한다)
   바. 운영의 형태(분양 또는 회원모집을 하는 휴양콘도미니엄업 및 호텔업만 해당한다)

### 시행령 제6조(변경등록)

① 법 제4조제4항에 따른 변경등록사항은 다음 각 호와 같다. 〈개정 2015.3.17.〉

1. 사업계획의 변경승인을 받은 사항(사업계획의 승인을 받은 관광사업만 해당한다)
2. 상호 또는 대표자의 변경
3. 객실 수 및 형태의 변경(휴양 콘도미니엄업을 제외한 관광숙박업만 해당한다)
4. 부대시설의 위치·면적 및 종류의 변경(관광숙박업만 해당한다)

② 제1항에 따른 변경등록을 하려는 자는 그 변경사유가 발생한 날부터 30일 이내에 문화체육관광부령으로 정하는 바에 따라 변경등록신청서를 특별자치시장 · 특별자치도지사 · 시장 · 군수 · 구청장에게 제출하여야 한다. 다만, 제1항제5호의 변경등록사항 중 사무실 소재지를 변경한 경우에는 변경등록신청서를 새로운 소재지의 관할 특별자치시장 · 특별자치도지사 · 시장 · 군수 · 구청장에게 제출할 수 있다. 〈개정 2008.2.29., 2009.10.7., 2019.4.9.〉

### 시행규칙 제3조(관광사업의 변경등록)

① 제2조에 따라 관광사업을 등록한 자가 법 제4조제4항에 따라 등록사항을 변경하려는 경우에는 그 변경사유가 발생한 날부터 30일 이내에 별지 제6호서식의 관광사업 변경등록신청서에 변경사실을 증명하는 서류를 첨부하여 특별자치시장 · 특별자치도지사 · 시장 · 군수 · 구청장에게 제출하여야 한다. 〈개정 2009.10.22., 2019.4.25.〉

② 제1항에 따라 변경등록신청서를 제출받은 특별자치시장 · 특별자치도지사 · 시장 · 군수 · 구청장은 「전자정부법」 제36조제1항에 따른 행정정보의 공동이용을 통하여 다음 각 호의 서류를 확인해야 한다. 다만, 제1호 및 제2호의 경우 신청인이 확인에 동의하지 않는 경우에는 그 서류(제2호의 경우에는 「액화석유가스의 안전관리 및 사업법 시행규칙」 제71조제10항 단서에 따른 완성검사 합격 확인서로 대신할 수 있다)를 첨부하도록 해야 한다. 〈신설 2012.4.5., 2019.3.4., 2019.4.25.〉

1. 「전기사업법 시행규칙」 제38조제3항에 따른 전기안전점검 확인서(영업소의 소재지 또는 면적의 변경 등으로 「전기사업법」 제66조의2제1항에 따른 전기안전점검을 받아야 하는 경우로서 호텔업 또는 국제회의시설업 변경등록을 신청한 경우만 해당한다)
2. 「액화석유가스의 안전관리 및 사업법 시행규칙」 제71조제10항제1호에 따른 액화석유가스 사용시설완성검사증명서(야영장 시설의 설치 또는 폐지 등으로 「액화석유가스의 안전관리 및 사업법」 제44조에 따른 액화석유가스 사용시설완성검사를 받아야 하는 경우로서 야영장업의 변경등록

4. 승인
➡법 제15조

- 관광숙박업
⇒시행령 제12조

- 승인신청, 승인 통보, 승인대상 사업, 승인기준, 관광숙박시설 건축지역 변경 승인
⇒시행령 제9조~14조

- 승인신청, 변경 승인 신청
→시행규칙

을 신청한 경우만 해당한다)

③ 특별자치시장 · 특별자치도지사 · 시장 · 군수 · 구청장은 제2항에 따른 확인 결과 「전기사업법」 제66조의2제1항에 따른 전기안전점검 또는 「액화석유가스의 안전관리 및 사업법」 제44조제2항에 따른 액화석유가스 사용시설완성검사를 받지 아니한 경우에는 관계기관 및 신청인에게 그 내용을 통지하여야 한다. 〈신설 2012.4.5., 2019.3.4., 2019.4.25.〉

④ 제1항에 따른 변경등록증 발급에 관하여는 제2조제7항을 준용한다. 〈개정 2012.4.5.〉

**시행규칙 제5조(등록증의 재발급)**

영 제4조제4항에 따라 등록증의 재발급을 받으려는 자는 별지 제7호서식의 등록증등 재발급신청서(등록증이 헐어 못 쓰게 된 경우에는 등록증을 첨부하여야 한다)를 특별자치시장 · 특별자치도지사 · 시장 · 군수 · 그청장에게 제출하여야 한다. 〈개정 2009.10.22., 2019.4.25.〉

| 법 | 시행령 | 시행규칙 |
| --- | --- | --- |
| 법 제15조(사업계획의 승인)<br>법 제16조(사업계획 승인 시의 인 · 허가 의제 등) | 시행령 9조(사업계획 변경승인)<br>시행령 10조(사업계획의 승인 신청 등)<br>시행령 11조(사업계획승인의 통보)<br>시행령 12조(사업계획승인 대상 관광객 이용시설업, 국제회의업)<br>시헝령 13조(사업계획 승인기준)<br>시헝령 14조(관광숙박시설 건축지역) | 시행규칙 23조(사업계획의 승인신청)<br>시행규칙 24조(사업계획의 변경승인 신청) |

**법 제15조(사업계획의 승인)**

① 관광숙박업을 경영하려는 자는 제4조제1항에 따른 등록을 하기 전에 그 사업에 대한 사업계획을 작성하여 특별자치시장 · 특별자치도지사 · 시장 · 군수 · 구청장의 승인을 받아야 한다. 승인을 받은 사업계획 중 부지, 대지 면적, 건축 연면적의 일정 규모 이상의 변경 등 대통령령으로 정하는 사항을 변경하려는 경우에도 또한 같다. 〈개정 2008.6.5., 2009.3.25., 2018.6.12.〉

제23~24조

② 대통령령으로 정하는 관광객 이용시설업이나 국제회의업을 경영하려는 자는 제4조제1항에 따른 등록을 하기 전에 그 사업에 대한 사업계획을 작성하여 특별자치시장 · 특별자치도지사 · 시장 · 군수 · 구청장의 승인을 받을 수 있다. 승인을 받은 사업계획 중 부지, 대지 면적, 건축 연면적의 일정 규모 이상의 변경 등 대통령령으로 정하는 사항을 변경하려는 경우에도 또한 같다. 〈개정 2008.6.5., 2009.3.25., 2018.6.12.〉

③ 제1항과 제2항에 따른 사업계획의 승인 또는 변경승인의 기준 · 절차 등에 필요한 사항은 대통령령으로 정한다.

**시행령 제9조(사업계획 변경승인)**

① 법 제15조제1항 후단에 따라 관광숙박업의 사업계획 변경에 관한 승인을 받아야 하는 경우는 다음 각 호와 같다. 〈개정 2011.12.30.〉

1. 부지 및 대지 면적을 변경할 때에 그 변경하려는 면적이 당초 승인받은 계획면적의 100분의 10 이상이 되는 경우
2. 건축 연면적을 변경할 때에 그 변경하려는 연면적이 당초 승인받은 계획면적의 100분의 10 이상이 되는 경우
3. 객실 수 또는 객실면적을 변경하려는 경우(휴양 콘도미니엄업만 해당한다)
4. 변경하려는 업종의 등록기준에 맞는 경우로서, 호텔업과 휴양 콘도미니엄업 간의 업종변경 또는 호텔업 종류 간의 업종 변경

**법 제16조(사업계획 승인 시의 인 · 허가 의제 등)**

① 제15조제1항 및 제2항에 따라 사업계획의 승인을 받은 때에는 다음 각 호의 허가 또는 해제를 받거나 신고를 한 것으로 본다. 〈개정 2007.12.27., 2009.3.25., 2010.4.15., 2010.5.31.〉

1. 「농지법」 제34조제1항에 따른 농지전용의 허가
2. 「산지관리법」 제14조 · 제15조에 따른 산지전용허가 및 산지전용신고, 같은 법 제15조의2에 따른 산지일시사용허가 · 신고, 「산림자원의 조성 및 관리에 관한 법률」 제36조제1항 · 제4항 및 제45조제1항 · 제2항에 따른 입목벌채 등의 허가 · 신고

3. 「사방사업법」 제20조에 따른 사방지(砂防地) 지정의 해제
4. 「초지법」 제23조에 따른 초지전용(草地轉用)의 허가
5. 「하천법」 제30조에 따른 하천공사 등의 허가 및 실시계획의 인가, 같은 법 제33조에 따른 점용허가(占用許可) 및 실시계획의 인가
6. 「공유수면 관리 및 매립에 관한 법률」 제8조에 따른 공유수면의 점용·사용허가 및 같은 법 제17조에 따른 점용·사용 실시계획의 승인 또는 신고
7. 「사도법」 제4조에 따른 사도개설(私道開設)의 허가
8. 「국토의 계획 및 이용에 관한 법률」 제56조에 따른 개발행위의 허가
9. 「장사 등에 관한 법률」 제8조제3항에 따른 분묘의 개장신고(改葬申告) 및 같은 법 제27조에 따른 분묘의 개장허가(改葬許可)

② 특별자치시장·특별자치도지사·시장·군수·구청장은 제1항 각 호의 어느 하나에 해당하는 사항이 포함되어 있는 사업계획을 승인하려면 미리 소관 행정기관의 장과 협의하여야 하고, 그 사업계획을 승인한 때에는 지체 없이 소관 행정기관의 장에게 그 내용을 통보하여야 한다. 〈개정 2008.6.5., 2018.6.12.〉

③ 특별자치시장·특별자치도지사·시장·군수·구청장은 제15조제1항 및 제2항에 따른 사업계획의 변경승인을 하려는 경우 건축물의 용도변경이 포함되어 있으면 미리 소관 행정기관의 장과 협의하여야 한다. 〈개정 2008.6.5., 2018.6.12.〉

④ 관광사업자(관광숙박업만 해당한다)가 제15조제1항 후단에 따라 사업계획의 변경승인을 받은 경우에는 「건축법」에 따른 용도변경의 허가를 받거나 신고를 한 것으로 본다.

⑤ 제15조제1항에 다른 사업계획의 승인 또는 변경승인을 받은 경우 그 사업계획에 따른 관광숙박시설 및 그 시설 안의 위락시설로서 「국토의 계획 및 이용에 관한 법률」에 따라 지정된 다음 각 호의 용도지역의 시설에 대하여는 같은 법 제76조제1항을 적용하지 아니한다. 다만, 주거지역에서는 주거환경의 보호를 위하여 대통령령으로 정하는 사업계획승인기준에 맞는 경우에 한한다.

1. 상업지역
2. 주거지역 · 공업지역 및 녹지지역 중 대통령령으로 정하는 지역

⑥ 제15조제1항에 따른 사업계획의 승인을 받은 경우 그 사업계획에 따른 관광숙박시설로서 대통령령으로 정하는 지역 내 위치하면서 「학교보건법」 제2조에 따른 학교 출입문 또는 학교설립예정지 출입문으로부터 직선거리로 75미터 이내에 위치한 관광숙박시설의 설치와 관련하여서는 「학교보건법」 제6조제1항 각 호 외의 부분 단서를 적용하지 아니한다. 〈신설 2015.12.22.〉

⑦ 제15조제1항에 따른 사업계획의 승인 또는 변경승인을 받은 경우 그 사업계획에 따른 관광숙박시설로서 다음 각 호에 적합한 시설에 대해서는 「학교보건법」 제6조제1항제13호를 적용하지 아니한다. 〈신설 2015.12.22.〉

1. 관광숙박시설에서 「학교보건법」 제6조제1항제12호, 제14호부터 제16호까지 또는 제18호부터 제20호까지의 규정에 따른 행위 및 시설 중 어느 하나에 해당하는 행위 및 시설이 없을 것
2. 관광숙박시설의 객실이 100실 이상일 것
3. 대통령령으로 정하는 지역 내 위치할 것
4. 대통령령으로 정하는 바에 따라 관광숙박시설 내 공용공간을 개방형 구조로 할 것
5. 「학교보건법」 제2조에 따른 학교 출입문 또는 학교설립예정지 출입문으로부터 직선거리로 75미터 이상에 위치할 것

⑧ 제7항 각 호의 요건을 충족하여 「학교보건법」 제6조제1항제13호를 적용받지 아니하고 관광숙박시설을 설치하려는 자는 「건축법」 제4조에 따른 건축위원회의 교육환경 저해여부에 관한 심의를 받아야 한다. 〈신설 2015.12.22.〉

⑨ 특별자치시장 · 특별자치도지사 · 시장 · 군수 · 구청장은 제15조제1항에 따른 사업계획(제7항 각 호의 요건을 충족하여 「학교보건법」 제6조제1항제13호를 적용받지 아니하고 관광숙박시설을 설치하려는 자의 사업계획에 한정한다)의 승인 또는 변경승인을 하려는 경우에는 교육환경 보호 및 교통안전 보호조치를 취하도록 하는 조건을 붙일 수 있다. 〈신설

2015.12.22., 2018.6.12.〉

[법률 제13594호(2015.12.22.) 부칙 제2조의 규정에 의하여 이 조 제6항부터 제9항까지는 2021년 3월 24일까지 유효함]

### 시행령 제10조(사업계획의 승인신청 등)

① 법 제15조제1항 및 제2항에 따라 관광호텔업 · 수상관광호텔업 · 한국전통호텔업 · 가족호텔업 · 호스텔업 · 소형호텔업 · 의료관광호텔업과 휴양 콘도미니엄업 및 제12조 각 호의 어느 하나에 해당하는 관광사업의 사업계획(이하 "사업계획"이라 한다) 승인을 받으려는 자는 문화체육관광부령으로 정하는 바에 따라 사업계획 승인신청서를 특별자치시장 · 특별자치도지사 · 시장 · 군수 · 구청장에게 제출하여야 한다. 〈개정 2008.2.29., 2009.1.20., 2010.6.15., 2013.11.29., 2019.4.9.〉

② 제9조에 따라 사업계획의 변경승인을 받으려는 자는 문화체육관광부령으로 정하는 바에 따라 사업계획 변경승인신청서를 특별자치시장 · 특별자치도지사 · 시장 · 군수 · 구청장에게 제출하여야 한다. 〈개정 2008.2.29., 2009.1.20., 2019.4.9.〉

③ 제1항과 제2항에 따라 사업계획의 승인 또는 변경승인신청서를 접수한 특별자치시장 · 특별자치도지사 · 시장 · 군수 · 구청장은 해당 관광사업이 법 제16조제1항에 따라 인 · 허가 등이 의제되는 사업인 경우에는 같은 조 제2항에 따라 소관 행정기관의 장과 협의하여야 한다. 〈개정 2009.1.20., 2019.4.9.〉

④ 제3항에 따라 협의 요청을 받은 소관 행정기관의 장은 협의 요청을 받은 날부터 30일 이내에 그 의견을 제출하여야 한다. 이 경우 그 기간 이내에 의견 제출이 없는 때에는 협의가 이루어진 것으로 본다.〈개정 2014.11.28.〉

[시행일: 2014.3.1.] 제10조제1항 의료관광호텔업 관련 부분

### 시행규칙 제23조(사업계획의 승인신청)

① 영 제10조제1항에 따라 사업계획승인을 받으려는 자는 별지 제25호서식의 사업계획 승인신청서에 다음 각 호의 서류를 첨부하여 특별자치시장 · 특별자치도지사 · 시장 · 군수 · 구청장에게 제출하여야 한다. 다만, 등록체육시설의 경우에는 「체육시설의 설치 · 이용에 관한 법률 시행령」 제10조에 따른 사

업계획승인서 사본으로 각 호의 서류를 갈음한다. 〈개정 2009.3.31., 2009.12.31., 2015.4.22., 2019.4.25.〉

1. 다음 각 목의 사항이 포함된 건설계획서
   가. 건설장소, 총부지면적 및 토지이용계획
   나. 공사계획
   다. 공사자금 및 그 조달방법
   라. 시설별 · 층별 면적 및 시설내용
   마. 조감도
   바. 전문휴양업 및 종합휴양업의 경우에는 사업예정지역의 위치도(축척 2만 5천분의 1 이상이어야 한다), 사업예정지역의 현황도(축척 3천분의 1 이상으로서 등고선이 표시되어야 한다), 시설배치계획도(지적도면상에 표시하여야 한다), 토지명세서, 하수처리계획서, 녹지 및 환경조성계획서(「환경영향평가법」에 따른 환경영향평가를 받은 경우 하수처리계획서, 녹지 및 환경조성계획서를 생략한다)
2. 신청인(법인의 경우에는 대표자 및 임원)이 내국인인 경우에는 성명 및 주민등록번호를 기재한 서류

2의2. 신청인(법인의 경우에는 대표자 및 임원)이 외국인인 경우에는 법 제7조제1항 각 호에 해당하지 아니함을 증명하는 다음 각 목의 어느 하나에 해당하는 서류. 다만, 법 또는 다른 법령에 따라 인 · 허가 등을 받아 사업자등록을 하고 해당 영업 또는 사업을 영위하고 있는 자(법인의 경우에는 최근 1년 이내에 법인세를 납부한 시점부터 승인 신청 시점까지의 기간 동안 대표자 및 임원의 변경이 없는 경우로 한정한다)는 해당 영업 또는 사업의 인 · 허가증 등 인 · 허가 등을 받았음을 증명하는 서류와 최근 1년 이내에 소득세(법인의 경우에는 법인세를 말한다)를 납부한 사실을 증명하는 서류를 제출하는 경우에는 그 영위하고 있는 영업 또는 사업의 결격사유 규정과 중복되는 법 제7조제1항의 결격사유에 한하여 다음 각 목의 서류를 제출하지 아니할 수 있다.
   가. 해당 국가의 정부나 그 밖의 권한 있는 기관이 발행한 서류 또는 공증인이 공증한 신청인의 진술서로서 「재

외공관 공증법」에 따라 해당 국가에 주재하는 대한민국공관의 영사관이 확인한 서류

나. 「외국공문서에 대한 인증의 요구를 폐지하는 협약」을 체결한 국가의 경우에는 해당 국가의 정부나 그 밖의 권한 있는 기관이 발행한 서류 또는 공증인이 공증한 신청인의 진술서로서 해당 국가의 아포스티유(Apostille) 확인서 발급 권한이 있는 기관이 그 확인서를 발급한 서류

3. 부동산의 소유권 또는 사용권을 증명하는 서류
4. 분양 및 회원모집계획 개요서(분양 및 회원을 모집하는 경우만 해당한다)
5. 법 제16조제1항 각 호에 따른 인 · 허가 등의 의제를 받거나 신고를 하려는 경우에는 해당 법령에서 제출하도록 한 서류
6. 법 제16조제1항 각 호에서 규정한 신고를 이미 하였거나 인 · 허가 등을 받은 경우에는 이를 증명하는 서류

② 제1항에 따른 신청서를 받은 특별자치시장 · 특별자치도지사 · 시장 · 군수 · 구청장은 「전자정부법」 제36조제1항에 따른 행정정보의 공동이용을 통하여 법인 등기사항증명서(법인만 해당한다)를 확인하여야 한다. 〈개정 2009.3.31., 2011.3.30., 2019.4.25.〉

**시행규칙 제24조(사업계획의 변경승인 신청)**

영 제10조제2항에 따라 사업계획의 변경승인을 받으려는 자는 별지 제26호서식의 사업계획 변경승인 신청서에 다음 각 호의 서류를 첨부하여 특별자치시장 · 특별자치도지사 · 시장 · 군수 · 구청장에게 제출하여야 한다. 〈개정 2009.3.31., 2019.4.25.〉

1. 변경사유서
2. 변경하고자 하는 층의 변경 전후의 평면도(건축물의 용도변경이 필요한 경우만 해당한다)
3. 용도변경에 따라 변경되는 사항 중 내화 · 내장 · 방화 · 피난건축설비에 관한 사항을 표시한 도서(건축물의 용도변경이 필요한 경우만 해당한다)
4. 전문휴양업 및 종합휴양업의 경우 제23조제1항제1호바목에서 정한 승인신청 사항이 변경되는 경우에는 각각 그 변경에 관계되는 서류

**시행령 제14조(관광숙박시설 건축지역)**

법 제16조제5항제2호에서 "대통령령으로 정하는 지역"이란 다음 각 호의 지역을 말한다.

1. 일반주거지역
2. 준주거지역
3. 준공업지역
4. 자연녹지지역

**「국토의 계획 및 이용에 관한 법률 시행령」 제30조 용도지역의 세분**

제30조(용도지역의 세분) ① 국토교통부장관, 시 · 도지사 또는 대도시의 시장(이하 "대도시 시장"이라 한다)은 법 제36조제2항에 따라 도시 · 군관리계획결정으로 주거지역 · 상업지역 · 공업지역 및 녹지지역을 다음 각 호와 같이 세분하여 지정할 수 있다. 〈개정 2008.2.29., 2009.8.5., 2012.4.10., 2013.3.23., 2014.1.14., 2019.8.6.〉

1. 주거지역
   가. 전용주거지역 : 양호한 주거환경을 보호하기 위하여 필요한 지역
      (1) 제1종전용주거지역 : 단독주택 중심의 양호한 주거환경을 보호하기 위하여 필요한 지역
      (2) 제2종전용주거지역 : 공동주택 중심의 양호한 주거환경을 보호하기 위하여 필요한 지역
   나. 일반주거지역 : 편리한 주거환경을 조성하기 위하여 필요한 지역
      (1) 제1종일반주거지역 : 저층주택을 중심으로 편리한 주거환경을 조성하기 위하여 필요한 지역
      (2) 제2종일반주거지역 : 중층주택을 중심으로 편리한 주거환경을 조성하기 위하여 필요한 지역
      (3) 제3종일반주거지역 : 중고층주택을 중심으로 편리한 주거환경을 조성하기 위하여 필요한 지역
   다. 준주거지역 : 주거기능을 위주로 이를 지원하는 일부 상업기능 및 업무기능을 보완하기 위하여 필요한 지역

2. 상업지역
   가. 중심상업지역 : 도심 · 부도심의 상업기능 및 업무기능의 확충을 위하여 필요한 지역
   나. 일반상업지역 : 일반적인 상업기능 및 업무기능을 담당하게 하기 위하여 필요한 지역
   다. 근린상업지역 : 근린지역에서의 일용품 및 서비스의 공급을 위하여 필요한 지역
   라. 유통상업지역 : 도시내 및 지역간 유통기능의 증진을 위하여 필요한 지역
3. 공업지역
   가. 전용공업지역 : 주로 중화학공업, 공해성 공업 등을 수용하기 위하여 필요한 지역
   나. 일반공업지역 : 환경을 저해하지 아니하는 공업의 배치를 위하여 필요한 지역
   다. 준공업지역 : 경공업 그 밖의 공업을 수용하되, 주거기능 · 상업기능 및 업무기능의 보완이 필요한 지역
4. 녹지지역
   가. 보전녹지지역 : 도시의 자연환경 · 경관 · 산림 및 녹지공간을 보전할 필요가 있는 지역
   나. 생산녹지지역 : 주로 농업적 생산을 위하여 개발을 유보할 필요가 있는 지역
   다. 자연녹지지역 : 도시의 녹지공간의 확보, 도시확산의 방지, 장래 도시용지의 공급 등을 위하여 보전할 필요가 있는 지역으로서 불가피한 경우에 한하여 제한적인 개발이 허용되는 지역

② 시 · 도지사 또는 대도시 시장은 해당 시 · 도 또는 대도시의 도시 · 군계획조례로 정하는 바에 따라 도시 · 군관리계획결정으로 제1항에 따라 세분된 주거지역 · 상업지역 · 공업지역 · 녹지지역을 추가적으로 세분하여 지정할 수 있다. 〈신설 2019.8.6.〉

**연면적, 용적률, 건폐율이란**

※ 연면적이란

연면적이란 건물 전체 층 바닥면적의 합계입니다(「건축법 시행령」 제119조제1항제4호). 여기서 전체층이란 지하와 지상의 모든 층을 말합니다.

※ 용적률이란

용적률이란 대지면적에 대한 연면적(대지에 건축물이 둘 이상 있는 경우에는 이들 연면적의 합계로 함)의 비율을 말합니다(「건축법」 제56조). 다만, 용적율을 산정할 때의 연면적은 다음에 해당하는 면적을 제외한 부분을 뜻합니다(「건축법 시행령」 제119조제1항제4호).

가. 지하층의 면적

나. 지상층의 주차용(해당건축물의 부속용도인 경우만 해당)으로 쓰는 면적

다. 「주택건설기준 등에 관한 규정」 제2조제3호에 따른 주민공동시설의 면적

라. 「건축법 시행령」 제34조제3항과 제4항에 따라 초고층 건축물과 준초고층 건축물에 설치하는 피난안전구역의 면적

용적률(%) = 지상층 연면적/대지면적 * 100

※ 건폐율이란

건폐율이란 대지면적에 대한 건축면적(대지에 건축물이 둘 이상 있는 경우에는 이들 건축면적의 합계)의 비율을 말합니다(「건축법」 제55조).

건폐율(%) = 건축면적/대지면적 * 100

예) (A)건물이 100평의 대지에 1층부터 5층까지 모두 40평인 건물인 경우의 용적률과 건폐율은

(A) 건물의 용적률 = 지상층연면적(40*5=200)/대지면적(100) *100 = 200%

(A) 건물의 건폐율 = 건축면적(40)/대지면적(100) *100 = 40%

**용도지역의 용적률**

**용도지역에서의 용적율 기준**

「국토의 계획 및 이용에 관한 법률」 제36조에 따라 지정된 용도지역에서 용적률의 최대 한도는 관할 구역의 면적과 인구 규모, 용도지역의 특성 등을 고려해서 다음의 기준에 따라 특별시 · 광역시 · 특별자치시 · 특별자치도 · 시 또는 군의 조례로 정합니다(「국토의 계획 및 이용에 관한 법률」 제78조제1항 · 제2항 및 「국토의 계획 및 이용에 관한 법률 시행령」 제85조제1항).

| 구분 | 용도지역 | 용적률 기준 |
|---|---|---|
| 도시지역 | 주거지역 | • 제1종 전용주거지역: 50퍼센트 이상 100퍼센트 이하<br>• 제2종 전용주거지역: 100퍼센트 이상 150퍼센트 이하<br>• 제1종 일반주거지역: 100퍼센트 이상 200퍼센트 이하<br>• 제2종 일반주거지역: 150퍼센트 이상 250퍼센트 이하<br>• 제3종 일반주거지역: 200퍼센트 이상 300퍼센트 이하<br>• 준주거지역: 200퍼센트 이상 500퍼센트 이하 |
| | 상업지역 | • 중심상업지역: 400퍼센트 이상 1천500퍼센트 이하<br>• 일반상업지역: 300퍼센트 이상 1천300퍼센트 이하<br>• 근린상업지역: 200퍼센트 이상 900퍼센트 이하<br>• 유통상업지역: 200퍼센트 이상 1천100퍼센트 이하 |
| | 공업지역 | • 전용공업지역: 150퍼센트 이상 300퍼센트 이하<br>• 일반공업지역: 200퍼센트 이상 350퍼센트 이하<br>• 준공업지역: 200퍼센트 이상 400퍼센트 이하 |
| | 녹지지역 | • 보전녹지지역: 50퍼센트 이상 80퍼센트 이하<br>• 생산녹지지역: 50퍼센트 이상 100퍼센트 이하<br>• 자연녹지지역: 50퍼센트 이상 100퍼센트 이하 |
| 관리지역 | | • 보전관리지역: 50퍼센트 이상 80퍼센트 이하<br>• 생산관리지역: 50퍼센트 이상 80퍼센트 이하<br>• 계획관리지역: 50퍼센트 이상 100퍼센트 이하 |
| 농림지역 | | • 50퍼센트 이상 80퍼센트 이하 |
| 자연환경보전지역 | | • 50퍼센트 이상 80퍼센트 이하 |

**용도지역에서의 용적률 기준의 예외**

「국토의 계획 및 이용에 관한 법률」 제37조제4항 후단에 따른 방재지구의 재해저감대책에 부합하게 재해예방시설을 설치하는 건축물의 경우에는 용적률에 대한 위의 규정에도 불구하고 도시지역 중 주거지역, 상업지역 및 공업지역은 해당 용적률의 120퍼센트 이하의 범위에서 도시 · 군계획조례로 정하는 비율로 할 수 있습니다(「국토의 계획 및 이용에 관한 법률 시행령」 제85조제5항). 「국토의 계획 및 이용에 관한 법률」 제77조제3항제2호부터 제5

호까지의 규정에 해당하는 지역에서의 용적률에 대한 기준은 위 규정에도 불구하고 다음의 기준에 따라 특별시 · 광역시 · 특별자치시 · 특별자치도 · 시 또는 군의 도시 · 군계획조례로 정하는 비율을 초과해서는 안 됩니다(「국토의 계획 및 이용에 관한 법률」 제78조제3항 및 「국토의 계획 및 이용에 관한 법률 시행령」 제85조제6항).

1. 도시지역 외의 지역에 지정된 개발진흥지구: 100퍼센트 이하
2. 수산자원보호구역: 80퍼센트 이하
3. 「자연공원법」에 따른 자연공원: 100퍼센트 이하
4. 「산업입지 및 개발에 관한 법률」 제2조제8호라목에 따른 농공단지(도시지역 외의 지역에 지정된 농공단지에 한함): 150퍼센트 이하

준주거지역 · 중심상업지역 · 일반상업지역 · 근린상업지역 · 전용공업지역 · 일반공업지역 또는 준공업지역안의 건축물로서 다음의 어느 하나에 해당하는 건축물에 대한 용적률은 경관 · 교통 · 방화 및 위생상 지장이 없다고 인정되는 경우에는 「국토의 계획 및 이용에 관한 법률」 제78조제1항 각 호의 규정에 따른 해당 용적률 120퍼센트 이하의 범위안에서 특별시 · 광역시 · 특별자치시 · 특별자치도 · 시 또는 군의 도시 · 군계획조례로 용적률을 따로 정할 수 있습니다(「국토의 계획 및 이용에 관한 법률」 제78조제4항 및 「국토의 계획 및 이용에 관한 법률 시행령」 제85조제7항).

1. 공원 · 광장(교통광장은 제외) · 하천이나 그 밖에 건축이 금지된 공지에 접한 도로를 전면도로로 하는 대지안의 건축물이나 공원 · 광장 · 하천이나 그 밖에 건축이 금지된 공지에 20미터 이상 접한 대지안의 건축물
2. 너비 25미터 이상인 도로에 20미터 이상 접한 대지안의 건축면적이 1천제곱미터 이상인 건축물

또한, 다음의 지역 · 지구 또는 구역안에서 건축물을 건축하려는 사람이 그 대지의 일부를 공공시설부지로 제공하는 경우에는 해당 건축물에 대한 용적률은 「국토의 계획 및 이용에 관한 법률」 제78조제1항 각호에 따른 해당 용적률의 200퍼센트 이하의 범위에서 대지면적의 제공비율에 따라 특별시 · 광역시 · 특별자치시 · 특별자치도 · 시 또는 군의 도시 · 군계획조례가 정하는 비율

로 할 수 있습니다(「국토의 계획 및 이용에 관한 법률」 제78조제4항 및 「국토의 계획 및 이용에 관한 법률 시행령」 제85조제8항).

1. 상업지역
2. 「도시 및 주거환경정비법」에 따른 주택재개발사업, 도시환경정비사업 및 주택재건축사업을 시행하기 위한 정비구역

**용도지역 미지정 또는 미세분 지역에서의 행위 제한**

도시지역, 관리지역, 농림지역 또는 자연환경보전지역으로 용도가 지정되지 않은 지역에 대해서는 「국토의 계획 및 이용에 관한 법률」 제76조부터 제78조까지의 규정을 적용할 때에 자연환경보전지역에 관한 규정이 적용됩니다(「국토의 계획 및 이용에 관한 법률」 제79조제1항).

「국토의 계획 및 이용에 관한 법률」 제36조에 따른 도시지역 또는 관리지역이 「국토의 계획 및 이용에 관한 법률」 제36조제1항 각 호 각 목의 세부 용도지역으로 지정되지 않은 경우에는 「국토의 계획 및 이용에 관한 법률」 제76조부터 제78조까지의 규정을 적용할 때에 해당 용도지역이 도시지역인 경우에는 녹지지역 중 보전녹지지역에 관한 규정을 적용하고, 관리지역인 경우에는 보전관리지역에 관한 규정이 적용됩니다(「국토의 계획 및 이용에 관한 법률」 제79조제2항 및 「국토의 계획 및 이용에 관한 법률 시행령」 제86조).

**용도지역의 건폐율**

**용도지역에서의 건폐율 기준**

「국토의 계획 및 이용에 관한 법률」 제36조에 따라 지정된 용도지역에서 건폐율의 최대 한도는 관할 구역의 면적과 인구 규모, 용도지역의 특성 등을 고려해서 다음의 범위에서 특별시·광역시·특별자치시·특별자치도·시 또는 군의 조례로 정합니다(「국토의 계획 및 이용에 관한 법률」 제77조제1항·제2항 및 「국토의 계획 및 이용에 관한 법률 시행령」 제84조제1항).

| 구분 | 용도지역 | 건폐율 기준 |
|---|---|---|
| 도시지역 | 주거지역 | • 제1종 전용주거지역: 50퍼센트 이하<br>• 제2종 전용주거지역: 50퍼센트 이하<br>• 제1종 일반주거지역: 60퍼센트 이하<br>• 제2종 일반주거지역: 60퍼센트 이하<br>• 제3종 일반주거지역: 50퍼센트 이하<br>• 준주거지역: 70퍼센트 이하 |
| | 상업지역 | • 중심상업지역: 90퍼센트 이하<br>• 일반상업지역: 80퍼센트 이하<br>• 근린상업지역: 70퍼센트 이하<br>• 유통상업지역: 80퍼센트 이하 |
| | 공업지역 | • 전용공업지역: 70퍼센트 이하<br>• 일반공업지역: 70퍼센트이하<br>• 준공업지역: 70퍼센트 이하 |
| | 녹지지역 | • 보전녹지지역: 20퍼센트 이하<br>• 생산녹지지역: 20퍼센트 이하<br>• 자연녹지지역: 20퍼센트 이하 |
| 관리지역 | | • 보전관리지역: 20퍼센트 이하<br>• 생산관리지역: 20퍼센트 이하<br>• 계획관리지역: 40퍼센트 이하 |
| 농림지역 | | • 20퍼센트 이하 |
| 자연환경보전지역 | | • 20퍼센트 이하 |

**용도지역에서의 건폐율 기준의 예외**

다음의 어느 하나에 해당하는 지역에서의 건폐율에 관한 기준은 「국토의 계획 및 이용에 관한 법률」 제77조제1항과 제2항에도 불구하고 다음의 범위에서 특별시 · 광역시 · 특별자치시 · 특별자치도 · 시 또는 군의 조례로 정하는 비율을 초과해서는 안 됩니다(「국토의 계획 및 이용에 관한 법률」 제77조제3항 및 「국토의 계획 및 이용에 관한 법률 시행령」 제84조제3항).

1. 「국토의 계획 및 이용에 관한 법률」 제37조제1항제8호에 따른 취락지구: 60퍼센트 이하(집단취락지구에 대해서는 개발제한구역의 지정 및 관리에 관한 특별조치법령이 정하는 바에 따릅니다)

2. 「국토의 계획 및 이용에 관한 법률」 제37조제1항제9호에 따른 개발진흥지구(도시지역 외의 지역만 해당): 40퍼센트 이하
3. 「국토의 계획 및 이용에 관한 법률」 제40조에 따른 수산자원보호구역: 40퍼센트 이하
4. 「자연공원법」에 다른 자연공원: 60퍼센트 이하
5. 「산업입지 및 개발에 관한 법률」 제2조제8호라목에 따른 농공단지: 70퍼센트 이하
6. 공업지역에 있는 「산업입지 및 개발에 관한 법률」 제2조제8호 가목부터 다목까지의 규정에 따른 국가산업단지, 일반산업단지 및 도시첨단산업단지와 같은 조 제12호에 따른 준산업단지: 80퍼센트 이하

다음의 어느 하나에 해당하는 경우에는 「국토의 계획 및 이용에 관한 법률」 제77조지1항에도 불구하고 다음에서 정하는 기준에 따라 특별시 · 광역시 · 특별자치시 · 특별자치도 · 시 또는 군의 조례로 건폐율을 따로 정할 수 있습니다(「국토의 계획 및 이용에 관한 법률」 제77조제4항 및 「국토의 계획 및 이용에 관한 법률 시행령」 제84조제5항 · 제6항).

1. 토지이용의 과밀화를 방지하기 위해서 건폐율을 강화할 필요가 있는 경우
2. 주변 여건을 고려하여 토지의 이용도를 높이기 위해서 건폐율을 완화할 필요가 있는 경우. 다만, 다음의 건축물은 「국토의 계획 및 이용에 관한 법률 시행령」 제84조제1항의 규정에도 불구하고 그 건폐율은 다음에서 정하는 비율을 초과해서는 안 됩니다.
   ※ 준주거지역 · 일반상업지역 · 근린상업지역 중 방화지구의 건축물로서 주요 구조부와 외벽이 내화구조인 건축물 중 도시 · 군계획조례로 정하는 건축물: 80퍼센트 이상 90퍼센트 이하의 범위에서 특별시 · 광역시 · 특별자치도 · 시 또는 군의 도시 · 군계획조례로 정하는 비율
   ※ 녹지지역 · 관리지역 · 농림지역 및 자연환경보전지역의 건축물로서 「건축법」 제37조제4항 후단에 따른 방재지구의 재해저감대책에 부합하게 재해예방시설을 설치한 건축물: 해당 용도지역별 건폐율의 150퍼센트 이하의 범위에서 도시 · 군계획조례로 정하는 비율

※ 녹지지역, 보전관리지역, 생산관리지역, 농림지역 또는 자연환경보전지역의 건축물로서 「건축법 시행령」 제2조제16호에 따른 한옥: 30퍼센트 범위에서 특별시 · 광역시 · 특별자치도 · 시 또는 군의 도시 · 군계획조례로 정하는 비율

3. 「국토의 계획 및 이용에 관한 법률 시행령」 제84조제1항에도 불구하고 「국토의 계획 및 이용에 관한 법률」 제77조제4항제3호 및 제4호에 따라 보전관리지역, 생산관리지역, 농림지역 또는 자연환경보전지역에서 주민생활의 편익을 증진시키기 위한 건축물을 건축하려는 경우. 다만, 「농지법」 제32조제1항에 따라 건축할 수 있는 건축물의 경우의 그 건폐율은 60퍼센트 이하의 범위 안에서 특별시 · 광역시 · 특별자치시 · 특별자치도 · 시 또는 군의 도시 · 군계획조례가 정하는 비율을 초과해서는 안 됩니다.

**시행령 제11조(사업계획승인의 통보)**

특별자치시장 · 특별자치도지사 · 시장 · 군수 · 구청장은 제10조에 따라 신청한 사업계획 또는 사업계획의 변경을 승인하는 경우에는 사업계획승인 또는 변경승인을 신청한 자에게 지체 없이 통보하여야 한다. 〈개정 2009.1.20., 2019.4.9.〉

**시행령 제13조(사업계획 승인기준)**

① 법 제15조에 따른 사업계획의 승인 및 변경승인의 기준은 다음 각 호와 같다. 〈개정 2010.6.15., 2013.11.29., 2014.11.28., 2016.3.22., 2018.12.18., 2019.4.9.〉

1. 사업계획의 내용이 관계 법령의 규정에 적합할 것
2. 사업계획의 시행에 필요한 자금을 조달할 능력 및 방안이 있을 것
3. 일반 주거지역의 관광숙박시설 및 그 시설 안의 위락시설은 주거환경을 보호하기 위하여 다음 각 목의 기준에 맞아야 하고, 준주거지역의 경우에는 다목의 기준에 맞을 것. 다만, 일반 주거지역에서의 사업계획의 변경승인(신축 또는 기존 건축물 전부를 철거하고 다시 축조하는 개축을 하는 경우는 포함하지 아니한다)의 경우에는 가목의 기준을 적용하지 아니하고, 일반 주거지역의 호스텔업의 시설의

경우에는 라목의 기준을 적용하지 아니한다.

가. 다음의 구분에 따라 사람 또는 차량의 통행이 가능하도록 대지가 도로에 연접할 것. 다만, 특별자치시 · 특별자치도 · 시 · 군 · 구(자치구를 말한다. 이하 같다)는 주거환경을 보호하기 위하여 필요하면 지역 특성을 고려하여 조례로 이 기준을 강화할 수 있다.

(1) 관광호텔업, 수상관광호텔업, 한국전통호텔업, 가족호텔업, 의료관광호텔업 및 휴양 콘도미니엄업: 대지가 폭 12미터 이상의 도로에 4미터 이상 연접할 것

(2) 호스텔업 및 소형호텔업: 대지가 폭 8미터(관광객의 수, 관광특구와의 거리 등을 고려하여 특별자치시장 · 특별자치도지사 · 시장 · 군수 · 구청장이 지정하여 고시하는 지역에서 20실 이하의 객실을 갖추어 경영하는 호스텔업의 경우에는 4미터) 이상의 도로에 4미터 이상 연접할 것

나. 건축물(관광숙박시설이 설치되는 건축물 전부를 말한다) 각 부분의 높이는 그 부분으로부터 인접대지를 조망할 수 있는 창이나 문 등의 개구부가 있는 벽면에서 직각 방향으로 인접된 대지의 경계선[대지와 대지 사이가 공원 · 광장 · 도로 · 하천이나 그 밖의 건축이 허용되지 아니하는 공지(空地)인 경우에는 그 인접된 대지의 반대편 경계선을 말한다]까지의 수평거리의 두 배를 초과하지 아니할 것

다. 소음 공해를 유발하는 시설은 지하층에 설치하거나 그 밖의 방법으로 주변의 주거환경을 해치지 아니하도록 할 것

라. 대지 안의 조경은 대지면적의 15퍼센트 이상으로 하되, 대지 경계선 주위에는 다 자란 나무를 심어 인접 대지와 차단하는 수림대(樹林帶)를 조성할 것

4. 연간 내국인 투숙객 수가 객실의 연간 수용가능 총인원의 40퍼센트를 초과하지 아니할 것(의료관광호텔업만 해당한다)

② 특별자치시장 · 특별자치도지사 · 시장 · 군수 · 구청장은 휴양 콘도미니엄업의 규모를 축소하는 사업계획에 대한 변경승인 신청을 받은 경우에는 다음 각 호의 어느 하나의 감소 비율이

당초 승인한 분양 및 회원 모집 계획상의 피분양자 및 회원(이하 이 항에서 "회원등"이라 한다) 총 수에 대한 사업계획 변경승인 예정일 현재 실제로 미분양 및 모집 미달이 되고 있는 잔여 회원등 총 수의 비율(이하 이 항에서 "미분양률"이라 한다)을 초과하지 아니하는 한도에서 그 변경승인을 하여야 한다. 다만, 사업자가 이미 분양받거나 회원권을 취득한 회원등에 대하여 그 대지면적 및 객실면적(전용 및 공유면적을 말하며, 이하 이 항에서 같다)의 감소분에 비례하여 분양가격 또는 회원 모집가격을 인하하여 해당 회원등에게 통보한 경우에는 미분양률을 초과하여 변경승인을 할 수 있다. 〈개정 2009.1.20., 2019.4.9.〉

1. 당초계획(승인한 사업계획을 말한다. 이하 이 항에서 같다)상의 대지면적에 대한 변경계획상의 대지면적 감소비율
2. 당초계획상의 객실 수에 대한 변경계획상의 객실 수 감소비율
3. 당초계획상의 전체 객실면적에 대한 변경계획상의 전체 객실면적 감소비율

[시행일:2014. 3. 1.] 제13조제1항제3호가목본문, 제13조제1항제3호가목1), 제13조제1항제4호

**시행령 제12조(사업계획승인 대상 관광객 이용시설업, 국제회의업)**

법 제15조제2항 전단에서 "대통령령으로 정하는 관광객 이용시설업이나 국제회의업"이란 다음 각 호의 관광사업을 말한다.

1. 전문휴양업
2. 종합휴양업
3. 관광유람선업
4. 국제회의시설업

5. 등록심의위원회
➡법 제17조
⇒시행령
제15~20조

| 법 | 시행령 | 시행규칙 |
|---|---|---|
| 법 제17조(관광숙박업 등의 등록심의위원회) | 시행령 제15조 (위원장의 직무 등)<br>시행령 제16조(회의)<br>시행령 제17조(의견 청취)<br>시행령 제18조(간사)<br>시행령 제19조(운영세칙)<br>시행령 제20조 (등록심의대상 관광사업) | |

**법 제17조(관광숙박업 등의 등록심의위원회)**

① 제4조제1항에 따른 관광숙박업 및 대통령령으로 정하는 관광객 이용시설업이나 국제회의업의 등록(등록 사항의 변경을 포함한다. 이하 이 조에서 같다)에 관한 사항을 심의하기 위하여 특별자치시장 · 특별자치도지사 · 시장 · 군수 · 구청장(권한이 위임된 경우에는 그 위임을 받은 기관을 말한다. 이하 이 조 및 제18조에서 같다) 소속으로 관광숙박업 및 관광객 이용시설업 등록심의위원회(이하 "위원회"라 한다)를 둔다. 〈개정 2008.6.5., 2009.3.25., 2018.6.12.〉

② 위원회는 위원장과 부위원장 각 1명을 포함한 위원 10명 이내로 구성하되, 위원장은 특별자치시 · 특별자치도 · 시 · 군 · 구(자치구만 해당한다. 이하 같다)의 부지사 · 부시장 · 부군수 · 부구청장이 되고, 부위원장은 위원 중에서 위원장이 지정하는 자가 되며, 위원은 제18조제1항 각 호에 따른 신고 또는 인 · 허가 등의 소관 기관의 직원이 된다. 〈개정 2008.6.5., 2018.6.12.〉

③ 위원회는 다음 각 호의 사항을 심의한다.〈개정 2007.7.19., 2015.12.22.〉

1. 관광숙박업 및 대통령령으로 정하는 관광객 이용시설업이나 국제회의업의 등록기준 등에 관한 사항
2. 제18조제1항 각 호에서 정한 사업이 관계 법령상 신고 또는 인 · 허가 등의 요건에 해당하는지에 관한 사항
3. 제15조제1항에 따라 사업계획 승인 또는 변경승인을 받고 관광사업 등록(제16조제7항에 따라 「학교보건법」 제6조제1항제13호를 적용받지 아니하고 관광숙박시설을 설치하려

는 경우에 한정한다)을 신청한 경우 제16조제7항 각 호의 요건을 충족하는지에 관한 사항

④ 특별자치시장 · 특별자치도지사 · 시장 · 군수 · 구청장은 제1항에 따른 관광숙박업, 관광객 이용시설업, 국제회의업의 등록을 하려면 미리 위원회의 심의를 거쳐야 한다. 다만, 대통령령으로 정하는 경미한 사항의 변경에 관하여는 위원회의 심의를 거치지 아니할 수 있다. 〈개정 2008.6.5., 2018.6.12.〉

⑤ 위원회의 회의는 재적위원 3분의 2 이상의 출석과 출석위원 3분의 2 이상의 찬성으로 의결한다. 〈신설 2018.12.11.〉

⑥ 위원회의 구성 · 운영이나 그 밖에 위원회에 필요한 사항은 대통령령으로 정한다. 〈개정 2018.12.11.〉

[법률 제13594호(2015.12.22.) 부칙 제2조의 규정에 의하여 이 조 제3항제3호는 2021년 3월 24일까지 유효함]

### 시행령 제15조(위원장의 직무 등)

① 법 제17조제1항에 따른 관광숙박업 및 관광객 이용시설업 등록심의위원회(이하 "위원회"라 한다) 위원장은 위원회를 대표하고, 위원회의 직무를 총괄한다.

② 부위원장은 위원장을 보좌하고, 위원장이 부득이한 사유로 직무를 수행할 수 없을 때에는 그 직무를 대행한다.

### 시행령 제16조(회의)

① 위원장은 위원회의 회의를 소집하고 그 의장이 된다.

② 삭제 〈2019.4.9.〉

### 시행령 제17조(의견 청취)

위원장은 위원회의 심의사항과 관련하여 필요하다고 인정하면 관계인 또는 안전 · 소방 등에 대한 전문가를 출석시켜 그 의견을 들을 수 있다.

### 시행령 제18조(간사)

위원회의 서무를 처리하기 위하여 위원회에 간사 1명을 둔다.

### 시행령 제19조(운영세칙)

이 영에 규정된 사항 외에 위원회의 운영에 필요한 사항은 위원회의 의결을 거쳐 위원장이 정한다.

### 시행령 제20조(등록심의대상 관광사업)

① 법 제17조제1항 및 제3항제1호에서 "대통령령으로 정하는 관광객 이용시설업이나 국제회의업"이란 제12조 각 호의 어느 하나에 해당하는 관광사업을 말한다.

② 법 제17조제4항 단서에서 "대통령령으로 정하는 경미한 사항의 변경"이란 법 제17조제3항에 따른 심의사항의 변경 중 관계되는 기관이 둘 이하인 경우의 심의사항 변경을 말한다.

6. 등록시의 신고·허가의제
➡법 제18조
⇒시행령 제21조

| 법 | 시행령 | 시행규칙 |
|---|---|---|
| 법 제18조<br>(등록시의 신고·서가의제 등) | 시행령 제21조<br>(인·허가 등을 받은 것으로 보는 영업) | |

### 법 제18조(등록 시의 신고·허가 의제 등)

① 특별자치시장·특별자치도지사·시장·군수·구청장이 위원회의 심의를 거쳐 등록을 하면 그 관광사업자는 다음 각 호의 신고를 하였거나 인·허가 등을 받은 것으로 본다. 〈개정 2008.6.5., 2009.2.6., 2011.6.15., 2017.1.17., 2018.6.12.〉

1. 「공중위생관리법」 제3조에 따른 숙박업·목욕장업·이용업·미용업 또는 세탁업의 신고
2. 「식품위생법」 제36조에 따른 식품접객업으로서 대통령령으로 정하는 영업의 허가 또는 신고
3. 「주세법」 제8조에 따른 주류판매업의 면허 또는 신고
4. 「외국환거래법」 제8조제3항제1호에 따른 외국환업무의 등록
5. 「담배사업법」 제16조에 따른 담배소매인의 지정
6. 삭제 〈2015. 12. 22.〉
7. 「체육시설의 설치·이용에 관한 법률」 제10조에 따른 신고 체육시설업으로서 같은 법 제20조에 따른 체육시설업의 신고
8. 「해사안전법」 제34조제3항에 따른 해상 레저 활동의 허가
9. 「의료법」 제35조에 따른 부속의료기관의 개설신고 또는 개설허가

② 특별자치시장 · 특별자치도지사 · 시장 · 군수 · 구청장은 제1항에 따라 관광숙박업, 관광객 이용시설업 및 국제회의업의 등록을 한 때에는 지체 없이 제1항 각 호의 신고 또는 인 · 허가 등의 소관 행정기관의 장에게 그 내용을 통보하여야 한다. 〈개정 2008.6.5., 2018.6.12.〉

**시행령 제21조(인 · 허가 등을 받은 것으로 보는 영업)**
법 제18조제1항제2호에서 "대통령령으로 정하는 영업"이란 「식품위생법 시행령」 제21조제8호가목부터 라목까지 및 바목에 따른 휴게음식점영업 · 일반음식점영업 · 단란주점영업 · 유흥주점영업 및 제과점영업을 말한다. 〈개정 2009.8.6.〉

7. 등급심사
➡법 제19조

- 호텔업의 등급결정
⇒시행령 제22조

- 호텔업의 등급결정
→시행규칙 제25조

| 법 | 시행령 | 시행규칙 |
|---|---|---|
| 법 제19조(등급심사) | 시행령 제22조<br>(호텔업의 등급결정) | 시행규칙 제25조<br>(호텔업의 등급결정) |

**법 제19조(관광숙박업 등의 등급)**
① 문화체육관광부장관은 관광숙박시설 및 야영장 이용자의 편의를 돕고, 관광숙박시설 · 야영장 및 서비스의 수준을 효율적으로 유지 · 관리하기 위하여 관광숙박업자 및 야영장업자의 신청을 받아 관광숙박업 및 야영장업에 대한 등급을 정할 수 있다. 다만, 제4조제1항에 따라 호텔업 등록을 한 자 중 대통령령으로 정하는 자는 등급결정을 신청하여야 한다. 〈개정 2008.2.29., 2014.3.11., 2015.2.3.〉
② 문화체육관광부장관은 제1항에 따라 관광숙박업 및 야영장업에 대한 등급결정을 하는 경우 유효기간을 정하여 등급을 정할 수 있다. 〈개정 2014.3.11., 2015.2.3.〉
③ 문화체육관광부장관은 제1항에 따른 등급결정을 위하여 필요한 경우에는 관계 전문가에게 관광숙박업 및 야영장업의 시설 및 운영 실태에 관한 조사를 의뢰할 수 있다. 〈신설 2014.3.11., 2015.2.3.〉
④ 문화체육관광부장관은 제1항에 따른 등급결정 결과에 관한 사항을 공표할 수 있다. 〈신설 2014.3.11.〉
⑤ 관광숙박업 및 야영장업 등급의 구분에 관한 사항은 대통령

령으로 정하고, 등급결정의 유효기간 · 신청 시기 · 절차 및 등급결정 결과 공표 등에 관한 사항은 문화체육관광부령으로 정한다. 〈신설 2014.3.11., 2015.2.3.〉

[제목개정 2015.2.3.]

### 시행령 제22조(호텔업의 등급결정)

① 법 제19조제1항 단서에서 "대통령령으로 정하는 자"란 관광호텔업, 수상관광호텔업, 한국전통호텔업, 소형호텔업 또는 의료관광호텔업의 등록을 한 자를 말한다. 〈개정 2014.9.11.〉

② 법 제19조제5항에 따라 관광숙박업 중 호텔업의 등급은 5성급 · 4성급 · 3성급 · 2성급 및 1성급으로 구분한다. 〈개정 2014.9.11., 2014.11.28.〉

③ 삭제〈2014.9.11.〉

### 시행규칙 제25조(호텔업의 등급결정)

① 법 제19조제1항 및 영 제22조제1항에 따라 관광호텔업, 수상관광호텔업, 한국전통호텔업, 가족호텔업, 소형호텔업 또는 의료관광호텔업의 등록을 한 자는 다음 각 호의 구분에 따른 기간 이내에 영 제66조제1항에 따라 문화체육관광부장관으로부터 등급결정권을 위탁받은 법인(이하 "등급결정 수탁기관"이라 한다)에 영 제22조제2항에 따른 호텔업의 등급 중 희망하는 등급을 정하여 등급결정을 신청하여야 한다. 〈개정 2017.6.7., 2019.11.20.〉

1. 호텔을 신규 등록한 경우: 호텔업 등록을 한 날부터 60일
2. 제25조의3에 따른 호텔업 등급결정의 유효기간이 만료되는 경우: 유효기간 만료 전 150일부터 90일까지
3. 시설의 증 · 개축 또는 서비스 및 운영실태 등의 변경에 따른 등급 조정사유가 발생한 경우: 등급 조정사유가 발생한 날부터 60일

② 등급결정 수탁기관은 제1항에 따른 등급결정 신청을 받은 경우에는 문화체육관광부장관이 정하여 고시하는 호텔업 등급결정의 기준에 따라 신청일부터 90일 이내에 해당 호텔의 등급을 결정하여 신청인에게 통지하여야 한다. 다만, 부득이한 사유가 있는 경우에는 60일의 범위에서 그 기간을 연장할 수 있다.

③ 제2항에 따라 등급결정을 하는 경우에는 다음 각 호의 요소를 평가하여야 하며, 그 세부적인 기준 및 절차는 문화체육관광부장관이 정하여 고시한다.
1. 서비스 상태
2. 객실 및 부대시설의 상태
3. 안전 관리 등에 관한 법령 준수 여부

④ 등급결정 수탁기관은 제3항에 따른 평가의 공정성을 위하여 필요하다고 인정하는 경우에는 평가를 마칠 때까지 평가의 일정 등을 신청인에게 알리지 아니할 수 있다.

⑤ 등급결정 수탁기관은 제3항에 따라 평가한 결과 등급결정 기준에 미달하는 경우에는 해당 호텔의 등급결정을 보류하여야 한다. 이 경우 그 보류 사실을 신청인에게 통지하여야 한다.

[전문개정 2014.12.31.]

## 호텔업 등급결정기관 등록 및 등급결정에 관한 요령

### 제1조(목적)

이 요령은 관광진흥법 시행령(이하 "영"이라 한다) 제66조 제3항 및 관광진흥법 시행규칙(이하 "규칙"이라한다) 제25조의3 제3항의 규정에 의거 호텔업 등급결정업무의 위탁과 등급결정기준 및 그 절차 등에 관한 세부적인 사항을 정함으로서 호텔업의 등급결정이 합리적이고 효율적으로 이루어지도록 함을 목적으로 한다.

### 제2조(등급결정업무의 위탁)

① 영 제66조의 규정에 의하여 호텔업의 등급결정 업무를 수행하고자 하는 법인은 별지 제1호 서식의 호텔업 등급결정업무 수탁신청서에 다음 각 호의 서류를 첨부하여 문화체육관광부장관에게 제출하여야 한다.
1. 등급결정업무 실시계획서
2. 관광숙박업의 육성과 서비스 개선 등에 관한 연구 및 계몽활동 등의 실적 및 관련 자료
3. 제13조의 규정에 의하여 위촉한 호텔업 등급평가요원(이하 "등급평가요원"이라 한다)의 명단, 이력서, 경력 · 실적증명서 또는 자격증사본(경력 · 실적 또는 자격이 있는 경우에 한한다) 및 위촉동의서

② 제1항 제1호의 등급결정업무 실시계획서에는 다음 각 호의 사

항이 포함되어야 한다.

1. 등급결정의 실시시기 · 방법 및 주안점
2. 제12조의 규정에 의한 호텔업 등급평가단(이하 "평가단"이라 한다)의 구성원칙 또는 요령
3. 등급결정 업무 수행을 위한 인력구성 및 운영계획
4. 등급결정에 대한 수수료의 징수방법과 등급결정에 따른 비용 조달방법
5. 등급결정과정에서 나타날 수 있는 이견사항에 대한 조정절차 또는 방법
6. 기타 효과적인 등급결정업무의 수행을 위하여 필요한 사항

③ 제1항에 따른 신청서를 제출받은 문화체육관광부장관은 「전자정부법」 제36조제2항에 따른 행정정보의 공동이용을 통하여 법인등기부등본을 확인하여야 한다.

**제3조(등급결정 수탁기관의 선정)**

① 문화체육관광부장관은 제2조의 규정에 의하여 등급결정업무 수탁신청서를 접수한 경우에는 구비요건을 확인하고 위탁여부를 결정하며, 등급결정 수탁기관의 선정은 3년 단위로 한다.

② 문화체육관광부장관은 제1항의 규정에 의하여 선정한 등급결정 수탁기관에 대하여 별지 제2호 서식의 호텔업 등급결정업무 수탁기관 확인증을 교부하고 이를 고시한 후 별지 제3호 서식의 호텔업 등급결정업무 수탁기관 등록대장에 이를 기재하고 관리하여야 한다.

**제4조(변경사항 통보)**

등급결정 수탁기관은 제2조 제1항 제3호의 사항을 변경하는 경우에는 문화체육관광부 장관에게 통보하여야하며, 제2항 각 호의 사항을 변경하는 경우에는 문화체육관광부장관의 승인을 받아야 한다.

**제5조(등급결정신청)**

① 법 제4조 제1항의 규정에 의하여 시장 · 군수 · 구청장(이하 "등록관청"이라 한다)에게 호텔업을 등록한 자(이하 "사업자"

라 한다)는 관광진흥법 시행규칙(이하 "규칙"이라 한다) 제25조 제1항 각 호의 규정에 의한 호텔업 등급결정 신청사유가 발생한 때에는 별지 제4호 서식의 호텔업 등급결정 신청서(이하 "등급결정 신청서"라 한다)에 다음 각 호의 사항이 기재된 서류를 첨부하여 등급결정 수탁기관에 제출하여야 한다.

1. 호텔업 시설의 현황
2. 제7조의 규정에 의한 호텔업 세부등급 평가기준에 의한 자율평가결과
3. 관광사업자 등록증 · 사업자등록증 · 통장사본
4. 6개 항목 안전점검필증
5. 감점항목 확인서

② 하나의 사업주가 동일 지역 또는 건축물 내에 상이한 브랜드 또는 등급의 호텔을 소유 · 운영하는 경우, 각각의 호텔은 제1항의 규정에 따른 호텔업 등급결정 신청서를 별도로 제출하여야 한다.

### 제6조(등급결정 거부 제한)

등급결정 수탁기관은 제5조 제1항의 규정에 의하여 사업자가 신청한 등급결정 신청을 거부할 수 없다. 단, 제5조 제1항 각호에 따른 서류가 미비한 경우에는 당해 신청을 접수하지 아니할 수 있다.

### 제7조(등급평가기준)

① 규칙 제25조 제3항의 규정에 의한 호텔업의 등급 결정의 기준은 별표 1과 같다.

② 규칙 제25조 제3항에 따른 등급별 세부평가기준(이하 "등급평가기준"이라 한다)은 별표2와 같다.

### 제8조(등급평가 실시)

① 등급결정 수탁기관이 제5조 제1항의 규정에 의한 등급결정신청서를 접수한 때에는 평가단을 구성하여 등급평가를 위한 조사를 실시하여야 한다.

② 제1항의 규정에 의한 조사는 사업자가 신청한 등급에 따라 다음 각호와 같이 실시한다.

1. 신청한 등급이 4 · 5성급 인 경우: 등급평가요원이 사업자가 제출한 자율평가결과와 증빙자료를 참고하여 사업자에 사전통지 후 조사하는 현장평가(이하 "현장평가"라 한다.)와 등급평가요원이 당해 호텔에 사전통지 없이 암행으로 1박을 하며 조사하는 암행평가(이하 "암행평가"이라 한다.)를 모두 실시한다.
2. 신청한 등급이 1 · 2 · 3성급 인 경우: 현장평가 및 당해 호텔에 사전통지 없이 방문하여 당일로 조사하는 불시평가(이하 "불시평가"라 한다.)를 모두 실시한다.

③ 평가단은 사업자에게 필요한 자료의 제출을 요구할 수 있다.

④ 신청 등급별 등급평가비용은 별표3과 같다. 다만, 평가비용을 지급함에 있어 세부적인 사항은 등급결정 수탁기관의 장이 정한다.

### 제9조(결과보고서의 제출)

평가단은 제8조에 따른 조사를 완료한 때에는 별표2의 등급평가기준 양식에 따른 조사결과보고서(이하 "조사결과보고서"라 한다)를 현장에서 등급결정 수탁기관의 인솔자에게 제출하여야 한다. 단, 암행 및 불시평가요원은 등급결정 수탁기관의 장이 정하는 바에 따라 제출할 수 있다.

### 제10조(등급평가 및 통보)

① 등급결정 수탁기관은 평가단으로부터 조사결과보고서를 제출받은 때에는 7일 이내에 별표1의 기준을 적용하여 조사결과가 사업자가 신청한 등급의 결정기준을 충족하는지 판단하여야 한다.

② 등급결정 수탁기관은 제9조에 따라 제출된 조사결과보고서를 확인한 결과 등급평가요원 2인 이상의 평가점수 차이가 현장평가의 경우 총 배점의 20% 이상, 암행평가의 경우 총 배점의 30% 이상 발생한 경우 당해 등급평가요원 외의 자를 위촉하여 당해 조사를 다시 실시할 수 있다.

③ 등급결정 수탁기관은 제1항의 규정에 의한 등급평가결과를 별지 제5호의 서식에 따라 문화체육관광부장관과 등록관청 및 당해 사업자에게 즉시 통보하여야 한다.

④ 등급결정 수탁기관은 당해 사업자가 요청하는 경우 수탁기관의 장이 별도로 정하는 바에 따라 제2항에 따른 통보결과보다 세부적인 평가내용을 공개할 수 있다.

⑤ 등급결정 수탁기관은 제1항에 따라 평가한 결과 등급이 결정된 경우에는 사업자에게 별지 제6호의 서식에 따른 등급인정서를 발급하여야 한다.

**제11조(안전 관련 법규 준수여부 확인)**

① 사업자는 등급결정을 받으려는 호텔시설이 다음 각 호의 점검 또는 검사 대상인 경우 해당 점검 또는 검사를 득하였음을 증빙하는 자료를 등급결정을 신청한 때까지 제출하여야 한다.

1. 시설물의 안전관리에 관한 특별법 제6조에 따른 안전점검 및 제7조에 따른 정밀안전진단
2. 화재예방, 소방시설 설치 · 유지 및 안전관리에 관한 법률 제25조에 따른 점검
3. 승강기시설 안전관리법 제32조에 따른 검사
4. 도시가스사업법 제17조에 따른 검사
5. 에너지이용합리화법 제39조에 따른 검사
6. 전기사업법 제65조에 따른 정기검사

② 등급결정 수탁기관은 사업자가 제1항의 규정에 따라 제출한 자료가 유효한 것인지를 확인하여야 하며, 유효여부는 등급결정일을 기준으로 판단한다.

**제12조(평가단의 구성)**

① 제8조 제1항의 규정에 의한 평가단은 별표4에 따라 구성한다.

② 등급결정 수탁기관이 제1항의 규정에 의한 평가단을 구성할 경우에 등급평가의 객관성 · 공정성 확보를 위하여 등급평가대상호텔이 소재한 시 · 도와 인접지역에 상주하는 등급평가요원을 배제할 수 있다.

③ 평가단으로 구성된 등급평가요원은 등급평가대상 호텔과 이해관계가 없음을 확인하는 이해관계 확인서를 작성하여야 한다.

### 제13조(등급평가요원의 위촉)

① 등급결정 수탁기관은 제12조 제1항의 평가단을 구성하기 위하여 규칙 제72조 각 호의 규정에 의한 자격요건을 갖춘 자를 50인 이상 등급평가요원으로 위촉하여야 한다.

② 등급결정 수탁기관이 제1항의 규정에 의하여 등급평가요원으로 위촉하는 경우에는 다음 각 호의 서류를 제출 받아 관리하여야 한다.

1. 별지 제7호 서식에 의한 호텔업 등급평가요원 위촉동의서
2. 이력서
3. 경력 또는 실적증명서
4. 자격증사본
5. 윤리서약서

③ 등급결정 수탁기관은 제1항의 규정에 의하여 위촉한 등급평가요원에게는 별지 제8호 서식의 호텔업 등급평가요원 위촉장을 발급하여야 한다.

④ 등급평가요원은 제2항 각호에 따른 이력 및 경력이 변동되는 경우에는 등급결정 수탁기관에 알려야하며, 등급결정 수탁기관은 이에 대한 데이터베이스를 구축하여 관리하여야 한다.

⑤ 제1항의 규정에 의하여 위촉한 등급평가요원은 관광진흥법 제80조 제4항의 규정에 의한 등급결정 수탁기관의 임원으로 본다.

### 제14조(등급평가요원의 임기)

① 제13조의 규정에 의하여 위촉된 등급평가요원의 임기는 위촉일부터 2년으로 한다. 다만, 다음 각 호의 경우에는 임기와 관계없이 평가요원을 새로이 위촉할 수 있다.

1. 등급결정 수탁기관이 새로 선정된 경우
2. 기존 평가요원의 해촉으로 충원이 필요한 경우
3. 호텔업 등급결정 제도 개선을 위하여 평가요원 추가선발이 필요하다고 문화체육관광부장관이 인정하는 경우

② 등급평가요원은 1차에 한해 1년의 범위 내에서 연임할 수 있다.

③ 등급결정 수탁기관은 제1항의 규정에 의하여 임기가 만료되는 등급평가요원 중 재위촉하는 등급평가요원의 신분에 변동

이 없는 경우에는 제13조 제2항 제1호의 호텔업 등급평가요원 위촉동의서만을 제출받아 재위촉할 수 있다.

**제15조(등급평가요원의 위촉제한)**
등급결정 수탁기관은 제16조의 규정에 의하여 해촉된 경력이 있는 자를 해촉된 날부터 5년이 경과하지 아니한 경우에는 등급평가요원으로 재위촉할 수 없다.

**제16조(등급평가요원의 해촉)**
① 등급결정 수탁기관은 제13조 제1항의 규정에 의하여 위촉한 등급평가요원이 다음 각 호의 1에 해당되는 경우에는 이를 해촉하여야 한다.
1. 평가단의 활동과 관련하여 국가공무원법 제56조 · 제58조 · 제60조 · 제61조 및 제63조의 규정에 위반한 행위를 한 때
2. 사망 · 해외이민 · 파산선고 등으로 등급평가요원으로서의 직무를 수행할 수 없을 때
3. 등급평가시 제12조 제3항에 따라 작성한 이해관계 확인서가 허위임이 확인되거나, 제13조 제2항 제5호의 윤리서약을 위반한 경우
4. 등급평가가 현저하게 잘못되었다고 인정할만한 사실이 발생한 경우 해당평가 결과에 귀책사유가 있는 때
5. 암행평가 일정 및 사실을 피평가 호텔에 사전에 알린 경우

② 등급결정 수탁기관은 제1항의 규정에 의하여 등급평가요원을 해촉한 경우에는 이를 즉시 문화체육관광부장관에게 통보하여야 한다.

**제17조(등급평가요원의 책임)**
등급평가요원은 평가단에 참여하여 입수한 호텔업의 시설내용과 자료를 사업자의 동의 없이 외부에 누설하여서는 아니 된다.

**제18조(사업자의 의무)**
사업자는 제8조 제4항의 규정에 의하여 평가단으로부터 평가와 관련한 자료의 제출을 요구받은 때에는 성실하게 이에 응하여야 한다.

### 제19조(수당 등의 지급)

등급결정 수탁기관은 평가단에 참여한 등급평가요원에게 예산의 범위 안에서 수당과 여비를 지급할 수 있다.

### 제20조(시설의 보완요청)

등급결정 수탁기관은 평가단의 조사결과 나타난 노후화된 시설의 교체 또는 이용자의 서비스에 장애를 초래하는 사항에 대하여 시정하는 조치를 취할 수 있도록 관할관청에 이를 통보할 수 있다.

### 제21조(재평가)

① 등급결정 수탁기관은 등급결정을 신청한 사업자가 다음 각 호의 사유로 재신청 등을 신청하는 경우 이전 등급평가단 외의 자를 지정하여 등급평가를 실시한다.

1. 규칙 제25조 제5항에 따른 보류결정에 대해 규칙 제25조의2 제1항에 따라 사업자가 등급결정을 재신청한 경우
2. 규칙 제25조의2 제2항에 따른 보류결정에 대해 규칙 제25조의2 제3항에 따라 사업자가 이전 신청한 등급보다 낮은 등급으로 등급결정을 신청한 경우
3. 규칙 제25조의2 제2항에 따른 보류결정에 대해 규칙 제25조의2 제3항에 따라 사업자가 이의를 신청하여 등급결정 수탁기관이 제24조에 따른 심의위원회의 의결을 거쳐 정당한 이유가 있다고 판단한 경우

② 제1항에 따른 평가의 방법은 제8조에 따른 평가방법 및 제12조에 따른 평가단의 구성을 준용한다. 다만, 제1항 제3호에 따른 평가는 불시평가 또는 암행평가 평가요원 수를 당초의 2배로 한다.

③ 제2항에 따른 평가비용은 별표3에 따른 수수료를 준용하되, 사업자가 부담한다. 다만 제2항 단서에 의해 평가요원의 수가 추가됨에 따른 실비를 가중한다.

### 제21조의2(이의신청의 처리)

① 규칙 제25조의2 제3항에 따라 등급결정에 이의를 신청하려는 사업자는 별지제9호 서식으로 이의신청서를 제출하여야 한다.

② 제1항에 따라 사업자가 등급결정에 이의를 신청한 경우 등급결정 수탁기관은 제24조에 따라 설치된 심의위원회에 등급결정 보류에 대한 이의신청 심의를 요청할 수 있다.
③ 제1항에 따라 등급결정 수탁기관의 요청을 받은 심의위원회는 등급결정 보류를 받은 자의 이의신청이 정당한 이유가 있는지 여부를 심의하여야 한다.
④ 심의위원회가 사업자의 이의신청에 따라 재평가할 필요가 있다고 판단하는 경우 등급결정 수탁기관은 등급평가를 다시 실시해야 한다.

**제21조의3(재평가)**

① 등급결정 수탁기관은 등급결정을 통보한 후 해당 등급평가가 현저하게 잘못되었다고 인정할 만한 사실이 발생하였거나, 서비스의 현격한 불량 등으로 인하여 기존 등급을 유지하는 것이 부적합하다고 판단하는 경우 제24조에 따른 심의위원회의 의결을 거쳐 이전 등급평가단 외의 자를 지정하여 등급평가를 다시 실시한다.
② 제1항에 따른 평가의 방법은 제8조에 따른 평가방법 및 제12조에 따른 평가단의 구성을 준용한다.
③ 제2항에 따른 평가 비용은 별표3에 따른 수수료를 준용하되, 사업자가 부담한다. 다만 등급결정 수탁기관의 귀책사유에 따라 실시하는 재평가의 경우 등급결정 수탁기관이 부담한다.

**제21조의4(등급결정 후 중간점검)**

① 등급결정 수탁기관은 등급결정 통보 이후 호텔 서비스의 관리 상태 등에 대한 점검이 필요한 경우 등급결정심의위원회의 의결을 거쳐  제8조에 따른 암행평가 또는 불시평가(이하 '중간점검'이라 한다)를 실시할 수 있다. 다만, 결정등급이 4 · 5성급인 호텔의 경우 유효기간 내에 반드시 1회 이상 실시하여야 한다.
② 등급결정 수탁기관은 제1항에 따른 중간점검 후 그 결과를 사업자에게 통보하여야 한다.
③ 등급결정 수탁기관은 제1항에 따른 중간점검 결과를 별표2의 등급평가기준에 따라 등급결정의 유효기간 종료에 따라 실시

하는 등급평가에 반영하여야 한다. 다만, 경미한 서비스 미비에 대하여는 시정조치를 권고할 수 있다.

**제22조(등급결정 수탁기관에 대한 지도점검)**

① 문화체육관광부장관은 필요하다고 인정하는 경우에는 등급결정 수탁기관에 대한 지도점검을 실시할 수 있다.

② 문화체육관광부장관은 제1항의 지도점검결과 등급평가가 부당하거나 부정하게 결정된 사실이 확인된 경우에는 등급결정 수탁기관의 장에게 호텔업에 대한 등급평가를 다시 실시하게 할 수 있다.

**제23조(위탁취소 등)**

① 문화체육관광부장관은 등급결정 수탁기관이 다음 각 호의 1에 해당하는 때에는 당해 등급결정 수탁기관에 대한 위탁을 취소할 수 있다.

1. 제4조의 규정에 의한 변경사항을 통보하지 않거나 승인 받지 아니하여 3회 이상의 독촉을 받고도 이를 이행하지 아니한 때
2. 제6조의 규정을 위반하여 사업자로부터 등급결정 신청을 정당한 사유 없이 거절한 때
3. 제12조의 규정에 의한 평가단의 구성 및 제13조의 규정에 의한 등급평가요원의 위촉이 부정한 방법에 의하여 이루어진 때
4. 제13조의 규정에 의한 등급평가요원 최소 기준을 미달한 때
5. 제22조의 규정에 의한 지도점검을 거부하거나 명령을 이행하지 아니한 때
6. 그 밖에 문화체육관광부장관이 위탁취소가 필요하다고 판단한 때

② 문화체육관광부장관은 등급결정 수탁기관이 당해 등급의 평가가 부당하거나 부정하게 결정되는 등 등급결정과 관련한 과실이 발생할 경우에는 등급결정권한의 정지 조치를 6월 이내로 취할 수 있다.

③ 위탁취소 등으로 등급결정 권한을 행사할 수 있는 수탁기관이 없어 등급결정을 받지 못한 호텔은 등급결정 결과를 새로

받기 전까지 종전의 등급 표지를 부착할 수 있다.

**제24조(등급결정심의위원회의 설치)**

① 등급결정 수탁기관은 호텔 등급결정 업무의 효율적 추진과 투명성 제고를 위하여 호텔 또는 소비자보호 분야 전문가 5인 이상 15인 이내로 구성된 심의위원회를 둘 수 있으며, 이 경우 심의위원 총수의 3분의 1의 범위내에서 한국관광협회중앙회 또는 한국관광호텔업협회에서 추천한 인사로 구성한다.

② 제1항에 따른 심의위원회는 다음 각호의 사항에 대하여 자문 또는 심의한다.

1. 호텔업 등급결정 제도의 개선에 관한 사항
2. 이의신청 또는 불만처리의 해석 및 분쟁 조정사항
3. 그 밖에 등급결정 수탁기관의 장이 필요하다고 인정하는 사항

③ 위원장은 위원 중에서 호선하며, 위원장은 회의에 관한 사무를 총괄하고 심의위원회를 대표한다.

④ 위원장은 심의위원회의 회의를 소집하고, 그 의장이 된다.

⑤ 심의위원회는 재적위원 과반수의 출석으로 개의하고, 출석위원 과반수의 찬성으로 의결한다.

⑥ 제1항부터 제5항까지에서 규정한 사항 외에 심의위원회의 구성 및 운영에 필요한 사항은 등급결정 수탁기관의 장이 정한다.

**제25조(운영세칙)**

이 고시에서 정한 사항 외에 호텔업 등급결정업무의 평가 및 절차에 관하여 필요한 사항은 등급결정 수탁기관의 장이 정한다.

**부 칙 〈제2019-39호, 2019.9.10.〉**

**제1조(시행일)** 이 고시는 공포한 날부터 시행한다. 다만, 별표2는 공포한 날로부터 1개월이 경과한 날부터 시행한다.

**제2조(등급평가기준 적용에 대한 경과조치)** 이 고시 시행 당시 등급결정 수탁기관에 관광진흥법 시행규칙 제25조 제1항에 따른 등급결정신청서를 접수한 경우 또는 같은 법 제25조의2에 따라 등급결정의 재신청 등을 한 경우에는 별표2의 개정규정에도 불구하고 종전의 규정에 따른다.

<table>
<tr><th colspan="7">[별표 1] 호텔업의 등급결정 기준(제7조제1항 관련)</th></tr>
<tr><th colspan="2">구분</th><th>5성</th><th>4성</th><th>3성</th><th>2성</th><th>1성</th></tr>
<tr><td rowspan="3">등급평가기준</td><td>현장평가</td><td>700점</td><td>585점</td><td>500점</td><td>400점</td><td>400점</td></tr>
<tr><td>암행평가/불시평가</td><td>300점</td><td>265점</td><td>200점</td><td>200점</td><td>200점</td></tr>
<tr><td>총 배점</td><td>1,000점</td><td>850점</td><td>700점</td><td>600점</td><td>600점</td></tr>
<tr><td rowspan="2">결정기준</td><td>공통기준</td><td colspan="5">1. 별표 2에 따른 등급별 등급평가기준 상의 필수항목을 충족할 것<br>2. 제11조 제1항에 따른 점검 또는 검사가 유효할 것</td></tr>
<tr><td>등급별 기준</td><td>평가 점수가 총 배점의 90% 이상</td><td>평가 점수가 총 배점의 80% 이상</td><td>평가 점수가 총 배점의 70% 이상</td><td>평가 점수가 총 배점의 60% 이상</td><td>평가 점수가 총 배점의 50% 이상</td></tr>
</table>

1. 1 · 2성급은 통합 신청 및 접수방식으로 진행하며 1 · 2성급 평가표를 공통 적용한다.
2. 1·2성급은 총 배점의 60% 이상 득점 시 2성급 등급을 부여하고, 50% 이상 60% 미만 득점 시 1성급 등급을 부여한다.
3. 한국전통호텔업 및 소형호텔업의 등급평가기준은 등급에 상관없이 현장평가 400점 및 불시평가 200점을 합산하여 총 배점을 600점으로 하되, 상기 표의 결정기준에 따라 등급을 부여한다.

### [별표 2] 호텔업 등급평가기준(1·2성급, 현장평가 400점)

| 평가항목 및 내용 | 필수항목 | 배점 | 자율평가 | 평가점수 | 평가배점/평가요원 (인) |
|---|---|---|---|---|---|
| 1. 공용 공간 서비스 부문 | | | | | |
| 가. 호텔 안내, 주차 및 보안시설 | | | | | |
| 1) 호텔 안내 정보 | | 8 | | | ○ 매우 우수 (8)<br>○ 우수 (6) |

| 평가항목 및 내용 | 필수항목 | 배점 | 자율평가 | 평가점수 | 평가배점/평가요원 (인) |
|---|---|---|---|---|---|
| ※ 호텔 출입 고객의 이용 편의성을 고려한 호텔 안내 정보(주차시설 안내, 호텔 진·출입구 안내, 호텔시설 안내 등) | | | | | ○ 보통 (5)<br>○ 미흡 (3)<br>○ 매우 미흡 (2)<br>○ 호텔 안내 정보 없음 (0) |
| 2) 주차의 편리성<br>※ 주차 공간(주차구획선)의 넓이<br>※ 주차 후 비상구, 엘리베이터 등과 동선의 편리성, 출차의 편리성 | | 8 | | | ① 주차 공간의 넓이<br>○ 매우 넓음 (8)<br>○ 넓음 (6)<br>○ 보통 (5)<br>○ 협소 (3)<br>○ 매우 협소 (2)<br>○ 주차시설 없음 (0) |
| | | 8 | | | ② 주차 및 출차의 편리성<br>○ 매우 편리 (8)<br>○ 편리 (6)<br>○ 보통 (5)<br>○ 불편 (3)<br>○ 매우 불편 (2)<br>○ 주차시설 없음 (0) |
| 3) 보안시설 설치 및 관리<br>※ 고객 안전관리를 위한 보안시설(폐쇄회로 등)의 설치 및 운영 상태<br>※ 폐쇄회로를 포함한 방범설비 설치 및 관리 (주차장법 시행규칙)<br>- 주차장 바닥 면으로부터 170cm 높이 사물 식별 가능 여부<br>- 폐쇄회로 TV와 녹화장치 모니터 수 일치 여부<br>- 선명한 화질 유지 관 | 필수 | 9 | | | ○ 매우 우수 (9)<br>○ 우수 (7)<br>○ 보통 (5)<br>○ 미흡 (4)<br>○ 매우 미흡 (2)<br>○ 미설치 (등급 보류) |

| 평가항목 및 내용 | 필수항목 | 배점 | 자율평가 | 평가점수 | 평가배점/평가요원 (인) |
|---|---|---|---|---|---|
| 리 및 촬영된 자료 30일 보관 준수 여부<br>* 필수 : 보안시설(폐쇄회로) 미설치 시 등급보류 | | | | | |
| 나. 현관 및 로비 | | | | | |
| 1) 로비 공간, 전체적 분위기와 조화성, 청결 상태<br>※로비 공간의 충분성 및 고객을 위한 휴식 공간 구비 여부<br>※ 전체적 분위기, 인테리어 및 장식의 조화<br>※ 로비 바닥, 벽면, 천장, 현관 유리문, 현관 탁자 등의 청결 및 관리 상태<br>* 필수 : 로비가 없거나 청결 및 관리 상태가 매우 미흡한 경우 등급보류 | 필수 | 9 | | | ① 로비 공간<br>○ 매우 넓음 (9)<br>○ 넓음 (7)<br>○ 보통 (5)<br>○ 다소 협소 (4)<br>○ 매우 협소 (2)<br>○ 로비 없음 (등급 보류) |
| | | 9 | | | ② 전체적 분위기와 조화성<br>○ 매우 우수 (9)<br>○ 우수 (7)<br>○ 보통 (5)<br>○ 미흡 (4)<br>○ 매우 미흡 (2)<br>○ 로비 없음 (0) |
| | 필수 | 9 | | | ③ 로비 청결 및 관리 상태<br>○ 매우 우수 (9)<br>○ 우수 (7)<br>○ 보통 (5)<br>○ 미흡 (4)<br>○ 매우 미흡 또는 로비 없음 (등급보류) |
| 2) 고객 수화물 보관 서비스 | | 8 | | | ○ 매우 우수 (8)<br>○ 우수 (6) |

| 평가항목 및 내용 | 필수항목 | 배점 | 자율평가 | 평가점수 | 평가배점/평가요원 (인) |
|---|---|---|---|---|---|
| ※ 고객의 수화물을 전용룸 또는 적절한 장소에 신속하고 친절하게 처리하고 관리하는지 여부<br>※ Baggage Tag 유무 및 관리 상태 | | | | | ○ 보통 (5)<br>○ 미흡 (3)<br>○ 매우 미흡 (2)<br>○ 미제공 (0) |
| 다. 프런트 데스크 | | | | | |
| 1) 프런트 데스크 기능을 위한 적정 인력 확보<br>※ 최근 1년간 근무 스케줄 확인 | | 8 | | | ○ 3교대 근무 이상 (8)<br>○ 2교대 근무 (5)<br>○ 교대 근무 시스템 미흡 (2) |
| 2) 호텔 운영 전산시스템(PMS) 설치 및 운영<br>※ 호텔 운영 전산시스템 설치 여부<br>※ 고객 정보관리(고객의 불평불만 관리, 고객 성향별 선호도 등) | | 13 | | | ○ 매우 우수 (13)<br>○ 우수 (10)<br>○ 보통 (8)<br>○ 미흡 (5)<br>○ 매우 미흡 (2)<br>○ 미설치 (0) |
| 3) 안전금고 설치 및 운영<br>※ 프런트에 설치된 안전금고는 고객열쇠와 호텔열쇠 2개로 동시에 작동되어야 함 | | 8 | | | ○ 프런트와 전 객실 설치 (8)<br>○ 프런트와 일부 객실 설치 또는 프런트에는 미설치하고 전 객실에 설치 (5)<br>○ 프런트에만 설치 또는 일부 객실에 설치 (2)<br>○ 미설치 (0) |

<table>
<tr><th>평가항목 및 내용</th><th>필수 항목</th><th>배점</th><th>자율 평가</th><th>평가 점수</th><th>평가배점/평가 요원 (인)</th></tr>
<tr><td>라. 복도 및 계단 관리</td><td></td><td></td><td></td><td></td><td></td></tr>
<tr><td rowspan="3">1) 복도/계단의 청결 및 안전 관리 상태<br>※ 24시간 자연 또는 인공조명을 통해 복도 및 계단의 일정한 밝기 유지<br>※ 복도/계단 청결 및 환기 상태<br>※ 복도 내 CCTV, 비상벨(비상전화) 설치 여부<br>* 필수 : 복도/계단의 청결 및 환기 상태가 매우 미흡한 경우 등급보류</td><td></td><td>6</td><td></td><td></td><td>① 복도/계단의 조명 관리 상태<br>○ 매우 우수 (6)<br>○ 우수 (5)<br>○ 보통 (3)<br>○ 미흡 (2)<br>○ 매우 미흡 (1)</td></tr>
<tr><td>필수</td><td>8</td><td></td><td></td><td>② 복도/계단의 청결 및 환기 상태<br>○ 매우 우수 (8)<br>○ 우수 (6)<br>○ 보통 (5)<br>○ 미흡 (3)<br>○ 매우 미흡 (등급 보류)</td></tr>
<tr><td></td><td>8</td><td></td><td></td><td>③ 복도 내 CCTV/비상벨 설치 여부<br>○ 모두 설치 (8)<br>○ 일부 설치 (5)<br>○ 미설치 (0)</td></tr>
<tr><td>2. 객실 및 욕실 부문</td><td></td><td></td><td></td><td></td><td></td></tr>
<tr><td>가. 객실 다양성 및 면적</td><td></td><td></td><td></td><td></td><td></td></tr>
<tr><td>1) 객실 다양성<br>※ 다양한 고객 수요를 충족시킬 수 있는 크기 또는 구조가 다른 유형의 객실 : 더블, 트윈, 트리플, 디럭스, 스위트, 한실, 장애인 객실 등</td><td></td><td>18</td><td></td><td></td><td>○ 4종류 이상 (18)<br>○ 3종류 (11)<br>○ 2종류 이하 (4)</td></tr>
</table>

| 평가항목 및 내용 | 필수항목 | 배점 | 자율평가 | 평가점수 | 평가배점/평가요원 (인) |
|---|---|---|---|---|---|
| 2) 객실 면적<br>※ 표준 객실에 대해 19㎡를 기준으로 평가. 단, 욕실 면적은 객실 면적에 포함하지 않음<br>※ 호텔에서 제공하는 자료(건축물 대장, 평면도 등)에 근거하여 평가 | | 18 | | | ○ 기준면적의 120% 이상 (18)<br>○ 기준면적의 110% 이상 120% 미만 (14)<br>○ 기준면적의 100% 이상 110% 미만 (11)<br>○ 기준면적의 90% 이상 100% 미만 (7)<br>○ 기준면적의 90% 미만 (4) |
| 나. 객실 청결 및 관리 상태<br>※ 객실 바닥, 벽, 천장의 벽지 청결 및 관리 상태<br>※ 객실 내 창문틀, 커튼, 침대/침구류, 조명시설, 편의용품의 청결 상태<br>※ 객실의 환기 상태<br>※ 객실 편의용품(물컵, 머그컵, 커피포트 등) 청결도 측정(필요시)<br>※ 위생 · 청결 관련 매뉴얼 및 비품 구비 여부<br>※ 하우스키핑 종사원의 업무숙지능력<br>* 필수 : 객실 청결 및 관리 상태가 매우 미흡한 경우 등급보류 | 필수 | 18 | | | ○ 매우 우수 (18)<br>○ 우수 (14)<br>○ 보통 (11)<br>○ 미흡 (7)<br>○ 매우 미흡 (등급 보류) |
| 다. 객실 안락도 및 편의성 | | | | | |
| 1) 객실 차양 관리 상태 | | 8 | | | ○ 매우 우수 (8)<br>○ 우수 (6) |

| 평가항목 및 내용 | 필수항목 | 배점 | 자율평가 | 평가점수 | 평가배점/평가요원 (인) |
|---|---|---|---|---|---|
| ※ 객실 차양을 위한 암막, 커튼, 블라인드, 덧문, 방충망(개폐식 창문이 있는 경우만 해당) 등 설치 유무 및 관리 상태 | | | | | ○ 보통 (5)<br>○ 미흡 (3)<br>○ 매우 미흡 (2)<br>○ 미설치 (0) |
| 2) 객실 보안시설 설치 여부<br>※ Door Chain Lock, Door View, Double Lock의 설치 유무 및 관리 상태<br>- Door Chain Lock : 문을 약간 열고 방문자를 확인할 수 있도록 문 안쪽에 체인이 달린 철물<br>- Door View : 객실 안에서 밖을 내다볼 수 있도록 문에 설치된 뷰어<br>- Double Lock : 이중 자물쇠 장치(마그네틱 잠금장치, IC카드, RF카드 등)<br>* 필수 : 객실 보안시설을 미설치한 경우 등급보류 | 필수 | 15 | | | ○ 3개 이상 설치 (15)<br>○ 2개 설치 (12)<br>○ 1개 설치 (9)<br>○ 미설치 (등급 보류) |
| 3) 고객 모니터링 시스템<br>※ 객실 내 불편신고엽서 비치 및 호텔 이용 만족 평가 여부<br>※ 불편신고엽서의 경우, 한국관광공사에서 운영하는 관광안내 전화(1330) 홍보물, 불편신 | 필수 | 15 | | | ○ 불편신고엽서 비치 및 이용 만족 평가 실시 (15)<br>○ 불편신고엽서 비치 또는 이용 만족 평가 실시 (9)<br>○ 불편신고엽서 미비치 및 이용 만 |

| 평가항목 및 내용 | 필수 항목 | 배점 | 자율 평가 | 평가 점수 | 평가배점/평가 요원 (인) |
|---|---|---|---|---|---|
| 고엽서 인정<br>※ 온라인으로 호텔 이용 만족 평가를 실시하는 경우 증빙 자료가 확인되면 인정<br>* 필수 : 불편신고엽서 미비치 및 호텔 이용 만족 평가 미실시 시 등급보류 | | | | | 족 평가 미실시 (등급 보류) |
| 4) 세탁 서비스 제공 여부<br>※ 객실 내 Laundry Bag, 세탁 안내문, 세탁 업체와의 계약서 등 확인 | | 8 | | | ○ 제공 (8)<br>○ 미제공 (0) |
| 라. 객실 내 통신 · 비상 시설 | | | | | |
| 1) 객실 내 인터넷 연결 및 이용의 편리성 | | 8 | | | ○ 편리 (8)<br>○ 보통 (4)<br>○ 불가능 (0) |
| 2) 비상장비 제공 및 관리 상태<br>※ 간이완강기 : 화재 등 위급상황 시 탈출용 로프 등으로 구성(객실 3~10층에 설치)<br>※ 휴대용 비상조명등 : 객실 내 보관 및 정상적 작동 여부<br>※ 인명구조기구 : 복도, 공용공간 등에 비상용으로 비치하는 방열복, 공기호흡기, 인공소생기<br>- 공기호흡기 : 화재 등 | 필수 | 13 | | | ○ 매우 우수 (13)<br>○ 우수 (10)<br>○ 보통 (8)<br>○ 미흡 (5)<br>○ 매우 미흡 (2)<br>○ 비상장비 미제공 (등급 보류) |

| 평가항목 및 내용 | 필수항목 | 배점 | 자율평가 | 평가점수 | 평가배점/평가요원 (인) |
|---|---|---|---|---|---|
| 유독가스 방지용 공기 호흡장비<br>- 인공소생기 : 호흡장애 시 응급 산소 공급을 위한 장비<br>* 필수 : 비상장비 미제공 시 등급보류 | | | | | |
| 3) 종사원의 비상 대처 매뉴얼 숙지 능력<br>※ 화재, 지진, 테러 등 비상 시 매뉴얼 숙지 여부<br>* 필수 : 종사원의 비상 대처 매뉴얼 숙지 능력이 매우 미흡한 경우 등급보류 | 필수 | 8 | | | ○ 매우 우수 (8)<br>○ 우수 (6)<br>○ 보통 (5)<br>○ 미흡 (3)<br>○ 매우 미흡 (등급 보류) |
| 마. 욕실 부문 | | | | | |
| 1) 욕실 면적<br>※ 표준 객실에 대해 3.3㎡를 기준으로 평가<br>※ 호텔에서 제공하는 자료(건축물 대장, 평면도 등)에 근거하여 평가 | | 18 | | | ○ 기준면적의 130% 이상 (18)<br>○ 기준면적의 120% 이상 130% 미만 (14)<br>○ 기준면적의 110% 이상 120% 미만 (11)<br>○ 기준면적의 100% 이상 110% 미만 (7)<br>○ 기준면적 미만 (4) |
| 2) 욕실 청결 및 시설/편의용품 품질 상태<br>※ 욕실 바닥, 벽면, 천장의 청결 상태<br>※ 조명등, 욕조, 욕조 손 | 필수 | 15 | | | ① 욕실 청결 상태<br>○ 매우 우수 (15)<br>○ 우수 (12)<br>○ 보통 (9)<br>○ 미흡 (6) |

| 평가항목 및 내용 | 필수<br>항목 | 배점 | 자율<br>평가 | 평가<br>점수 | 평가배점/평가<br>요원 (인) |
|---|---|---|---|---|---|
| 잡이, 러버매트, 세면대, 비누 받침대, 샤워기, 변기 등의 청결 상태<br>※ 욕실 편의용품(물컵, 비누받침대, 세면대 등) 청결도 측정(필요시)<br>* 필수 : 욕실 청결 및 관리 상태 또는 욕실 시설/편의용품의 품질 상태가 매우 미흡한 경우 등급보류 | | | | | ○ 매우 미흡<br>(등급 보류) |
| | 필수 | 8 | | | ② 욕실 시설/편의용품 품질 상태<br>○ 매우 우수 (8)<br>○ 우수 (6)<br>○ 보통 (5)<br>○ 미흡 (3)<br>○ 편의용품 없음 (0)<br>○ 매우 미흡<br>(등급 보류) |
| 3) 욕실 환기 및 배수 상태<br>* 필수 : 욕실 환기 또는 배수 상태가 매우 미흡한 경우 등급보류 | 필수 | 13 | | | ① 욕실 환기 상태<br>○ 매우 우수 (13)<br>○ 우수 (10)<br>○ 보통 (8)<br>○ 미흡 (5)<br>○ 매우 미흡<br>(등급 보류) |
| | 필수 | 13 | | | ② 욕실 배수 상태<br>○ 매우 우수 (13)<br>○ 우수 (10)<br>○ 보통 (8)<br>○ 미흡 (5)<br>○ 매우 미흡<br>(등급 보류) |
| 3. 식음료 및 부대시설 부문 | | | | | |
| 가. 식음료시설 | | | | | |
| 1) 식음료시설 설치 유무<br>※ 영업신고증 기준으로 평가<br>※ 다른 시설과 겸용인 경우 1개로 인정 | 필수 | 36 | | | ○ 2개 이상 설치 (36)<br>○ 1개 설치 (22)<br>○ 조식 제공 식음료시설 없음<br>(등급 보류) |

| 평가항목 및 내용 | 필수항목 | 배점 | 자율평가 | 평가점수 | 평가배점/평가요원 (인) |
|---|---|---|---|---|---|
| ※ 임대업장인 경우 투숙고객이 임대업장 이용 후 호텔에서 정산이 가능한 시스템을 갖추고, 임대업장의 종사원도 호텔 종사원에 준하여 유니폼을 착용하여야 인정<br>* 필수 : 조식 제공 가능 식음료시설(장소)이 없는 경우 등급보류 | | | | | |
| 2) 식음료시설의 분위기, 테이블/의자의 품질 상태<br>※ 식음료시설 분위기 : 인테리어, 장식(꽃, 그림 등) | | 8 | | | ① 식음료시설 분위기<br>○ 매우 우수 (8)<br>○ 우수 (6)<br>○ 보통 (5)<br>○ 미흡 (3)<br>○ 매우 미흡 (2)<br>○ 식음료시설 없음 (0) |
| | | 8 | | | ② 테이블/의자의 품질 상태<br>○ 매우 우수 (8)<br>○ 우수 (6)<br>○ 보통 (5)<br>○ 미흡 (3)<br>○ 매우 미흡 (2)<br>○ 식음료시설 없음 (0) |
| 3) 식음료시설 및 주방의 청결 상태<br>※ 식음료시설 천장, 벽, 바닥, 테이블/의자, 비품(뷔페 기물, 테이블보, 컵, 스푼, 나이프, 포크 등) 청결 및 관 | 필수 | 15 | | | ○ 매우 우수 (15)<br>○ 우수 (12)<br>○ 보통 (9)<br>○ 미흡 (6)<br>○ 매우 미흡 또는 식음료시설 없음 (등급 보류) |

| 평가항목 및 내용 | 필수항목 | 배점 | 자율평가 | 평가점수 | 평가배점/평가요원 (인) |
|---|---|---|---|---|---|
| 리 상태<br>※ 주방 쓰레기 분리수거 상태<br>※ 식재료 포장 상태, 유통기한 식별 관리 등<br>※ 주방 식기류, 조리기구 청결도 측정(필요시)<br>※ 종사원의 위생 · 청결 관련 매뉴얼, 비품 구비 및 숙지 여부<br>* 필수 : 식음료시설 또는 주방의 청결 및 관리 상태가 매우 미흡하거나 식음료시설(장소)이 없는 경우 등급보류 | | | | | |
| 나. 비즈니스센터 | | | | | |
| 1) 비즈니스센터 설치 및 운영 상태<br>※ 전용, 공용 공간 여부<br>※ 운영시간 적정성 여부<br>※ 전담 직원 배치 유무 등 | | 8 | | | ○ 매우 우수 (8)<br>○ 우수 (6)<br>○ 보통 (5)<br>○ 미흡 (3)<br>○ 매우 미흡 (2)<br>○ 비즈니스센터 없음 (0) |
| 다. 장애인 편의시설 | | | | | |
| 1) 호텔 내 장애인 시설 이용 가능 여부<br>※ 장애인 통행이 가능한 출입구 접근로, 점자블록, 장애인용 경보 · 피난설비, 장애인 주차구역, 장애인 승강 | | 10 | | | ○ 8종류 이상 (10)<br>○ 7종류 (6)<br>○ 6종류 이하 (0) |

| 평가항목 및 내용 | 필수항목 | 배점 | 자율평가 | 평가점수 | 평가배점/평가요원 (인) |
|---|---|---|---|---|---|
| 기, 장애인 화장실, 장애인 욕실, 장애인 침실, 시각·청각장애인 유도·안내 설비, 장애인의 이용이 가능한 접수대 또는 작업대 등 | | | | | |
| 4. 부가점수 | | | | | |
| 4-1. 가점 항목 | | | | | |
| 가. 에너지 절감 경영<br>※ 그린카드 제도 운영<br>※ 건물 에너지 효율 등급 인증, 탄소(환경)성적 표지 인증, 녹색 건축 인증, 에너지 경영 시스템 인증(인증서 또는 관련 공문 증빙 확인) | | 10 | | | ○ 3개 이상 (10)<br>○ 2개 (7)<br>○ 1개 (4) |
| 나. 전문 한식당 운영 여부<br>※ 전문 한식당을 독립적으로 운영<br>※ 메뉴의 구성, 인테리어, 운영 상태 등을 종합적으로 고려 | | 10 | | | ○ 운영 (10) |
| 다. 종사원 교육 및 유자격자 고용 | | | | | |
| 1) 종사원 교육<br>※ 자체 교육기관 내 교육, 위탁교육, 강사 초빙, 자체강사 활용 등<br>※ 법정의무교육, 직무교육, 계층교육, (친절)서비스교육, 외국어교 | | 10 | | | ○ 매우 우수 (10)<br>○ 우수 (6)<br>○ 보통 (4) |

| 평가항목 및 내용 | 필수 항목 | 배점 | 자율 평가 | 평가 점수 | 평가배점/평가 요원 (인) |
|---|---|---|---|---|---|
| 육, 위생교육, 소방교육, 응급조치교육 등 | | | | | |
| 2) 유자격자 고용<br>※ 호텔경영사, 호텔관리사, 호텔서비스사 | | 10 | | | ○ 5명이상 고용 (10)<br>○ 4명 고용 (8)<br>○ 3명 고용 (6)<br>○ 2명 고용 (4)<br>○ 1명 고용 (2) |
| 4-2. 감점 항목<br>(접수일 기준 최근 3년간) | | | | | |
| 가. 호텔 내 화재 발생 여부 | | -10 | | | ○ 발생 (-10) |
| 나. 호텔 내 불법행위 등 발생 여부 | | | | | |
| 1) 호텔 또는 임대업장을 포함한 부대시설에서 미풍양속에 어긋나 한국 관광이미지를 현저히 훼손하는 행위 | | -10 | | | ○ 발생 (-10) |
| 2) 사업자 및 임원(관광사업자가 법인인 경우)의 불법행위 | | -10 | | | ○ 발생 (-10) |
| 다. 영업상 행정조치 여부<br>※ 위생 점검, 소방 점검, 노사분규 등 영업상의 행정조치(행정처분, 과태료, 과징금 등) | | -10 | | | ○ 발생 (-10) |
| 라. 고객 불편신고 처리 상태<br>※ 한국관광공사, 한국소비자원 등에 접수된 사항 | | | | | |

| 평가항목 및 내용 | 필수항목 | 배점 | 자율평가 | 평가점수 | 평가배점/평가요원 (인) |
|---|---|---|---|---|---|
| 1) 시설 및 위생 관리 | | -10 | | | ○ 발생 (-10) |
| 2) 부당요금 징수, 서비스 불만, 예약 조건 불이행 등 | | -10 | | | ○ 발생 (-10) |
| 마. 투숙객이 예약취소·변경 요청 시 과도한 수수료를 요구하여 「소비자분쟁해결기준」(공정거래위원회 고시) 위반으로 적발<br>※ 특약사항(조기예약·특가객실에 따른 별도 수수료 규정) 있는 경우 등 제외 | | -10 | | | ○ 적발 (-10) |
| 바. 호텔 등급표지 미부착, 허위표시 또는 허위광고 적발<br>※ 홈페이지, 온라인 여약사이트 등에 허위등급 게시 또는 광고하는 경우를 모두 포함 | | -20 | | | ○ 허위표시 또는 허위광고 적발 (-20)<br>○ 미부착 적발 (-10) |
| 사. 풍속을 저해하는 '입·퇴실시간에 따른 차등요금제 실시' 광고 적발 | | -20 | | | ○ 적발 (-20) |
| 4-3. 가감점 항목 | | | | | |
| 가. 호텔 서비스 중간점검 결과<br>※ 기준점수<br>- 1성급 : 총 배점의 50%<br>- 2성급 : 총 배점의 60% | | +5<br>-5<br>-10 | | | 〈1성급〉<br>○ 총 배점의 55% 이상 (+5)<br>○ 총 배점의 50% 미만부터 45% 이상 (-5) |

| 평가항목 및 내용 | 필수 항목 | 배점 | 자율 평가 | 평가 점수 | 평가배점/평가 요원 (인) |
|---|---|---|---|---|---|
| | | | | | ○ 총 배점의 45% 미만 (-10)<br><br>〈2성급〉<br>○ 총 배점의 65% 이상 (+5)<br>○ 총 배점의 60% 미만부터 55% 이상 (-5)<br>○ 총 배점의 55% 미만 (-10) |
| 총 점 | | 400 | | | |

## [별표 3] 수수료(제8조제4항 관련)

### 수수료(제8조제4항 관련)

(단위 : 천원)

| 구 분 | | 수수료 | 비 고 |
|---|---|---|---|
| 관광호텔업 | 5성급 | 2,800 | 현장평가 3인, 암행평가 2인 |
| | 4성급 | 2,650 | 현장평가 3인, 암행평가 2인 |
| | 3성급 | 1,680 | 현장평가 2인, 불시평가 2인 |
| | 2성급 | 1,680 | 현장평가 2인, 불시평가 2인 |
| | 1성급 | 1,680 | 현장평가 2인, 불시평가 2인 |
| 한국전통호텔업 | | 1,680 | 현장평가 2인, 불시평가 2인 |
| 소형호텔업 | | 1,680 | 현장평가 2인, 불시평가 2인 |

* 등급결정수탁기관은 호텔 현장평가결과 관광진흥법 시행규칙 제25조제5항에 따른 등급결정 보류 시 피평가호텔에 일부 금액(관광호텔업 5성 : 1,550천원, 관광호텔업 4성 : 1,400천원, 관광호텔업 1~3성 및 한국전통호텔업, 소형호텔업 : 840천원)을 환불

### [별표 4] 등급평가단의 구성(제12조제1항 관련)

등급평가단의 구성(제12조제1항 관련)

| 구 분 | | 현장평가 | 암행평가/불시평가 |
|---|---|---|---|
| 관광 호텔업 | 5성 | 3인 | 2인 |
| | 4성 | 3인 | 2인 |
| | 3성 | 2인 | 2인 |
| | 2성 | 2인 | 2인 |
| | 1성 | 2인 | 2인 |
| 한국전통호텔업 | | 2인 | 2인 |
| 소형호텔업 | | 2인 | 2인 |

1. 현장평가요원은 시행규칙 제72조 제1호 내지 제2호의 요건을 충족시키는 자로 하고, 불시평가요원 또는 암행평가요원은 해당호텔의 현장평가요원이었던 자를 제외한 자로 하되 그 중 1인은 시행규칙 72조 제3호의 요건을 충족시키는 자여야 한다.
2. 현장평가와 암행평가/불시평가는 각기 다른 날짜에 실시되어야 한다.
3. 불시평가는 평가요원 2인이 동행하여 평가하여야 한다.

### [별지 제1호서식]

<table>
<tr><td colspan="4" rowspan="2">호텔업 등급결정업무 수탁신청서</td><td>처리기간</td></tr>
<tr><td>30 일</td></tr>
<tr><td>법 인 명</td><td></td><td>대표자</td><td colspan="2"></td></tr>
<tr><td>소 재 지</td><td colspan="4"></td></tr>
<tr><td>법인등록일</td><td></td><td>법인설립근거</td><td colspan="2"></td></tr>
<tr><td rowspan="2">법 인 구 성</td><td>임원의 그성</td><td colspan="3">명( )</td></tr>
<tr><td>법인구성(회원)자격</td><td colspan="3"></td></tr>
<tr><td>법인설립목적</td><td colspan="4"></td></tr>
</table>

<table>
<tr><td colspan="4">「관광진흥법 시행령」 제66조 및 「호텔업 등급결정업무 위탁 및 등급결정에 관한 요령」 제2조의 규정에 의하여 호텔업의 등급결정 업무를 수행하고자 위와 같이 등급결정기관으로 등록을 신청합니다.<br><br>년 월 일<br><br>신청인(대표자): (서명 또는 인)</td></tr>
<tr><td rowspan="3">구비서류</td><td>신청인(대표자) 제출서류</td><td colspan="2">담당 공무원 확인사항</td></tr>
<tr><td rowspan="2">1. 등급결정업무 실시계획서<br>2. 법인의 대표자 또는 임원이 「관광진흥법」 제7조 제1항 각호에 해당하지 아니함을 증명하는 서류<br>3. 위촉한 호텔업 등급평가요원의 명단, 이력서, 경력 · 실적 증명서 또는 자격증 사본(경력 · 실적 또는 자격이 있는 경우에 한함) 및 위촉동의서</td><td rowspan="2">법인 등기부 등본</td><td>수수료<br>없 음</td></tr>
<tr><td></td></tr>
</table>

210㎜×297㎜[일반용지 60g/㎡(재활용품)]

### [별지 제2호서식]

<table>
<tr><td colspan="2">

**호텔업 등급결정업무 수탁기관 확인증**

1. 등록번호: 제 호

2. 법 인 명: (대표자: )

3. 소 재 지:

「관광진흥법 시행령」 제66조 및 「호텔업 등급결정업무 위탁 및 등급결정에 관한 요령」 제3조의 규정에 의하여 귀 법인이 호텔업 등급결정업무 수탁기관임을 확인합니다.

년 월 일

</td></tr>
<tr><td>문화체육관광부장관</td><td>직인</td></tr>
</table>

210mm×297mm(보존용지(1종)120g/㎡)

**[별지 제3호서식]**

**호텔업 등급결정업무 수탁기관 대장**

| 번호 | 위탁 일자 | 위탁 기간 | 법인명 | 대표자 | 소재지 | 전화번호 |
|---|---|---|---|---|---|---|
| | | | | | | |
| | | | | | | |
| | | | | | | |

210㎜×297㎜[일반용지 60g/㎡(재활용품)]

**[별지 제4호서식]**

<table>
<tr><td colspan="4" rowspan="2">호텔업등급결정신청서</td><td>처리기간</td></tr>
<tr><td>30 일</td></tr>
<tr><td rowspan="2">신청인</td><td>사업자(대표자)명</td><td></td><td>생년월일(남/여)<br>(대표자)</td><td></td></tr>
<tr><td>주소</td><td colspan="3"></td></tr>
<tr><td rowspan="4">호텔현황</td><td>상호 또는 명칭</td><td></td><td>최초등록일</td><td></td></tr>
<tr><td>영업장 소재지</td><td colspan="3"></td></tr>
<tr><td>현재등급</td><td></td><td>현 등급결정일</td><td></td></tr>
<tr><td>희망등급</td><td colspan="3"></td></tr>
<tr><td colspan="2">신청사유</td><td colspan="3"></td></tr>
<tr><td colspan="5">「관광진흥법 시행규칙」 제25조제1항 및 「호텔업 등급결정기관 등록 및 등급결정에 관한 요령」 제5조의 규정에 의하여 위와 같이 호텔업의 등급결정을 신청합니다.<br><br>년 월 일<br><br>신청인: (서명 또는 인)<br><br>관리기관 귀하</td></tr>
<tr><td colspan="4">※ 구비서류<br>1. 호텔업시설의 현황<br>2. 호텔업세부등급평가기준에 의한 자율평가결과<br>3. 호텔업시설에 대한 개·보수 현황(해당자에 한함)</td><td></td></tr>
</table>

210㎜×297㎜[일반용지 60g/㎡(재활용품)]

**[별지 제5호서식]**

<table>
<tr><td colspan="4">호텔업 등급평가결과 통보서</td></tr>
<tr><td>호 텔 명</td><td></td><td>대표자</td><td></td></tr>
<tr><td>소 재 지</td><td colspan="3"></td></tr>
<tr><td>현 등 급</td><td></td><td>신청등급</td><td></td></tr>
<tr><td>등 급 평 가<br>신 청 일</td><td></td><td>평가기간</td><td>~</td></tr>
<tr><td rowspan="2">등급평가결과</td><td>등급결정 ( √ 표기 )</td><td colspan="2">(　 )성급으로 결정함</td></tr>
<tr><td>등급보류시( √ 표기 )</td><td colspan="2">등급기준에 미달하여<br>등급결정을 보류함</td></tr>
</table>

「관광진흥법 시행규칙」 제25조, 제25조의2 및 「호텔업 등급결정업무 위탁 및 등급결정에 관한 요령」에 의하여 실시한 호텔업등급평가결과를 상기와 같이 통보합니다.

년 월 일

(호텔업 등급결정업무 수탁기관명) 　　직인

※ 첨부서류: 호텔업 등급평가 결과

210㎜×297㎜[일반용지 60g/㎡(재활용품)]

[별지 제6호서식]

(등급결정업무 수탁기관명)
제 - 호

**등급인정서**
**호텔업종**

상 호:
등 급:
주 소:
유효기간:

(등급결정업무 수탁기관명)은(는) 관광진흥법 제19조 및 같은 법 시행령 제66조 규정에 의하여 위와 같이 등급을 결정함

**Certificate of Grade**
**Hotel Type**

Company Name:
Grade:
Address:
Valid Period:

This certificate verifies that (등급결정업무 수탁기관 영문명) has determined the grade of the above hotel as specified, pursuant to Ariticle 19 of the Tourism Promotion Act and the provisions under Article 66 of its Enforcement Decree

년 월 일

Month. Day, Year

(등급결정업무 수탁기관경)

(등급결정업무 수탁기관 영문명)

[별지 제7호서식]

<table>
<tr><td>

**호텔업 등급평가요원 위촉동의서**

본인은 귀 (등급결정업무 수탁기관명)에서 시행하는 호텔업의 등급평가위원으로 위촉함에 아래와 같이 동의합니다.

○ 참여분야:

○ 참여기간: . . . ~ . . . ( 년간)

년 월 일

성명: (서명 또는 인)

(생년월일: 성별: )

(호텔업 등급결정업무 수탁기관장) 귀하

</td></tr>
<tr><td>

※ 첨부서류<br>1. 이력서<br>2. 경력 또는 실적증명서(해당자에 한함)<br>3. 자격증 사본(해당자에 한함)

</td></tr>
</table>

210㎜×297㎜[일반용지 60g/㎡(재활용품)]

[별지 제8호서식]

<table>
<tr><td colspan="2">

제 - 호

**호텔업 등급평가요원 위촉장**

1. 성 명: (한문: )<br>2. 생년월일:<br>3. 평가분야:<br>4. 위촉기간:

귀하를 우리 (등급결정업무 수탁기관명)에서 시행하는 호텔업 등급결정 사업의 등급평가요원으로 위촉합니다.

년 월 일

</td></tr>
<tr><td>(호텔업 등급결정업무 수탁기관명)</td><td>직인</td></tr>
</table>

[별지 제9호서식]

<table>
<tr><td colspan="4" rowspan="2">호텔업등급결정 이의신청서</td><td>처리기간</td></tr>
<tr><td>90일</td></tr>
<tr><td rowspan="2">신청인</td><td>사업자(대표자)명</td><td></td><td>생년월일(남/여)<br>(대표자)</td><td></td></tr>
<tr><td>주소</td><td colspan="3"></td></tr>
<tr><td rowspan="4">호텔<br>현황</td><td>상호 또는 명칭</td><td></td><td>최초등록일</td><td></td></tr>
<tr><td>영업장 소재지</td><td colspan="3"></td></tr>
<tr><td>신청등급</td><td colspan="3"></td></tr>
<tr><td>등급평가일</td><td></td><td>등급보류결정일</td><td></td></tr>
<tr><td>이의<br>신청<br>사유</td><td colspan="4"></td></tr>
<tr><td colspan="5">「관광진흥법 시행규칙」 제25조의2 제3항 및 「호텔업 등급결정업무 위탁 및 등급결정에 관한 요령」 제21조의2의 규정에 의하여 위와 같이 호텔업의 등급결정에 이의신청 신청합니다.<br><br>년 월 일<br><br>신청인(대표자): (서명 또는 인)<br><br>(호텔업 등급결정업무 수탁기관장) 귀하</td></tr>
</table>

210㎜×297㎜[일반용지 60g/㎡(재활용품)]

8. 우수숙박시설의 지정
➡법 제19조의 2

| 법 | 시행령 | 시행규칙 |
|---|---|---|
| 법 제19조의2(우수숙박시설의 지정) | 시행령 제22조의2 (우수숙박시설의 지정) | |

– 우수숙박시설의 지정

법 제19조의2 삭제〈2018.3.13.〉

⇒시행령 제22조의 2

시행령 제22조의2 삭제〈2018.6.5〉

- 우수숙박시설 지정 기준
⇒시행령 별표 1의2

9. 분양 및 회원모집
➡법 제20조

⇒시행령 제23~26조의 1
→시행규칙 제26~28조

| 법 | 시행령 | 시행규칙 |
|---|---|---|
| 법 제20조<br>(분양 및 회원모집) | 시행령 제23조<br>(분양 및 회원모집 관광사업)<br>시행령 제24조<br>(분양 및 회원모집의 기준 및 시기)<br>시행령 제25조(분양 또는 회원모집 계획서의 제출)<br>시행령 제26조<br>(공유자 또는 회원의 보호) | 시행규칙 제26조<br>(총공사 공정률)<br>시행규칙 제27조<br>(분양 또는 회원모집 계획서의 첨부서류)<br>시행규칙 제28조<br>(회원증의 발급) |

**법 제20조(분양 및 회원 모집)**

① 관광숙박업이나 관광객 이용시설업으로서 대통령령으로 정하는 종류의 관광사업을 등록한 자 또는 그 사업계획의 승인을 받은 자가 아니면 그 관광사업의 시설에 대하여 분양(휴양 콘도미니엄만 해당한다. 이하 같다) 또는 회원 모집을 하여서는 아니 된다.

② 누구든지 다음 각 호의 어느 하나에 해당하는 행위를 하여서는 아니 된다.〈개정 2007.7.19.〉

1. 제1항에 따른 분양 또는 회원모집을 할 수 없는 자가 관광숙박업이나 관광객 이용시설업으로서 대통령령으로 정하는 종류의 관광사업 또는 이와 유사한 명칭을 사용하여 분양 또는 회원모집을 하는 행위
2. 관광숙박시설과 관광숙박시설이 아닌 시설을 혼합 또는 연계하여 이를 분양하거나 회원을 모집하는 행위. 다만, 대통령령으로 정하는 종류의 관광숙박업의 등록을 받은 자 또는 그 사업계획의 승인을 얻은 자가 「체육시설의 설치 · 이용에 관한 법률」 제12조에 따라 골프장의 사업계획을 승인

받은 경우에는 관광숙박시설과 해당 골프장을 연계하여 분양하거나 회원을 모집할 수 있다.

3. 공유자 또는 회원으로부터 제1항에 따른 관광사업의 시설에 관한 이용권리를 양도받아 이를 이용할 수 있는 회원을 모집하는 행위

③ 제1항에 따라 분양 또는 회원모집을 하려는 자가 사용하는 약관에는 제5항 각 호의 사항이 포함되어야 한다.

④ 제1항에 따라 분양 또는 회원 모집을 하려는 자는 대통령령으로 정하는 분양 또는 회원 모집의 기준 및 절차에 따라 분양 또는 회원 모집을 하여야 한다.

⑤ 분양 또는 회원 모집을 한 자는 공유자 · 회원의 권익을 보호하기 위하여 다음 각 호의 사항에 관하여 대통령령으로 정하는 사항을 지켜야 한다.

1. 공유지분(共有持分) 또는 회원자격의 양도 · 양수
2. 시설의 이용
3. 시설의 유지 · 관리에 필요한 비용의 징수
4. 회원 입회금의 반환
5. 회원증의 발급과 확인
6. 공유자 · 회원의 대표기구 구성
7. 그 밖에 공유자 · 회원의 권익 보호를 위하여 대통령령으로 정하는 사항

### 시행령 제23조(분양 및 회원모집 관광사업)

① 법 제20조제1항 및 제2항제1호에서 "대통령령으로 정하는 종류의 관광사업"이란 다음 각 호의 사업을 말한다.

1. 휴양 콘도미니엄업 및 호텔업
2. 관광객 이용시설업 중 제2종 종합휴양업

② 법 제20조제2항제2호 단서에서 "대통령령으로 정하는 종류의 관광숙박업"이란 다음 각 호의 숙박업을 말한다. 〈개정 2008.8.26.〉

1. 휴양 콘도미니엄업
2. 호텔업
3. 삭제〈2008.8.26.〉

**시행령 제24조(분양 및 회원모집의 기준 및 시기)**

① 법 제20조제4항에 따른 휴양 콘도미니엄업 시설의 분양 및 회원모집 기준과 호텔업 및 제2종 종합휴양업 시설의 회원모집 기준은 다음 각 호와 같다. 다만, 제2종 종합휴양업 시설 중 등록 체육시설업 시설에 대한 회원모집에 관하여는 「체육시설의 설치 · 이용에 관한 법률」에서 정하는 바에 따른다. 〈개정 2008.11.26., 2010.6.15., 2014.9.11., 2018.9.18.〉

1. 다음 각 목의 구분에 따른 소유권 등을 확보할 것. 이 경우 분양(휴양 콘도미니엄업만 해당한다. 이하 같다) 또는 회원모집 당시 해당 휴양 콘도미니엄업, 호텔업 및 제2종 종합휴양업의 건물이 사용승인된 경우에는 해당 건물의 소유권도 확보하여야 한다.
   가. 휴양 콘도미니엄업 및 호텔업(수상관광호텔은 제외한다)의 경우 : 해당 관광숙박시설이 건설되는 대지의 소유권
   나. 수상관광호텔의 경우 : 구조물 또는 선박의 소유권
   다. 제2종 종합휴양업의 경우 : 회원모집 대상인 해당 제2종 종합휴양업 시설이 건설되는 부지의 소유권 또는 사용권
2. 제1호에 따른 대지 · 부지 및 건물이 저당권의 목적물로 되어 있는 경우에는 그 저당권을 말소할 것. 다만, 공유제(共有制)일 경우에는 분양받은 자의 명의로 소유권 이전등기를 마칠 때까지, 회원제일 경우에는 저당권이 말소될 때까지 분양 또는 회원모집과 관련한 사고로 인하여 분양을 받은 자나 회원에게 피해를 주는 경우 그 손해를 배상할 것을 내용으로 저당권 설정금액에 해당하는 보증보험에 가입한 경우에는 그러하지 아니하다.
3. 분양을 하는 경우 한 개의 객실당 분양인원은 5명 이상으로 하되, 가족(부부 및 직계존비속을 말한다)만을 수분양자로 하지 아니할 것. 다만, 다음 각 목의 어느 하나에 해당하는 경우에는 그러하지 아니하다.
   가. 공유자가 법인인 경우
   나. 「출입국관리법 시행령」 별표 1의2 제24호차목에 따라 법무부장관이 정하여 고시한 투자지역에 건설되는 휴양 콘도미니엄으로서 공유자가 외국인인 경우

4. 삭제〈2015.11.18.〉
5. 공유자 또는 회원의 연간 이용일수는 365일을 객실당 분양 또는 회원모집계획 인원수로 나눈 범위 이내일 것
6. 주거용으로 분양 또는 회원모집을 하지 아니할 것

② 제1항에 따라 휴양 콘도미니엄업, 호텔업 및 제2종 종합휴양업의 분양 또는 회원을 모집하는 경우 그 시기 등은 다음 각 호와 같다.〈개정 2008.2.29.〉

1. 휴양 콘도미니엄업 및 제2종 종합휴양업의 경우
   가. 해당 시설공사의 총 공사 공정이 문화체육관광부령으로 정하는 공정률 이상 진행된 때부터 분양 또는 회원모집을 하되, 분양 또는 회원을 모집하려는 총 객실 중 공정률에 해당하는 객실을 대상으로 분양 또는 회원을 모집할 것
   나. 공정률에 해당하는 객실 수를 초과하여 분양 또는 회원을 모집하려는 경우에는 분양 또는 회원모집과 관련한 사고로 인하여 분양을 받은 자나 회원에게 피해를 주는 경우 그 손해를 배상할 것을 내용으로 공정률을 초과하여 분양 또는 회원을 모집하려는 금액에 해당하는 보증보험에 관광사업의 등록 시까지 가입할 것
2. 호텔업의 경우
   관광사업의 등록 후부터 회원을 모집할 것. 다만, 제2종 종합휴양업에 포함된 호텔업의 경우에는 제1호가목 및 나목을 적용한다.

### 시행규칙 제26조(총공사 공정률)

영 제24조제2항제1호가목에서 "문화체육관광부령으로 정하는 공정률"이란 20퍼센트를 말한다.〈개정 2008.3.6.〉

### 시행령 제25조(분양 또는 회원모집계획서의 제출)

① 제24조에 따라 분양 또는 회원을 모집하려는 자는 문화체육관광부령으로 정하는 바에 따라 분양 또는 회원모집계획서를 특별자치시장 · 특별자치도지사 · 시장 · 군수 · 구청장에게 제출하여야 한다. 〈개정 2008.2.29., 2009.1.20., 2019.4.9.〉

② 제1항에 따라 제출한 분양 또는 회원모집계획서의 내용이 사

업계획승인 내용과 다른 경우에는 사업계획 변경승인신청서를 함께 제출하여야 한다.

③ 제1항과 제2항에 따라 분양 또는 회원모집계획서를 제출받은 특별자치시장 · 특별자치도지사 · 시장 · 군수 · 구청장은 이를 검토한 후 지체 없이 그 결과를 상대방에게 알려야 한다. 〈개정 2009.1.20., 2019.4.9.〉

④ 제1항부터 제3항까지의 규정은 분양 또는 회원모집계획을 변경하는 경우에 이를 준용한다.

### 시행규칙 제27조(분양 또는 회원모집계획서의 첨부서류)

① 영 제25조에 따른 분양 또는 회원모집계획서에 첨부할 서류는 다음 각 호와 같다.

1. 「건축법」에 따른 공사 감리자가 작성하는 건설공정에 대한 보고서 또는 확인서(공사 중인 시설의 경우만 해당한다)
2. 보증보험가입증서(필요한 경우만 해당한다)
3. 객실 종류별, 객실당 분양인원 및 분양가격(회원제의 경우에는 회원수 및 입회금)
4. 분양 또는 회원모집계약서와 이용약관
5. 분양 또는 회원모집 공고안
6. 관광사업자가 직접 운영하는 휴양콘도미니엄 또는 호텔의 현황 및 증빙서류(관광사업자가 직접 운영하지는 아니하나 계약에 따라 회원 등이 이용할 수 있는 시설이 있는 경우에는 그 현황 및 증빙서류를 포함한다)

② 제1항에 따른 분양 또는 회원모집계획서를 제출받은 특별자치시장 · 특별자치도지사 · 시장 · 군수 · 구청장은 「전자정부법」 제36조제1항에 따른 행정정보의 공동이용을 통하여 대지 · 건물의 등기사항증명서를 확인하여야 한다. 〈개정 2009. 3.31., 2011.3.30., 2015.4.22., 2019.4.25.〉

③ 제1항제5호에 따른 분양 또는 회원모집 공고안에 포함되어야 할 사항은 다음 각 호와 같다.

1. 대지면적 및 객실당 전용면적 · 공유면적
2. 분양가격 또는 입회금 중 계약금 · 중도금 · 잔금 및 그 납부시기
3. 분양 또는 회원모집의 총 인원과 객실별 인원

4. 연간 이용일수 및 회원의 경우 입회기간
5. 사업계획승인과 건축허가의 번호 · 연월일 및 승인 · 허가 기관
6. 착공일, 공사완료예정일 및 이용예정일
7. 제1항제6호 중 관광사업자가 직접 운영하는 휴양콘도미니엄 또는 호텔의 현황

**시행령 제26조(공유자 또는 회원의 보호)**
분양 또는 회원모집을 한 자는 법 제20조제5항에 따라 공유자 또는 회원의 권익 보호를 위하여 다음 각 호의 사항을 지켜야 한다. 〈개정 2008.2.29., 2014.9.11., 2015.11.18., 2018.9.18.〉

1. 공유지분 또는 회원자격의 양도 · 양수 : 공유지분 또는 회원자격의 양도 · 양수를 제한하지 아니할 것. 다만, 제24조제1항제3호에 따라 휴양 콘도미니엄의 객실을 분양받은 자가 해당 객실을 법인이 아닌 내국인(「출입국관리법 시행령」 별표 1의2 제24호차목에 따라 법무부장관이 정하여 고시한 투자지역에 위치하지 아니한 휴양 콘도미니엄의 경우 법인이 아닌 외국인을 포함한다)에게 양도하려는 경우에는 양수인이 같은 호 각 목 외의 부분 본문에 따른 분양기준에 적합하도록 하여야 한다.
2. 시설의 이용 : 공유자 또는 회원이 이용하지 아니하는 객실만을 공유자 또는 회원이 아닌 자에게 이용하게 할 것. 이 경우 객실이용계획을 수립하여 제6호에 따른 공유자 · 회원의 대표기구와 미리 협의하여야 하며, 객실이용명세서를 작성하여 공유자 · 회원의 대표기구에 알려야 한다.
3. 시설의 유지 · 관리에 필요한 비용의 징수
   가. 해당 시설을 선량한 관리자로서의 주의의무를 다하여 관리하되, 시설의 유지 · 관리에 드는 비용 외의 비용을 징수하지 아니할 것
   나. 시설의 유지 · 관리에 드는 비용의 징수에 관한 사항을 변경하려는 경우에는 공유자 · 회원의 대표기구와 협의하고, 그 협의 결과를 공유자 및 회원에게 공개할 것
   다. 시설의 유지 · 관리에 드는 비용 징수금의 사용명세를 매년 공유자 · 회원의 대표기구에 공개할 것

4. 회원의 입회금(회원자격을 부여받은 대가로 회원을 모집하는 자에게 지불하는 비용을 말한다)의 반환 : 회원의 입회기간 및 입회금의 반환은 관광사업자 또는 사업계획승인을 받은 자와 회원 간에 체결한 계약에 따르되, 회원의 입회기간이 끝나 입회금을 반환하여야 하는 경우에는 입회금 반환을 요구받은 날부터 10일 이내에 반환할 것
5. 회원증의 발급 및 확인 : 문화체육관광부령으로 정하는 바에 따라 공유자나 회원에게 해당 시설의 공유자나 회원임을 증명하는 회원증을 문화체육관광부령으로 정하는 기관으로부터 확인받아 발급할 것
6. 공유자 · 회원의 대표기구의 구성 및 운영
   가. 20명 이상의 공유자 · 회원으로 대표기구를 구성할 것. 이 경우 그 분양 또는 회원모집을 한 자와 그 대표자 및 임직원은 대표기구에 참여할 수 없다.
   나. 가목에 따라 대표기구를 구성하는 경우(결원을 충원하는 경우를 포함한다)에는 그 공유자 · 회원 모두를 대상으로 전자우편 또는 휴대전화 문자메세지로 통지하거나 해당 사업자의 인터넷 홈페이지에 게시하는 등의 방법으로 그 사실을 알리고 대표기구의 구성원을 추천받거나 신청받도록 할 것
   다. 공유자 · 회원의 권익에 관한 사항(제3호나목에 관한 사항은 제외한다)은 대표기구와 협의할 것
   라. 휴양 콘도미니엄업에 대한 특례
      1) 가목에도 불구하고 한 개의 법인이 복수의 휴양 콘도미니엄업을 등록한 경우에는 그 법인이 등록한 휴양 콘도미니엄업의 전부 또는 일부를 대상으로 대표기구를 통합하여 구성할 수 있도록 하되, 통합하여 구성된 대표기구(이하 "통합 대표기구"라 한다)에는 각각의 등록된 휴양 콘도미니엄업 시설의 공유자 및 회원이 다음의 기준에 따라 포함되도록 할 것
         가) 공유자와 회원이 모두 있는 등록된 휴양 콘도미니엄업의 경우: 공유자 및 회원 각각 1명 이상
         나) 공유자 또는 회원만 있는 등록된 휴양 콘도미니엄업의 경우: 공유자 또는 회원 1명 이상

2) 1)에 따라 통합 대표기구를 구성한 경우에도 특정 휴양 콘도미니엄업 시설의 공유자 · 회원의 권익에 관한 사항으로서 통합 대표기구의 구성원 10명 이상 또는 해당 휴양 콘도미니엄업 시설의 공유자 · 회원 10명 이상이 요청하는 경우에는 해당 휴양 콘도미니엄업 시설의 공유자 · 회원 20명 이상으로 그 휴양 콘도미니엄업의 해당 안건만을 협의하기 위한 대표기구를 구성하여 해당 안건에 관하여 통합 대표기구를 대신하여 협의하도록 할 것

7. 그 밖의 공유자 · 회원의 권익 보호에 관한 사항 : 분양 또는 회원모집계약서에 사업계획의 승인번호 · 일자(관광사업으로 등록된 경우에는 등록번호 · 일자), 시설물의 현황 · 소재지, 연간 이용일수 및 회원의 입회기간을 명시할 것

### 시행규칙 제28조(회원증의 발급)

① 분양 또는 회원모집을 하는 관광사업자가 영 제26조제5호에 따라 회원증을 발급하는 경우 그 회원증에는 다음 각 호의 사항이 포함되어야 한다.

1. 공유자 또는 회원의 번호
2. 공유자 또는 회원의 성명과 주민등록번호
3. 사업장의 상호 · 명칭 및 소재지
4. 공유자와 회원의 구분
5. 면적
6. 분양일 또는 입회일
7. 발행일자

② 분양 또는 회원모집을 하는 관광사업자가 제1항에 따른 회원증을 발급하려는 경우에는 미리 분양 또는 회원모집 계약 후 30일 이내에 문화체육관광부장관이 지정하여 고시하는 자(이하 "회원증 확인자"라 한다)로부터 그 회원증과 영 제25조에 따른 분양 또는 회원모집계획서가 일치하는지를 확인받아야 한다. 〈개정 2008.3.6.〉

③ 제2항에 따라 회원증 확인자의 확인을 받아 회원증을 발급한 관광사업자는 공유자 및 회원 명부에 회원증 발급 사실을 기록 · 유지하여야 한다.

④ 회원증 확인자는 6개월마다 특별자치시장 · 특별자치도지사 · 시장 · 군수 · 구청장에게 회원증 발급에 관한 사항을 통보하여야 한다. 〈개정 2009.10.22., 2019.4.25.〉

10. 관광표지부착
➡법 제10조

| 법 | 시행령 | 시행규칙 |
|---|---|---|
| 법 제10조<br>(관광표지부착) | | |

**법 제10조(관광표지의 부착 등)**

① 관광사업자는 사업장에 문화체육관광부령으로 정하는 관광표지를 붙일 수 있다.〈개정 2008.2.29.〉
② 관광사업자는 사실과 다르게 제1항에 따른 관광표지(이하 "관광표지"라 한다)를 붙이거나 관광표지에 기재되는 내용을 사실과 다르게 표시 또는 광고하는 행위를 하여서는 아니 된다.〈신설 2014.3.11.〉
③ 관광사업자가 아닌 자는 제1항에 따른 관광표지를 사업장에 붙이지 못하며, 관광사업자로 잘못 알아볼 우려가 있는 경우에는 제3조에 따른 관광사업의 명칭 중 전부 또는 일부가 포함되는 상호를 사용할 수 없다.〈개정 2014.3.11.〉
④ 제3항에 따라 관광사업자가 아닌 자가 사용할 수 없는 상호에 포함되는 관광사업의 명칭 중 전부 또는 일부의 구체적인 범위에 관하여는 대통령령으로 정한다.〈개정 2014.3.11.〉

[제목개정 2014.3.11.]

11. 상호의 사용제한
⇒시행령 제8조

| 법 | 시행령 | 시행규칙 |
|---|---|---|
| | 시행령 제8조<br>(상호의 사용제한) | |

**시행령 제8조(상호의 사용제한)**

법 제10조제3항 및 제4항에 따라 관광사업자가 아닌 자는 다음 각 호의 업종 구분에 따른 명칭을 포함하는 상호를 사용할 수 없다.〈개정 2009.1.20., 2010.6.15., 2014.9.11., 2016.3.22.〉

1. 관광숙박업과 유사한 영업의 경우 관광호텔과 휴양 콘도미니엄
2. 관광유람선업과 유사한 영업의 경우 관광유람

3. 관광공연장업과 유사한 영업의 경우 관광공연
4. 삭제〈2014.7.16.〉
5. 관광유흥음식점업, 외국인전용 유흥음식점업 또는 관광식당업과 유사한 영업의 경우 관광식당
5의2. 관광극장유흥업과 유사한 영업의 경우 관광극장
6. 관광펜션업과 유사한 영업의 경우 관광펜션
7. 관광면세업과 유사한 영업의 경우 관광면세

12. 관광사업장 표지
→시행규칙 제19조

| 법 | 시행령 | 시행규칙 |
|---|---|---|
| | | 시행규칙 제19조<br>(관광사업장 표지) |

**시행규칙 제19조(관광사업장의 표지)**
법 제10조제1항에서 "문화체육관광부령으로 정하는 관광표지"란 다음 각 호의 표지를 말한다.〈개정 2008.3.6., 2014.12.31.〉
1. 별표 4의 관광사업장 표지
2. 별지 제5호서식의 관광사업 등록증 또는 별지 제22호서식의 관광 편의시설업 지정증
3. 등급에 따라 별 모양의 개수를 달리하는 방식으로 문화체육관광부장관이 정하여 고시하는 호텔 등급 표지(호텔업의 경우에만 해당한다)

## 1. 별표 4의 관광사업장 표지

[별표 4] <개정 2008.3.6>

관광사업장 표지(제19조제1호 관련)

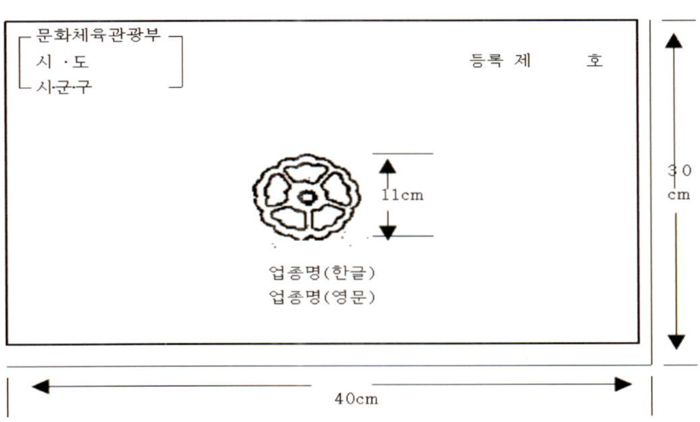

(제작상 유의사항)
1. 소재는 놋쇠로 한다.
2. 그림을 제외한 바탕색은 녹색으로 한다.
3. 표지의 두께는 5mm로 한다.

## 2. 별지 제22호 서식의 관광 편의시설업 지정증

[별지 제22호서식] 〈개정 2019.4.25.〉

| 제 호 | No. |
|---|---|
| 관광 편의시설업 지정증 | TOURISM SERVICE FACILITIES BUSINESS CERTIFICATE OF REGISTRATION |
| 상호(명칭) | COMPANY: |
| 성명(법인인 경우에는 그 대표자 성명) | REPRESENTATIVE: |
| 주소 | ADDRESS: |
| 업종 | TYPE OF BUSINESS: |
| 「관광진흥법」 제6조에 따라 위와 같이 지정합니다. | This is to certify that the above company is registered as a tourist service facility in accordance with Article 6 of the Tourism Promotion Law. |
| 년 월 일 | Date |
|  | Signature |
| 특별자치시장 인<br>특별자치도지사 인<br>시장 · 군수 · 구청장 인<br>지역별 관광협회장 인 | Governor of (province name)<br>Mayor of (city · county · district name)<br>President of Tourism Association |

210mm×297mm[보존용지(1종) 120g/㎡]

### 3. 별표5 삭제〈2014.12.31.〉

### 4. 별표 6의 관광식당 표지(관광식당업만 해당한다)

[별표 6] <개정 2008.3.6>

관광식당 표지(제19조제4호 관련)

TOURIST
RESTAURANT
觀光食堂

REGISTERED TO
TOURIST ASSOCIATION

○○觀光協會指定 第 號

(제작상 유의사항)

1. 기본모형은 위와 같이 하고 흰색 바탕에 원은 오렌지색, 글씨는 검은색으로 한다.
2. 크기와 제작방법은 문화·체육관광부장관이 별도로 정한다.
3. 지정권자의 표기는 한글·영문 또는 한문 중 하나를 선택하여 사용한다.

13. 결격사유
➡법 제7조

| 법 | 시행령 | 시행규칙 |
|---|---|---|
| 법 제7조(결격사유) | | |

**법 제7조(결격사유)**

① 다음 각 호의 어느 하나에 해당하는 자는 관광사업의 등록등을 받거나 신고를 할 수 없고, 제15조제1항 및 제2항에 따른 사업계획의 승인을 받을 수 없다. 법인의 경우 그 임원 중에 다음 각 호의 어느 하나에 해당하는 자가 있는 경우에도 또한 같다.〈개정 2017.3.21.〉

1. 피성년후견인·피한정후견인
2. 파산선고를 받고 복권되지 아니한 자
3. 이 법에 따라 등록등 또는 사업계획의 승인이 취소되거나

제36조제1항에 따라 영업소가 폐쇄된 후 2년이 지나지 아니한 자

4. 이 법을 위반하여 징역 이상의 실형을 선고받고 그 집행이 끝나거나 집행을 받지 아니하기로 확정된 후 2년이 지나지 아니한 자 또는 형의 집행유예 기간 중에 있는 자

② 관광사업의 등록등을 받거나 신고를 한 자 또는 사업계획의 승인을 받은 자가 제1항 각 호의 어느 하나에 해당하면 문화체육관광부장관, 시 · 도지사 또는 시장 · 군수 · 구청장(이하 "등록기관등의 장"이라 한다)은 3개월 이내에 그 등록등 또는 사업계획의 승인을 취소하거나 영업소를 폐쇄하여야 한다. 다만, 법인의 임원 중 그 사유에 해당하는 자가 있는 경우 3개월 이내에 그 임원을 바꾸어 임명한 때에는 그러하지 아니하다. 〈개정 2008.2.29.〉

14. 관광사업의 양수
➡법 제8조

- 폐업, 휴업 통보
→시행규칙
제16~17조

- 지위승계

| 법 | 시행령 | 시행규칙 |
|---|---|---|
| 법 제8조(관광사업의 양수) | | 시행규칙 제16조<br>(관광사업의 지위승계)<br>시행규칙 제17조<br>(휴업 또는 폐업의 통보) |

**법 제8조(관광사업의 양수 등)**

① 관광사업을 양수(讓受)한 자 또는 관광사업을 경영하는 법인이 합병한 때에는 합병 후 존속하거나 설립되는 법인은 그 관광사업의 등록등 또는 신고에 따른 관광사업자의 권리 · 의무(제20조제1항에 따라 분양이나 회원 모집을 한 경우에는 그 관광사업자와 공유자 또는 회원 간에 약정한 사항을 포함한다)를 승계한다.

② 다음 각 호의 어느 하나에 해당하는 절차에 따라 문화체육관광부령으로 정하는 주요한 관광사업 시설의 전부를 인수한 자는 그 관광사업자의 지위(제20조제1항에 따라 분양이나 회원 모집을 한 경우에는 그 관광사업자와 공유자 또는 회원 간에 약정한 권리 및 의무 사항을 포함한다)를 승계한다. 〈개정 2008.2.29., 2010.3.31., 2016.12.27.〉

1. 「민사집행법」에 따른 경매

2. 「채무자 회생 및 파산에 관한 법률」에 따른 환가(換價)
3. 「국세징수법」, 「관세법」 또는 「지방세징수법」에 따른 압류 재산의 매각
4. 그 밖에 제1호부터 제3호까지의 규정에 준하는 절차

③ 관광사업자가 제35조제1항 및 제2항에 따른 취소·정지처분 또는 개선명령을 받은 경우 그 처분 또는 명령의 효과는 제1항에 따라 관광사업자의 지위를 승계한 자에게 승계되며, 그 절차가 진행 중인 때에는 새로운 관광사업자에게 그 절차를 계속 진행할 수 있다. 다만, 그 승계한 관광사업자가 양수나 합병 당시 그 처분·명령이나 위반 사실을 알지 못하였음을 증명하면 그러하지 아니하다.

④ 제1항과 제2항에 따라 관광사업자의 지위를 승계한 자는 승계한 날부터 1개월 이내에 관할 등록기관등의 장에게 신고하여야 한다.

⑤ 관할 등록기관등의 장은 제4항에 따른 신고를 받은 경우 그 내용을 검토하여 이 법에 적합하면 신고를 수리하여야 한다. 〈신설 2018.6.12.〉

⑥ 제15조제1항 및 제2항에 따른 사업계획의 승인을 받은 자의 지위승계에 관하여는 제1항부터 제5항까지의 규정을 준용한다. 〈개정 2018.6.12.〉

⑦ 제1항과 제2항에 따른 관광사업자의 지위를 승계하는 자에 관하여는 제7조를 준용하되, 카지노사업자의 경우에는 제7조 및 제22조를 준용한다. 〈개정 2008.3.28., 2018.6.12.〉

⑧ 관광사업자가 그 사업의 전부 또는 일부를 휴업하거나 폐업한 때에는 관할 등록기관등의 장에게 알려야 한다. 다만, 카지노사업자가 카지노업을 휴업 또는 폐업하고자 하는 때에는 문화체육관광부령으로 정하는 바에 따라 미리 신고하여야 한다. 〈개정 2018.6.12., 2018.12.11.〉

**시행규칙 제16조(관광사업의 지위승계)**

① 법 제8조제2항에서 "문화체육관광부령으로 정하는 주요한 관광사업시설"이란 다음 각 호의 시설을 말한다. 〈개정 2008.3.6., 2018.11.29.〉

1. 관광사업에 사용되는 토지와 건물

2. 영 제5조에 따른 관광사업의 등록기준에서 정한 시설(등록대상 관광사업만 해당한다)
3. 제15조에 따른 관광 편의시설업의 지정기준에서 정한 시설(지정대상 관광사업만 해당한다)
4. 제29조제1항제1호의 카지노업 전용 영업장(카지노업만 해당한다)
5. 제7조제1항에 따른 유원시설업의 시설 및 설비기준에서 정한 시설(유원시설업만 해당한다)

② 법 제8조제4항에 따라 관광사업자의 지위를 승계한 자는 그 사유가 발생한 날부터 1개월 이내에 별지 제23호서식의 관광사업 양수(지위승계)신고서에 다음 각 호의 서류를 첨부하여 문화체육관광부장관, 특별자치시장 · 특별자치도지사 · 시장 · 군수 · 구청장 또는 지역별 관광협회장(이하 "등록기관등의 장"이라 한다)에게 제출하여야 한다. 〈개정 2009.10.22., 2011.3.30., 2015.4.22., 2019.4.25.〉

1. 지위를 승계한 자(법인의 경우에는 대표자)가 내국인인 경우에는 성명 및 주민등록번호를 기재한 서류

1의2. 지위를 승계한 자(법인의 경우에는 대표자 및 임원)가 외국인인 경우에는 법 제7조제1항 각 호(카지노업의 경우에는 법 제22조제1항 각 호를 포함한다)에 해당하지 아니함을 증명하는 다음 각 목의 어느 하나에 해당하는 서류. 다만, 법 또는 다른 법령에 따라 인 · 허가 등을 받아 사업자등록을 하고 해당 영업 또는 사업을 영위하고 있는 자(법인의 경우에는 최근 1년 이내에 법인세를 납부한 시점부터 신고 시점까지의 기간 동안 대표자 및 임원의 변경이 없는 경우로 한정한다)는 해당 영업 또는 사업의 인 · 허가증 등 인 · 허가 등을 받았음을 증명하는 서류와 최근 1년 이내에 소득세(법인의 경우에는 법인세를 말한다)를 납부한 사실을 증명하는 서류를 제출하는 경우에는 그 영위하고 있는 영업 또는 사업의 결격사유 규정과 중복되는 법 제7조제1항(카지노업의 경우에는 법 제22조제1항을 포함한다)의 결격사유에 한하여 다음 각 목의 서류를 제출하지 아니할 수 있다.

가. 해당 국가의 정부나 그 밖의 권한 있는 기관이 발행한

서류 또는 공증인이 공증한 신청인의 진술서로서 「재외공관 공증법」에 따라 해당 국가에 주재하는 대한민국공관의 영사관이 확인한 서류

나. 「외국공문서에 대한 인증의 요구를 폐지하는 협약」을 체결한 국가의 경우에는 해당 국가의 정부나 그 밖의 권한 있는 기관이 발행한 서류 또는 공증인이 공증한 신청인의 진술서로서 해당 국가의 아포스티유(Apostille) 확인서 발급 권한이 있는 기관이 그 확인서를 발급한 서류

2. 양도 · 양수 등 지위승계를 증명하는 서류(시설인수 명세를 포함한다)

③ 제2항에 따른 신고서를 제출받은 담당공무원은 「전자정부법」 제36조제1항에 따른 행정정보의 공동이용을 통하여 지위를 승계한 자의 법인 등기사항증명서(법인만 해당한다)를 확인하여야 한다. 다만, 영 제65조에 따라 관광협회에 위탁된 업종의 경우에는 신고인으로 하여금 해당 서류를 첨부하도록 하여야 한다. 〈개정 2009.3.31., 2011.3.30.〉

### 시행규칙 제17조(휴업 또는 폐업의 통보)

① 법 제8조제8항 본문에 따라 관광사업의 전부 또는 일부를 휴업하거나 폐업한 자는 휴업 또는 폐업을 한 날부터 30일 이내에 별지 제24호서식의 관광사업 휴업 또는 폐업 통보(신고)서를 등록기관등의 장에게 제출하여야 한다. 다만, 6개월 미만의 유원시설업 허가 또는 신고일 경우에는 폐업통보서를 제출하지 아니하여도 해당 기간이 끝나는 때에 폐업한 것으로 본다. 〈개정 2011.10.6., 2016.12.30., 2019.4.25., 2019.6.12.〉

② 법 제8조제8항 단서에 따라 카지노업을 휴업 또는 폐업하려는 자는 휴업 또는 폐업 예정일 10일 전까지 별지 제24호서식의 관광사업 휴업 또는 폐업 통보(신고)서에 카지노기구의 관리계획에 관한 서류를 첨부하여 문화체육관광부장관에게 제출해야 한다. 다만, 천재지변이나 그 밖의 부득이한 사유가 있는 경우에는 휴업 드는 폐업 예정일까지 제출할 수 있다. 〈신설 2019.6.12.〉

15. 관광시설의 타인 경영 및 처분과 위탁경영
➡법 제11조

| 법 | 시행령 | 시행규칙 |
|---|---|---|
| 법 제11조<br>(관광시설의 타인경영 및 처분과 위탁 경영) | | 시행규칙 제20조<br>(타인경영 금지 관광시설) |

**법 제11조(관광시설의 타인 경영 및 처분과 위탁 경영)**

① 관광사업자는 관광사업의 시설 중 다음 각 호의 시설 및 기구 외의 부대시설을 타인에게 경영하도록 하거나, 그 용도로 계속하여 사용하는 것을 조건으로 타인에게 처분할 수 있다. 〈개정 2007.7.19., 2008.2.29., 2011.4.5.〉

1. 제4조제3항에 따른 관광숙박업의 등록에 필요한 객실

② 관광사업자는 관광사업의 효율적 경영을 위하여 제1항에도 불구하고 제1항제1호에 따른 관광숙박업의 객실을 타인에게 위탁하여 경영하게 할 수 있다. 이 경우 해당 시설의 경영은 관광사업자의 명의로 하여야 하고, 이용자 또는 제3자와의 거래행위에 따른 대외적 책임은 관광사업자가 부담하여야 한다.〈신설 2011.4.5.〉

[제목개정 2007.7.19., 2011.4.5.]

**시행규칙 제20조(타인 경영 금지 관광시설)**

법 제11조제1항제2호에서 "문화체육관광부령으로 정하는 시설"이란 전문휴양업의 개별기준에 포함된 시설(수영장 및 등록 체육시설업 시설의 경우에는 「체육시설의 설치 · 이용에 관한 법률 시행규칙」 제8조 및 같은 법 시행규칙 별표 4의 체육시설업 시설기준 중 필수시설만 해당한다)을 말한다.

[전문개정 2011.10.6.]

제 3 장

# 관광객 이용시설업

1. 개요
2. 핵심질문
3. 관광객 이용시설업 창업관련 法 Road Map

# 제3장

# 관광객 이용시설업

## 1. 개요

관광객 이용시설업의 종류는 6가지로 구분되고 모두 등록을 필요로 하는 관광사업들이다. 그러나 관광숙박업과 마찬가지로 그 중 일부분의 사업은 등록 전 사업승인과 등록심의위원회 심의가 필수이므로 사업별 절차의 차이를 명확히 인식할 필요가 있다.

언급한 바와 같이 사업승인과 등록심의위원회의 심의가 필요한 사업은 전문휴양업과 종합휴양업 그리고 관광유람선업이다. 종합휴양업은 다시 1종과 2종으로 분류되는데, 일반적으로 전문휴양업과 종합휴양업 1종을 테마파크, 종합휴양업 2종의 경우를 리조트라 명칭하기도 한다.

본 장에서는 관광객 이용시설업 중 절차가 가장 복잡하고 까다로운 종합휴양업을 중심으로 사업계획서 승인－승인 시 의제사항－등록서류－등록 시 의제사항－등록심의위원회 심의－등록－변경등록－승인변경－회원모집 등에 대하여 알아보도록 한다.

## 2. 핵심질문

1. 제2종 종합휴양업은 누구에게 등록신청하는가?
   ➡법 제4조 1항

2. 제2종 종합휴양업 등록신청 시 제출서류는?
   →시행규칙 제2조

3. 제2종 종합휴양업 등록 절차는?
   ⇒시행령 제3조 1항
   ⇒시행령 제3조 2항

4. 등록체육시설업의 종류?

5. 제2종 종합휴양업 등록대장에 기록되는 사항은?
   →시행규칙 제4조

6. 제2종 종합휴양업 변경등록사항은?
   ⇒시행령 제6조 1항

7. 관광객 이용시설업 등록기준은?
⇒시행령 별표 1

8. 관광객 이용시설업 중 사업계획서 승인이 필요한 경우는?
➡법 제15조 2항

9. 관광객 이용시설업의 사업계획서 변경승인의 경우는?
⇒시행령 제9조 2항

10. 제2종 종합휴양업 사업승인 신청에 필요한 서류는?
→시행규칙 제23조

11. 제2종 종합휴양업 사업계획 승인 시 인허가 의제사항은?
➡법 제16조 1항

12. 제2종 종합휴양업 사업계획 승인 및 변경승인의 기준은?
⇒시행령 제13조 1항
⇒시행령 제13조 2항

13. 제2종 종합휴양업 등록심의위원회의 구성은?
➡법 제17조
⇒시행령 제15~20조

14. 등록심의 대상 관광객 이용시설업은?
⇒시행령 제20조

15. 제2종 종합휴양업 등록 시 신고허가 의제사항은?
➡법 제18조

16. 관광객 이용시설업 중 회원모집이 가능한 사업은?
➡법 제20조 1항
⇒시행령 제23조 1항

17. 제2종 종합휴양업 회원 모집 시 공유자 · 회원의 권익 보호를 위하여 지켜야 할 사항은?

18. 제2종 종합휴양업의 분양 또는 회원을 모집하는 경우 그 시기는?
⇒시행령 제24조
→시행규칙 제26조

19. 제2종 종합휴양업의 분양 또는 회원 모집계획서의 첨부서류는?
→시행규칙 제27조 1항

20. 제2종 종합휴양업 분양 또는 회원모집 공고안에 포함되어야 할 사항은?
→시행규칙 제27조 3항

**21.** 제2종 종합휴양업 사업자가 공유자 또는 회원의 권익 보호를 위하여 지켜야 할 사항은?

⇒시행령 제26조

**22.** 제2종 종합휴양업 사업자가 발급하는 회원증에 포함되어야 할 사항과 주의 사항은?

→시행규칙 제28조 1항
→시행규칙 제27조 2항
→시행규칙 제27조 3항
→시행규칙 제27조 4항

**23.** 관광객 이용시설업의 등록에 필요한 시설 중 타인경영 및 위탁경영이 불가한 경우는?

➡법 제11조
→시행규칙 제20조
⇢체육시설업 시설기준 별표 4

**24.** 관광객 이용시설업의 휴업 및 폐업 시 등록기관에 대한 통보 기일은?

→시행규칙 제17조

## 3. 관광객 이용시설업 창업관련 法 Road Map

1. 관광객 이용시설업의 정의(법 제3조)
2. 관광객 이용시설업의 종류(시행령 제2조)
3. 등록(법 제4조)
   - 등록절차(시행령 제3조)
   - 등록신청(시행규칙 제2조)
   - 등록기준(시행령 제5조)
   - 등록대장(시행규칙 제4조)
   - 변경등록(시행령 제6조/시행규칙 제3조)
   - 등록증 발급 및 재발급(시행령 제4조/시행규칙 제5조)
4. 승인(법 제15조)
   - (시행령 제12조)관광숙박업, 전문휴양업, 종합휴양업, 관광유람산업, 국제회의시설업
   - (시행령 제9조~14조)승인신청, 승인통보, 승인대상사업, 승인기준, 관광숙박시설 건축지역 변경 승인
   - (시행규칙 제23~24) 승인신청, 변경승인신청
5. 등록심의위원회(법 제17조, 시행령 제15조~20조)
   - 관광숙박업, 전문휴양업, 종합휴양업, 관광유람선업
   - 국제회의시설업
6. 등록시의 신고 · 허가의제(법 제18조/시행령 제21조)
7. 분양 및 회원모집(법 제20조)
   - 시행령 제23조~26조의 1
   - 시행규칙 제26조~28조
8. 관광표지부착(법 제10조)
9. 상호의 사용제한(시행령 제8조)
10. 관광사업장 표지(시행규칙 제19조)

11. 결격사유(법7조)
12. 관광사업의 양수(법8조)
    - 시행규칙 제16~17조: 폐업 · 휴업 통보
    - 지위승계
13. 관광시설의 타인 경영 및 처분과 위탁 경영
14. 타인경영 금지 관광시설(시행규칙 제20조)

1. 관광객 이용시설업의 정의
➡법 제3조

| 법 | 시행령 | 시행규칙 |
|---|---|---|
| 법 제3조<br>(관광사업의 종류) | 시행령 제2조<br>(관광사업의 종류) | |

**법 제3조(관광사업의 종류)**

① 관광사업의 종류는 다음 각 호와 같다.〈개정 2007.7.19., 2015.2.3.〉

03_관광객 이용시설업: 다음 각 목에서 규정하는 업

가. 관광객을 위하여 음식 · 운동 · 오락 · 휴양 · 문화 · 예술 또는 레저 등에 적합한 시설을 갖추어 이를 관광객에게 이용하게 하는 업

나. 대통령령으로 정하는 2종 이상의 시설과 관광숙박업의 시설(이하 "관광숙박시설"이라 한다) 등을 함께 갖추어 이를 회원이나 그 밖의 관광객에게 이용하게 하는 업

다. 야영장업: 야영에 적합한 시설 및 설비 등을 갖추고 야영 편의를 제공하는 시설(「청소년활동 진흥법」 제10조제1호 마목에 따른 청소년야영장은 제외한다)을 관광객에게 이용하게 하는 업

② 제1항제1호부터 제4호까지, 제6호 및 제7호에 따른 관광사업은 대통령령으로 정하는 바에 따라 세분할 수 있다.

2. 관광객 이용시설업의 종류

**시행령 제2조(관광사업의 종류)**

① 「관광진흥법」(이하 "법"이라 한다) 제3조제2항에 따라 관광사

⇒시행령 제2조

업의 종류를 다음과 같이 세분한다.〈개정 2008.2.29., 2008.8.26., 2009.1.20., 2009.8.6., 2009.10.7., 2009.11.2., 2011.12.30., 2013.11.29., 2014.7.16., 2014.10.28., 2014.11.28., 2016.3.22., 2019.4.9.〉

3. 관광객 이용시설업의 종류
   가. 전문휴양업 : 관광객의 휴양이나 여가 선용을 위하여 숙박업 시설(「공중위생관리법 시행령」 제2조제1항제1호 및 제2호의 시설을 포함하며, 이하 "숙박시설"이라 한다)이나 「식품위생법 시행령」 제21조제8호가목 · 나목 또는 바목에 따른 휴게음식점영업, 일반음식점영업 또는 제과점영업의 신고에 필요한 시설(이하 "음식점시설"이라 한다)을 갖추고 별표 1 제4호가목(2)(가)부터 (거)까지의 규정에 따른 시설(이하 "전문휴양시설"이라 한다) 중 한 종류의 시설을 갖추어 관광객에게 이용하게 하는 업
   나. 종합휴양업
      (1) 제1종 종합휴양업 : 관광객의 휴양이나 여가 선용을 위하여 숙박시설 또는 음식점시설을 갖추고 전문휴양시설 중 두 종류 이상의 시설을 갖추어 관광객에게 이용하게 하는 업이나, 숙박시설 또는 음식점시설을 갖추고 전문휴양시설 중 한 종류 이상의 시설과 종합유원시설업의 시설을 갖추어 관광객에게 이용하게 하는 업
      (2) 제2종 종합휴양업 : 관광객의 휴양이나 여가 선용을 위하여 관광숙박업의 등록에 필요한 시설과 제1종 종합휴양업의 등록에 필요한 전문휴양시설 중 두 종류 이상의 시설 또는 전문휴양시설 중 한 종류 이상의 시설 및 종합유원시설업의 시설을 함께 갖추어 관광객에게 이용하게 하는 업
   다. 야영장업
      (1) 일반야영장업: 야영장비 등을 설치할 수 있는 공간을 갖추고 야영에 적합한 시설을 함께 갖추어 관광객에게 이용하게 하는 업
      (2) 자동차야영장업: 자동차를 주차하고 그 옆에 야영장비 등을 설치할 수 있는 공간을 갖추고 취사 등

에 적합한 시설을 함께 갖추어 자동차를 이용하는 관광객에게 이용하게 하는 업

라. 관광유람선업

(1) 일반관광유람선업: 「해운법」에 따른 해상여객운송사업의 면허를 받은 자나 「유선 및 도선사업법」에 따른 유선사업의 면허를 받거나 신고한 자가 선박을 이용하여 관광객에게 관광을 할 수 있도록 하는 업

(2) 크루즈업: 「해운법」에 따른 순항(順航) 여객운송사업이나 복합 해상여객운송사업의 면허를 받은 자가 해당 선박 안에 숙박시설, 위락시설 등 편의시설을 갖춘 선박을 이용하여 관광객에게 관광을 할 수 있도록 하는 업

마. 관광공연장업 : 관광객을 위하여 적합한 공연시설을 갖추고 공연물을 공연하면서 관광객에게 식사와 주류를 판매하는 업

바. 외국인관광 도시민박업: 「국토의 계획 및 이용에 관한 법률」 제6조제1호에 따른 도시지역(「농어촌정비법」에 따른 농어촌지역 및 준농어촌지역은 제외한다. 이하 이 조에서 같다)의 주민이 자신이 거주하고 있는 다음의 어느 하나에 해당하는 주택을 이용하여 외국인 관광객에게 한국의 가정문화를 체험할 수 있도록 적합한 시설을 갖추고 숙식 등을 제공(도시지역에서 「도시재생 활성화 및 지원에 관한 특별법」 제2조제6호에 따른 도시재생활성화계획에 따라 같은 조 제9호에 따른 마을기업이 외국인 관광객에게 우선하여 숙식 등을 제공하면서, 외국인 관광객의 이용에 지장을 주지 아니하는 범위에서 해당 지역을 방문하는 내국인 관광객에게 그 지역의 특성화된 문화를 체험할 수 있도록 숙식 등을 제공하는 것을 포함한다)하는 업

(1) 「건축법 시행령」 별표 1 제1호가목 또는 다목에 따른 단독주택 또는 다가구주택

(2) 「건축법 시행령」 별표 1 제2호가목, 나목 또는 다목에 따른 아파트, 연립주택 또는 다세대주택

3. 등록
➡법 제4조

- 등록절차
⇒시행령 제3조

- 등록신청
→시행규칙 제2조

- 등록기준
⇒시행령 제5조

- 등록대장
→시행규칙 제4조

- 변경등록
⇒시행령 제6조
→시행규칙 제3조

- 등록증 발급 및 재발급
⇒시행령 제4조
→시행규칙 제5조

| 법 | 시행령 | 시행규칙 |
|---|---|---|
| 법 제4(등록) | 시행령 제3조<br>(등록절차)<br>시행령 제5조<br>(등록기준)<br>시행령 제6조<br>(변경등록)<br>시행령 제4조<br>(등록증의 발급) | 시행규칙 제2조<br>(등록신청)<br>시행규칙 제4조<br>(등록대장)<br>시행규칙 제3조<br>(변경등록)<br>시행규칙 제5조<br>(등록증 재발급) |

**법 제4조(등록)**

① 제3조제1항제1호부터 제4호까지의 규정에 따른 여행업, 관광숙박업, 관광객 이용시설업 및 국제회의업을 경영하려는 자는 특별자치시장 · 특별자치도지사 · 시장 · 군수 · 구청장(자치구의 구청장을 말한다. 이하 같다)에게 등록하여야 한다. 〈개정 2009.3.25., 2018.6.12.〉

② 삭제 〈2009.3.25.〉

③ 제1항에 따른 등록을 하려는 자는 대통령령으로 정하는 자본금 · 시설 및 설비 등을 갖추어야 한다.〈신설 2007.7.19., 2009.3.25.〉

④ 제1항에 따라 등록한 사항 중 대통령령으로 정하는 중요 사항을 변경하려면 변경등록을 하여야 한다.〈개정 2007.7.19., 2009.3.25.〉

⑤ 제1항 및 제4항에 따른 등록 또는 변경등록의 절차 등에 필요한 사항은 문화체육관광부령으로 정한다.〈개정 2007.7.19., 2008.2.29., 2009.3.25.〉

**시행령 제3조(등록절차)**

① 법 제4조제1항에 따라 등록을 하려는 자는 문화체육관광부령으로 정하는 바에 따라 관광사업 등록신청서를 특별자치시장 · 특별자치도지사 · 시장 · 군수 · 구청장(자치구의 구청장을 말한다. 이하 같다)에게 제출하여야 한다. 〈개정 2009.10.7., 2019.4.9.〉

② 특별자치시장 · 특별자치도지사 · 시장 · 군수 · 구청장은 법 제17조에 따른 관광숙박업 및 관광객 이용시설업 등록심의위원회의 심의를 거쳐야 할 관광사업의 경우에는 그 심의를 거쳐

등록 여부를 결정한다. 〈개정 2009.10.7., 2019.4.9.〉
[제목개정 2009.10.7.]

**시행규칙 제2조(관광사업의 등록신청)**

① 「관광진흥법 시행령」(이하 "영"이라 한다) 제3조제1항에 따라 관광사업의 등록을 하려는 자는 별지 제1호서식의 관광사업 등록신청서에 다음 각 호의 서류를 첨부하여 특별자치시장 · 특별자치도지사 · 시장 · 군수 · 구청장(자치구의 구청장을 말한다. 이하 같다)에게 제출하여야 한다. 〈개정 2009.3.31., 2009.10.22., 2015.4.22., 2019.4.25.〉

1. 사업계획서
2. 신청인(법인의 경우에는 대표자 및 임원)이 내국인인 경우에는 성명 및 주민등록번호를 기재한 서류

2의2. 신청인(법인의 경우에는 대표자 및 임원)이 외국인인 경우에는 「관광진흥법」(이하 "법"이라 한다) 제7조제1항 각 호에 해당하지 아니함을 증명하는 다음 각 목의 어느 하나에 해당하는 서류. 다만, 법 또는 다른 법령에 따라 인 · 허가 등을 받아 사업자등록을 하고 해당 영업 또는 사업을 영위하고 있는 자(법인의 경우에는 최근 1년 이내에 법인세를 납부한 시점부터 등록 신청 시점까지의 기간 동안 대표자 및 임원의 변경이 없는 경우로 한정한다)는 해당 영업 또는 사업의 인 · 허가증 등 인 · 허가 등을 받았음을 증명하는 서류와 최근 1년 이내에 소득세(법인의 경우에는 법인세를 말한다)를 납부한 사실을 증명하는 서류를 제출하는 경우에는 그 영위하고 있는 영업 또는 사업의 관련 법령에서 정하는 결격사유와 중복되는 법 제7조제1항의 결격사유에 한하여 다음 각 목의 서류를 제출하지 아니할 수 있다.

가. 해당 국가의 정부나 그 밖의 권한 있는 기관이 발행한 서류 또는 공증인이 공증한 신청인의 진술서로서 「재외공관 공증법」에 따라 해당 국가에 주재하는 대한민국공관의 영사관이 확인한 서류

나. 「외국공문서에 대한 인증의 요구를 폐지하는 협약」을 체결한 국가의 경우에는 해당 국가의 정부나 그 밖의

권한 있는 기관이 발행한 서류 또는 공증인이 공증한 신청인의 진술서로서 해당 국가의 아포스티유(Apostille) 확인서 발급 권한이 있는 기관이 그 확인서를 발급한 서류

3. 부동산의 소유권 또는 사용권을 증명하는 서류(부동산의 등기사항증명서를 통하여 부동산의 소유권 또는 사용권을 확인할 수 없는 경우만 해당한다)
4. 회원을 모집할 계획인 호텔업, 휴양콘도미니엄업의 경우로서 각 부동산에 저당권이 설정되어 있는 경우에는 영 제24조제1항제2호 단서에 따른 보증보험가입 증명서류
5. 「외국인투자 촉진법」에 따른 외국인투자를 증명하는 서류(외국인투자기업만 해당한다)

② 제1항에 따른 신청서를 제출받은 특별자치시장 · 특별자치도지사 · 시장 · 군수 · 구청장은 「전자정부법」 제36조제1항에 따른 행정정보의 공동이용을 통하여 다음 각 호의 서류를 확인하여야 한다. 다만, 제3호 및 제4호의 경우 신청인이 확인에 동의하지 않는 경우에는 그 서류(제4호의 경우에는 「액화석유가스의 안전관리 및 사업법 시행규칙」 제71조제10항 단서에 따른 완성검사 합격 확인서로 대신할 수 있다)를 첨부하도록 해야 한다. 〈개정 2009.3.31., 2009.10.22., 2011.3.30., 2012.4.5., 2015.4.22., 2019.3.4., 2019.4.25.〉

1. 법인 등기사항증명서(법인만 해당한다)
2. 부동산의 등기사항증명서
3. 「전기사업법 시행규칙」 제38조제3항에 따른 전기안전점검확인서(호텔업 또는 국제회의시설업의 등록만 해당한다)
4. 「액화석유가스의 안전관리 및 사업법 시행규칙」 제71조제10항제1호에 따른 액화석유가스 사용시설완성검사증명서(야영장업의 등록만 해당한다)

④ 관광숙박업, 관광객이용시설업 및 국제회의시설업의 등록을 하려는 자는 제1항에 따른 서류외에 다음 각 호의 서류를 첨부하여야 하며, 사업계획승인된 내용에 변경이 없는 사항의 경우에는 제1항 각 호의 서류 중 그와 관련된 서류를 제출하지 아니한다. 〈개정 2015.3.6., 2019.3.4.〉

1. 법 제15조에 따라 승인을 받은 사업계획(이하 "사업계획"이

라 한다)에 포함된 부대영업을 하기 위하여 다른 법령에 따라 소관관청에 신고를 하였거나 인·허가 등을 받은 경우에는 각각 이를 증명하는 서류(제2호 또는 제3호의 서류에 따라 증명되는 경우에는 제외한다)

2. 법 제18조제1항에 따라 신고를 하였거나 인·허가 등을 받은 것으로 의제되는 경우에는 각각 그 신고서 또는 신청서와 그 첨부서류

3. 법 제18조제1항 각 호에서 규정된 신고를 하였거나 인·허가 등을 받은 경우에는 각각 이를 증명하는 서류

3의2. 야영장업을 경영하기 위하여 다른 법령에 따른 인·허가 등을 받은 경우 이를 증명하는 서류(야영장업의 등록만 해당한다)

3의3. 「전기사업법 시행규칙」 제35조제3항에 따른 사용전점검확인증(야영장업의 등록만 해당한다)

3의4. 「먹는물관리법」에 따른 먹는물 수질검사기관이 「먹는물 수질기준 및 검사 등에 관한 규칙」 제3조제2항에 따라 발행한 수질검사성적서(야영장에서 수돗물이 아닌 지하수 등을 먹는 물로 사용하는 경우로서 야영장업의 등록만 해당한다)

4. 시설의 평면도 및 배치도

5. 다음 각 목의 구분에 따른 시설별 일람표
   가. 관광숙박업: 별지 제2호서식의 시설별 일람표
   나. 전문휴양업 및 종합휴양업: 별지 제3호서식의 시설별 일람표
   다. 야영장업: 별지 제3호의2서식의 시설별 일람표
   라. 국제회의시설업: 별지 제4호서식의 시설별 일람표

⑤ 제1항부터 제3항까지의 규정에도 불구하고 「체육시설의 설치·이용에 관한 법률 시행령」 제20조에 따라 등록한 등록체육시설업의 경우에는 등록증 사본으로 첨부서류를 갈음할 수 있다.

⑥ 특별자치시장·특별자치도지사·시장·군수·구청장은 제2항에 따른 확인 결과 「전기사업법」 제66조의2제1항에 따른 전기안전점검 또는 「액화석유가스의 안전관리 및 사업법」 제44조제2항에 따른 액화석유가스 사용시설완성검사를 받지

아니한 경우에는 관계기관 및 신청인에게 그 내용을 통지해야 한다. 〈신설 2012.4.5., 2019.3.4., 2019.4.25.〉

⑦ 특별자치시장 · 특별자치도지사 · 시장 · 군수 · 구청장은 제1항에 따른 관광사업등록 신청을 받은 경우 그 신청내용이 등록기준에 적합하다고 인정되는 경우에는 별지 제5호서식의 관광사업 등록증을 신청인에게 발급하여야 한다. 〈개정 2009.10.22., 2012.4.5., 2019.4.25.〉

## [별지 제3호 서식]

[별지 제3호서식] 〈개정 2019. 8. 1.〉

### 전문휴양업 및 종합휴양업 시설별 일람표

1. 시설 총괄 및 공통 기준시설

<table>
<tr><td>착공 연월일</td><td>. . .</td><td>준공 연월일</td><td>. . .</td><td>영업허가 연월일</td><td>. . .</td><td>개업 연월일</td><td>. . .</td></tr>
<tr><td>건설 자금</td><td colspan="7">총 백만원<br>(내자: , 외자: , 자기자금: , 융자: )</td></tr>
<tr><td>총 용지면적</td><td colspan="3">제곱미터</td><td colspan="2">총건물면적</td><td colspan="2">제곱미터<br>(건물 동수: 동)</td></tr>
<tr><td>주 영업종목</td><td colspan="3"></td><td colspan="2">종업원 수</td><td colspan="2">총 명<br>(남: , 여: )</td></tr>
<tr><td rowspan="2">숙 박 시 설</td><td colspan="4">구조: 조<br>(지상: 층, 지하: 층)</td><td colspan="3">건물면적: 제곱미터</td></tr>
<tr><td colspan="4">연 건물면적: 제곱미터</td><td colspan="3">객실 수: 총 실<br>(한실: , 양실: )</td></tr>
<tr><td rowspan="2">음식점 시설</td><td colspan="4">구조: 조<br>(지상: 층, 지하: 층)</td><td colspan="3">건물면적: 제곱미터</td></tr>
<tr><td colspan="4">연 건물면적: 제곱미터</td><td colspan="3">부대시설:</td></tr>
<tr><td rowspan="2">기타시설 (주차시설, 급수시설, 공중화장실, 휴게시설 등)</td><td>시설 종류</td><td colspan="3">규격</td><td colspan="3">규 모<br>(면적 : 제곱미터, 개수, 개소 등)</td></tr>
<tr><td></td><td colspan="3"></td><td colspan="3"></td></tr>
</table>

2. 개별 기준시설

| 구분 | 시설설치내역 | |
|---|---|---|
| 민속촌 | ○한국고유의 건축물(초가 및 기와집): | 동 |
| | ○전래 생활도구: | 종 |
| | ○축소 건축물 모형: | 종 |
| 해수욕장 | ○간이목욕시설: | 개소 |
| | ○담수욕장: | 개소 |
| | ○탈의장: | 개소 |
| | ○구명보트: | 대 |
| | ○감시탑: | 개 |
| | ○응급처리설비(설비내용 기재): | 개소 |
| 수렵장 | ○수렵장 면적: | 제곱미터 |
| | ○수렵대상 조수: | 종 |
| | ○클럽하우스(지상 층, 지하 층): | 제곱미터 |
| | ○엽총: | 정 |
| | ○사냥개: | 수 |
| | ○사격연습장: | 제곱미터 |
| 동물원 | ○동물원 면적: | 제곱미터 |
| | ○동물 보유 수: | 종 |
| | ○사파리공원의 동물 종류: | 종 |
| 식물원 | ○전시실 또는 야외전시장 면적: | 제곱미터 |
| | ○식물 보유 수: | 종 |
| 수족관 | ○수족관 면적: | 제곱미터 |
| | ○어종 보유 수: | 종 |
| | ○해양 동물쇼장<br>- 객석수: 석, 공연동물: | 종 |
| 온천장 | ○대중목욕시설 면적(남, 여 구분): | 제곱미터 |
| | ○실내수영장 면적: | 제곱미터 |
| | ○레크리에이션 시설 및 유원시설업의 종류<br>- 레크리에이션 시설:<br>- 유원시설업종명(유기기구 수 : 종): | 종 |
| 동굴자원 | ○천연동굴 면적: | 제곱미터 |
| | ○관람이용 시설: | 종 |
| 수영장 | ○수영장 면적: | 제곱미터 |
| | ○샤워실, 탈의실: | 개소 |
| | ○사우나시설의 종류: | 종 |
| 농어촌 | ○재배지 또는 양육장 면적: | 제곱미터 |

| | |
|---|---|
| 휴양시설 | ○특용작물 · 나무 · 어류 · 희귀동물 보유 수: 종 |
| 활공장 | ○활공장 면적: 제곱미터<br>○활공장비의 종류: 종 |
| 등록 체육시설업 | ○체육시설 면적: 제곱미터<br>○체육시설업종별 시설규모<br>- 골프장업<br>· 코스: , 길이: m, 파수: , 면적: 제곱미터<br>-스키장업<br>· 슬로프: 개, 길이: m, 면적: 제곱미터<br>· 리조트: 기, 길이: m<br>- 요트장업<br>· 요트 종류 및 보유 수: 종, 척<br>· 계류장 면적: 제곱미터, 계류능력: 척<br>· 보관창고 면적: 제곱미터, 보관능력: 척<br>- 조정(카누)장업<br>· 조정(카누) 종류 및 보유 수 종, 대<br>· 계류장 면적: 제곱미터, 계류능력: 척<br>· 보관창고 면적: 제곱미터, 보관능력: 척<br>- 빙상장업<br>· 빙상장 면적: 제곱미터, 제빙시설: 종<br>- 자동차 경주장업<br>· 경주장 트랙: 미터, 평균 폭: 미터<br>- 승마장업<br>· 마장면적(실내, 실외): 총 제곱미터<br>(실내: , 실외: ) 두<br>· 마필보유 수:<br>- 종합체육시설업 종<br>· 면적: 제곱미터, 운동시설 종류: 종 |
| 산림 휴양시설 | ○휴양림 또는 수목원 면적: 제곱미터<br>○수목원의 식물 보유 수: 종 |
| 박물관 | ○전시장 면적: 제곱미터<br>○전시자료 보유 수: 점 |
| 미술관 | ○전시장 면적: 제곱미터<br>○전시자료 보유 수: 점 |

210mm×297mm[일반용지 60g/㎡(재활용품)]

**체육시설의 설치·이용에 관한 법률**
**제10조(체육시설업의 구분·종류)**

① 체육시설업은 다음과 같이 구분한다.

1. 등록 체육시설업: 골프장업, 스키장업, 자동차 경주장업
2. 신고 체육시설업: 요트장업, 조정장업, 카누장업, 빙상장업, 승마장업, 종합 체육시설업, 수영장업, 체육도장업, 골프 연습장업, 체력단련장업, 당구장업, 썰매장업, 무도학원업, 무도장업, 야구장업, 가상체험 체육시설업

② 제1항 각 호에 따른 체육시설업은 그 종류별 범위와 회원 모집, 시설 규모, 운영 형태 등에 따라 그 세부 종류를 대통령령으로 정할 수 있다.

**시행령 제5조(등록기준)**

법 제4조제3항에 따른 관광사업의 등록기준은 별표 1과 같다. 다만, 휴양 콘도미니엄업과 전문휴양업 중 온천장 및 농어촌휴양시설을 2012년 11월 1일부터 2014년 10월 31일까지 제3조제1항에 따라 등록 신청하면 다음 각 호의 기준에 따른다.〈개정 2012.10.29., 2013.10.31.〉

1. 휴양 콘도미니엄업의 경우 별표 1 제3호가목(1)에도 불구하고 같은 단지 안에 20실 이상 객실을 갖추어야 한다.
2. 전문휴양업 중 온천장의 경우 별표 1 제4호가목(2)(사)에도 불구하고 다음 각 목의 요건을 갖추어야 한다.
   가. 온천수를 이용한 대중목욕시설이 있을 것
   나. 정구장 · 탁구장 · 볼링장 · 활터 · 미니골프장 · 배드민턴장 · 롤러스케이트장 · 보트장 등의 레크리에이션 시설 중 두 종류 이상의 시설을 갖추거나 제2조제5호에 따른 유원시설업 시설이 있을 것
3. 전문휴양업 중 농어촌휴양시설의 경우 별표 1 제4호가목(2)(차)에도 불구하고 다음 각 목의 요건을 갖추어야 한다.
   가. 「농어촌정비법」에 따른 농어촌 관광휴양단지 또는 관광농원의 시설을 갖추고 있을 것
   나. 관광객의 관람이나 휴식에 이용될 수 있는 특용작물 · 나무 등을 재배하거나 어류 · 희귀동물 등을 기르고 있을 것

### 시행규칙 제4조(관광사업자 등록대장)

영 제4조제3항에 따라 비치하여 관리하는 관광사업자 등록대장에는 관광사업자의 상호 또는 명칭, 대표자의 성명 · 주소 및 사업장의 소재지와 사업별로 다음 각 호의 사항이 기재되어야 한다.〈개정 2015.3.6., 2016.3.28., 2019.8.1〉

3. 전문휴양업 및 종합휴양업
   가. 부지면적 및 건축연면적
   나. 시설의 종류
   다. 제2호다목 및 라목의 사항
   라. 운영의 형태(제2종종합휴양업만 해당한다)
4. 야영장업
   가. 부지면적 및 건축연면적
   나. 시설의 종류
   다. 1일 최대 수용인원
5. 관광유람선업
   가. 선박의 척수
   나. 선박의 제원
6. 관광공연장업
   가. 관광공연장업이 설치된 관광사업시설의 종류
   나. 무대면적 및 좌석 수
   다. 공연장의 총면적
   라. 일반음식점 영업허가번호, 허가연월일, 허가기관
7. 삭제〈2014.12.31.〉
8. 외국인관광 도시민박업
   가. 객실 수
   나. 주택의 연면적

### 시행령 제6조(변경등록)

① 법 제4조제4항에 따른 변경등록사항은 다음 각 호와 같다.〈개정 2015.3.17.〉

1. 사업계획의 변경승인을 받은 사항(사업계획의 승인을 받은 관광사업만 해당한다)
2. 상호 또는 대표자의 변경
3. 객실 수 및 형태의 변경(휴양 콘도미니엄업을 제외한 관광

숙박업만 해당한다)

4. 부대시설의 위치 · 면적 및 종류의 변경(관광숙박업만 해당한다)

6. 부지 면적의 변경, 시설의 설치 또는 폐지(야영장업만 해당한다)

② 제1항에 따른 변경등록을 하려는 자는 그 변경사유가 발생한 날부터 30일 이내에 문화체육관광부령으로 정하는 바에 따라 변경등록신청서를 특별자치도지사 · 시장 · 군수 · 구청장에게 제출하여야 한다. 〈개정 2008.2.29., 2009.10.7.〉

### 시행규칙 제3조(관광사업의 변경등록)

① 제2조에 따라 관광사업을 등록한 자가 법 제4조제4항에 따라 등록사항을 변경하려는 경우에는 그 변경사유가 발생한 날부터 30일 이내에 별지 제6호서식의 관광사업 변경등록신청서에 변경사실을 증명하는 서류를 첨부하여 특별자치시장 · 특별자치도지사 · 시장 · 군수 · 구청장에게 제출하여야 한다. 〈개정 2009.10.22., 2019.4.25.〉

② 제1항에 따라 변경등록신청서를 제출받은 특별자치시장 · 특별자치도지사 · 시장 · 군수 · 구청장은 「전자정부법」 제36조제1항에 따른 행정정보의 공동이용을 통하여 다음 각 호의 서류를 확인해야 한다. 다만, 제1호 및 제2호의 경우 신청인이 확인에 동의하지 않는 경우에는 그 서류(제2호의 경우에는 「액화석유가스의 안전관리 및 사업법 시행규칙」 제71조제10항 단서에 따른 완성검사 합격 확인서로 대신할 수 있다)를 첨부하도록 해야 한다. 〈신설 2012.4.5., 2019.3.4., 2019.4.25.〉

1. 「전기사업법 시행규칙」 제38조제3항에 따른 전기안전점검 확인서(영업소의 소재지 또는 면적의 변경 등으로 「전기사업법」 제66조의2제1항에 따른 전기안전점검을 받아야 하는 경우로서 호텔업 또는 국제회의시설업 변경등록을 신청한 경우만 해당한다)
2. 「액화석유가스의 안전관리 및 사업법 시행규칙」 제71조제10항제1호에 따른 액화석유가스 사용시설완성검사증명서(야영장 시설의 설치 또는 폐지 등으로 「액화석유가스의 안전관리 및 사업법」 제44조에 따른 액화석유가스 사용시

설완성검사를 받아야 하는 경우로서 야영장업의 변경등록을 신청한 경우만 해당한다)

③ 특별자치시장 · 특별자치도지사 · 시장 · 군수 · 구청장은 제2항에 따른 확인 결과 「전기사업법」 제66조의2제1항에 따른 전기안전점검 또는 「액화석유가스의 안전관리 및 사업법」 제44조제2항에 따른 액화석유가스 사용시설완성검사를 받지 아니한 경우에는 관계기관 및 신청인에게 그 내용을 통지하여야 한다. 〈신설 2012.4.5., 2019.3.4., 2019.4.25.〉

④ 제1항에 따른 변경등록증 발급에 관하여는 제2조제7항을 준용한다. 〈개정 2012.4.5.〉

### 시행령 제4조(등록증의 발급)

① 제3조에 따라 등록신청을 받은 특별자치시장 · 특별자치도지사 · 시장 · 군수 · 구청장은 신청한 사항이 제5조에 따른 등록기준에 맞으면 문화체육관광부령으로 정하는 등록증을 신청인에게 발급하여야 한다. 〈개정 2008.2.29., 2009.10.7., 2019.4.9.〉

② 특별자치시장 · 특별자치도지사 · 시장 · 군수 · 구청장은 제1항에 따른 등록증을 발급하려면 법 제18조제1항에 따라 의제되는 인 · 허가증을 한꺼번에 발급할 수 있도록 해당 인 · 허가기관의 장에게 인 · 허가증의 송부를 요청할 수 있다. 〈개정 2009.10.7., 2019.4.9.〉

③ 특별자치시장 · 특별자치도지사 · 시장 · 군수 · 구청장은 제1항 및 제2항에 따라 등록증을 발급하면 문화체육관광부령으로 정하는 바에 따라 관광사업자등록대장을 작성하고 관리 · 보존하여야 한다. 〈개정 2008.2.29., 2009.10.7., 2019.4.9.〉

④ 특별자치시장 · 특별자치도지사 · 시장 · 군수 · 구청장은 등록한 관광사업자가 제1항에 따라 발급받은 등록증을 잃어버리거나 그 등록증이 헐어 못쓰게 되어버린 경우에는 문화체육관광부령으로 정하는 바에 따라 다시 발급하여야 한다. 〈개정 2008.2.29., 2009.10.7., 2019.4.9.〉

### 시행규칙 제5조(등록증의 재발급)

영 제4조제4항에 따라 등록증의 재발급을 받으려는 자는 별지 제7호서식의 등록증등 재발급신청서(등록증이 헐어 못 쓰게 된 경우에는 등록증을 첨부하여야 한다)를 특별자치시장 · 특별자치도지사 · 시장 · 군수 · 구청장에게 제출하여야 한다. 〈개정 2009.10.22., 2019.4.25〉

**[시행령 별표1] 관광사업의 등록기준 〈개정 2019.4.9〉**

4. 관광객 이용시설업
   가. 전문휴양업
      (1) 공통기준
         (가) 숙박시설이나 음식점시설이 있을 것
         (나) 주차시설 · 급수시설 · 공중화장실 등의 편의시설과 휴게시설이 있을 것
      (2) 개별기준
         (가) 민속촌
            한국고유의 건축물(초가집 및 기와집)이 20동 이상으로서 각 건물에는 전래되어 온 생활도구가 갖추어져 있거나 한국 또는 외국의 고유문화를 소개할 수 있는 축소된 건축물 모형 50점 이상이 적정한 장소에 배치되어 있을 것
         (나) 해수욕장
            1) 수영을 하기에 적합한 조건을 갖춘 해변이 있을 것
            2) 수용인원에 적합한 간이목욕시설 · 탈의장이 있을 것
            3) 인명구조용 구명보트 · 감시탑 및 응급처리시설비 등의 시설이 있을 것
            4) 담수욕장을 갖추고 있을 것
            5) 인명구조원을 배치하고 있을 것
         (다) 수렵장
            「야생동 · 식물보호법」에 따른 시설을 갖추고 있을 것
         (라) 동물원
            1) 「박물관 및 미술관 진흥법 시행령」 별표 2에 따른 시설을 갖추고 있을 것
            2) 삭제〈2019.4.9〉

(마) 식물원
1) 「박물관 및 미술관 진흥법 시행령」 별표 2에 따른 시설을 갖추고 있을 것
2) 온실면적은 2,000제곱미터 이상일 것
3) 식물종류는 1,000종 이상일 것

(바) 수족관
1) 「박물관 및 미술관 진흥법 시행령」 별표 2에 따른 시설을 갖추고 있을 것
2) 건축연면적은 2,000제곱미터 이상일 것
3) 어종(어류가 아닌 것은 제외한다)은 100종 이상일 것
4) 삭제 〈2016.3.22.〉

(사) 온천장
1) 온천수를 이용한 대중목욕시설이 있을 것
2) 삭제 〈2016.3.22.〉
3) 정구장 · 탁구장 · 볼링장 · 활터 · 미니골프장 · 배드민턴장 · 롤러스케이트장 · 보트장 등의 레크리에이션 시설 중 두 종류 이상의 시설을 갖추거나 제2조제5호에 따른 유원시설업 시설이 있을 것

(아) 동굴자원
관광객이 관람할 수 있는 천연동굴이 있고 편리하게 관람할 수 있는 시설이 있을 것

(자) 수영장
「체육시설의 설치 · 이용에 관한 법률」에 따른 신고 체육시설업 중 수영장시설을 갖추고 있을 것

(차) 농어촌휴양시설
1) 「농어촌정비법」에 따른 농어촌 관광휴양단지 또는 관광농원의 시설을 갖추고 있을 것
2) 관광객의 관람이나 휴식에 이용될 수 있는 특용작물 · 나무 등을 재배하거나 어류 · 희귀동물 등을 기르고 있을 것
3) 재배지 또는 양육장의 면적은 2천제곱미터 이상일 것

(카) 활공장

1) 활공을 할 수 있는 장소(이륙장 및 착륙장)가 있을 것

2) 인명구조원을 배치하고 응급처리를 할 수 있는 설비를 갖추고 있을 것

3) 행글라이더 · 패러글라이더 · 열기구 또는 초경량 비행기 등 두 종류 이상의 관광비행사업용 활공장비를 갖추고 있을 것

(타) 등록 및 신고 체육시설업 시설

「체육시설의 설치 · 이용에 관한 법률」에 따른 스키장 · 요트장 · 골프장 · 조정장 · 카누장 · 빙상장 · 자동차경주장 · 승마장 또는 종합체육시설 등 9종의 등록 및 신고 체육시설업에 해당되는 체육시설을 갖추고 있을 것

(파) 산림휴양시설

「산림문화 · 휴양에 관한 법률」에 따른 자연휴양림, 치유의 숲 또는 「수목원 · 정원의 조성 및 진흥에 관한 법률」에 따른 수목원의 시설을 갖추고 있을 것

(하) 박물관

「박물관 및 미술관 진흥법 시행령」 별표 2 제1호에 따른 종합박물관 또는 전문박물관의 시설을 갖추고 있을 것

(거) 미술관

「박물관 및 미술관 진흥법 시행령」 별표 2 제1호에 따른 미술관의 시설을 갖추고 있을 것

나. 종합휴양업의 등록기준

(1) 제1종 종합휴양업

숙박시설 또는 음식점시설을 갖추고 전문휴양시설 중 2종류 이상의 시설을 갖추고 있거나, 숙박시설 또는 음식점시설을 갖추고 전문휴양시설 중 한 종류 이상의 시설과 종합유원시설업의 시설을 갖추고 있을 것

(2) 제2종 종합휴양업

(가) 면적

단일부지로서 50만 제곱미터 이상일 것

(나) 시설

관광숙박업 등록에 필요한 시설과 제1종 종합휴양업 등록에 필요한 전문휴양시설 중 2종류 이상의 시설 또는 전문휴양시설 중 1종류 이상의 시설과 종합유원시설업의 시설을 함께 갖추고 있을 것

다. 야영장업

(1) 공통기준

(가) 침수, 유실, 고립, 산사태, 낙석의 우려가 없는 안전한 곳에 위치할 것

(나) 시설 배치도, 이용방법, 비상 시 행동 요령 등을 이용객이 잘 볼 수 있는 곳에 게시할 것

(다) 비상 시 긴급상황을 이용객에게 알릴 수 있는 시설 또는 장비를 갖출 것

(라) 야영장 규모를 고려하여 소화기를 적정하게 확보하고 눈에 띄기 쉬운 곳에 배치할 것

(마) 긴급 상황에 대비하여 야영장 내부 또는 외부에 대피소와 대피로를 확보할 것

(바) 비상 시의 대응요령을 숙지하고 야영장이 개장되어 있는 시간에 상주하는 관리요원을 확보할 것

(사) 야영장 시설은 자연생태계 등의 원형이 최대한 보존될 수 있도록 토지의 형질변경을 최소화하여 설치할 것. 이 경우 야영장에 설치할 수 있는 야영장 시설의 종류에 관하여는 문화체육관광부령으로 정한다.

(아) 야영장에 설치되는 건축물(「건축법」 제2조제1항제2호에 따른 건축물을 말한다. 이하 이 목에서 같다)의 바닥면적 합계가 야영장 전체면적의 100분의 10 미만일 것

(자) (아)에도 불구하고 「국토의 계획 및 이용에 관한 법률」 제36조제1항제2호가목에 따른 보전관리지

역 또는 같은 법 시행령 제30조제4호가목에 따른 보전녹지지역에 야영장을 설치하는 경우에는 다음의 요건을 모두 갖출 것

1) 야영장 전체면적이 1만제곱미터 미만일 것
2) 야영장에 설치되는 건축물의 바닥면적 합계가 300제곱미터 미만이고, 야영장 전체면적의 100분의 10 미만일 것
3) 「하수도법」 제15조제1항에 따른 배수구역 안에 위치한 야영장은 같은 법 제27조에 따라 공공하수도의 사용이 개시된 때에는 그 배수구역의 하수를 공공하수도에 유입시킬 것. 다만, 「하수도법」 제28조에 해당하는 경우에는 그렇지 않다.
4) 야영장 경계에 조경녹지를 조성하는 등의 방법으로 자연환경 및 경관에 대한 영향을 최소화할 것
5) 야영장으로 인한 비탈면 붕괴, 토사 유출 등의 피해가 발생하지 않도록 할 것

(2) 개별기준

(가) 일반야영장업

1) 야영용 천막을 칠 수 있는 공간은 천막 1개당 15제곱미터 이상을 확보할 것
2) 야영에 불편이 없도록 하수도 시설 및 화장실을 갖출 것
3) 긴급상황 발생 시 이용객을 이송할 수 있는 차로를 확보할 것

(나) 자동차야영장업

1) 차량 1대당 50제곱미터 이상의 야영공간(차량을 주차하고 그 옆에 야영장비 등을 설치할 수 있는 공간을 말한다)을 확보할 것
2) 야영에 불편이 없도록 수용인원에 적합한 상·하수도 시설, 전기시설, 화장실 및 취사시설을 갖출 것
3) 야영장 입구까지 1차선 이상의 차로를 확보하고, 1차선 차로를 확보한 경우에는 적정한 곳에

차량의 교행(交行)이 가능한 공간을 확보할 것

(3) (1) 및 (2)의 기준에 관한 특례

(가) (1) 및 (2)에도 불구하고 다음 1) 및 2)의 요건을 모두 충족하는 야영장업을 하려는 경우에는 (나) 및 (다)의 기준을 적용한다.

1) 「해수욕장의 이용 및 관리에 관한 법률」 제2조제1호에 따른 해수욕장이나 「국토의 계획 및 이용에 관한 법률 시행령」 제2조제1항제2호에 따른 유원지에서 연간 4개월 이내의 기간 동안만 야영장업을 하려는 경우

2) 야영장업의 등록을 위하여 토지의 형질을 변경하지 아니하는 경우

(나) 공통기준

1) 침수, 유실, 고립, 산사태, 낙석의 우려가 없는 안전한 곳에 위치할 것

2) 시설 배치도, 이용방법, 비상 시 행동 요령 등을 이용객이 잘 볼 수 있는 곳에 게시할 것

3) 비상 시 긴급상황을 이용객에게 알릴 수 있는 시설 또는 장비를 갖출 것

4) 야영장 규모를 고려하여 소화기를 적정하게 확보하고 눈에 띄기 쉬운 곳에 배치할 것

5) 긴급 상황에 대피할 수 있도록 대피로를 확보할 것

6) 비상 시 대응요령을 숙지하고 야영장이 개장되어 있는 시간에 상주하는 관리요원을 확보할 것

(다) 개별기준

1) 일반야영장업

가) 야영용 천막을 칠 수 있는 공간은 천막 1개당 15제곱미터 이상을 확보할 것

나) 야영에 불편이 없도록 하수도 시설 및 화장실의 이용이 가능할 것

다) 긴급상황 발생 시 이용객을 이송할 수 있는 차로를 확보할 것

2) 자동차야영장업

가) 차량 1대당 50제곱미터 이상의 야영공간(차량을 주차하고 그 옆에 야영장비 등을 설치할 수 있는 공간을 말한다)을 확보할 것

나) 야영에 불편이 없도록 상·하수도 시설, 전기시설, 화장실 및 취사시설의 이용이 가능할 것

다) 야영장 입구까지 1차선 이상의 차로를 확보하고, 1차선 차로를 확보한 경우에는 적정한 곳에 차량의 교행이 가능한 공간을 확보할 것

라. 관광유람선업

(1) 일반관광유람선업

(가) 구조

「선박안전법」에 따른 구조 및 설비를 갖춘 선박일 것

(나) 선상시설

이용객의 숙박 또는 휴식에 적합한 시설을 갖추고 있을 것

(다) 위생시설

수세식화장실과 냉·난방 설비를 갖추고 있을 것

(라) 편의시설

식당·매점·휴게실을 갖추고 있을 것

(마) 수질오염방지시설

수질요염을 방지하기 위한 오수 저장·처리시설과 폐기물처리시설을 갖추고 있을 것

(2) 크루즈업

(가) 일반관광유람선업에서 규정하고 있는 관광사업의 등록기준을 충족할 것

(나) 욕실이나 샤워시설을 갖춘 객실을 20실 이상 갖추고 있을 것

(다) 체육시설, 미용시설, 오락시설, 쇼핑시설 중 두 종류 이상의 시설을 갖추고 있을 것

마. 관광공연장업

(1) 설치장소

관광지 · 관광단지, 관광특구 또는 「지역문화진흥법」 제18조제1항에 따라 지정된 문화지구(같은 법 제18조제3항제3호에 따라 해당 영업 또는 시설의 설치를 금지하거나 제한하는 경우는 제외한다) 안에 있거나 이 법에 따른 관광사업 시설 안에 있을 것 다만, 실외관광공연장의 경우 법에 따른 관광숙박업, 관광객 이용시설업 중 전문휴양업과 종합휴양업, 국제회의업, 유원시설업에 한한다.

(2) 시설기준

(가) 실내관광공연장

1) 100제곱미터 이상의 무대를 갖추고 있을 것
2) 출연자가 연습하거나 대기 또는 분장할 수 있는 공간을 갖추고 있을 것
3) 출입구는 「다중이용업소의 안전관리에 관한 특별법」에 따른 다중이용업소의 영업장에 설치하는 안전시설등의 설치기준에 적합할 것
4) 삭제 〈2011.3.30.〉
5) 공연으로 인한 소음이 밖으로 전달되지 아니하도록 방음시설을 갖추고 있을 것

(나) 실외관광공연장

1) 70제곱미터 이상의 무대를 갖추고 있을 것
2) 남녀용으로 구분된 수세식 화장실을 갖추고 있을 것

(3) 일반음식점 영업허가

「식품위생법 시행령」 제21조에 따른 식품접객업 중 일반음식점 영업허가를 받을 것

바. 외국인관광 도시민박업

(1) 주택의 연면적이 230제곱미터 미만일 것
(2) 외국어 안내 서비스가 가능한 체제를 갖출 것
(3) 소화기를 1개 이상 구비하고, 객실마다 단독경보형 감지기를 설치할 것

4. 승인
➡법 제15조
➡법 제16조

– 관광숙박업, 전문휴양업, 종합휴양업, 관광유람산업, 국제회의시설업
⇒시행령 제12조

– 승인신청, 승인통보, 승인대상사업, 승인기준, 관광숙박시설 건축지역 변경 승인
⇒시행령 제9조~14조

– 승인신청, 변경 승인 신청
→시행규칙 제23~24조

| 법 | 시행령 | 시행규칙 |
|---|---|---|
| 법 제15조(사업계획의 승인)<br>법 제16조(사업계획 승인 시의 인허가 의제 등) | 시행령 제9조<br>(사업계획 변경승인)<br>시행령 제10조<br>(사업계획의 승인신청 등)<br>시행령 제11조<br>(사업계획승인의 통보)<br>시행령 제12조<br>(사업계획승인 대상 관광객 이용시설업, 국제회의업)<br>시행령 제13조<br>(사업계획 승인기준)<br>시행령 제14조<br>(관광숙박시설 건축지역) | 시행규칙 제23조<br>(사업계획의 승인신청)<br>시행규칙 제24조<br>(사업계획의 변경승인 신청 |

**법 제15조(사업계획의 승인)**

② 대통령령으로 정하는 관광객 이용시설업을 경영하려는 자는 제4조제1항에 따른 등록을 하기 전에 그 사업에 대한 사업계획을 작성하여 특별자치시장·특별자치도지사·시장·군수·구청장의 승인을 받을 수 있다. 승인을 받은 사업계획 중 부지, 대지 면적, 건축 연면적의 일정 규모 이상의 변경 등 대통령령으로 정하는 사항을 변경하려는 경우에도 또한 같다. 〈개정 2008.6.5., 2009.3.25., 2018.6.12.〉

③ 제1항과 제2항에 따른 사업계획의 승인 또는 변경승인의 기준·절차 등에 필요한 사항은 대통령령으로 정한다.

**시행령 제12조(사업계획승인 대상 관광객 이용시설업, 국제회의업)**

법 제15조제2항 전단에서 "대통령령으로 정하는 관광객 이용시설업이나 국제회의업"이란 다음 각 호의 관광사업을 말한다.

1. 전문휴양업
2. 종합휴양업
3. 관광유람선업
4. 국제회의시설업

**시행령 제9조(사업계획 변경승인)**

② 법 제15조제2항 후단에 따라 관광객 이용시설업이나 국제회의업의 사업계획의 변경승인을 받을 수 있는 경우는 다음 각 호와 같다.

1. 전문휴양업이나 종합휴양업의 경우 부지, 대지 면적 또는 건축 연면적을 변경할 때에 그 변경하려는 면적이 당초 승인받은 계획면적의 100분의 10 이상이 되는 경우

**시행령 제10조(사업계획의 승인신청 등)**

② 제9조에 따라 사업계획의 변경승인을 받으려는 자는 문화체육관광부령으로 정하는 바에 따라 사업계획 변경승인신청서를 특별자치시장 · 특별자치도지사 · 시장 · 군수 · 구청장에게 제출하여야 한다.〈개정 2008.2.29., 2009.1.20., 2019.4.9〉

③ 제1항과 제2항에 따라 사업계획의 승인 또는 변경승인신청서를 접수한 특별자치시장 · 특별자치도지사 · 시장 · 군수 · 구청장은 해당 관광사업이 법 제16조제1항에 따라 인 · 허가 등이 의제되는 사업인 경우에는 같은 조 제2항에 따라 소관 행정기관의 장과 협의하여야 한다.〈개정 2009.1.20., 2019.4.9〉

④ 제3항에 따라 협의 요청을 받은 소관 행정기관의 장은 협의 요청을 받은 날부터 30일 이내에 그 의견을 제출하여야 한다. 이 경우 그 기간 이내에 의견 제출이 없는 때에는 협의가 이루어진 것으로 본다.〈개정 2014.11.28.〉

[시행일: 2014.3.1.] 제10조제1항 의료관광호텔업 관련 부분

**시행규칙 제23조(사업계획의 승인신청)**

① 영 제10조제1항에 따라 사업계획승인을 받으려는 자는 별지 제25호서식의 사업계획 승인신청서에 다음 각 호의 서류를 첨부하여 특별자치시장 · 특별자치도지사 · 시장 · 군수 · 구청장에게 제출하여야 한다. 다만, 등록체육시설의 경우에는 「체육시설의 설치 · 이용에 관한 법률 시행령」 제10조에 따른 사업계획승인서 사본으로 각 호의 서류를 갈음한다.〈개정 2009.3.31., 2009.12.31., 2015.4.22., 2019.4.25〉

1. 다음 각 목의 사항이 포함된 건설계획서
   가. 건설장소, 총부지면적 및 토지이용계획

나. 공사계획
다. 공사자금 및 그 조달방법
라. 시설별 · 층별 면적 및 시설내용
마. 조감도
바. 전문휴양업 및 종합휴양업의 경우에는 사업예정지역의 위치도(축척 2만 5천분의 1 이상이어야 한다), 사업예정지역의 현황도(축척 3천분의 1 이상으로서 등고선이 표시되어야 한다), 시설배치계획도(지적도면상에 표시하여야 한다), 토지명세서, 하수처리계획서, 녹지 및 환경조성계획서(「환경영향평가법」에 따른 환경영향평가를 받은 경우 하수처리계획서, 녹지 및 환경조성계획서를 생략한다)

2. 신청인(법인의 경우에는 대표자 및 임원)이 내국인인 경우에는 성명 및 주민등록번호를 기재한 서류

2의2. 신청인(법인의 경우에는 대표자 및 임원)이 외국인인 경우에는 법 제7조제1항 각 호에 해당하지 아니함을 증명하는 다음 각 목의 어느 하나에 해당하는 서류. 다만, 법 또는 다른 법령에 따라 인 · 허가 등을 받아 사업자등록을 하고 해당 영업 또는 사업을 영위하고 있는 자(법인의 경우에는 최근 1년 이내에 법인세를 납부한 시점부터 승인 신청 시점까지의 기간 동안 대표자 및 임원의 변경이 없는 경우로 한정한다)는 해당 영업 또는 사업의 인 · 허가증 등 인 · 허가 등을 받았음을 증명하는 서류와 최근 1년 이내에 소득세(법인의 경우에는 법인세를 말한다)를 납부한 사실을 증명하는 서류를 제출하는 경우에는 그 영위하고 있는 영업 또는 사업의 결격사유 규정과 중복되는 법 제7조제1항의 결격사유에 한하여 다음 각 목의 서류를 제출하지 아니할 수 있다.
가. 해당 국가의 정부나 그 밖의 권한 있는 기관이 발행한 서류 또는 공증인이 공증한 신청인의 진술서로서 「재외공관 공증법」에 따라 해당 국가에 주재하는 대한민국공관의 영사관이 확인한 서류
나. 「외국공문서에 대한 인증의 요구를 폐지하는 협약」을 체결한 국가의 경우에는 해당 국가의 정부나 그 밖의

권한 있는 기관이 발행한 서류 또는 공증인이 공증한 신청인의 진술서로서 해당 국가의 아포스티유(Apostille) 확인서 발급 권한이 있는 기관이 그 확인서를 발급한 서류

3. 부동산의 소유권 또는 사용권을 증명하는 서류
4. 분양 및 회원모집계획 개요서(분양 및 회원을 모집하는 경우만 해당한다)
5. 법 제16조제1항 각 호에 따른 인 · 허가 등의 의제를 받거나 신고를 하려는 경우에는 해당 법령에서 제출하도록 한 서류
6. 법 제16조제1항 각 호에서 규정한 신고를 이미 하였거나 인 · 허가 등을 받은 경우에는 이를 증명하는 서류

② 제1항에 따른 신청서를 받은 특별자치시장 · 특별자치도지사 · 시장 · 군수 · 구청장은 「전자정부법」 제36조제1항에 따른 행정정보의 공동이용을 통하여 법인 등기사항증명서(법인만 해당한다)를 확인하여야 한다. 〈개정 2009.3.31., 2011.3.30., 2019.4.25〉

### 시행령 제10조(사업계획의 승인신청 등)

② 제9조에 따라 사업계획의 변경승인을 받으려는 자는 문화체육관광부령으로 정하는 바에 따라 사업계획 변경승인신청서를 특별자치시장 · 특별자치도지사 · 시장 · 군수 · 구청장에게 제출하여야 한다. 〈개정 2008.2.29., 2009.1.20., 2019.4.9〉

### 시행규칙 제24조(사업계획의 변경승인 신청)

영 제10조제2항에 따라 사업계획의 변경승인을 받으려는 자는 별지 제26호서식의 사업계획 변경승인 신청서에 다음 각 호의 서류를 첨부하여 특별자치시장 · 특별자치도지사 · 시장 · 군수 · 구청장에게 제출하여야 한다. 〈개정 2009.3.31., 2019.4.25〉

1. 변경사유서
2. 변경하고자 하는 층의 변경 전후의 평면도(건축물의 용도변경이 필요한 경우만 해당한다)
3. 용도변경에 따라 변경되는 사항 중 내화 · 내장 · 방화 · 피난건축설비에 관한 사항을 표시한 도서(건축물의 용도변경

이 필요한 경우만 해당한다)

4. 전문휴양업 및 종합휴양업의 경우 제23조제1항제1호바목에 서 정한 승인신청 사항이 변경되는 경우에는 각각 그 변경에 관계되는 서류

**시행령 제10조(사업계획의 승인신청 등)**

③ 제1항과 제2항에 따라 사업계획의 승인 또는 변경승인신청서를 접수한 특별자치시장 · 특별자치도지사 · 시장 · 군수 · 구청장은 해당 관광사업이 법 제16조제1항에 따라 인 · 허가 등이 의제되는 사업인 경우에는 같은 조 제2항에 따라 소관 행정기관의 장과 협의하여야 한다. 〈개정 2009.1.20., 2019.4.9〉

④ 제3항에 따라 협의 요청을 받은 소관 행정기관의 장은 협의 요청을 받은 날부터 30일 이내에 그 의견을 제출하여야 한다. 이 경우 그 기간 이내에 의견 제출이 없는 때에는 협의가 이루어진 것으로 본다. 〈개정 2014.11.28.〉

[시행일: 2014.3.1.] 제10조제1항 의료관광호텔업 관련 부분

**법 제16조(사업계획 승인 시의 인 · 허가 의제 등)**

① 제15조제1항 및 제2항에 따라 사업계획의 승인을 받은 때에는 다음 각 호의 허가 또는 해제를 받거나 신고를 한 것으로 본다. 〈개정 2007.12.27., 2009.3.25., 2010.4.15., 2010.5.31.〉

1. 「농지법」 제34조제1항에 따른 농지전용의 허가
2. 「산지관리법」 제14조 · 제15조에 따른 산지전용허가 및 산지전용신고, 같은 법 제15조의2에 따른 산지일시사용허가 · 신고, 「산림자원의 조성 및 관리에 관한 법률」 제36조제1항 · 제4항 및 제45조제1항 · 제2항에 따른 입목벌채 등의 허가 · 신고
3. 「사방사업법」 제20조에 따른 사방지(砂防地) 지정의 해제
4. 「초지법」 제23조에 따른 초지전용(草地轉用)의 허가
5. 「하천법」 제30조에 따른 하천공사 등의 허가 및 실시계획의 인가, 같은 법 제33조에 따른 점용허가(占用許可) 및 실시계획의 인가
6. 「공유수면 관리 및 매립에 관한 법률」 제8조에 따른 공유수면의 점용 · 사용허가 및 같은 법 제17조에 따른 점용 ·

사용 실시계획의 승인 또는 신고
7. 「사도법」 제4조에 따른 사도개설(私道開設)의 허가
8. 「국토의 계획 및 이용에 관한 법률」 제56조에 따른 개발행위의 허가
9. 「장사 등에 관한 법률」 제8조제3항에 따른 분묘의 개장신고(改葬申告) 및 같은 법 제27조에 따른 분묘의 개장허가(改葬許可)

② 특별자치시장 · 특별자치도지사 · 시장 · 군수 · 구청장은 제1항 각 호의 어느 하나에 해당하는 사항이 포함되어 있는 사업계획을 승인하려면 미리 소관 행정기관의 장과 협의하여야 하고, 그 사업계획을 승인한 때에는 지체 없이 소관 행정기관의 장에게 그 내용을 통보하여야 한다. 〈개정 2008.6.5., 2018.6.12〉

③ 특별자치시장 · 특별자치도지사 · 시장 · 군수 · 구청장은 제15조제1항 및 제2항에 따른 사업계획의 변경승인을 하려는 경우 건축물의 용도변경이 포함되어 있으면 미리 소관 행정기관의 장과 협의하여야 한다. 〈개정 2008.6.5., 2018.6.12〉

④ 관광사업자(관광숙박업만 해당한다)가 제15조제1항 후단에 따라 사업계획의 변경승인을 받은 경우에는 「건축법」에 따른 용도변경의 허가를 받거나 신고를 한 것으로 본다.

⑤ 제15조제1항에 따른 사업계획의 승인 또는 변경승인을 받은 경우 그 사업계획에 따른 관광숙박시설 및 그 시설 안의 위락시설로서 「국토의 계획 및 이용에 관한 법률」에 따라 지정된 다음 각 호의 용도지역의 시설에 대하여는 같은 법 제76조제1항을 적용하지 아니한다. 다만, 주거지역에서는 주거환경의 보호를 위하여 대통령령으로 정하는 사업계획승인기준에 맞는 경우에 한한다.
1. 상업지역
2. 주거지역 · 공업지역 및 녹지지역 중 대통령령으로 정하는 지역

⑥ 제15조제1항에 따른 사업계획의 승인을 받은 경우 그 사업계획에 따른 관광숙박시설로서 대통령령으로 정하는 지역 내 위치하면서 「학교보건법」 제2조에 따른 학교 출입문 또는 학교설립예정지 출입문으로부터 직선거리로 75미터 이내에 위치한 관광숙박시설의 설치와 관련하여서는 「학교보건법」 제6

조제1항 각 호 외의 부분 단서를 적용하지 아니한다.〈신설 2015.12.22.〉

⑦ 제15조제1항에 따른 사업계획의 승인 또는 변경승인을 받은 경우 그 사업계획에 따른 관광숙박시설로서 다음 각 호에 적합한 시설에 대해서는 「학교보건법」 제6조제1항제13호를 적용하지 아니한다.〈신설 2015.12.22.〉

1. 관광숙박시설에서 「학교보건법」 제6조제1항제12호, 제14호부터 제16호까지 또는 제18호부터 제20호까지의 규정에 따른 행위 및 시설 중 어느 하나에 해당하는 행위 및 시설이 없을 것
2. 관광숙박시설의 객실이 100실 이상일 것
3. 대통령령으로 정하는 지역 내 위치할 것
4. 대통령령으로 정하는 바에 따라 관광숙박시설 내 공용공간을 개방형 구조로 할 것
5. 「학교보건법」 제2조에 따른 학교 출입문 또는 학교설립예정지 출입문으로부터 직선거리로 75미터 이상에 위치할 것

⑧ 제7항 각 호의 요건을 충족하여 「학교보건법」 제6조제1항제13호를 적용받지 아니하고 관광숙박시설을 설치하려는 자는 「건축법」 제4조에 따른 건축위원회의 교육환경 저해여부에 관한 심의를 받아야 한다.〈신설 2015.12.22.〉

⑨ 특별자치시장 · 특별자치도지사 · 시장 · 군수 · 구청장은 제15조제1항에 따른 사업계획(제7항 각 호의 요건을 충족하여 「학교보건법」 제6조제1항제13호를 적용받지 아니하고 관광숙박시설을 설치하려는 자의 사업계획에 한정한다)의 승인 또는 변경승인을 하려는 경우에는 교육환경 보호 및 교통안전 보호조치를 취하도록 하는 조건을 붙일 수 있다.〈신설 2015.12.22., 2018.6.12〉

[법률 제13594호(2015.12.22.) 부칙 제2조의 규정에 의하여 이 조 제6항부터 제9항까지는 2021년 3월 24일까지 유효함]

**시행령 제11조(사업계획승인의 통보)**

특별자치시장 · 특별자치도지사 · 시장 · 군수 · 구청장은 제10조에 따라 신청한 사업계획 또는 사업계획의 변경을 승인하는 경우에는 사업계획승인 또는 변경승인을 신청한 자에게 지체 없이

통보하여야 한다.〈개정 2009.1.20., 2019.4.9〉

**시행령 제13조(사업계획 승인기준)**

① 법 제15조에 따른 사업계획의 승인 및 변경승인의 기준은 다음 각 호와 같다.〈개정 2010.6.15., 2013.11.29., 2014.11.28., 2016.3.22., 2019.4.9〉

1. 사업계획의 내용이 관계 법령의 규정에 적합할 것
2. 사업계획의 시행에 필요한 자금을 조달할 능력 및 방안이 있을 것
3. 일반 주거지역의 관광숙박시설 및 그 시설 안의 위락시설은 주거환경을 보호하기 위하여 다음 각 목의 기준에 맞아야 하고, 준주거지역의 경우에는 다목의 기준에 맞을 것. 다만, 일반 주거지역에서의 사업계획의 변경승인(신축 또는 기존 건축물 전부를 철거하고 다시 축조하는 개축을 하는 경우는 포함하지 아니한다)의 경우에는 가목의 기준을 적용하지 아니하고, 일반 주거지역의 호스텔업의 시설의 경우에는 라목의 기준을 적용하지 아니한다.

가. 다음의 구분에 따라 대지가 도로에 연접할 것. 다만, 특별자치도 · 시 · 군 · 구(자치구를 말한다. 이하 같다)는 주거환경을 보호하기 위하여 필요하면 지역 특성을 고려하여 조례로 이 기준을 강화할 수 있다.

1) 관광호텔업, 수상관광호텔업, 한국전통호텔업, 가족호텔업, 의료관광호텔업 및 휴양 콘도미니엄업: 대지가 폭 12미터 이상의 도로에 4미터 이상 연접할 것
2) 호스텔업 및 소형호텔업: 대지가 폭 8미터(관광객의 수, 관광특구와의 거리 등을 고려하여 특별자치도지사 · 시장 · 군수 · 구청장이 지정하여 고시하는 지역에서 20실 이하의 객실을 갖추어 경영하는 호스텔업의 경우에는 4미터) 이상의 도로에 4미터 이상 연접할 것

나. 건축물(관광숙박시설이 설치되는 건축물 전부를 말한다) 각 부분의 높이는 그 부분으로부터 인접대지를 조망할 수 있는 창이나 문 등의 개구부가 있는 벽면에서 직각 방향으로 인접된 대지의 경계선[대지와 대지 사

이가 공원 · 광장 · 도로 · 하천이나 그 밖의 건축이 허용되지 아니하는 공지(空地)인 경우에는 그 인접된 대지의 반대편 경계선을 말한다)까지의 수평거리의 두 배를 초과하지 아니할 것

다. 소음 공해를 유발하는 시설은 지하층에 설치하거나 그 밖의 방법으로 주변의 주거환경을 해치지 아니하도록 할 것

라. 대지 안의 조경은 대지면적의 15퍼센트 이상으로 하되, 대지 경계선 주위에는 다 자란 나무를 심어 인접 대지와 차단하는 수림대(樹林帶)를 조성할 것

4. 연간 내국인 투숙객 수가 객실의 연간 수용가능 총인원의 40퍼센트를 초과하지 아니할 것(의료관광호텔업만 해당한다)

② 특별자치시장 · 특별자치도지사 · 시장 · 군수 · 구청장은 휴양 콘도미니엄업의 규모를 축소하는 사업계획에 대한 변경승인 신청을 받은 경우에는 다음 각 호의 어느 하나의 감소 비율이 당초 승인한 분양 및 회원 모집 계획상의 피분양자 및 회원(이하 이 항에서 "회원등"이라 한다) 총 수에 대한 사업계획 변경승인 예정일 현재 실제로 미분양 및 모집 미달이 되고 있는 잔여 회원 등 총 수의 비율(이하 이 항에서 "미분양률"이라 한다)을 초과하지 아니하는 한도에서 그 변경승인을 하여야 한다. 다만, 사업자가 이미 분양받거나 회원권을 취득한 회원 등에 대하여 그 대지면적 및 객실면적(전용 및 공유면적을 말하며, 이하 이 항에서 같다)의 감소분에 비례하여 분양가격 또는 회원 모집가격을 인하하여 해당 회원 등에게 통보한 경우에는 미분양률을 초과하여 변경승인을 할 수 있다. 〈개정 2009.1.20., 2019.4.9〉

1. 당초계획(승인한 사업계획을 말한다. 이하 이 항에서 같다)상의 대지면적에 대한 변경계획상의 대지면적 감소비율
2. 당초계획상의 객실 수에 대한 변경계획상의 객실 수 감소비율
3. 당초계획상의 전체 객실면적에 대한 변경계획상의 전체 객실면적 감소비율

[시행일: 2014.3.1.] 제13조제1항제3호가목본문, 제13조제1항제3호가목1), 제13조제1항제4호

**시행령 제14조(관광숙박시설 건축지역)**

법 제16조제5항제2호에서 "대통령령으로 정하는 지역"이란 다음 각 호의 지역을 말한다.

1. 일반주거지역
2. 준주거지역
3. 준공업지역
4. 자연녹지지역

**「국토의 계획 및 이용에 관한 법률 시행령」 제30조 용도지역의 세분**

제30조(용도지역의 세분) 국토교통부장관, 시 · 도지사 또는 대도시의 시장(이하 "대도시 시장"이라 한다)은 법 제36조제2항에 따라 도시 · 군관리계획결정으로 주거지역 · 상업지역 · 공업지역 및 녹지지역을 다음 각 호와 같이 세분하여 지정할 수 있다. 〈개정 2008.2.29., 2009.8.5., 2012.4.10., 2013.3.23., 2014.1.14., 2019.8.6.〉

1. 주거지역
   가. 전용주거지역: 양호한 주거환경을 보호하기 위하여 필요한 지역
      (1) 제1종전용주거지역: 단독주택 중심의 양호한 주거환경을 보호하기 위하여 필요한 지역
      (2) 제2종전용주거지역: 공동주택 중심의 양호한 주거환경을 보호하기 위하여 필요한 지역
   나. 일반주거지역: 편리한 주거환경을 조성하기 위하여 필요한 지역
      (1) 제1종일반주거지역: 저층주택을 중심으로 편리한 주거환경을 조성하기 위하여 필요한 지역
      (2) 제2종일반주거지역: 중층주택을 중심으로 편리한 주거환경을 조성하기 위하여 필요한 지역
      (3) 제3종일반주거지역: 중고층주택을 중심으로 편리한 주거환경을 조성하기 위하여 필요한 지역
   다. 준주거지역: 주거기능을 위주로 이를 지원하는 일부 상업기능 및 업무기능을 보완하기 위하여 필요한 지역
2. 상업지역
   가. 중심상업지역: 도심 · 부도심의 상업기능 및 업무기능

의 확충을 위하여 필요한 지역

나. 일반상업지역: 일반적인 상업기능 및 업무기능을 담당하게 하기 위하여 필요한 지역

다. 근린상업지역: 근린지역에서의 일용품 및 서비스의 공급을 위하여 필요한 지역

라. 유통상업지역: 도시내 및 지역간 유통기능의 증진을 위하여 필요한 지역

3. 공업지역

가. 전용공업지역: 주로 중화학공업, 공해성 공업 등을 수용하기 위하여 필요한 지역

나. 일반공업지역: 환경을 저해하지 아니하는 공업의 배치를 위하여 필요한 지역

다. 준공업지역: 경공업 그 밖의 공업을 수용하되, 주거기능 · 상업기능 및 업무기능의 보완이 필요한 지역

4. 녹지지역

가. 보전녹지지역: 도시의 자연환경 · 경관 · 산림 및 녹지공간을 보전할 필요가 있는 지역

나. 생산녹지지역: 주로 농업적 생산을 위하여 개발을 유보할 필요가 있는 지역

다. 자연녹지지역: 도시의 녹지공간의 확보, 도시확산의 방지, 장래 도시용지의 공급 등을 위하여 보전할 필요가 있는 지역으로서 불가피한 경우에 한하여 제한적인 개발이 허용되는 지역

② 시 · 도지사 또는 대도시 시장은 해당 시 · 도 또는 대도시의 도시 · 군계획조례르 정하는 바에 따라 도시 · 군관리계획결정으로 제1항에 따라 세분된 주거지역 · 상업지역 · 공업지역 · 녹지지역을 추가적으로 세분하여 지정할 수 있다. 〈신설 2019.8.6.〉

5. 등록심의위원회
➡법 17조
⇒시행령 제15~20조

| 법 | 시행령 | 시행규칙 |
|---|---|---|
| 법 제17조<br>(관광숙박업 등의 등록심의위원회) | 시행령 제15조<br>(위원장의 직무 등)<br>시행령 제16조(회의)<br>시행령 제17조(의견 청취)<br>시행령 제18조(간사)<br>시행령 제19조(운영세칙)<br>시행령 제20조<br>(등록심의대상 관광사업) | |

**법 제17조(관광숙박업 등의 등록심의위원회)**

① 제4조제1항에 따른 관광숙박업 및 대통령령으로 정하는 관광객 이용시설업이나 국제회의업의 등록(등록 사항의 변경을 포함한다. 이하 이 조에서 같다)에 관한 사항을 심의하기 위하여 특별자치시장 · 특별자치도지사 · 시장 · 군수 · 구청장(권한이 위임된 경우에는 그 위임을 받은 기관을 말한다. 이하 이 조 및 제18조에서 같다) 소속으로 관광숙박업 및 관광객 이용시설업 등록심의위원회(이하 "위원회"라 한다)를 둔다.〈개정 2008.6.5., 2009.3.25., 2018.6.12〉

② 위원회는 위원장과 부위원장 각 1명을 포함한 위원 10명 이내로 구성하되, 위원장은 특별자치시 · 특별자치도 · 시 · 군 · 구(자치구만 해당한다. 이하 같다)의 부지사 · 부시장 · 부군수 · 부구청장이 되고, 부위원장은 위원 중에서 위원장이 지정하는 자가 되며, 위원은 제18조제1항 각 호에 따른 신고 또는 인 · 허가 등의 소관 기관의 직원이 된다.〈개정 2008.6.5., 2018.6.12〉

③ 위원회는 다음 각 호의 사항을 심의한다.〈개정 2007.7.19., 2015.12.22.〉

1. 관광숙박업 및 대통령령으로 정하는 관광객 이용시설업이나 국제회의업의 등록기준 등에 관한 사항
2. 제18조제1항 각 호에서 정한 사업이 관계 법령상 신고 또는 인 · 허가 등의 요건에 해당하는지에 관한 사항
3. 제15조제1항에 따라 사업계획 승인 또는 변경승인을 받고 관광사업 등록(제16조제7항에 따라 「학교보건법」 제6조제1항제13호를 적용받지 아니하고 관광숙박시설을 설치하려

는 경우에 한정한다)을 신청한 경우 제16조제7항 각 호의 요건을 충족하는지에 관한 사항

④ 특별자치시장 · 특별자치도지사 · 시장 · 군수 · 구청장은 제1항에 따른 관광숙박업, 관광객 이용시설업, 국제회의업의 등록을 하려면 미리 위원회의 심의를 거쳐야 한다. 다만, 대통령령으로 정하는 경미한 사항의 변경에 관하여는 위원회의 심의를 거치지 아니할 수 있다. 〈개정 2008.6.5., 2018.6.12〉

⑤ 위원회의 회의는 재적위원 3분의 2 이상의 출석과 출석위원 3분의 2 이상의 찬성으로 의결한다. 〈신설 2018.12.11.〉

⑥ 위원회의 구성 · 운영이나 그 밖에 위원회에 필요한 사항은 대통령령으로 정한다. 〈개정 2018.12.11.〉

[법률 제13594호(2015.12.22.) 부칙 제2조의 규정에 의하여 이 조 제3항제3호는 2021년 3월 24일까지 유효함]

### 시행령 제15조(위원장의 직무 등)

① 법 제17조제1항에 따른 관광숙박업 및 관광객 이용시설업 등록심의위원회(이하 "위원회"라 한다) 위원장은 위원회를 대표하고, 위원회의 직무를 총괄한다.

② 부위원장은 위원장을 보좌하고, 위원장이 부득이한 사유로 직무를 수행할 수 없을 때에는 그 직무를 대행한다.

### 시행령 제16조(회의)

① 위원장은 위원회의 회의를 소집하고 그 의장이 된다.

② 삭제 〈2019.4.9〉

### 시행령 제17조(의견 청취)

위원장은 위원회의 심의사항과 관련하여 필요하다고 인정하면 관계인 또는 안전 · 소방 등에 대한 전문가를 출석시켜 그 의견을 들을 수 있다.

### 시행령 제18조(간사)

위원회의 서무를 처리하기 위하여 위원회에 간사 1명을 둔다.

**시행령 제19조(운영세칙)**
이 영에 규정된 사항 외에 위원회의 운영에 필요한 사항은 위원회의 의결을 거쳐 위원장이 정한다.

**시행령 제20조(등록심의대상 관광사업)**
① 법 제17조제1항 및 제3항제1호에서 "대통령령으로 정하는 관광객 이용시설업이나 국제회의업"이란 제12조 각 호의 어느 하나에 해당하는 관광사업을 말한다.
② 법 제17조제4항 단서에서 "대통령령으로 정하는 경미한 사항의 변경"이란 법 제17조제3항에 따른 심의사항의 변경 중 관계되는 기관이 둘 이하인 경우의 심의사항 변경을 말한다.

6. 등록시의 신고 · 허가의제
➡법 제18조
⇒시행령 제21조

| 법 | 시행령 | 시행규칙 |
|---|---|---|
| 법 제18조<br>(등록 시의 신고 · 허가 의제 등) | 시행령 제21조<br>(인 · 허가 등을 받은 것으로 보는 영업) | |

**법 제18조(등록 시의 신고 · 허가 의제 등)**
① 특별자치시장 · 특별자치도지사 · 시장 · 군수 · 구청장이 위원회의 심의를 거쳐 등록을 하면 그 관광사업자는 다음 각 호의 신고를 하였거나 인 · 허가 등을 받은 것으로 본다.〈개정 2008.6.5., 2009.2.6., 2011.6.15., 2017.1.17., 2018.6.12〉
1. 「공중위생관리법」 제3조에 따른 숙박업 · 목욕장업 · 이용업 · 미용업 또는 세탁업의 신고
2. 「식품위생법」 제36조에 따른 식품접객업으로서 대통령령으로 정하는 영업의 허가 또는 신고
3. 「주세법」 제8조에 따른 주류판매업의 면허 또는 신고
4. 「외국환거래법」 제8조제3항제1호에 따른 외국환업무의 등록
5. 「담배사업법」 제16조에 따른 담배소매인의 지정
6. 삭제〈2015.12.22.〉
7. 「체육시설의 설치 · 이용에 관한 법률」 제10조에 따른 신고 체육시설업으로서 같은 법 제20조에 따른 체육시설업의 신고
8. 「해사안전법」 제34조제3항에 따른 해상 레저 활동의 허가
9. 「의료법」 제35조에 따른 부속의료기관의 개설신고 또는

7. 분양 및 회원모집
➡법 제20조
⇒시행령 제23~26조의 2
→시행규칙 제26~28조

개설허가

② 특별자치시장 · 특별자치도지사 · 시장 · 군수 · 구청장은 제1항에 따라 관광숙박업, 관광객 이용시설업 및 국제회의업의 등록을 한 때에는 지체 없이 제1항 각 호의 신고 또는 인 · 허가 등의 소관 행정기관의 장에게 그 내용을 통보하여야 한다.〈개정 2008.6.5., 2018.6.12〉

**시행령 제21조(인 · 허가 등을 받은 것으로 보는 영업)**
법 제18조제1항제2호에서 "대통령령으로 정하는 영업"이란 「식품위생법 시행령」 제21조제8호 가목 부터 라목 까지 및 바목에 따른 휴게음식점영업 · 일반음식점영업 · 단란주점영업 · 유흥주점영업 및 제과점영업을 말한다.〈개정 2009.8.6.〉

| 법 | 시행령 | 시행규칙 |
|---|---|---|
| 법 제20조<br>(분양 및 회원모집) | 시행령 제23조<br>(분양 및 회원모집 관광사업)<br>시행령 제24조(분양 및 회원도집의 기준 및 시기)<br>시행령 제25조(분양 또는 회원모집계획서의 제출)<br>시행령 제26조(공유자 또는 회원의 보호) | 시행규칙 제26조<br>(총공사 공정률)<br>시행규칙 제27조<br>(분양 또는 회원모집계획<br>서의 첨부서류)<br>시행규칙 제28조<br>(회원증의 발급) |

**법 제20조(분양 및 회원 모집)**

① 관광숙박업이나 관광객 이용시설업으로서 대통령령으로 정하는 종류의 관광사업을 등록한 자 또는 그 사업계획의 승인을 받은 자가 아니면 그 관광사업의 시설에 대하여 분양(휴양 콘도미니엄만 해당한다. 이하 같다) 또는 회원 모집을 하여서는 아니 된다.

② 누구든지 다음 각 호의 어느 하나에 해당하는 행위를 하여서는 아니 된다.〈개정 2007.7.19.〉

1. 제1항에 따른 분양 또는 회원모집을 할 수 없는 자가 관광숙박업이나 관광객 이용시설업으로서 대통령령으로 정하는 종류의 관광사업 또는 이와 유사한 명칭을 사용하여 분양 또는 회원모집을 하는 행위

2. 관광숙박시설과 관광숙박시설이 아닌 시설을 혼합 또는 연계하여 이를 분양하거나 회원을 모집하는 행위. 다만, 대통령령으로 정하는 종류의 관광숙박업의 등록을 받은 자 또는 그 사업계획의 승인을 얻은 자가 「체육시설의 설치 · 이용에 관한 법률」 제12조에 따라 골프장의 사업계획을 승인받은 경우에는 관광숙박시설과 해당 골프장을 연계하여 분양하거나 회원을 모집할 수 있다.
3. 공유자 또는 회원으로부터 제1항에 따른 관광사업의 시설에 관한 이용권리를 양도받아 이를 이용할 수 있는 회원을 모집하는 행위

③ 제1항에 따라 분양 또는 회원모집을 하려는 자가 사용하는 약관에는 제5항 각 호의 사항이 포함되어야 한다.

④ 제1항에 따라 분양 또는 회원 모집을 하려는 자는 대통령령으로 정하는 분양 또는 회원 모집의 기준 및 절차에 따라 분양 또는 회원 모집을 하여야 한다.

⑤ 분양 또는 회원 모집을 한 자는 공유자 · 회원의 권익을 보호하기 위하여 다음 각 호의 사항에 관하여 대통령령으로 정하는 사항을 지켜야 한다.

1. 공유지분(共有持分) 또는 회원자격의 양도 · 양수
2. 시설의 이용
3. 시설의 유지 · 관리에 필요한 비용의 징수
4. 회원 입회금의 반환
5. 회원증의 발급과 확인
6. 공유자 · 회원의 대표기구 구성
7. 그 밖에 공유자 · 회원의 권익 보호를 위하여 대통령령으로 정하는 사항

### 시행령 제23조(분양 및 회원모집 관광사업)

① 법 제20조제1항 및 제2항제1호에서 "대통령령으로 정하는 종류의 관광사업"이란 다음 각 호의 사업을 말한다.

1. 휴양 콘도미니엄업 및 호텔업
2. 관광객 이용시설업 중 제2종 종합휴양업

② 법 제20조제2항제2호 단서에서 "대통령령으로 정하는 종류의 관광숙박업"이란 다음 각 호의 숙박업을 말한다. 〈개정 2008.8.26.〉

1. 휴양 콘도미니엄업
2. 호텔업
3. 삭제〈2008.8.26.〉

### 시행령 제24조(분양 및 회원모집의 기준 및 시기)

① 법 제20조제4항에 다른 휴양 콘도미니엄업 시설의 분양 및 회원모집 기준과 호텔업 및 제2종 종합휴양업 시설의 회원모집 기준은 다음 각 호와 같다. 다만, 제2종 종합휴양업 시설 중 등록 체육시설업 시설에 대한 회원모집에 관하여는 「체육시설의 설치·이용에 관한 법률」에서 정하는 바에 따른다. 〈개정 2008.11.26., 2010.6.15., 2014.9.11., 2018.9.18.〉

1. 다음 각 목의 구분에 따른 소유권 등을 확보할 것. 이 경우 분양(휴양 콘도미니엄업만 해당한다. 이하 같다) 또는 회원모집 당시 해당 휴양 콘도미니엄업, 호텔업 및 제2종 종합휴양업의 건물이 사용승인된 경우에는 해당 건물의 소유권도 확보하여야 한다.
   가. 휴양 콘도미니엄업 및 호텔업(수상관광호텔은 제외한다)의 경우: 해당 관광숙박시설이 건설되는 대지의 소유권
   나. 수상관광호텔의 경우: 구조물 또는 선박의 소유권
   다. 제2종 종합휴양업의 경우: 회원모집 대상인 해당 제2종 종합휴양업 시설이 건설되는 부지의 소유권 또는 사용권
2. 제1호에 따른 대지·부지 및 건물이 저당권의 목적물로 되어 있는 경우에는 그 저당권을 말소할 것. 다만, 공유제(共有制)일 경우에는 분양받은 자의 명의로 소유권 이전등기를 마칠 때까지, 회원제일 경우에는 저당권이 말소될 때까지 분양 또는 회원모집과 관련한 사고로 인하여 분양을 받은 자나 회원에게 피해를 주는 경우 그 손해를 배상할 것을 내용으로 저당권 설정금액에 해당하는 보증보험에 가입한 경우에는 그러하지 아니하다.
3. 분양을 하는 경우 한 개의 객실당 분양인원은 5명 이상으로 하되, 가족(부부 및 직계존비속을 말한다)만을 수분양자로 하지 아니할 것. 다만, 다음 각 목의 어느 하나에 해당하는 경우에는 그러하지 아니하다.

가. 공유자가 법인인 경우

나. 「출입국관리법 시행령」 별표 1 제27호차목에 따라 법무부장관이 정하여 고시한 투자지역에 건설되는 휴양 콘도미니엄으로서 공유자가 외국인인 경우

4. 삭제〈2015.11.18.〉

5. 공유자 또는 회원의 연간 이용일수는 365일을 객실당 분양 또는 회원모집계획 인원수로 나눈 범위 이내일 것

6. 주거용으로 분양 또는 회원모집을 하지 아니할 것

② 제1항에 따라 휴양 콘도미니엄업, 호텔업 및 제2종 종합휴양업의 분양 또는 회원을 모집하는 경우 그 시기 등은 다음 각 호와 같다.〈개정 2008.2.29.〉

1. 휴양 콘도미니엄업 및 제2종 종합휴양업의 경우

가. 해당 시설공사의 총 공사 공정이 문화체육관광부령으로 정하는 공정률 이상 진행된 때부터 분양 또는 회원모집을 하되, 분양 또는 회원을 모집하려는 총 객실 중 공정률에 해당하는 객실을 대상으로 분양 또는 회원을 모집할 것

나. 공정률에 해당하는 객실 수를 초과하여 분양 또는 회원을 모집하려는 경우에는 분양 또는 회원모집과 관련한 사고로 인하여 분양을 받은 자나 회원에게 피해를 주는 경우 그 손해를 배상할 것을 내용으로 공정률을 초과하여 분양 또는 회원을 모집하려는 금액에 해당하는 보증보험에 관광사업의 등록 시까지 가입할 것

2. 호텔업의 경우

관광사업의 등록 후부터 회원을 모집할 것. 다만, 제2종 종합휴양업에 포함된 호텔업의 경우에는 제1호가목 및 나목을 적용한다.

**시행규칙 제26조(총공사 공정률)**

영 제24조제2항제1호가목에서 "문화체육관광부령으로 정하는 공정률"이란 20퍼센트를 말한다.〈개정 2008.3.6.〉

**시행령 제25조(분양 또는 회원모집계획서의 제출)**

① 제24조에 따라 분양 또는 회원을 모집하려는 자는 문화체육

관광부령으로 정하는 바에 따라 분양 또는 회원모집계획서를 특별자치시장 · 특별자치도지사 · 시장 · 군수 · 구청장에게 제출하여야 한다. 〈개정 2008.2.29., 2009.1.20., 2019.4.9〉

② 제1항에 따라 제출한 분양 또는 회원모집계획서의 내용이 사업계획승인 내용과 다른 경우에는 사업계획 변경승인신청서를 함께 제출하여야 한다.

③ 제1항과 제2항에 따라 분양 또는 회원모집계획서를 제출받은 특별자치시장 · 특별자치도지사 · 시장 · 군수 · 구청장은 이를 검토한 후 지체 없이 그 결과를 상대방에게 알려야 한다. 〈개정 2009.1.20., 2019.4.9〉

④ 제1항부터 제3항까지의 규정은 분양 또는 회원모집계획을 변경하는 경우에 이를 준용한다.

### 시행규칙 제27조(분양 또는 회원모집계획서의 첨부서류)

① 영 제25조에 따른 분양 또는 회원모집계획서에 첨부할 서류는 다음 각 호와 같다.

1. 「건축법」에 따른 공사 감리자가 작성하는 건설공정에 대한 보고서 또는 확인서(공사 중인 시설의 경우만 해당한다)
2. 보증보험가입증서(필요한 경우만 해당한다)
3. 객실 종류별, 객실당 분양인원 및 분양가격(회원제의 경우에는 회원수 및 입회금)
4. 분양 또는 회원모집계약서와 이용약관
5. 분양 또는 회원모집 공고안
6. 관광사업자가 직접 운영하는 휴양콘도미니엄 또는 호텔의 현황 및 증빙서류(관광사업자가 직접 운영하지는 아니하나 계약에 따라 회원 등이 이용할 수 있는 시설이 있는 경우에는 그 현황 및 증빙서류를 포함한다)

② 제1항에 따른 분양 또는 회원모집계획서를 제출받은 특별자치시장 · 특별자치도지사 · 시장 · 군수 · 구청장은 「전자정부법」 제36조제1항에 따른 행정정보의 공동이용을 통하여 대지 · 건물의 등기사항증명서를 확인하여야 한다. 〈개정 2009.3.31., 2011.3.30., 2015.4 22., 2019.4.25〉

③ 제1항제5호에 따른 분양 또는 회원모집 공고안에 포함되어야 할 사항은 다음 각 호와 같다.

1. 대지면적 및 객실당 전용면적 · 공유면적
2. 분양가격 또는 입회금 중 계약금 · 중도금 · 잔금 및 그 납부시기
3. 분양 또는 회원모집의 총 인원과 객실별 인원
4. 연간 이용일수 및 회원의 경우 입회기간
5. 사업계획승인과 건축허가의 번호 · 연월일 및 승인 · 허가 기관
6. 착공일, 공사완료예정일 및 이용예정일
7. 제1항제6호 중 관광사업자가 직접 운영하는 휴양콘도미니엄 또는 호텔의 현황

**시행령 제26조(공유자 또는 회원의 보호)**

분양 또는 회원모집을 한 자는 법 제20조제5항에 따라 공유자 또는 회원의 권익 보호를 위하여 다음 각 호의 사항을 지켜야 한다. 〈개정 2008.2.29., 2014.9.11., 2015.11.18., 2018.9.18.〉

1. 공유지분 또는 회원자격의 양도 · 양수 : 공유지분 또는 회원자격의 양도 · 양수를 제한하지 아니할 것. 다만, 제24조제1항제3호에 따라 휴양 콘도미니엄의 객실을 분양받은 자가 해당 객실을 법인이 아닌 내국인(「출입국관리법 시행령」 별표 1의2 제24호차목에 따라 법무부장관이 정하여 고시한 투자지역에 위치하지 아니한 휴양 콘도미니엄의 경우 법인이 아닌 외국인을 포함한다)에게 양도하려는 경우에는 양수인이 같은 호 각 목 외의 부분 본문에 따른 분양기준에 적합하도록 하여야 한다.
2. 시설의 이용 : 공유자 또는 회원이 이용하지 아니하는 객실만을 공유자 또는 회원이 아닌 자에게 이용하게 할 것. 이 경우 객실이용계획을 수립하여 제6호에 따른 공유자 · 회원의 대표기구와 미리 협의하여야 하며, 객실이용명세서를 작성하여 공유자 · 회원의 대표기구에 알려야 한다.
3. 시설의 유지 · 관리에 필요한 비용의 징수
   가. 해당 시설을 선량한 관리자로서의 주의의무를 다하여 관리하되, 시설의 유지 · 관리에 드는 비용 외의 비용을 징수하지 아니할 것
   나. 시설의 유지 · 관리에 드는 비용의 징수에 관한 사항을

변경하려는 경우에는 공유자 · 회원의 대표기구와 협의하고, 그 협의 결과를 공유자 및 회원에게 공개할 것

다. 시설의 유지 · 관리에 드는 비용 징수금의 사용명세를 매년 공유자 · 회원의 대표기구에 공개할 것

4. 회원의 입회금(회원자격을 부여받은 대가로 회원을 모집하는 자에게 지불하는 비용을 말한다)의 반환 : 회원의 입회기간 및 입회금의 반환은 관광사업자 또는 사업계획승인을 받은 자와 회원 간에 체결한 계약에 따르되, 회원의 입회기간이 끝나 입회금을 반환하여야 하는 경우에는 입회금 반환을 요구받은 날부터 10일 이내에 반환할 것

5. 회원증의 발급 및 확인 : 문화체육관광부령으로 정하는 바에 따라 공유자나 회원에게 해당 시설의 공유자나 회원임을 증명하는 회원증을 문화체육관광부령으로 정하는 기관으로부터 확인받아 발급할 것

6. 공유자 · 회원의 대표기구의 구성 및 운영

가. 20명 이상의 공유자 · 회원으로 대표기구를 구성할 것. 이 경우 그 분양 또는 회원모집을 한 자와 그 대표자 및 임직원은 대표기구에 참여할 수 없다.

나. 가목에 따라 대표기구를 구성하는 경우(결원을 충원하는 경우를 포함한다)에는 그 공유자 · 회원 모두를 대상으로 전자우편 또는 휴대전화 문자메세지로 통지하거나 해당 사업자의 인터넷 홈페이지에 게시하는 등의 방법으로 그 사실을 알리고 대표기구의 구성원을 추천받거나 신청받도록 할 것

다. 공유자 · 회원의 권익에 관한 사항(제3호나목에 관한 사항은 제외한다)은 대표기구와 협의할 것

라. 휴양 콘도미니엄업에 대한 특례

1) 가목에도 불구하고 한 개의 법인이 복수의 휴양 콘도미니엄업을 등록한 경우에는 그 법인이 등록한 휴양 콘도미니엄업의 전부 또는 일부를 대상으로 대표기구를 통합하여 구성할 수 있도록 하되, 통합하여 구성된 대표기구(이하 "통합 대표기구"라 한다)에는 각각의 등록된 휴양 콘도미니엄업 시설의 공유자 및 회원이 다음의 기준에 따라 포함되도록 할 것

가) 공유자와 회원이 모두 있는 등록된 휴양 콘도미니엄업의 경우: 공유자 및 회원 각각 1명 이상
나) 공유자 또는 회원만 있는 등록된 휴양 콘도미니엄업의 경우: 공유자 또는 회원 1명 이상

2) 1)에 따라 통합 대표기구를 구성한 경우에도 특정 휴양 콘도미니엄업 시설의 공유자 · 회원의 권익에 관한 사항으로서 통합 대표기구의 구성원 10명 이상 또는 해당 휴양 콘도미니엄업 시설의 공유자 · 회원 10명 이상이 요청하는 경우에는 해당 휴양 콘도미니엄업 시설의 공유자 · 회원 20명 이상으로 그 휴양 콘도미니엄업의 해당 안건만을 협의하기 위한 대표기구를 구성하여 해당 안건에 관하여 통합 대표기구를 대신하여 협의하도록 할 것

7. 그 밖의 공유자 · 회원의 권익 보호에 관한 사항 : 분양 또는 회원모집계약서에 사업계획의 승인번호 · 일자(관광사업으로 등록된 경우에는 등록번호 · 일자), 시설물의 현황 · 소재지, 연간 이용일수 및 회원의 입회기간을 명시할 것

**시행규칙 제28조(회원증의 발급)**

① 분양 또는 회원모집을 하는 관광사업자가 영 제26조제5호에 따라 회원증을 발급하는 경우 그 회원증에는 다음 각 호의 사항이 포함되어야 한다.

1. 공유자 또는 회원의 번호
2. 공유자 또는 회원의 성명과 주민등록번호
3. 사업장의 상호 · 명칭 및 소재지
4. 공유자와 회원의 구분
5. 면적
6. 분양일 또는 입회일
7. 발행일자

② 분양 또는 회원모집을 하는 관광사업자가 제1항에 따른 회원증을 발급하려는 경우에는 미리 분양 또는 회원모집 계약 후 30일 이내에 문화체육관광부장관이 지정하여 고시하는 자(이하 "회원증 확인자"라 한다)로부터 그 회원증과 영 제25조에 따른 분양 또는 회원모집계획서가 일치하는지를 확인받아야

한다.〈개정 2008.3.6.〉

③ 제2항에 따라 회원증 확인자의 확인을 받아 회원증을 발급한 관광사업자는 공유자 및 회원 명부에 회원증 발급 사실을 기록·유지하여야 한다.

④ 회원증 확인자는 6개월마다 특별자치시장·특별자치도지사·시장·군수·구청장에게 회원증 발급에 관한 사항을 통보하여야 한다.〈개정 2009.10.22., 2019.4.25〉

8. 관광표지부착
➡법 제10조

| 법 | 시행령 | 시행규칙 |
|---|---|---|
| 법 제10조<br>(관광표지의 부착) | 시행령 제8조<br>(상호의 사용제한) | 시행규칙 제19조<br>(관광사업자의 표지) |

**법 제10조(관광표지의 부착 등)**

① 관광사업자는 사업장에 문화체육관광부령으로 정하는 관광표지를 붙일 수 있다.〈개정 2008.2.29.〉

② 관광사업자는 사실과 다르게 제1항에 따른 관광표지(이하 "관광표지"라 한다)를 붙이거나 관광표지에 기재되는 내용을 사실과 다르게 표시 또는 광고하는 행위를 하여서는 아니 된다.〈신설 2014.3.11.〉

③ 관광사업자가 아닌 자는 제1항에 따른 관광표지를 사업장에 붙이지 못하며, 관광사업자로 잘못 알아볼 우려가 있는 경우에는 제3조에 따른 관광사업의 명칭 중 전부 또는 일부가 포함되는 상호를 사용할 수 없다.〈개정 2014.3.11.〉

④ 제3항에 따라 관광사업자가 아닌 자가 사용할 수 없는 상호에 포함되는 관광사업의 명칭 중 전부 또는 일부의 구체적인 범위에 관하여는 대통령령으로 정한다.〈개정 2014.3.11.〉

[제목개정 2014.3.11.]

9. 상호의 사용제한
⇒시행령 제8조

**시행령 제8조(상호의 사용제한)**

법 제10조제3항 및 제4항에 따라 관광사업자가 아닌 자는 다음 각 호의 업종 구분에 따른 명칭을 포함하는 상호를 사용할 수 없다.〈개정 2009.1.20., 2010.6.15., 2014.9.11., 2016.3.22.〉

1. 관광숙박업과 유사한 영업의 경우 관광호텔과 휴양 콘도미니엄

2. 관광유람선업과 유사한 영업의 경우 관광유람
3. 관광공연장업과 유사한 영업의 경우 관광공연
4. 삭제〈2014.7.16.〉
5. 관광유흥음식점업, 외국인전용 유흥음식점업 또는 관광식당업과 유사한 영업의 경우 관광식당

5의2. 관광극장유흥업과 유사한 영업의 경우 관광극장

6. 관광펜션업과 유사한 영업의 경우 관광펜션
7. 관광면세업과 유사한 영업의 경우 관광면세

10. 관광사업장 표지
→시행규칙 제19조

### 시행규칙 제19조(관광사업장의 표지)

법 제10조제1항에서 "문화체육관광부령으로 정하는 관광표지"란 다음 각 호의 표지를 말한다.〈개정 2008.3.6., 2014.12.31.〉

1. 별표 4의 관광사업장 표지
2. 별지 제5호서식의 관광사업 등록증 또는 별지 제22호서식의 관광 편의시설업 지정증
3. 등급에 따라 별 모양의 개수를 달리하는 방식으로 문화체육관광부장관이 정하여 고시하는 호텔 등급 표지(호텔업의 경우에만 해당한다)
4. 별표 6의 관광식당 표지(관광식당업만 해당한다)

### 1. 별표 4의 관광사업장 표지

[별표 4] <개정 2008.3.6>

관광사업장 표지(제19조제1호 관련)

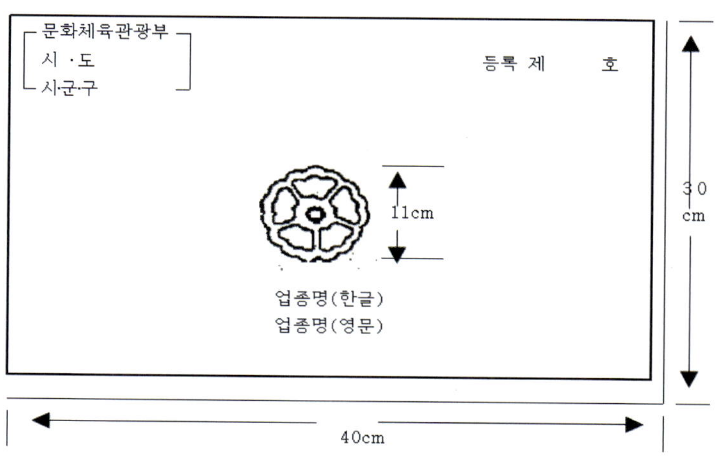

(제작상 유의사항)

1. 소재는 놋쇠로 한다.
2. 그림을 제외한 바탕색은 녹색으로 한다.
3. 표지의 두께는 5mm로 한다.

## 2. 별지 제22호서식의 관광 편의시설업 지정증

[별지 제22호서식] 〈개정 2019. 4. 25.〉

| 제 호 | No. |
|---|---|
| 관광 편의시설업 지정증 | TOURISM SERVICE FACILITIES BUSINESS CERTIFICATE OF REGISTRATION |
| 상호(명칭) | COMPANY: |
| 성명(법인인 경우에는 그 대표자 성명) | REPRESENTATIVE: |
| 주소 | ADDRESS: |
| 업종 | TYPE OF BUSINESS: |
| 「관광진흥법」 제6조에 따라 위와 같이 지정합니다. | This is to certify that the above company is registered as a tourist service facility in accordance with Article 6 of the Tourism Promotion Law. |
| 년 월 일 | Date |
| | Signature |
| 특별자치시장 인<br>특별자치도지사 인<br>시장 · 군수 · 구청장 인<br>지역별 관광협회장 인 | Governor of (province name)<br>Mayor of (city · county · district name)<br>President of Tourism Association |

210mm×297mm[보존용지(1종) 120g/㎡]

## 3. 별표5 삭제〈2014.12.31.〉

## 4. 별표 6의 관광식당 표지(관광식당업만 해당한다)

[별표 6] <개정 2008.3.6>

관광식당 표지(제19조제4호 관련)

TOURIST
RESTAURANT
觀光食堂

| REGISTERED TO<br>TOURIST ASSOCIATION<br><br>○○觀光協會指定 第　號 |
|---|

(제작상 유의사항)

1. 기본모형은 위와 같이 하고 흰색 바탕에 원은 오렌지색, 글씨는 검은색으로 한다.
2. 크기와 제작방법은 문화체육관광부장관이 별도로 정한다.
3. 지정권자의 표기는 한글 · 영문 또는 한문 중 하나를 선택하여 사용한다.

11. 결격사유
➡법 7조

| 법 | 시행령 | 시행규칙 |
|---|---|---|
| 법 제7조(결격사유) | | |

### 법 제7조(결격사유)

① 다음 각 호의 어느 하나에 해당하는 자는 관광사업의 등록등을 받거나 신고를 할 수 없고, 제15조제1항 및 제2항에 따른 사업계획의 승인을 받을 수 없다. 법인의 경우 그 임원 중에 다음 각 호의 어느 하나에 해당하는 자가 있는 경우에도 또한 같다.〈개정 2017.3.21.〉

1. 피성년후견인 · 피한정후견인
2. 파산선고를 받고 복권되지 아니한 자
3. 이 법에 따라 등록등 또는 사업계획의 승인이 취소되거나

제36조제1항에 따라 영업소가 폐쇄된 후 2년이 지나지 아니한 자

4. 이 법을 위반하여 징역 이상의 실형을 선고받고 그 집행이 끝나거나 집행을 받지 아니하기로 확정된 후 2년이 지나지 아니한 자 또는 형의 집행유예 기간 중에 있는 자

② 관광사업의 등록등을 받거나 신고를 한 자 또는 사업계획의 승인을 받은 자가 제1항 각 호의 어느 하나에 해당하면 문화체육관광부장관, 시·도지사 또는 시장·군수·구청장(이하 "등록기관등의 장"이라 한다)은 3개월 이내에 그 등록등 또는 사업계획의 승인을 취소하거나 영업소를 폐쇄하여야 한다. 다만, 법인의 임원 중 그 사유에 해당하는 자가 있는 경우 3개월 이내에 그 임원을 바꾸어 임명한 때에는 그러하지 아니하다. 〈개정 2008.2.29.〉

12. 관광사업의 양수
➡법 제8조

- 폐업·휴업 통보
→시행규칙 제16~17조

- 지위승계

| 법 | 시행령 | 시행규칙 |
|---|---|---|
| 법 제8조<br>(관광사업의 양수 등) | | 시행규칙 제16조<br>(관광사업의 지위승계)<br>시행규칙 제17조<br>(휴업 또는 폐업의 통보) |

### 법 제8조(관광사업의 양수 등)

① 관광사업을 양수(讓受)한 자 또는 관광사업을 경영하는 법인이 합병한 때에는 합병 후 존속하거나 설립되는 법인은 그 관광사업의 등록등 또는 신고에 따른 관광사업자의 권리·의무(제20조제1항에 따라 분양이나 회원 모집을 한 경우에는 그 관광사업자와 공유자 또는 회원 간에 약정한 사항을 포함한다)를 승계한다.

② 다음 각 호의 어느 하나에 해당하는 절차에 따라 문화체육관광부령으로 정하는 주요한 관광사업 시설의 전부를 인수한 자는 그 관광사업자의 지위(제20조제1항에 따라 분양이나 회원 모집을 한 경우에는 그 관광사업자와 공유자 또는 회원 간에 약정한 권리 및 의무 사항을 포함한다)를 승계한다. 〈개정 2008.2.29., 2010.3.31., 2016.12.27.〉

1. 「민사집행법」에 따른 경매

2. 「채무자 회생 및 파산에 관한 법률」에 따른 환가(換價)
3. 「국세징수법」, 「관세법」 또는 「지방세징수법」에 따른 압류 재산의 매각
4. 그 밖에 제1호부터 제3호까지의 규정에 준하는 절차

③ 관광사업자가 제35조제1항 및 제2항에 따른 취소 · 정지처분 또는 개선명령을 받은 경우 그 처분 또는 명령의 효과는 제1항에 따라 관광사업자의 지위를 승계한 자에게 승계되며, 그 절차가 진행 중인 때에는 새로운 관광사업자에게 그 절차를 계속 진행할 수 있다. 다만, 그 승계한 관광사업자가 양수나 합병 당시 그 처분 · 명령이나 위반 사실을 알지 못하였음을 증명하면 그러하지 아니하다.

④ 제1항과 제2항에 따라 관광사업자의 지위를 승계한 자는 승계한 날부터 1개월 이내에 관할 등록기관등의 장에게 신고하여야 한다.

⑤ 관할 등록기관등의 장은 제4항에 따른 신고를 받은 경우 그 내용을 검토하여 이 법에 적합하면 신고를 수리하여야 한다. 〈신설 2018.6.12.〉

⑥ 제15조제1항 및 제2항에 따른 사업계획의 승인을 받은 자의 지위승계에 관하여는 제1항부터 제5항까지의 규정을 준용한다. 〈개정 2018.6.12.〉

⑦ 제1항과 제2항에 따른 관광사업자의 지위를 승계하는 자에 관하여는 제7조를 준용하되, 카지노사업자의 경우에는 제7조 및 제22조를 준용한다. 〈개정 2008.3.28., 2018.6.12.〉

### 시행규칙 제16조(관광사업의 지위승계)

① 법 제8조제2항에서 "문화체육관광부령으로 정하는 주요한 관광사업시설"이란 다음 각 호의 시설을 말한다. 〈개정 2008.3.6., 2018.11.29.〉
1. 관광사업에 사용되는 토지와 건물
2. 영 제5조에 따른 관광사업의 등록기준에서 정한 시설(등록대상 관광사업만 해당한다)
3. 제15조에 따른 관광 편의시설업의 지정기준에서 정한 시설(지정대상 관광사업만 해당한다)

② 법 제8조제4항에 따라 관광사업자의 지위를 승계한 자는 그

사유가 발생한 날부터 1개월 이내에 별지 제23호서식의 관광사업 양수(지위승계)신고서에 다음 각 호의 서류를 첨부하여 문화체육관광부장관, 특별자치시장 · 특별자치도지사 · 시장 · 군수 · 구청장 또는 지역별 관광협회장(이하 "등록기관등의 장"이라 한다)에게 제출하여야 한다. 〈개정 2009.10.22., 2011.3.30., 2015.4.22., 2019.4.25〉

1. 지위를 승계한 자(법인의 경우에는 대표자)가 내국인인 경우에는 성명 및 주민등록번호를 기재한 서류

1의2. 지위를 승계한 자(법인의 경우에는 대표자 및 임원)가 외국인인 경우에는 법 제7조제1항 각 호(카지노업의 경우에는 법 제22조제1항 각 호를 포함한다)에 해당하지 아니함을 증명하는 다음 각 목의 어느 하나에 해당하는 서류. 다만, 법 또는 다른 법령에 따라 인 · 허가 등을 받아 사업자등록을 하고 해당 영업 또는 사업을 영위하고 있는 자(법인의 경우에는 최근 1년 이내에 법인세를 납부한 시점부터 신고 시점까지의 기간 동안 대표자 및 임원의 변경이 없는 경우로 한정한다)는 해당 영업 또는 사업의 인 · 허가증 등 인 · 허가 등을 받았음을 증명하는 서류와 최근 1년 이내에 소득세(법인의 경우에는 법인세를 말한다)를 납부한 사실을 증명하는 서류를 제출하는 경우에는 그 영위하고 있는 영업 또는 사업의 결격사유 규정과 중복되는 법 제7조제1항(카지노업의 경우에는 법 제22조제1항을 포함한다)의 결격사유에 한하여 다음 각 목의 서류를 제출하지 아니할 수 있다.

가. 해당 국가의 정부나 그 밖의 권한 있는 기관이 발행한 서류 또는 공증인이 공증한 신청인의 진술서로서 「재외공관 공증법」에 따라 해당 국가에 주재하는 대한민국공관의 영사관이 확인한 서류

나. 「외국공문서에 대한 인증의 요구를 폐지하는 협약」을 체결한 국가의 경우에는 해당 국가의 정부나 그 밖의 권한 있는 기관이 발행한 서류 또는 공증인이 공증한 신청인의 진술서로서 해당 국가의 아포스티유(Apostille) 확인서 발급 권한이 있는 기관이 그 확인서를 발급한 서류

2. 양도 · 양수 등 지위승계를 증명하는 서류(시설인수 명세를 포함한다)

③ 제2항에 따른 신고서를 제출받은 담당공무원은 「전자정부법」 제36조제1항에 따른 행정정보의 공동이용을 통하여 지위를 승계한 자의 법인 등기사항증명서(법인만 해당한다)를 확인하여야 한다. 다만, 영 제65조에 따라 관광협회에 위탁된 업종의 경우에는 신고인으로 하여금 해당 서류를 첨부하도록 하여야 한다.〈개정 2009.3.31., 2011.3.30.〉

### 시행규칙 제17조(휴업 또는 폐업의 통보)

① 법 제8조제8항 본문에 따라 관광사업의 전부 또는 일부를 휴업하거나 폐업한 자는 휴업 또는 폐업을 한 날부터 30일 이내에 별지 제24호서식의 관광사업 휴업 또는 폐업 통보(신고)서를 등록기관등의 장에게 제출하여야 한다. 다만, 6개월 미만의 유원시설업 허가 또는 신고일 경우에는 폐업통보서를 제출하지 아니하여도 해당 기간이 끝나는 때에 폐업한 것으로 본다. 〈개정 2011.10.6., 2016.12.30., 2019.4.25., 2019.6.12.〉

② 법 제8조제8항 단서에 따라 카지노업을 휴업 또는 폐업하려는 자는 휴업 또는 폐업 예정일 10일 전까지 별지 제24호서식의 관광사업 휴업 또는 폐업 통보(신고)서에 카지노기구의 관리계획에 관한 서류를 첨부하여 문화체육관광부장관에게 제출해야 한다. 다만, 천재지변이나 그 밖의 부득이한 사유가 있는 경우에는 휴업 또는 폐업 예정일까지 제출할 수 있다. 〈신설 2019.6.12.〉

13. 관광시설의 타인 경영 및 처분과 위탁 경영
➡법 제11조

| 법 | 시행령 | 시행규칙 |
|---|---|---|
| 법 제11조<br>(관광시설의 처분 및 타인경영) | | 시행규칙 제20조<br>(타인경영 금지 관광시설) |

### 법 제11조(관광시설의 타인 경영 및 처분과 위탁 경영)

① 관광사업자는 관광사업의 시설 중 다음 각 호의 시설 및 기구 외의 부대시설을 타인에게 경영하도록 하거나, 그 용도로 계속하여 사용하는 것을 조건으로 타인에게 처분할 수 있다.

〈개정 2007.7.19., 2008.2.29., 2011.4.5.〉

2. 제4조제3항에 따른 관광객 이용시설업의 등록에 필요한 시설 중 문화체육관광부령으로 정하는 시설

② 관광사업자는 관광사업의 효율적 경영을 위하여 제1항에도 불구하고 제1항제1호에 따른 관광숙박업의 객실을 타인에게 위탁하여 경영하게 할 수 있다. 이 경우 해당 시설의 경영은 관광사업자의 명의로 하여야 하고, 이용자 또는 제3자와의 거래행위에 따른 대외적 책임은 관광사업자가 부담하여야 한다.〈신설 2011.4.5.〉

[제목개정 2007.7.19., 2011.4.5.]

14. 타인경영 금지 관광시설
→시행규칙 제20조

**시행규칙 제20조(타인 경영 금지 관광시설)**

법 제11조제1항제2호에서 "문화체육관광부령으로 정하는 시설"이란 전문휴양업의 개별기준에 포함된 시설(수영장 및 등록 체육시설업 시설의 경우에는 「체육시설의 설치 · 이용에 관한 법률 시행규칙」 제8조 및 같은 법 시행규칙 별표 4의 체육시설업 시설기준 중 필수시설만 해당한다)을 말한다.

[전문개정 2011.10.6.]

**[체육시설의 설치·이용에 관한 법률 시행규칙 별표 4]**
**〈개정 2019.10.7.〉**

**체육시설업의 시설 기준(제8조 관련)**

1. 공통기준

| 구분 | 시설기준 |
|---|---|
| 가. 필수시설<br>(1) 편의시설 | ○ 수용인원에 적합한 주차장(등록 체육시설업만 해당한다) 및 화장실을 갖추어야 한다. 다만, 해당 체육시설이 다른 시설물과 같은 부지에 위치하거나 복합건물 내에 위치한 경우로서 그 다른 시설물과 공동으로 사용하는 주차장 및 화장실이 있을 때에는 별도로 갖추지 아니할 수 있다.<br>○ 수용인원에 적합한 탈의실과 급수시설을 갖추어야 한다. 다만, 신고 체육시설업(수영장업은 제외 |

| | |
|---|---|
| | 한다)과 자동차경주장업에는 탈의실을 대신하여 세면실을 설치할 수 있다. |
| (2) 안전시설 | ○ 체육시설(무도학원업과 무도장업은 제외한다) 내의 조도(照度)는 「산업표준화법」에 따른 조도기준에 맞아야 한다.<br>○ 부상자 및 환자의 구호를 위한 응급실 및 구급약품을 갖추어야 한다. 다만, 신고 체육시설업(수영장업은 제외한다)과 골프장업에는 응급실을 갖추지 아니할 수 있다.<br>○ 적정한 환기시설을 갖추어야 한다.<br>○ 어린이 이용자를 운송하기 위한 차량을 운행하는 경우에는 「도로교통법」 제52조에 따라 신고된 어린이통학버스를 갖추어야 한다. |
| (3) 관리시설 | ○ 등록 체육시설업에는 매표소 · 사무실 · 휴게실 등 그 체육시설의 유지 · 관리에 필요한 시설을 설치하여야 한다. 다만, 관리시설을 복합 용도의 시설물 내 다른 시설물과 공동으로 사용하는 경우에는 이를 별도로 갖추지 아니할 수 있다. |
| 나. 임의시설<br>(1) 편의시설 | <br>○ 관람석을 설치할 수 있다.<br>○ 체육용품의 판매 · 수선 또는 대여점을 설치할 수 있다.<br>○ 관계 법령에 따라 식당 · 목욕시설 · 매점 등 편의시설을 설치할 수 있다(무도학원업과 무도장업은 제외한다). |
| (2) 운동시설 | ○ 등록 체육시설업에는 그 체육시설을 이용하는 데에 지장이 없는 범위에서 그 체육시설 외에 다른 종류의 체육시설을 설치할 수 있다.<br>○ 하나의 체육시설을 계절 또는 시간에 따라 체육종목을 달리하여 운영하는 경우에는 각각 해당 체육시설업의 시설기준에 맞아야 한다. |

2. 체육시설업의 종류별 기준

가. 골프장업

| 구분 | 시설기준 |
|---|---|
| 필수시설<br>① 운동시설 | ○ 회원제 골프장업은 3홀 이상, 정규 대중골프장업은 18홀 이상, 일반 대중골프장업은 9홀 이상 18홀 미만, 간이골프장업은 3홀 이상 9홀 미만의 골프코스를 갖추어야 한다.<br>○ 각 골프코스 사이에 이용자가 안전사고를 당할 위험이 있는 곳은 20미터 이상의 간격을 두어야 한다. 다만, 지형상 일부분이 20미터 이상의 간격을 두기가 극히 곤란한 경우에는 안전망을 설치할 수 있다.<br>○ 각 골프코스에는 티그라운드 · 페어웨이 · 그린 · 러프 · 장애물 · 홀컵 등 경기에 필요한 시설을 갖추어야 한다. |
| ② 관리시설 | ○ 골프코스 주변, 러프지역, 절토지(切土地) 및 성토지(盛土地)의 경사면 등에는 조경을 하여야 한다. |

나. 스키장업

| 구분 | 시설기준 |
|---|---|
| 필수시설<br>① 운동시설 | ○ 슬로프는 길이 300미터 이상, 폭 30미터 이상이어야 한다(지형적 여건으로 부득이한 경우는 제외한다).<br>○ 평균 경사도가 7도 이하인 초보자용 슬로프를 1면 이상 설치하여야 한다.<br>○ 슬로프 이용에 필요한 리프트를 설치하여야 한다. |
| ② 안전시설 | ○ 슬로프 내 이용자가 안전사고를 당할 위험이 있는 곳에는 안전망과 안전매트를 함께 설치하거나 안전망과 안전매트 중 어느 하나를 설치하여야 한다. 이 경우 안전망은 그 높이가 지면에서 1.8미터 이상, 설면으로부터 1.5미터 이상이어야 하고, 스키장 이용자에게 상해를 일으키지 않도록 설계하여야 하며, 안전매트는 충돌 시 충격을 완 |

| | |
|---|---|
| | 화할 수 있는 제품을 사용하되, 그 두께가 50밀리미터 이상이어야 한다. 안전망과 안전매트의 최하부는 모두 설면과 접촉하여야 한다.<br>○ 구급차와 긴급구조에 사용할 수 있는 설상차(雪上車)를 각각 1대 이상 갖추어야 한다.<br>○ 정전 시 이용자의 안전관리에 필요한 전력공급장치를 갖추어야 한다. |
| ③ 관리시설 | ○ 절토지 및 성토지의 경사면에는 조경을 하여야 한다. |

### 다. 요트장업

| 구분 | 시설기준 |
|---|---|
| 필수시설<br>① 운동시설 | ○ 3척 이상의 요트를 갖추어야 한다.<br>○ 요트를 안전하게 보관할 수 있는 계류장(繫留場) 또는 요트보관소를 갖추어야 한다. |
| ② 안전시설 | ○ 긴급해난구조용 선박 1척 이상 및 요트장을 조망할 수 있는 감시탑을 갖추어야 한다.<br>○ 요트 내에는 승선인원 수에 적정한 구명대를 갖추어야 한다. |

### 라. 조정장업 및 카누장업

| 구분 | 시설기준 |
|---|---|
| 필수시설<br>① 운동시설 | ○ 5척 이상의 조정(카누)을 갖추어야 한다.<br>○ 수면은 폭 50미터 이상 길이 200미터 이상이어야 하고, 수심은 3미터 이상이어야 하며, 유속은 시간당 5킬로미터 이하여야 한다. |
| ② 안전시설 | ○ 조정장(카누장)의 수용능력에 적정한 구명대 및 1척 이상의 구조용 선박(모터보트)과 조정장(카누장) 전체를 조망할 수 있는 감시탑을 갖추어야 한다. |

### 마. 빙상장업

| 구분 | 시설기준 |
|---|---|
| 필수시설<br>안전시설 | ○ 빙판 외곽에 높이 1미터 이상의 울타리를 견고하게 설치하여야 한다. |
| | ○ 유해 냉각매체를 사용하지 않는 제빙시설을 설치하여야 한다. |

### 바. 자동차경주장업

#### 1) 2륜 자동차경주장업

| 구분 | 시설기준 |
|---|---|
| 필수시설<br>① 운동시설 | ○ 트랙은 길이 400미터 이상, 폭 5미터 이상이어야 한다.<br>○ 트랙의 바닥면은 포장한 곳과 포장하지 아니한 곳이 있어야 한다. |
| ② 안전시설 | ○ 트랙의 양편에는 폭 3미터 이상의 안전지대를 설치하여야 한다.<br>○ 경주장 전체를 조망할 수 있는 통제소를 설치하여야 한다. |
| ③ 관리시설 | ○ 2륜 자동차를 수리할 수 있는 시설을 갖추어야한다. |

#### 2) 4륜 자동차경주장업

| 구분 | 시설기준 |
|---|---|
| 필수시설<br>① 운동시설 | ○ 트랙은 길이 2킬로미터 이상으로서 출발지점과 도착지점이 연결되는 순환형태여야 하고, 트랙의 폭은 11미터 이상 15미터 이하여야 하며, 출발지점에서 첫 번째 곡선 부분 시작지점까지는 250미터 이상의 직선구간이어야 한다.<br>○ 트랙에는 전 구간에 걸쳐 차량의 제동거리를 고려하여 적절한 시계(경주 중인 선수가 진행방향으로 장애물 없이 트랙이 보이는 거리)가 확보되어야 한다. |

| | |
|---|---|
| | ○ 트랙의 바닥면은 포장 또는 비포장이어야 한다.<br>○ 트랙의 종단 기울기(차량진행방향으로의 경사를 말한다)는 오르막 20% 이하, 내리막 10% 이하여야 한다.<br>○ 트랙의 횡단 기울기(차량진행방향 좌우의 경사를 말한다)는 직선구간은 1.5% 이상 3% 이하, 곡선구간은 10% 이하여야 한다.<br>○ 트랙의 양편 가장자리는 폭 15센티미터의 흰색선으로 표시하여야 한다. |
| ② 안전시설 | ○ 출발지점을 제외한 트랙의 직선 부분은 트랙의 좌우 흰색선 바깥쪽으로 3미터 이상 5미터 이하의 안전지대를 두어야 하며, 트랙의 곡선 부분은 다음의 공식에 따른 폭의 안전지대를 두어야 한다. 다만, 안전지대의 바닥에 깊이 25센티미터 이상으로 자갈을 까는 경우 안전지대의 폭은 트랙의 직선 부분은 2미터 이상, 곡선 부분은 위의 공식에 따라 산출된 폭의 2분의 1 이상으로 할 수 있다.<br>안전지대의 폭(미터)=(속도)2/300<br>※ 속도의 단위는 시간당 킬로미터임 |
| | ○ 트랙 양편의 안전지대 바깥쪽 경계선에는 경주 중인 차량이 트랙을 이탈하는 경우 안전지대 바깥쪽으로 벗어나지 아니하고 정지할 수 있는 정도의 수직 보호벽(높이 69센티미터 이상이어야 한다)을 가드레일(2단 이상)이나 콘크리트벽으로 설치하여야 한다.<br>○ 관람객과 다른 시설물 등을 경주 중인 차량의 사고로부터 보호하고 경주장 외부로부터 무단 접근을 방지하기 위하여 수직 보호벽 바깥쪽에 3미터 내외의 간격을 두고 높이 1.8미터 이상의 견고한 철망 · 울타리 등을 설치하여야 한다.<br>○ 경주의 안전한 진행에 필요한 종합통제소 · 검차장 · 표지판 및 신호기 등을 갖추어야 한다.<br>○ 감시탑은 트랙의 전체를 조망할 수 있고 경주 중인 차량이 잘 보이는 곳으로서 트랙의 여러 곳에 설치하되, 감시탑 간의 간격은 직선거리 500미터 |

| | |
|---|---|
| | 이하여야 하고, 감시탑 간에는 육안으로 연락할 수 있어야 한다.<br>○ 견인차, 구급차, 소화기 탑재차 및 트랙의 이상 유무를 확인할 수 있는 통제차를 각 1대 이상 배치하여야 한다.<br>○ 긴급사고 발생 시 견인차, 구급차, 소화기 탑재차 등이 트랙에 쉽게 접근할 수 있도록 비상도로를 설치하여야 한다. |

### 사. 승마장업

| 구분 | 시설기준 |
|---|---|
| **필수시설**<br>운동시설 | ○ 실내 또는 실외 마장면적은 500제곱미터 이상이어야 하고,실외 마장은 0.8미터 이상의 목책(木柵)을 설치하여야 한다.<br>○ 3마리 이상의 승마용 말을 배치하고, 말의 관리에 필요한 마사(馬舍)를 설치하여야 한다. |

### 아. 종합 체육시설업

| 구분 | 시설기준 |
|---|---|
| 1) 필수시설 | ○ 해당 체육시설업의 필수시설기준에 따른다. |
| 2) 임의시설 | ○ 해당 체육시설업의 임의시설기준에 따른다.<br>○ 수영조 바닥면적과 체력단련장 및 에어로빅장의 운동전용면적을 합한 면적의 15퍼센트 이하의 규모로 체온관리실[온수조 · 냉수조 · 발한실(發汗室: 땀 내는 방)]을 설치할 수 있다. 다만, 체온관리실은 종합 체육시설업의 시설이용자만 이용하게 하여야 한다. |

### 자. 수영장업

| 구분 | 시설기준 |
|---|---|
| 1) 필수시설<br>① 운동시설 | ○ 물의 깊이는 0.9미터 이상 2.7미터 이하로 하고, 수영조의 벽면에 일정한 거리 및 수심 표시를 하 |

| | |
|---|---|
| | 여야 한다. 다만, 어린이용 · 경기용 등의 수영조에 대하여는 이 기준에 따르지 아니할 수 있다.<br>○ 수영조와 수영조 주변 통로 등의 바닥면은 미끄러지지 아니하는 자재를 사용하여야 한다.<br>○ 도약대를 설치한 경우에는 도약대 돌출부의 하단 부분으로부터 3미터 이내의 수영조의 수심은 2.5미터 이상으로 하여야 한다.<br>○ 도약대는 사용 시 미끄러지지 아니하도록 하여야 한다.<br>○ 도약대로부터 천장까지의 간격이 스프링보드 도약대와높이 7.5미터 이상의 플랫폼 도약대인 경우에는 5미터 이상, 높이 7.5미터 이하의 플랫폼 도약대인 경우에는 3.4미터 이상이어야 한다.<br>○ 물의 정화설비는 순환여과방식으로 하여야 한다.<br>○ 물이 들어오는 관과 나가는 관의 배관설비는 물이 계속하여 순환되도록 하여야 한다.<br>○ 수영조 주변 통로의 폭은 1.2미터 이상(핸드레일을 설치하는 경우에는 1.2미터 미만으로 할 수 있다)으로 하고, 수영조로부터 외부로 경사지도록 하거나 그 밖의 방법을 마련하여 오수 등이 수영조로 새어 들 수 없도록 하여야 한다. |
| ② 안전시설 | ○ 이용자의 안전을 위하여 수영조 전체를 조망할 수 있는 감시탑을 설치하여야 한다. 다만, 호텔 등 일정 범위의 이용자에게만 제공되는 수영장은 감시탑을 설치하지 아니할 수 있다. |
| 2) 임의시설<br>편의시설 | ○ 물 미끄럼대, 유아 및 어린이용 수영조를 설치할 수 있다. |

차. 체육도장업

| 구분 | 시설기준 |
|---|---|
| 필수시설<br>운동시설 | ○ 운동전용면적 3.3제곱미터당 수용인원은 1명 이하가 되도록 하여야 한다.<br>○ 바닥면은 운동 중 발생하는 충격의 흡수가 가능 |

| | |
|---|---|
| | 하게 하여야 한다.<br>○ 해당 종목의 운동에 필요한 기구와 설비를 갖추어야 한다. |

카. 골프연습장업

| 구분 | 시설기준 |
|---|---|
| 1) 필수시설<br>① 운동시설 | ○ 실내 또는 실외 연습에 필요한 타석을 갖추거나, 실외 연습에 필요한 2홀 이하의 골프 코스(각 홀의 부지면적은 1만3천제곱미터 이하이어야 한다) 또는 18홀 이하의 피칭연습용 코스(각 피칭연습용 코스의 폭과 길이는 100미터 이하이어야 한다)를 갖추어야 한다. 다만, 타구의 원리를 응용한 연습 또는 교습이 아닌 별도의 오락·게임 등을 할 수 있는 타석을 설치하여서는 아니 된다.<br>○ 타석 간의 간격이 2.5미터 이상이어야 하며, 타석의 주변에는 이용자가 연습을 위하여 휘두르는 골프채에 벽면·천장과 그 밖에 다른 설비 등이 부딪치지 아니하도록 충분한 공간이 있어야 한다. |
| ② 안전시설 | ○ 연습 중 타구에 의하여 안전사고가 발생하지 않도록 그물·보호망 등을 설치하여야 한다. 다만, 실외 골프연습장으로서 위치 및 지형상 안전사고의 위험이 없는 경우에는 그러하지 아니하다. |
| 2) 임의시설<br>운동시설 | ○ 연습이나 교습에 필요한 기기를 설치할 수 있다.<br>○ 2홀 이하의 퍼팅연습용 그린을 설치할 수 있다. 다만, 퍼팅의 원리를 응용하여 골프연습이 아닌 별도의 오락·게임 등을 할 수 있는 그린을 설치하여서는 아니 된다. |

타. 체력단련장업

| 구분 | 시설기준 |
|---|---|
| 필수시설<br>운동시설 | ○ 바닥면은 운동 중 발생하는 충격을 흡수할 수 있어야 한다. |

| | |
|---|---|
| | ○ 신장기 · 체중기 등 필요한 기구를 갖추어야 한다. |

파. 당구장업

| 구분 | 시설기준 |
|---|---|
| 필수시설<br>운동시설 | ○ 당구대 1대당 16제곱미터 이상의 면적을 확보하여야 한다. |

하. 썰매장업

| 구분 | 시설기준 |
|---|---|
| 필수시설<br>① 운동시설 | ○ 슬로프 규모에 적절한 썰매와 제설기 또는 눈살포기(자연설을 이용할 수 있는 지역만 해당한다) 등을 갖추어야 한다. |
| ② 안전시설 | ○ 슬로프의 가장자리에는 안전망과 안전매트를 설치하여야 한다. |

거. 무도학원업 및 무도장업

| 구분 | 시설기준 |
|---|---|
| 필수시설<br>운동시설 | ○ 무도학원업은 바닥면적이 66제곱미터 이상이어야 하며, 무도장업은 특별시와 광역시의 경우에는 330제곱미터 이상, 그 외의 지역의 경우에는 231제곱미터 이상이어야 한다.<br>○ 소음 방지에 적합한 방음시설을 하여 소리가 밖으로 새어 나가지 아니하도록 하여야 한다.<br>○ 바닥은 목재마루로 하고 마루 밑에 받침을 두어 탄력성이 있게 하여야 한다.<br>○ 무도학원업과 무도장업으로 사용되고 있는 건축물의 용도가 「건축법 시행령」 별표 1의 용도별 건축물의 종류에 적합하여야 하고, 그 밖에 「건축법」 및 「국토의 계획 및 이용에 관한 법률」에 적합한 위치이어야 한다. |

| | |
|---|---|
| | ○ 운동시설은 사무실 등 다른 용도의 시설과 완전히 구획되어야 한다.<br>○ 업소 내의 조도는 무도학원업은 100럭스 이상, 무도장업은 30럭스 이상 되어야 하며, 조명의 밝기를 조절하는 장치를 설치하여서는 아니 된다. |

제 4 장

# 국제회의업

4-1 국제회의업(관광진흥법)

1. 개요
2. 국제회의업 창업관련 핵심질문
3. 국제회의업 창업관련 法 Road Map

4-2 국제회의산업 육성에 관한 법률

1. 핵심질문
2. 국제회의산업 육성에 관한 법률

제4장

# 국제회의업

## 4-1 국제회의업 (관광진흥법)

### 1. 개요

국제회의업은 국제회의시설업과 국제회의기획업으로 분류된다. 그 중 국제회의시설업은 사업계획 승인-등록 심의위원회의 심의를 거쳐 등록할 수 있는 관광사업이며, 국제회의기획업은 신고로 사업진행이 가능하다.

본 장에서는 국제회의업의 등록 및 변경등록에 관련된 법조항 관련 사항을 정리하였으며, 아울러 4-2에서는 국제회의산업육성에 관한 법률을 첨부하여 국제회의실무와 관련된 법적 내용의 이해를 돕고자 했다.

## 2. 국제회의업 창업관련 핵심질문

1. 국제회의업의 정의?
   ➡ 법 제3조

2. 국제회의업의 종류?
   ⇒ 시행령 제2조

3. 국제회의업을 경영하려는 자는 누구에게 등록해야 하는가?
   ➡ 법 제4조 1항

4. 국제회의시설업의 등록신청 시 제출서류는?
   → 시행규칙 제2조

5. 국제회의기획업 등록대장에 기록되어야 할 사항은?
   → 시행규칙 제4조

6. 국제회의기획업 변경등록 사항은?
   ⇒ 시행령 제6조 1항 5호

7. 국제회의업 등록변경 발생 시 기일은?
   ⇒ 시행령 6조 2항

8. 국제회의업 등록기준은?
⇒ 시행령 별표 1

9. 등록 전 사업계획서 승인을 필요로 하는 국제회의업은?
⇒ 시행령 제12조

10. 국제회의시설 중 사업계획에 대한 변경승인을 필요로 하는 경우는?
⇒ 시행령 제9조 2항

11. 국제회의시설업 사업승인 신청서류는?
→ 시행규칙 제23조

12. 국제회의시설업 변경승인 신청 시 제출서류는?
→ 시행규칙 제24조

13. 국제회의시설업 관련 사업계획 승인 시 인허가 의제사항은?
➡ 법 제16조

14. 국제회의시설업 사업계획 승인기준은?
⇒ 시행령 제13조

15. 국제회의시설업 관련 등록심의위원회의 위원회 구성은?
➡ 법 제17조

16. 국제회의시설업 등록 시 신고 · 허가 의제사항은?
➡ 법 제18조

17. 국제회의업 사업자의 결격사유는?
➡ 법 제7조

18. 국제회의업 휴업 또는 폐업 시 휴업 또는 폐업통보서 제출기한은?
→ 시행규칙 제17조

19. 국제회의시설업 사업자는 사업관련시설 및 기구외의 부대시설을 타인에게 경영하게 하거나, 그 용도로 계속하여 사용하는 것을 조건으로 타인에게 처분할 수 있는가?
➡ 법 제11조

# 3. 국제회의업 창업관련 法 Road Map

1. 국제회의업의 정의(법 제3조)/p.6
2. 국제회의업의 종류(시행령 제2조)/p.6
3. 등록(법 제4조)/p.14~p.28
   - 등록절차(시행령 제3조)
   - 등록신청(시행규칙 제2조)
   - 등록기준(시행령 제5조)
   - 등록대장(시행규칙 제4조)
   - 변경등록(시행령 제6조/시행규칙 제3조)
   - 등록증 재발급(시행규칙 제5조)
4. 승인(법 제15조)
   - (시행령 제12조) 국제회의시설업
   - (시행령 제9조~14조) 승인신청, 승인통보, 승인대상사업, 승인기준, 관광숙박시설 건축지역 변경 승인
   - (시행규칙 제23~24) 승인신청, 변경승인신청
5. 등록심의위원회(법 제17조, 시행령 제15조~20조)
   - 국제회의시설업
6. 등록시의 신고 · 허가의제(법 제18조/시행령 제21조)
7. 결격사유(법 제7조)
8. 관광사업의 양수(법 제8조)
   - 시행규칙 제16~17조: 폐업 · 휴업 통보
   - 지위승계
9. 관광시설의 타인 경영 및 처분과 위탁 경영
10. 타인경영 금지 관광시설(시행규칙 제20조)

1. 국제회의업의 정의
➡법 제3조

| 법 | 시행령 | 시행규칙 |
|---|---|---|
| 법 제3조<br>(관광사업의 종류) | 시행령 제2조<br>(관광사업의 종류) | |

**법 제3조(관광사업의 종류)**

① 관광사업의 종류는 다음 각 호와 같다. 〈개정 2007.7.19., 2015.2.3.〉

04_국제회의업: 대규모 관광 수요를 유발하는 국제회의(세미나 · 토론회 · 전시회 등을 포함한다. 이하 같다)를 개최할 수 있는 시설을 설치 · 운영하거나 국제회의의 계획 · 준비 · 진행 등의 업무를 위탁받아 대행하는 업

② 제1항제1호부터 제4호까지, 제6호 및 제7호에 따른 관광사업은 대통령령으로 정하는 바에 따라 세분할 수 있다.

2. 국제회의업의 종류
⇒시행령 제2조

**시행령 제2조(관광사업의 종류)**

① 「관광진흥법」(이하 "법"이라 한다) 제3조제2항에 따라 관광사업의 종류를 다음과 같이 세분한다. 〈개정 2008.2.29., 2008.8.26., 2009.1.20., 2009.8.6., 2009.10.7., 2009.11.2., 2011.12.30., 2013.11.29., 2014.7.16., 2014.10.28., 2014.11.28., 2016.3.22., 2019.4.9〉

4. 국제회의업의 종류

가. 국제회의시설업: 대규모 관광 수요를 유발하는 국제회의를 개최할 수 있는 시설을 설치하여 운영하는 업

나. 국제회의기획업: 대규모 관광 수요를 유발하는 국제회의의 계획 · 준비 · 진행 등의 업무를 위탁받아 대행하는 업

3. 등록
➡법 제4조

- 등록절차
⇒시행령 제3조

- 등록신청
→시행규칙 제2조

| 법 | 시행령 | 시행규칙 |
|---|---|---|
| 법 제4조(등록) | 시행령 제3조(등록절차)<br>시행령 제4조(등록증의 발급)<br>시행령 제5조(등록기준)<br>시행령 제6조(변경등록) | 시행규칙 제2조<br>(관광사업의 등록신청)<br>시행규칙 제3조<br>(관광사업의 변경등록)<br>시행규칙 제4조<br>(관광사업자 등록대장)<br>시행규칙 제5조<br>(등록증의 재발급) |

- 등록기준
⇒시행령 제5조

- 등록대장
→시행규칙 제4조

- 변경등록
⇒시행령 제6조
→시행규칙 제3조

- 등록증 재발급
→시행규칙 제5조

**법 제4조(등록)**

① 제3조제1항제1호부터 제4호까지의 규정에 따른 국제회의업을 경영하려는 자는 특별자치시장 · 특별자치도지사 · 시장 · 군수 · 구청장(자치구의 구청장을 말한다. 이하 같다)에게 등록하여야 한다. 〈개정 2009.3.25., 2018.6.12〉

② 삭제〈2009.3.25.〉

③ 제1항에 따른 등록을 하려는 자는 대통령령으로 정하는 자본금 · 시설 및 설비 등을 갖추어야 한다. 〈신설 2007.7.19., 2009.3.25.〉

④ 제1항에 따라 등록한 사항 중 대통령령으로 정하는 중요 사항을 변경하려면 변경등록을 하여야 한다. 〈개정 2007.7.19., 2009.3.25.〉

⑤ 제1항 및 제4항에 따른 등록 또는 변경등록의 절차 등에 필요한 사항은 문화체육관광부령으로 정한다. 〈개정 2007.7.19., 2008.2.29., 2009.3.25.〉

**시행령 제3조(등록절차)**

① 법 제4조제1항에 따라 등록을 하려는 자는 문화체육관광부령으로 정하는 바에 따라 관광사업 등록신청서를 특별자치시장 · 특별자치도지사 · 시장 · 군수 · 구청장(자치구의 구청장을 말한다. 이하 같다)에게 제출하여야 한다. 〈개정 2009.10.7., 2019.4.9〉

② 특별자치시장 · 특별자치도지사 · 시장 · 군수 · 구청장은 법 제17조에 따른 관광숙박업 및 관광객 이용시설업 등록심의위원회의 심의를 거쳐야 할 관광사업의 경우에는 그 심의를 거쳐 등록 여부를 결정한다. 〈개정 2009.10.7., 2019.4.9〉

[제목개정 2009.10.7.]

**시행규칙 제2조(관광사업의 등록신청)**

① 「관광진흥법 시행령」(이하 "영"이라 한다) 제3조제1항에 따라 관광사업의 등록을 하려는 자는 별지 제1호서식의 관광사업 등록신청서에 다음 각 호의 서류를 첨부하여 특별자치시장 · 특별자치도지사 · 시장 · 군수 · 구청장(자치구의 구청장을 말한다. 이하 같다)에게 제출하여야 한다. 〈개정 2009.3.31., 2009.10.22., 2015.4.22., 2019.4.25〉

1. 사업계획서
2. 신청인(법인의 경우에는 대표자 및 임원)이 내국인인 경우에는 성명 및 주민등록번호를 기재한 서류

2의2. 신청인(법인의 경우에는 대표자 및 임원)이 외국인인 경우에는 「관광진흥법」(이하 "법"이라 한다) 제7조제1항 각 호에 해당하지 아니함을 증명하는 다음 각 목의 어느 하나에 해당하는 서류. 다만, 법 또는 다른 법령에 따라 인 · 허가 등을 받아 사업자등록을 하고 해당 영업 또는 사업을 영위하고 있는 자(법인의 경우에는 최근 1년 이내에 법인세를 납부한 시점부터 등록 신청 시점까지의 기간 동안 대표자 및 임원의 변경이 없는 경우로 한정한다)는 해당 영업 또는 사업의 인 · 허가증 등 인 · 허가 등을 받았음을 증명하는 서류와 최근 1년 이내에 소득세(법인의 경우에는 법인세를 말한다)를 납부한 사실을 증명하는 서류를 제출하는 경우에는 그 영위하고 있는 영업 또는 사업의 관련 법령에서 정하는 결격사유와 중복되는 법 제7조제1항의 결격사유에 한하여 다음 각 목의 서류를 제출하지 아니할 수 있다.

가. 해당 국가의 정부나 그 밖의 권한 있는 기관이 발행한 서류 또는 공증인이 공증한 신청인의 진술서로서 「재외공관 공증법」에 따라 해당 국가에 주재하는 대한민국공관의 영사관이 확인한 서류

나. 「외국공문서에 대한 인증의 요구를 폐지하는 협약」을 체결한 국가의 경우에는 해당 국가의 정부나 그 밖의 권한 있는 기관이 발행한 서류 또는 공증인이 공증한 신청인의 진술서로서 해당 국가의 아포스티유(Apostille) 확인서 발급 권한이 있는 기관이 그 확인서를 발급한 서류

3. 부동산의 소유권 또는 사용권을 증명하는 서류(부동산의 등기사항증명서를 통하여 부동산의 소유권 또는 사용권을 확인할 수 없는 경우만 해당한다)

4. 회원을 모집할 계획인 호텔업, 휴양콘도미니엄업의 경우로서 각 부동산에 저당권이 설정되어 있는 경우에는 영 제24조제1항제2호 단서에 따른 보증보험가입 증명서류

5. 「외국인투자 촉진법」에 따른 외국인투자를 증명하는 서류(외국인투자기업만 해당한다)

② 제1항에 따른 신청서를 제출받은 특별자치시장 · 특별자치도지사 · 시장 · 군수 · 구청장은 「전자정부법」 제36조제1항에 따른 행정정보의 공동이용을 통하여 다음 각 호의 서류를 확인하여야 한다. 다만, 제3호의 경우 신청인이 확인에 동의하지 아

니하는 경우에는 그 서류를 첨부하도록 하여야 한다.〈개정 2009.3.31., 2009.10.22., 2011.3.30., 2012.4.5., 2015.4.22., 2019.4.25.〉

1. 법인 등기사항증명서(법인만 해당한다)
2. 부동산의 등기사항증명서
3. 전기안전점검확인서(호텔업 또는 국제회의시설업의 등록만 해당한다)

③ 여행업 및 국제회의기획업의 등록을 하려는 자는 제1항에 따른 서류 외에 공인회계사 또는 세무사가 확인한 등록신청 당시의 대차대조표(개인의 경우에는 영업용 자산명세서 및 그 증명서류)를 첨부하여야 한다.

④ 국제회의시설업의 등록을 하려는 자는 제1항에 따른 서류외에 다음 각 호의 서류를 첨부하여야 하며, 사업계획승인된 내용에 변경이 없는 사항의 경우에는 제1항 각 호의 서류 중 그와 관련된 서류를 제출하지 아니한다.〈개정 2015.3.6., 2019.3.4〉

1. 법 제15조에 따라 승인을 받은 사업계획(이하 "사업계획"이라 한다)에 포함된 부대영업을 하기 위하여 다른 법령에 따라 소관관청에 신고를 하였거나 인·허가 등을 받은 경우에는 각각 이를 증명하는 서류(제2호 또는 제3호의 서류에 따라 증명되는 경우에는 제외한다)
2. 법 제18조제1항에 따라 신고를 하였거나 인·허가 등을 받은 것으로 의제되는 경우에는 각각 그 신고서 또는 신청서와 그 첨부서류
3. 법 제18조제1항 각 호에서 규정된 신고를 하였거나 인·허가 등을 받은 경우에는 각각 이를 증명하는 서류

3의2. 야영장업을 경영하기 위하여 다른 법령에 따른 인·허가 등을 받은 경우 이를 증명하는 서류(야영장업의 등록만 해당한다)

3의3. 「전기사업법 시행규칙」 제35조제3항에 따른 사용전점검 확인증(야영장업의 등록만 해당한다)

3의4. 「먹는물관리법」에 따른 먹는물 수질검사기관이 「먹는물 수질기준 및 검사 등에 관한 규칙」 제3조제2항에 따라 발행한 수질검사성적서(야영장에서 수돗물이 아닌 지하수 등을 먹는 물로 사용하는 경우로서 야영장업의 등록만 해당한다)

4. 시설의 평면도 및 배치도
5. 다음 각 목의 구분에 따른 시설별 일람표

라. 국제회의시설업: 별지 제4호서식의 시설별 일람표

⑥ 특별자치시장 · 특별자치도지사 · 시장 · 군수 · 구청장은 제2항에 따른 확인 결과 「전기사업법」 제66조의2제1항에 따른 전기안전점검을 받지 아니한 경우에는 관계기관 및 신청인에게 그 내용을 통지하여야 한다. 〈신설 2012.4.5., 2019.4.25〉

⑦ 특별자치시장 · 특별자치도지사 · 시장 · 군수 · 구청장은 제1항에 따른 관광사업등록 신청을 받은 경우 그 신청내용이 등록기준에 적합하다고 인정되는 경우에는 별지 제5호서식의 관광사업 등록증을 신청인에게 발급하여야 한다. 〈개정 2009.10.22., 2012.4.5., 2019.4.25〉

**[시행규칙 별지 제4호서식]**

**국제회의시설업 시설별 일람표**

| 위 치 | | | |
|---|---|---|---|
| 착공연월일 | . . . | 준공연월일 | . . . |
| 건설자금 | 내자: 외자자기자금: 융자금: 계: | | |
| 건축규모 | 구조: 조, 지상: 층, 지하: 층 | | |
| 면적 | 대지면적: 제곱미터, 건축면적: 제곱미터<br>연면적: 제곱미터 | | |
| 종업원수 | 남 · 여: 계: 명 | | |
| 회의시설내용 | 5천명 이상을 수용할 수 있는 대회의실 : 개<br>2천명~5천명 미만을 수용할 수 있는 대회의실 : 개<br>1천명~2천명 미만을 수용할 수 있는 대회의실 : 개<br>300명 이상을 수용할 수 있는 중회의실 : 개<br>200명~300명 미만을 수용할 수 있는 중회의실 : 개<br>50명 이하를 수용할 수 있는 소회의실 : 개 | | |
| 전시시설내용 | 2,500제곱미터 이상의 옥내전시장: 개<br>2,500제곱미터 미만의 옥내전시장: 개 | | |
| 지원시설 및 부대시설을 명기하시기 바랍니다. | | | |

210mm×297mm[일반용지 60g/㎡(재활용품)]

### 시행령 제4조(등록증의 발급)

① 제3조에 따라 등록신청을 받은 특별자치시장 · 특별자치도지사 · 시장 · 군수 · 구청장은 신청한 사항이 제5조에 따른 등록기준에 맞으면 문화체육관광부령으로 정하는 등록증을 신청인에게 발급하여야 한다.〈개정 2008.2.29., 2009.10.7., 2019.4.9.〉

② 특별자치시장 · 특별자치도지사 · 시장 · 군수 · 구청장은 제1항에 따른 등록증을 발급하려면 법 제18조제1항에 따라 의제되는 인 · 허가증을 한꺼번에 발급할 수 있도록 해당 인 · 허가기관의 장에게 인 · 허가증의 송부를 요청할 수 있다.〈개정 2009.10.7., 2019.4.9.〉

③ 특별자치시장 · 특별자치도지사 · 시장 · 군수 · 구청장은 제1항 및 제2항에 따라 등록증을 발급하면 문화체육관광부령으로 정하는 바에 따라 관광사업자등록대장을 작성하고 관리 · 보존하여야 한다.〈개정 2008.2.29., 2009.10.7., 2019.4.9.〉

④ 특별자치시장 · 특별자치도지사 · 시장 · 군수 · 구청장은 등록한 관광사업자가 제1항에 따라 발급받은 등록증을 잃어버리거나 그 등록증이 헐어 못쓰게 되어버린 경우에는 문화체육관광부령으로 정하는 바에 따라 다시 발급하여야 한다.〈개정 2008.2.29., 2009.10.7., 2019.4.9.〉

### 시행령 제5조(등록기준)

법 제4조제3항에 따른 관광사업의 등록기준은 별표 1과 같다.

### 시행규칙 제4조(관광사업자 등록대장)

영 제4조제3항에 따라 비치하여 관리하는 관광사업자 등록대장에는 관광사업자의 상호 또는 명칭, 대표자의 성명 · 주소 및 사업장의 소재지와 사업별로 다음 각 호의 사항이 기재되어야 한다.〈개정 2015.3.6., 2016.3.28., 2019.8.1.〉

1. 국제회의기획업: 자본금

9. 국제회의시설업
   가. 대지면적 및 건축연면적
   나. 회의실별 동시수용인원
   다. 제2호다목 및 라목의 사항

**시행령 제6조(변경등록)**

① 법 제4조제4항에 따른 변경등록사항은 다음 각 호와 같다. 〈개정 2015.3.17.〉

1. 사업계획의 변경승인을 받은 사항(사업계획의 승인을 받은 관광사업만 해당한다)
2. 상호 또는 대표자의 변경
5. 국제회의기획업의 경우에는 사무실 소재지의 변경

② 제1항에 따른 변경등록을 하려는 자는 그 변경사유가 발생한 날부터 30일 이내에 문화체육관광부령으로 정하는 바에 따라 변경등록신청서를 특별자치시장 · 특별자치도지사 · 시장 · 군수 · 구청장에게 제출하여야 한다. 다만, 제1항제5호의 변경등록사항 중 사무실 소재지를 변경한 경우에는 변경등록신청서를 새로운 소재지의 관할 특별자치도지사 · 시장 · 군수 · 구청장에게 제출할 수 있다. 〈개정 2008.2.29., 2009.10.7., 2019.4.9.〉

**시행규칙 제3조(관광사업의 변경등록)**

① 제2조에 따라 관광사업을 등록한 자가 법 제4조제4항에 따라 등록사항을 변경하려는 경우에는 그 변경사유가 발생한 날부터 30일 이내에 별지 제6호서식의 관광사업 변경등록신청서에 변경사실을 증명하는 서류를 첨부하여 특별자치시장 · 특별자치도지사 · 시장 · 군수 · 구청장에게 제출하여야 한다. 〈개정 2009.10.22., 2019.4.25〉

② 제1항에 따라 변경등록신청서를 제출받은 특별자치시장 · 특별자치도지사 · 시장 · 군수 · 구청장은 「전자정부법」 제36조제1항에 따른 행정정보의 공동이용을 통하여 전기안전점검확인서(영업소의 소재지 또는 면적의 변경 등으로 「전기사업법」 제66조의2제1항에 따른 전기안전점검을 받아야 하는 경우로서 호텔업 또는 국제회의시설업 변경등록을 신청한 경우만 해당한다)를 확인하여야 한다. 다만, 신청인이 전기안전점검확인서의 확인에 동의하지 아니하는 경우에는 그 서류를 첨부하도록 하여야 한다. 〈신설 2012.4.5., 2019.4.25.〉

1. 「전기사업법 시행규칙」 제38조제3항에 따른 전기안전점검확인서(영업소의 소재지 또는 면적의 변경 등으로 「전기사업법」 제66조의2제1항에 따른 전기안전점검을 받아야 하는

경우로서 호텔업 또는 국제회의시설업 변경등록을 신청한 경우만 해당한다)

2. 「액화석유가스의 안전관리 및 사업법 시행규칙」 제71조제10항제1호에 따른 액화석유가스 사용시설완성검사증명서(야영장 시설의 설치 드는 폐지 등으로 「액화석유가스의 안전관리 및 사업법」 제44조에 따른 액화석유가스 사용시설완성검사를 받아야 하는 경우로서 야영장업의 변경등록을 신청한 경우만 해당한다)

③ 특별자치시장 · 특별자치도지사 · 시장 · 군수 · 구청장은 제2항에 따른 확인 결과 「전기사업법」 제66조의2제1항에 따른 전기안전점검을 받지 아니한 경우에는 관계기관 및 신청인에게 그 내용을 통지하여야 한다.〈신설 2012.4.5., 2019.4.25.〉

④ 제1항에 따른 변경등록증 발급에 관하여는 제2조제7항을 준용한다.〈개정 2012.4.5.〉

**시행규칙 제5조(등록증의 재발급)**

영 제4조제4항에 따라 등록증의 재발급을 받으려는 자는 별지 제7호서식의 등록증등 재발급신청서(등록증이 헐어 못 쓰게 된 경우에는 등록증을 첨부하여야 한다)를 특별자치시장 · 특별자치도지사 · 시장 · 군수 · 구청장에게 제출하여야 한다.〈개정 2009.10.22., 2019.4.25.〉

**[시행령 별표 1]〈개정 2019.4.9.〉**
**관광사업의 등록기준(제5조 관련)**

5. 국제회의업
   (가) 국제회의시설업
      (1) 「국제회의산업 육성에 관한 법률 시행령」 제3조에 따른 회의시설 및 전시시설의 요건을 갖추고 있을 것
      (2) 국제회의개최 및 전시의 편의를 위하여 부대시설로 주차시설과 쇼핑 · 휴식시설을 갖추고 있을 것
   (나) 국제회의기획업
      (1) 자본금: 5천만원 이상일 것
      (2) 사무실: 소유권이나 사용권이 있을 것

4. 승인
➡법 제15조

- 국제회의시설업
⇒시행령 제12조

- 승인신청, 승인통보, 승인대상사업, 승인기준, 관광숙박시설 건축지역 변경승인
⇒시행령 제9조~14조

- 승인신청, 변경승인신청
→시행규칙 제23~24조

| 법 | 시행령 | 시행규칙 |
|---|---|---|
| 법 제15조(사업계획의 승인)<br>법 제16조(사업계획 승인 시의 인·허가 의제 등) | 시행령 제9조(사업계획 변경승인)<br>시행령 제10조(사업계획의 승인신청 등)<br>시행령 제11조(사업계획승인의 통보)<br>시행령 제12조(사업계획승인 대상 관광객 이용시설업, 국제회의업) 시행령 제13조(사업계획 승인기준)<br>시행령 제14조(관광숙박시설 건축지역) | 시행규칙 제23조(사업계획의 승인신청)<br>시행규칙 제24조(사업계획의 변경승인 신청) |

**법 제15조(사업계획의 승인)**

① 관광숙박업을 경영하려는 자는 제4조제1항에 따른 등록을 하기 전에 그 사업에 대한 사업계획을 작성하여 특별자치시장·특별자치도지사·시장·군수·구청장의 승인을 받아야 한다. 승인을 받은 사업계획 중 부지, 대지 면적, 건축 연면적의 일정 규모 이상의 변경 등 대통령령으로 정하는 사항을 변경하려는 경우에도 또한 같다. 〈개정 2008.6.5., 2009.3.25., 2018.6.12.〉

② 대통령령으로 정하는 국제회의업을 경영하려는 자는 제4조제1항에 따른 등록을 하기 전에 그 사업에 대한 사업계획을 작성하여 특별자치시장·특별자치도지사·시장·군수·구청장의 승인을 받을 수 있다. 승인을 받은 사업계획 중 부지, 대지 면적, 건축 연면적의 일정 규모 이상의 변경 등 대통령령으로 정하는 사항을 변경하려는 경우에도 또한 같다. 〈개정 2008.6.5., 2009.3.25., 2018.6.12.〉

③ 제1항과 제2항에 따른 사업계획의 승인 또는 변경승인의 기준·절차 등에 필요한 사항은 대통령령으로 정한다.

**시행령 제12조(사업계획승인 대상 관광객 이용시설업, 국제회의업)**

법 제15조제2항 전단에서 "대통령령으로 정하는 관광객 이용시설업이나 국제회의업"이란 다음 각 호의 관광사업을 말한다.

1. 전문휴양업
2. 종합휴양업
3. 관광유람선업
4. 국제회의시설업

**시행령 제9조(사업계획 변경승인)**

② 법 제15조제2항 후단에 따라 국제회의업의 사업계획의 변경승인을 받을 수 있는 경우는 다음 각 호와 같다.

2. 국제회의업의 경우 국제회의시설 중 다음 각 목의 어느 하나에 해당하는 변경을 하려는 경우

가. 「국제회의산업 육성에 관한 법률 시행령」 제3조제2항에 따른 전문회의시설의 회의실 수 또는 옥내전시면적을 변경할 때에 그 변경하려는 회의실 수 또는 옥내전시면적이 당초 승인받은 계획의 100분의 10 이상이 되는 경우

나. 「국제회의산업 육성에 관한 법률 시행령」 제3조제4항에 따른 전시시설의 회의실 수 또는 옥내전시면적을 변경할 때에 그 변경하려는 회의실 수 또는 옥내전시면적이 당초 승인받은 계획의 100분의 10 이상이 되는 경우

**국제회의산업 육성에 관한 법률_시행령_제3조(국제회의시설의 종류 · 규모)**

② 전문회의시설은 다음 각호의 요건을 갖추어야 한다.

1. 2천인 이상의 인원을 수용할 수 있는 대회의실이 있을 것
2. 30인 이상의 인원을 수용할 수 있는 중 · 소회의실이 10실 이상 있을 것
3. 2천제곱미터 이상의 옥내전시면적을 확보하고 있을 것

④ 전시시설은 다음 각호의 요건을 갖추어야 한다.

1. 2천제곱미터 이상의 옥내전시면적을 확보하고 있을 것
2. 30인 이상의 인원을 수용할 수 있는 중 · 소회의실이 5실 이상 있을 것

**시행령 제10조(사업계획의 승인신청 등)**

① 법 제15조제1항 및 제2항에 따라 관광호텔업 · 수상관광호텔업 · 한국전통호텔업 · 가족호텔업 · 호스텔업 · 소형호텔업 · 의

료관광호텔업과 휴양 콘도미니엄업 및 제12조 각 호의 어느 하나에 해당하는 관광사업의 사업계획(이하 "사업계획"이라 한다) 승인을 받으려는 자는 문화체육관광부령으로 정하는 바에 따라 사업계획 승인신청서를 특별자치시장 · 특별자치도지사 · 시장 · 군수 · 구청장에게 제출하여야 한다. 〈개정 2008.2.29., 2009.1.20., 2010.6.15., 2013.11.29., 2019.4.9.〉

② 제9조에 따라 사업계획의 변경승인을 받으려는 자는 문화체육관광부령으로 정하는 바에 따라 사업계획 변경승인신청서를 특별자치시장 · 특별자치도지사 · 시장 · 군수 · 구청장에게 제출하여야 한다. 〈개정 2008.2.29., 2009.1.20., 2019.4.9.〉

③ 제1항과 제2항에 따라 사업계획의 승인 또는 변경승인신청서를 접수한 특별자치시장 · 특별자치도지사 · 시장 · 군수 · 구청장은 해당 관광사업이 법 제16조제1항에 따라 인 · 허가 등이 의제되는 사업인 경우에는 같은 조 제2항에 따라 소관 행정기관의 장과 협의하여야 한다. 〈개정 2009.1.20., 2019.4.9.〉

④ 제3항에 따라 협의 요청을 받은 소관 행정기관의 장은 협의 요청을 받은 날부터 30일 이내에 그 의견을 제출하여야 한다. 이 경우 그 기간 이내에 의견 제출이 없는 때에는 협의가 이루어진 것으로 본다. 〈개정 2014.11.28.〉

[시행일: 2014.3.1.] 제10조제1항 의료관광호텔업 관련 부분

### 시행규칙 제23조(사업계획의 승인신청)

① 영 제10조제1항에 따라 사업계획승인을 받으려는 자는 별지 제25호서식의 사업계획 승인신청서에 다음 각 호의 서류를 첨부하여 특별자치시장 · 특별자치도지사 · 시장 · 군수 · 구청장에게 제출하여야 한다. 〈개정 2009.3.31., 2009.12.31., 2015.4.22., 2019.4.25.〉

1. 다음 각 목의 사항이 포함된 건설계획서
   가. 건설장소, 총부지면적 및 토지이용계획
   나. 공사계획
   다. 공사자금 및 그 조달방법
   라. 시설별 · 층별 면적 및 시설내용
   마. 조감도
2. 신청인(법인의 경우에는 대표자 및 임원)이 내국인인 경우에는 성명 및 주민등록번호를 기재한 서류

2의2. 신청인(법인의 경우에는 대표자 및 임원)이 외국인인 경우에는 법 제7조제1항 각 호에 해당하지 아니함을 증명하는 다음 각 목의 어느 하나에 해당하는 서류. 다만, 법 또는 다른 법령에 따라 인·허가 등을 받아 사업자등록을 하고 해당 영업 또는 사업을 영위하고 있는 자(법인의 경우에는 최근 1년 이내에 법인세를 납부한 시점부터 승인 신청 시점까지의 기간 동안 대표자 및 임원의 변경이 없는 경우로 한정한다)는 해당 영업 또는 사업의 인·허가증 등 인·허가 등을 받았음을 증명하는 서류와 최근 1년 이내에 소득세(법인의 경우에는 법인세를 말한다)를 납부한 사실을 증명하는 서류를 제출하는 경우에는 그 영위하고 있는 영업 또는 사업의 결격사유 규정과 중복되는 법 제7조제1항의 결격사유에 한하여 다음 각 목의 서류를 제출하지 아니할 수 있다.
가. 해당 국가의 정부나 그 밖의 권한 있는 기관이 발행한 서류 또는 공증인이 공증한 신청인의 진술서로서 「재외공관 공증법」에 따라 해당 국가에 주재하는 대한민국공관의 영사관이 확인한 서류
나. 「외국공문서에 대한 인증의 요구를 폐지하는 협약」을 체결한 국가의 경우에는 해당 국가의 정부나 그 밖의 권한 있는 기관이 발행한 서류 또는 공증인이 공증한 신청인의 진술서로서 해당 국가의 아포스티유(Apostille) 확인서 발급 권한이 있는 기관이 그 확인서를 발급한 서류
3. 부동산의 소유권 또는 사용권을 증명하는 서류
5. 법 제16조제1항 각 호에 따른 인·허가 등의 의제를 받거나 신고를 하려는 경우에는 해당 법령에서 제출하도록 한 서류
6. 법 제16조제1항 각 호에서 규정한 신고를 이미 하였거나 인·허가 등을 받은 경우에는 이를 증명하는 서류

② 제1항에 따른 신청서를 받은 특별자치시장·특별자치도지사·시장·군수·구청장은 「전자정부법」 제36조제1항에 따른 행정정보의 공동이용을 통하여 법인 등기사항증명서(법인만 해당한다)를 확인하여야 한다. 〈개정 2009.3.31., 2011.3.30., 2019.4.25.〉

### 시행규칙 제24조(사업계획의 변경승인 신청)

영 제10조제2항에 따라 사업계획의 변경승인을 받으려는 자는 별

지 제26호서식의 사업계획 변경승인 신청서에 다음 각 호의 서류를 첨부하여 특별자치시장 · 특별자치도지사 · 시장 · 군수 · 구청장에게 제출하여야 한다. 〈개정 2009.3.31., 2019.4.25.〉

1. 변경사유서
2. 변경하고자 하는 층의 변경 전후의 평면도(건축물의 용도변경이 필요한 경우만 해당한다)
3. 용도변경에 따라 변경되는 사항 중 내화 · 내장 · 방화 · 피난 건축설비에 관한 사항을 표시한 도서(건축물의 용도변경이 필요한 경우만 해당한다)

**법 제16조(사업계획 승인 시의 인 · 허가 의제 등)**

① 제15조제1항 및 제2항에 따라 사업계획의 승인을 받은 때에는 다음 각 호의 허가 또는 해제를 받거나 신고를 한 것으로 본다. 〈개정 2007.12.27., 2009.3.25., 2010.4.15., 2010.5.31.〉

1. 「농지법」 제34조제1항에 따른 농지전용의 허가
2. 「산지관리법」 제14조 · 제15조에 따른 산지전용허가 및 산지전용신고, 같은 법 제15조의2에 따른 산지일시사용허가 · 신고, 「산림자원의 조성 및 관리에 관한 법률」 제36조제1항 · 제4항 및 제45조제1항 · 제2항에 따른 입목벌채 등의 허가 · 신고
3. 「사방사업법」 제20조에 따른 사방지(砂防地) 지정의 해제
4. 「초지법」 제23조에 따른 초지전용(草地轉用)의 허가
5. 「하천법」 제30조에 따른 하천공사 등의 허가 및 실시계획의 인가, 같은 법 제33조에 따른 점용허가(占用許可) 및 실시계획의 인가
6. 「공유수면 관리 및 매립에 관한 법률」 제8조에 따른 공유수면의 점용 · 사용허가 및 같은 법 제17조에 따른 점용 · 사용 실시계획의 승인 또는 신고
7. 「사도법」 제4조에 따른 사도개설(私道開設)의 허가
8. 「국토의 계획 및 이용에 관한 법률」 제56조에 따른 개발행위의 허가
9. 「장사 등에 관한 법률」 제8조제3항에 따른 분묘의 개장신고(改葬申告) 및 같은 법 제27조에 따른 분묘의 개장허가(改葬許可)

② 특별자치시장 · 특별자치도지사 · 시장 · 군수 · 구청장은 제1항 각 호의 어느 하나에 해당하는 사항이 포함되어 있는 사업계획을 승인하려면 미리 소관 행정기관의 장과 협의하여야 하고, 그 사업계획을 승인한 때에는 지체 없이 소관 행정기관의 장에게 그 내용을 통보하여야 한다.〈개정 2008.6.5., 2018.6.12.〉

③ 특별자치시장 · 특별자치도지사 · 시장 · 군수 · 구청장은 제15조제1항 및 제2항에 따른 사업계획의 변경승인을 하려는 경우 건축물의 용도변경이 포함되어 있으면 미리 소관 행정기관의 장과 협의하여야 한다.〈개정 2008.6.5., 2018.6.12.〉

④ 관광사업자(관광숙박업만 해당한다)가 제15조제1항 후단에 따라 사업계획의 변경승인을 받은 경우에는 「건축법」에 따른 용도변경의 허가를 받거나 신고를 한 것으로 본다.

⑤ 제15조제1항에 따른 사업계획의 승인 또는 변경승인을 받은 경우 그 사업계획에 다른 관광숙박시설 및 그 시설 안의 위락시설로서 「국토의 계획 및 이용에 관한 법률」에 따라 지정된 다음 각 호의 용도지역의 시설에 대하여는 같은 법 제76조제1항을 적용하지 아니한다. 다만, 주거지역에서는 주거환경의 보호를 위하여 대통령령으로 정하는 사업계획승인기준에 맞는 경우에 한한다.

1. 상업지역
2. 주거지역 · 공업지역 및 녹지지역 중 대통령령으로 정하는 지역

⑥ 제15조제1항에 따른 사업계획의 승인을 받은 경우 그 사업계획에 따른 관광숙박시설로서 대통령령으로 정하는 지역 내 위치하면서 「학교보건법」 제2조에 따른 학교 출입문 또는 학교설립예정지 출입문으로부터 직선거리로 75미터 이내에 위치한 관광숙박시설의 설치와 관련하여서는 「학교보건법」 제6조제1항 각 호 외의 부분 단서를 적용하지 아니한다.〈신설 2015.12.22.〉

⑦ 제15조제1항에 따른 사업계획의 승인 또는 변경승인을 받은 경우 그 사업계획에 따른 관광숙박시설로서 다음 각 호에 적합한 시설에 대해서는 「학교보건법」 제6조제1항제13호를 적용하지 아니한다.〈신설 2015.12.22.〉

1. 관광숙박시설에서 「학교보건법」 제6조제1항제12호, 제14호부터 제16호까지 또는 제18호부터 제20호까지의 규정에 따

른 행위 및 시설 중 어느 하나에 해당하는 행위 및 시설이 없을 것
2. 관광숙박시설의 객실이 100실 이상일 것
3. 대통령령으로 정하는 지역 내 위치할 것
4. 대통령령으로 정하는 바에 따라 관광숙박시설 내 공용공간을 개방형 구조로 할 것
5. 「학교보건법」 제2조에 따른 학교 출입문 또는 학교설립예정지 출입문으로부터 직선거리로 75미터 이상에 위치할 것

⑧ 제7항 각 호의 요건을 충족하여 「학교보건법」 제6조제1항제13호를 적용받지 아니하고 관광숙박시설을 설치하려는 자는 「건축법」 제4조에 따른 건축위원회의 교육환경 저해여부에 관한 심의를 받아야 한다. 〈신설 2015.12.22.〉

⑨ 특별자치시장 · 특별자치도지사 · 시장 · 군수 · 구청장은 제15조제1항에 따른 사업계획(제7항 각 호의 요건을 충족하여 「학교보건법」 제6조제1항제13호를 적용받지 아니하고 관광숙박시설을 설치하려는 자의 사업계획에 한정한다)의 승인 또는 변경승인을 하려는 경우에는 교육환경 보호 및 교통안전 보호조치를 취하도록 하는 조건을 붙일 수 있다. 〈신설 2015.12.22., 2018.6.12.〉

[법률 제13594호(2015.12.22.) 부칙 제2조의 규정에 의하여 이 조제6항부터 제9항까지는 2021년 3월 24일까지 유효함]

### 시행령 제14조(관광숙박시설 건축지역)

법 제16조제5항제2호에서 "대통령령으로 정하는 지역"이란 다음 각 호의 지역을 말한다.

1. 일반주거지역
2. 준주거지역
3. 준공업지역
4. 자연녹지지역

### 시행령 제11조(사업계획승인의 통보)

특별자치시장 · 특별자치도지사 · 시장 · 군수 · 구청장은 제10조에 따라 신청한 사업계획 또는 사업계획의 변경을 승인하는 경우에는 사업계획승인 또는 변경승인을 신청한 자에게 지체 없이 통보

하여야 한다. 〈개정 2009.1.20., 2019.4.9.〉

**시행령 제13조(사업계획 승인기준)**

① 법 제15조에 따른 사업계획의 승인 및 변경승인의 기준은 다음 각 호와 같다. 〈개정 2010.6.15., 2013.11.29., 2014.11.28., 2016.3.22., 2018.12.18., 2019.4.9.〉

1. 사업계획의 내용이 관계 법령의 규정에 적합할 것
2. 사업계획의 시행에 필요한 자금을 조달할 능력 및 방안이 있을 것

[시행일: 2014.3.1.] 제13조제1항제3호가목본문, 제13조제1항제3호가목1), 제13조제1항제4호

5. 등록심의위원회
➡법 제17조
⇒시행령 제15~20조

– 국제회의시설업

| 법 | 시행령 | 시행규칙 |
|---|---|---|
| 법 제17조(관광숙박업 등의 등록심의위원회) | 시행령 제15조(위원장의 직무 등)<br>시행령 제16조(회의)<br>시행령 제17조(의견 청취)<br>시행령 제18조(간사)<br>시행령 제19조(운영세칙)<br>시행령 제20조(등록심의 대상 관광사업) | |

**법 제17조(관광숙박업 등의 등록심의위원회)**

① 제4조제1항에 따른 국제회의업의 등록(등록 사항의 변경을 포함한다. 이하 이 조에서 같다)에 관한 사항을 심의하기 위하여 특별자치시장 · 특별자치도지사 · 시장 · 군수 · 구청장(권한이 위임된 경우에는 그 위임을 받은 기관을 말한다. 이하 이 조 및 제18조에서 같다) 소속으로 관광숙박업 및 관광객 이용시설업 등록심의위원회(이하 "위원회"라 한다)를 둔다. 〈개정 2008.6.5., 2009.3.25., 2018.6.12.〉

② 위원회는 위원장과 부위원장 각 1명을 포함한 위원 10명 이내로 구성하되, 위원장은 특별자치시장 · 특별자치도 · 시 · 군 · 구(자치구만 해당한다. 이하 같다)의 부지사 · 부시장 · 부군수 · 부구청장이 되고, 부위원장은 위원 중에서 위원장이 지정하는 자가 되며, 위원은 제18조제1항 각 호에 따른 신고 또는

인 · 허가 등의 소관 기관의 직원이 된다. 〈개정 2008.6.5., 2018.6.12.〉

③ 위원회는 다음 각 호의 사항을 심의한다. 〈개정 2007.7.19., 2015.12.22.〉

1. 관광숙박업 및 대통령령으로 정하는 관광객 이용시설업이나 국제회의업의 등록기준 등에 관한 사항
2. 제18조제1항 각 호에서 정한 사업이 관계 법령상 신고 또는 인 · 허가 등의 요건에 해당하는지에 관한 사항
3. 제15조제1항에 따라 사업계획 승인 또는 변경승인을 받고 관광사업 등록(제16조제7항에 따라 「학교보건법」 제6조제1항제13호를 적용받지 아니하고 관광숙박시설을 설치하려는 경우에 한정한다)을 신청한 경우 제16조제7항 각 호의 요건을 충족하는지에 관한 사항

④ 특별자치시장 · 특별자치도지사 · 시장 · 군수 · 구청장은 제1항에 따른 관광숙박업, 관광객 이용시설업, 국제회의업의 등록을 하려면 미리 위원회의 심의를 거쳐야 한다. 다만, 대통령령으로 정하는 경미한 사항의 변경에 관하여는 위원회의 심의를 거치지 아니할 수 있다. 〈개정 2008.6.5., 2018.6.12.〉

⑤ 위원회의 구성 · 운영이나 그 밖에 위원회에 필요한 사항은 대통령령으로 정한다. 〈개정 2018.12.11.〉

[법률 제13594호(2015.12.22.) 부칙 제2조의 규정에 의하여 이 조 제3항제3호는 2021년 3월 24일까지 유효함]

### 시행령 제15조(위원장의 직무 등)

① 법 제17조제1항에 따른 관광숙박업 및 관광객 이용시설업 등록심의위원회(이하 "위원회"라 한다) 위원장은 위원회를 대표하고, 위원회의 직무를 총괄한다.

② 부위원장은 위원장을 보좌하고, 위원장이 부득이한 사유로 직무를 수행할 수 없을 때에는 그 직무를 대행한다.

### 시행령 제16조(회의)

① 위원장은 위원회의 회의를 소집하고 그 의장이 된다.

② 삭제 〈2019.4.9.〉

### 시행령 제17조(의견 청취)
위원장은 위원회의 심의사항과 관련하여 필요하다고 인정하면 관계인 또는 안전 · 소방 등에 대한 전문가를 출석시켜 그 의견을 들을 수 있다.

### 시행령 제18조(간사)
위원회의 서무를 처리하기 위하여 위원회에 간사 1명을 둔다.

### 시행령 제19조(운영세칙)
이 영에 규정된 사항 외에 위원회의 운영에 필요한 사항은 위원회의 의결을 거쳐 위원장이 정한다.

### 시행령 제20조(등록심의대상 관광사업)
① 법 제17조제1항 및 제3항제1호에서 "대통령령으로 정하는 관광객 이용시설업이나 국제회의업"이란 제12조 각 호의 어느 하나에 해당하는 관광사업을 말한다.
② 법 제17조제4항 단서에서 "대통령령으로 정하는 경미한 사항의 변경"이란 법 제17조제3항에 따른 심의사항의 변경 중 관계되는 기관이 둘 이하인 경우의 심의사항 변경을 말한다.

6. 등록시의 신고 · 허가의제
➡법 제18조
⇒시행령 제21조

| 법 | 시행령 | 시행규칙 |
|---|---|---|
| 법 제18조(등록시의 신고 · 허가 의제 등) | 시행령 제21조(인 · 허가 등을 받은 것으로 보는 영업) | |

### 법 제18조(등록 시의 신고 · 허가 의제 등)
① 특별자치시장 · 특별자치도지사 · 시장 · 군수 · 구청장이 위원회의 심의를 거쳐 등록을 하면 그 관광사업자는 다음 각 호의 신고를 하였거나 인 · 허가 등을 받은 것으로 본다. 〈개정 2008.6.5., 2009.2.6., 2011.6.15., 2017.1.17., 2018.6.12.〉
1. 「공중위생관리법」 제3조에 따른 숙박업 · 목욕장업 · 이용업 · 미용업 또는 세탁업의 신고
2. 「식품위생법」 제36조에 따른 식품접객업으로서 대통령령으로 정하는 영업의 허가 또는 신고

3. 「주세법」 제8조에 따른 주류판매업의 면허 또는 신고
4. 「외국환거래법」 제8조제3항제1호에 따른 외국환업무의 등록
5. 「담배사업법」 제16조에 따른 담배소매인의 지정
6. 삭제〈2015.12.22.〉
7. 「체육시설의 설치 · 이용에 관한 법률」 제10조에 따른 신고 체육시설업으로서 같은 법 제20조에 따른 체육시설업의 신고
8. 「해사안전법」 제34조제3항에 따른 해상 레저 활동의 허가
9. 「의료법」 제35조에 따른 부속의료기관의 개설신고 또는 개설허가

② 특별자치시장 · 특별자치도지사 · 시장 · 군수 · 구청장은 제1항에 따라 관광숙박업, 관광객 이용시설업 및 국제회의업의 등록을 한 때에는 지체 없이 제1항 각 호의 신고 또는 인 · 허가 등의 소관 행정기관의 장에게 그 내용을 통보하여야 한다.〈개정 2008.6.5., 2018.6.12.〉

**시행령 제21조(인·허가 등을 받은 것으로 보는 영업)**
법 제18조제1항제2호에서 "대통령령으로 정하는 영업"이란 「식품위생법 시행령」 제21조제8호가목부터 라목까지 및 바목에 따른 휴게음식점영업 · 일반음식점영업 · 단란주점영업 · 유흥주점영업 및 제과점영업을 말한다.〈개정 2009.8.6.〉

7. 결격사유
➡법 7조

| 법 | 시행령 | 시행규칙 |
|---|---|---|
| 법 제7조(결격사유) | | |

### 법 제7조(결격사유)

① 다음 각 호의 어느 하나에 해당하는 자는 관광사업의 등록등을 받거나 신고를 할 수 없고, 제15조제1항 및 제2항에 따른 사업계획의 승인을 받을 수 없다. 법인의 경우 그 임원 중에 다음 각 호의 어느 하나에 해당하는 자가 있는 경우에도 또한 같다.〈개정 2017.3.21.〉

1. 피성년후견인 · 피한정후견인
2. 파산선고를 받고 복권되지 아니한 자
3. 이 법에 따라 등록등 또는 사업계획의 승인이 취소되거나 제36조제1항에 따라 영업소가 폐쇄된 후 2년이 지나지 아니

한 자
4. 이 법을 위반하여 징역 이상의 실형을 선고받고 그 집행이 끝나거나 집행을 받지 아니하기로 확정된 후 2년이 지나지 아니한 자 또는 형의 집행유예 기간 중에 있는 자

② 관광사업의 등록등을 받거나 신고를 한 자 또는 사업계획의 승인을 받은 자가 제1항 각 호의 어느 하나에 해당하면 문화체육관광부장관, 시·도지사 또는 시장·군수·구청장(이하 "등록기관등의 장"이라 한다)은 3개월 이내에 그 등록등 또는 사업계획의 승인을 취소하거나 영업소를 폐쇄하여야 한다. 다만, 법인의 임원 중 그 사유에 해당하는 자가 있는 경우 3개월 이내에 그 임원을 바꾸어 임명한 때에는 그러하지 아니하다.〈개정 2008.2.29.〉

8. 관광사업의 양수
➡법 제8조

| 법 | 시행령 | 시행규칙 |
|---|---|---|
| 법 제8조 (관광사업의 양수 등) | | 시행규칙 제16조 (관광사업의 지위승계)<br>시행규칙 제17조 (휴업 또는 폐업의 통보) |

– 폐업, 휴업 통보
→시행규칙 제16~17조

– 지위승계

**법 제8조(관광사업의 양수 등)**

① 관광사업을 양수(讓受)한 자 또는 관광사업을 경영하는 법인이 합병한 때에는 합병 후 존속하거나 설립되는 법인은 그 관광사업의 등록등 또는 신고에 따른 관광사업자의 권리·의무(제20조제1항에 따라 분양이나 회원 모집을 한 경우에는 그 관광사업자와 공유자 또는 회원 간에 약정한 사항을 포함한다)를 승계한다.

② 다음 각 호의 어느 하나에 해당하는 절차에 따라 문화체육관광부령으로 정하는 주요한 관광사업 시설의 전부를 인수한 자는 그 관광사업자의 지위(제20조제1항에 따라 분양이나 회원 모집을 한 경우에는 그 관광사업자와 공유자 또는 회원 간에 약정한 권리 및 의무 사항을 포함한다)를 승계한다.〈개정 2008.2.29., 2010.3.31., 2016.12.27.〉

1. 「민사집행법」에 따른 경매
2. 「채무자 회생 및 파산에 관한 법률」에 따른 환가(換價)

3. 「국세징수법」, 「관세법」 또는 「지방세징수법」에 따른 압류 재산의 매각
4. 그 밖에 제1호부터 제3호까지의 규정에 준하는 절차

③ 관광사업자가 제35조제1항 및 제2항에 따른 취소 · 정지처분 또는 개선명령을 받은 경우 그 처분 또는 명령의 효과는 제1항에 따라 관광사업자의 지위를 승계한 자에게 승계되며, 그 절차가 진행 중인 때에는 새로운 관광사업자에게 그 절차를 계속 진행할 수 있다. 다만, 그 승계한 관광사업자가 양수나 합병 당시 그 처분 · 명령이나 위반 사실을 알지 못하였음을 증명하면 그러하지 아니하다.

④ 제1항과 제2항에 따라 관광사업자의 지위를 승계한 자는 승계한 날부터 1개월 이내에 관할 등록기관등의 장에게 신고하여야 한다.

⑤ 관할 등록기관등의 장은 제4항에 따른 신고를 받은 경우 그 내용을 검토하여 이 법에 적합하면 신고를 수리하여야 한다. 〈신설 2018.6.12.〉

⑥ 제15조제1항 및 제2항에 따른 사업계획의 승인을 받은 자의 지위승계에 관하여는 제1항부터 제5항까지의 규정을 준용한다. 〈개정 2018.6.12.〉

⑦ 제1항과 제2항에 따른 관광사업자의 지위를 승계하는 자에 관하여는 제7조를 준용하되, 카지노사업자의 경우에는 제7조 및 제22조를 준용한다. 〈개정 2008.3.28., 2018.6.12.〉

### 시행규칙 제16조(관광사업의 지위승계)

① 법 제8조제2항에서 "문화체육관광부령으로 정하는 주요한 관광사업시설"이란 다음 각 호의 시설을 말한다. 〈개정 2008.3.6., 2018.11.29.〉

1. 관광사업에 사용되는 토지와 건물
2. 영 제5조에 따른 관광사업의 등록기준에서 정한 시설(등록대상 관광사업만 해당한다)
3. 제15조에 따른 관광 편의시설업의 지정기준에서 정한 시설(지정대상 관광사업만 해당한다)
4. 제29조제1항제1호의 카지노업 전용 영업장(카지노업만 해당한다)

5. 제7조제1항에 따른 유원시설업의 시설 및 설비기준에서 정한 시설(유원시설업만 해당한다)

② 법 제8조제4항에 따라 관광사업자의 지위를 승계한 자는 그 사유가 발생한 날부터 1개월 이내에 별지 제23호서식의 관광사업 양수(지위승계)신고서에 다음 각 호의 서류를 첨부하여 문화체육관광부장관, 특별자치시장 · 특별자치도지사 · 시장 · 군수 · 구청장 또는 지역별 관광협회장(이하 "등록기관등의 장"이라 한다)에게 제출하여야 한다. 〈개정 2009.10.22., 2011.3.30., 2015.4.22., 2019.4.25〉

1. 지위를 승계한 자(법인의 경우에는 대표자)가 내국인인 경우에는 성명 및 주민등록번호를 기재한 서류

1의2. 지위를 승계한 자(법인의 경우에는 대표자 및 임원)가 외국인인 경우에는 법 제7조제1항 각 호(카지노업의 경우에는 법 제22조제1항 각 호를 포함한다)에 해당하지 아니함을 증명하는 다음 각 목의 어느 하나에 해당하는 서류. 다만, 법 또는 다른 법령에 따라 인 · 허가 등을 받아 사업자등록을 하고 해당 영업 또는 사업을 영위하고 있는 자(법인의 경우에는 최근 1년 이내에 법인세를 납부한 시점부터 신고 시점까지의 기간 동안 대표자 및 임원의 변경이 없는 경우로 한정한다)는 해당 영업 또는 사업의 인 · 허가증 등 인 · 허가 등을 받았음을 증명하는 서류와 최근 1년 이내에 소득세(법인의 경우에는 법인세를 말한다)를 납부한 사실을 증명하는 서류를 제출하는 경우에는 그 영위하고 있는 영업 또는 사업의 결격사유 규정과 중복되는 법 제7조제1항(카지노업의 경우에는 법 제22조제1항을 포함한다)의 결격사유에 한하여 다음 각 목의 서류를 제출하지 아니할 수 있다.

가. 해당 국가의 정부나 그 밖의 권한 있는 기관이 발행한 서류 또는 공증인이 공증한 신청인의 진술서로서 「재외공관 공증법」에 따라 해당 국가에 주재하는 대한민국공관의 영사관이 확인한 서류

나. 「외국공문서에 대한 인증의 요구를 폐지하는 협약」을 체결한 국가의 경우에는 해당 국가의 정부나 그 밖의 권한 있는 기관이 발행한 서류 또는 공증인이 공증한 신청인의 진술서로서 해당 국가의 아포스티유(Apostille)

확인서 발급 권한이 있는 기관이 그 확인서를 발급한 서류
2. 양도 · 양수 등 지위승계를 증명하는 서류(시설인수 명세를 포함한다)

③ 제2항에 따른 신고서를 제출받은 담당공무원은 「전자정부법」 제36조제1항에 따른 행정정보의 공동이용을 통하여 지위를 승계한 자의 법인 등기사항증명서(법인만 해당한다)를 확인하여야 한다. 다만, 영 제65조에 따라 관광협회에 위탁된 업종의 경우에는 신고인으로 하여금 해당 서류를 첨부하도록 하여야 한다.〈개정 2009.3.31., 2011.3.30.〉

**시행규칙 제17조(휴업 또는 폐업의 통보)**

① 법 제8조제8항 본문에 따라 관광사업의 전부 또는 일부를 휴업하거나 폐업한 자는 휴업 또는 폐업을 한 날부터 30일 이내에 별지 제24호서식의 관광사업 휴업 또는 폐업 통보(신고)서를 등록기관등의 장에게 제출하여야 한다. 다만, 6개월 미만의 유원시설업 허가 또는 신고일 경우에는 폐업통보서를 제출하지 아니하여도 해당 기간이 끝나는 때에 폐업한 것으로 본다. 〈개정 2011.10.6., 2016.12.30., 2019.4.25., 2019.6.12.〉

② 법 제8조제8항 단서에 따라 카지노업을 휴업 또는 폐업하려는 자는 휴업 또는 폐업 예정일 10일 전까지 별지 제24호서식의 관광사업 휴업 또는 폐업 통보(신고)서에 카지노기구의 관리계획에 관한 서류를 첨부하여 문화체육관광부장관에게 제출해야 한다. 다만, 천재지변이나 그 밖의 부득이한 사유가 있는 경우에는 휴업 또는 폐업 예정일까지 제출할 수 있다. 〈신설 2019.6.12.〉

9. 관광시설의 타인 경영 및 처분과 위탁경영
➡법 11조

| 법 | 시행령 | 시행규칙 |
|---|---|---|
| 법 제11조(관광시설의 처분 및 타인 경영) | | 시행규칙 제20조(타인 경영 금지 관광시설) |

**법 제11조(관광시설의 타인 경영 및 처분과 위탁 경영)**

① 관광사업자는 관광사업의 시설 중 다음 각 호의 시설 및 기구 외의 부대시설을 타인에게 경영하도록 하거나, 그 용도로 계속하여 사용하는 것을 조건으로 타인에게 처분할 수 있다.〈개정

2007.7.19., 2008.2.29., 2011.4.5.〉

1. 제4조제3항에 따른 관광숙박업의 등록에 필요한 객실
2. 제4조제3항에 따른 관광객 이용시설업의 등록에 필요한 시설 중 문화체육관광부령으로 정하는 시설
3. 제23조에 따른 카지노업의 허가를 받는 데 필요한 시설과 기구
4. 제33조제1항에 따라 안전성검사를 받아야 하는 유기시설 및 유기기구

② 관광사업자는 관광사업의 효율적 경영을 위하여 제1항에도 불구하고 제1항제1호에 따른 관광숙박업의 객실을 타인에게 위탁하여 경영하게 할 수 있다. 이 경우 해당 시설의 경영은 관광사업자의 명의로 하여야 하고, 이용자 또는 제3자와의 거래행위에 따른 대외적 책임은 관광사업자가 부담하여야 한다.〈신설 2011.4.5.〉

[제목개정 2007.7.19., 2011.4.5.]

10. 타인경영 금지 관광시설
→시행규칙 제20조

**시행규칙 제20조(타인 경영 금지 관광시설)**

법 제11조제1항제2호에서 "문화체육관광부령으로 정하는 시설"이란 전문휴양업의 개별기준에 포함된 시설(수영장 및 등록 체육시설업 시설의 경우에는 「체육시설의 설치·이용에 관한 법률 시행규칙」 제8조 및 같은 법 시행규칙 별표 4의 체육시설업 시설기준 중 필수시설만 해당한다)을 말한다.

[전문개정 2011.10.6.]

# 4-2 국제회의산업 육성에 관한 법률

## 1. 핵심질문

1. 국제회의산업 육성에 관한 법률의 목적은?
   ➡ 법 제1조

2. 국제회의산업 육성에 관한 법률 관련 용어 정의?
   ➡ 법 제2조

3. 국제회의산업 육성을 위한 계획수립 및 필요조치는 누구의 책무인가?
   ➡ 법 제3조

4. 국제회의산업 육성을 위한 국제회의 전담조직 지정자는?
   ➡ 법 제5조 3

5. 국제회의 전담조직의 주요 업무는?
   ⇒ 시행령 제9조

6. 국제회의산업육성기본계획 수립 주무 부서는?
➡ 법 제6조

7. 국제회의산업육성기본계획에 포함되는 사항은?
➡ 법 제6조 1항

8. 국제회의 유치 개최에 관한 지원을 받으려는 자가 제출해야 하는 지원신청 서류는?
→ 시행규칙 제2조

9. 문화체육관광부장관이 국제회의산업 육성기반 조성을 위하여 관계 중앙행정기관의 장과 추진해야 하는 사업은?
➡ 법 제8조 1항
⇒ 시행령 제12조 1항
⇒ 시행령 제12조 2항

10. 문화체육관광부장관이 국제회의산업 육성기반 조성관련 사업을 실시하도록 할 수 있는 기관·법인 또는 단체는?
➡ 법 제8조 2항

11. 국제회의도시 지정 장소는?
➡ 법 제14조 1항

12. 국제회의복합지구란?
➡ 법 제15조의2

13. 국제회의복합지구 육성 · 진흥계획에 포함되어야할 사항은?
⇒ 시행령 제13조의3

14. 국제회의집적시설의 지정자 · 지정기준 · 신청서류?
➡ 법 제15조의3
⇒ 시행령 제13조의4
→ 시행규칙 제9조의2

15. 국제회의복합지구의 국제시설 및 국제회의 집적시설에 대한 부담금 감면 내용은?
➡ 법 제15조의4

16. 국제회의사업 육성법의 주된 재원은 어디서 마련되는가?
➡ 법 제16조

17. 국제회의시설의 설치자가 국제회의시설에 대하여 건축법 제11조에 의하여 건축허가를 받은 경우, 사전 허가 · 인가 · 신고로 보는 사항은?
➡ 법 제17조 1항

# 2. 국제회의산업 육성에 관한 법률

1. 목적(법 제1조)
2. 정의(법 제2조)
   - 시행령 제2조, 제3조, 제4조
3. 국가의 책무(법 제3조)
4. 국제회의 전담조직의 지정 및 설치(법 제5조)
   - 시행령 제9조, 제10조
5. 국제회의산업육성기본계획의 수립 등(법 제6조)
   - 시행령 제11조
6. 국제회의의 유치 · 개회 지원(법 제7조)
   - 시행규칙 제2조, 제3조
7. 국제회의산업 육성기반의 조성(법 제8조)
   - 시행령 제12조
8. 국제회의시설의 건립 및 운영 촉진 등(법 제9조)
   - 시행규칙 제4조
9. 국제회의 전문인력의 교육 · 훈련 등(법 제10조)
   - 시행규칙 제5조
10. 국제협력의 촉진(법 제11조)
    - 시행규칙 제6조
11. 전자국제회의 기반의 확충(법 제12조)
    - 시행규칙 제7조
12. 국제회의 정보의 유통 촉진(법 제13조)
    - 시행규칙 제8조
13. 국제회의도시의 지정 등(법 제14조)
    - 시행령 제13조
14. 국제회의도시의 지원(법 제15조)

15. 국제회의복합지구의 지정 등(법 제15조의2)
    - 시행령 제13조의2, 제13조의3
16. 국제회의집적시설의 지정 등(법 제15조의3)
    - 시행령 제13조의4
    - 시행규칙 제9조의2
17. 부담금의 감면 등(법 제15조의4)
18. 재정지원(법 제16조)
    - 시행령 제14조, 제15조
19. 다른 법률과의 관계(법 제17조)
    - 시행규칙 제10조
20. 권한의 위탁(법 제18조
    - 시행령 제16조

1. 목적
   ➡법 제1조

| 법 | 시행령 | 시행규칙 |
|---|---|---|
| 법 제1조(목적) | | |

**법 제1조(목적)**
이 법은 국제회의의 유치를 촉진하고 그 원활한 개최를 지원하여 국제회의산업을 육성 · 진흥함으로써 관광산업의 발전과 국민경제의 향상 등에 이바지함을 목적으로 한다.
[전문개정 2007.12.21.]

2. 정의
   ➡법 제2조
   ⇒시행령 제2, 3, 4조

| 법 | 시행령 | 시행규칙 |
|---|---|---|
| 법 제2조(정의) | 시행령 제2조(국제회의의 종류·규모)<br>시행령 제3조(국제회의시설의 종류·규모)<br>시행령 제4조(국제회의집적시설의 종류와 규모) | |

### 법 제2조(정의)

이 법에서 사용하는 용어의 뜻은 다음과 같다. 〈개정 2015.3.27.〉

1. "국제회의"란 상당수의 외국인이 참가하는 회의(세미나 · 토론회 · 전시회 등을 포함한다)로서 대통령령으로 정하는 종류와 규모에 해당하는 것을 말한다.
2. "국제회의산업"이란 국제회의의 유치와 개최에 필요한 국제회의시설, 서비스 등과 관련된 산업을 말한다.
3. "국제회의시설"이란 국제회의의 개최에 필요한 회의시설, 전시시설 및 이와 관련된 부대시설 등으로서 대통령령으로 정하는 종류와 규모에 해당하는 것을 말한다.
4. "국제회의도시"란 국제회의산업의 육성 · 진흥을 위하여 제14조에 따라 지정된 특별시 · 광역시 또는 시를 말한다.
5. "국제회의 전담조직"이란 국제회의산업의 진흥을 위하여 각종 사업을 수행하는 조직을 말한다.
6. "국제회의산업 육성기반"이란 국제회의시설, 국제회의 전문인력, 전자국제회의체제, 국제회의 정보 등 국제회의의 유치 · 개최를 지원하고 촉진하는 시설, 인력, 체제, 정보 등을 말한다.
7. "국제회의복합지구"란 국제회의시설 및 국제회의집적시설이 집적되어 있는 지역으로서 제15조의2에 따라 지정된 지역을 말한다.
8. "국제회의집적시설"이란 국제회의복합지구 안에서 국제회의시설의 집적화 및 운영 활성화에 기여하는 숙박시설, 판매시설, 공연장 등 대통령령으로 정하는 종류와 규모에 해당하는 시설로서 제15조의3에 따라 지정된 시설을 말한다.

[전문개정 2007.12.21.]

### 시행령 제2조(국제회의의 종류 · 규모)

「국제회의산업 육성에 관한 법률」(이하 "법"이라 한다) 제2조제1호에 따른 국제회의는 다음 각 호의 어느 하나에 해당하는 회의를 말한다.

1. 국제기구나 국제기구에 가입한 기관 또는 법인 · 단체가 개최하는 회의로서 다음 각 목의 요건을 모두 갖춘 회의
   가. 해당 회의에 5개국 이상의 외국인이 참가할 것

나. 회의 참가자가 300명 이상이고 그 중 외국인이 100명 이상일 것

다. 3일 이상 진행되는 회의일 것

2. 국제기구에 가입하지 아니한 기관 또는 법인 · 단체가 개최하는 회의로서 다음 각 목의 요건을 모두 갖춘 회의

가. 회의 참가자 중 외국인이 150명 이상일 것

나. 2일 이상 진행되는 회의일 것

[전문개정 2011.11.16.]

**시행령 제3조(국제회의시설의 종류 · 규모)**

① 법 제2조제3호에 따른 국제회의시설은 전문회의시설 · 준회의시설 · 전시시설 및 부대시설로 구분한다.

② 전문회의시설은 다음 각 호의 요건을 모두 갖추어야 한다.

1. 2천명 이상의 인원을 수용할 수 있는 대회의실이 있을 것
2. 30명 이상의 인원을 수용할 수 있는 중 · 소회의실이 10실 이상 있을 것
3. 옥내와 옥외의 전시면적을 합쳐서 2천제곱미터 이상 확보하고 있을 것

③ 준회의시설은 국제회의 개최에 필요한 회의실로 활용할 수 있는 호텔연회장 · 공연장 · 체육관 등의 시설로서 다음 각 호의 요건을 모두 갖추어야 한다.

1. 200명 이상의 인원을 수용할 수 있는 대회의실이 있을 것
2. 30명 이상의 인원을 수용할 수 있는 중 · 소회의실이 3실 이상 있을 것

④ 전시시설은 다음 각 호의 요건을 모두 갖추어야 한다.

1. 옥내와 옥외의 전시면적을 합쳐서 2천제곱미터 이상 확보하고 있을 것
2. 30명 이상의 인원을 수용할 수 있는 중 · 소회의실이 5실 이상 있을 것

⑤ 부대시설은 국제회의 개최와 전시의 편의를 위하여 제2항 및 제4항의 시설에 부속된 숙박시설 · 주차시설 · 음식점시설 · 휴식시설 · 판매시설 등으로 한다.

[전문개정 2011.11.16.]

**시행령 제4조(국제회의집적시설의 종류와 규모)**

법 제2조제8호에서 "숙박시설, 판매시설, 공연장 등 대통령령으로 정하는 종류와 규모에 해당하는 시설"이란 다음 각 호의 시설을 말한다.

1. 「관광진흥법」 제3조제1항제2호에 따른 관광숙박업의 시설로서 100실 이상의 객실을 보유한 시설
2. 「유통산업발전법」 제2조제3호에 따른 대규모점포
3. 「공연법」 제2조제4호에 따른 공연장으로서 500석 이상의 객석을 보유한 공연장

[본조신설 2015.9.22.]

3. 국가의 책무
➡법 제3조

| 법 | 시행령 | 시행규칙 |
|---|---|---|
| 법 제3조(국가의 책무) | | |

**법 제3조(국가의 책무)**

① 국가는 국제회의산업의 육성·진흥을 위하여 필요한 계획의 수립 등 행정상·재정상의 지원조치를 강구하여야 한다.

② 제1항에 따른 지원조치에는 국제회의 참가자가 이용할 숙박시설, 교통시설 및 관광 편의시설 등의 설치·확충 또는 개선을 위하여 필요한 사항이 포함되어야 한다.

[전문개정 2007.12.21.]

4. 국제회의 전담조직의 지정 및 설치
➡법 제5조
⇒시행령 제9,10조

| 법 | 시행령 | 시행규칙 |
|---|---|---|
| 법 제5조(국제회의 전담조직의 지정 및 설치) | 시행령 제9조(국제회의 전담조직의 업무)<br>시행령 제10조(국제회의 전담조지그이 지정) | |

**법 제5조(국제회의 전담조직의 지정 및 설치)**

① 문화체육관광부장관은 국제회의산업의 육성을 위하여 필요하면 국제회의 전담조직(이하 "전담조직"이라 한다)을 지정할 수 있다.〈개정 2008.2.29.〉

② 국제회의시설을 보유·관할하는 지방자치단체의 장은 국제회

의 관련 업무를 효율적으로 추진하기 위하여 필요하다고 인정하면 전담조직을 설치 · 운영할 수 있으며, 그에 필요한 비용의 전부 또는 일부를 지원할 수 있다.〈개정 2016.12.20.〉

③ 전담조직의 지정 · 설치 및 운영 등에 필요한 사항은 대통령령으로 정한다.

[전문개정 2007.12.21.]

**시행령 제9조(국제회의 전담조직의 업무)**

법 제5조제1항에 따른 국제회의 전담조직은 다음 각 호의 업무를 담당한다.

1. 국제회의의 유치 및 개최 지원
2. 국제회의산업의 국외 홍보
3. 국제회의 관련 정보의 수집 및 배포
4. 국제회의 전문인력의 교육 및 수급(需給)
5. 법 제5조제2항에 따라 지방자치단체의 장이 설치한 전담조직에 대한 지원 및 상호 협력
6. 그 밖에 국제회의산업의 육성과 관련된 업무

[전문개정 2011.11.16.]

**시행령 제10조(국제회의 전담조직의 지정)**

문화체육관광부장관은 법 제5조제1항에 따라 국제회의 전담조직을 지정할 때에는 제9조 각 호의 업무를 수행할 수 있는 전문인력 및 조직 등을 적절하게 갖추었는지를 고려하여야 한다.

[전문개정 2011.11.16.]

5. 국제회의산업육성 기본계획의 수립 등
➡법 제6조
⇒시행령 제11조

| 법 | 시행령 | 시행규칙 |
|---|---|---|
| 법 제6조(국제회의산업 육성기본계획의 수립 등) | 시행령 제11조(국제회의 산업육성기본계획) | |

**법 제6조(국제회의산업육성기본계획의 수립 등)**

① 문화체육관광부장관은 국제회의산업의 육성 · 진흥을 위하여 다음 각 호의 사항이 포함되는 국제회의산업육성기본계획(이하 "기본계획"이라 한다)을 5년마다 수립 · 시행하여야 한다.〈개정 2008.2.29., 2017.11.28.〉

1. 국제회의의 유치와 촉진에 관한 사항
2. 국제회의의 원활한 개최에 관한 사항
3. 국제회의에 필요한 인력의 양성에 관한 사항
4. 국제회의시설의 설치와 확충에 관한 사항
5. 그 밖에 국제회의산업의 육성·진흥에 관한 중요 사항

② 문화체육관광부장관은 기본계획에 따라 연도별 국제회의산업 육성시행계획(이하 "시행계획"이라 한다)을 수립·시행하여야 한다. 〈신설 2017.11.28.〉

③ 문화체육관광부장관은 기본계획 및 시행계획의 효율적인 달성을 위하여 관계 중앙행정기관의 장, 지방자치단체의 장 및 국제회의산업 육성과 관련된 기관의 장에게 필요한 자료 또는 정보의 제공, 의견의 제출 등을 요청할 수 있다. 이 경우 요청을 받은 자는 정당한 사유가 없으면 이에 따라야 한다. 〈개정 2017.11.28.〉

④ 문화체육관광부장관은 기본계획의 추진실적을 평가하고, 그 결과를 기본계획의 수립에 반영하여야 한다. 〈신설 2017.11.28.〉

⑤ 기본계획·시행계획의 수립 및 추진실적 평가의 방법·내용 등에 필요한 사항은 대통령령으로 정한다. 〈개정 2017.11.28.〉

[전문개정 2007.12.21.]

**시행령 제11조(국제회의산업육성기본계획의 수립 등)**

① 문화체육관광부장관은 법 제6조에 따른 국제회의산업육성기본계획과 국제회의산업육성시행계획을 수립하거나 변경하는 경우에는 국제회의산업과 관련이 있는 기관 또는 단체 등의 의견을 들어야 한다.

② 문화체육관광부장관은 법 제6조제4항에 따라 국제회의산업육성기본계획의 추진실적을 평가하는 경우에는 연도별 국제회의산업육성시행계획의 추진실적을 종합하여 평가하여야 한다.

③ 문화체육관광부장관은 제2항에 따른 국제회의산업육성기본계획의 추진실적 평가에 필요한 조사·분석 등을 전문기관에 의뢰할 수 있다.

[전문개정 2018.5.28.]

6. 국제회의 유치 · 개회 지원
➡법 제7조
→시행규칙 제2,3조

| 법 | 시행령 | 시행규칙 |
| --- | --- | --- |
| 법 제7조(국제회의 유치 · 개최 지원 | | 시행규칙 제2조(국제회의 유치 · 개최 지원신청)<br>시행규칙 제3조(지원 결과 보고) |

**법 제7조(국제회의 유치 · 개최 지원)**

① 문화체육관광부장관은 국제회의의 유치를 촉진하고 그 원활한 개최를 위하여 필요하다고 인정하면 국제회의를 유치하거나 개최하는 자에게 지원을 할 수 있다.〈개정 2008.2.29.〉

② 제1항에 따른 지원을 받으려는 자는 문화체육관광부령으로 정하는 바에 따라 문화체육관광부장관에게 그 지원을 신청하여야 한다.〈개정 2008.2.29.〉

[전문개정 2007.12.21.]

**시행규칙 제2조(국제회의 유치·개최 지원신청)**

「국제회의산업 육성에 관한 법률」(이하 "법"이라 한다) 제7조제2항에 따라 국제회의 유치 · 개최에 관한 지원을 받으려는 자는 별지 서식의 국제회의 지원신청서에 다음 각 호의 서류를 첨부하여 법 제5조제1항에 따른 국제회의 전담조직의 장에게 제출하여야 한다.

1. 국제회의 유치 · 개최 계획서(국제회의의 명칭, 목적, 기간, 장소, 참가자 수, 필요한 비용 등이 포함되어야 한다) 1부
2. 국제회의 유치 · 개최 실적에 관한 서류(국제회의를 유치 · 개최한 실적이 있는 경우만 해당한다) 1부
3. 지원을 받으려는 세부 내용을 적은 서류 1부

[전문개정 2011.11.24.]

**시행규칙 제3조(지원 결과 보고)**

법 제7조에 따라 지원을 받은 국제회의 유치 · 개최자는 해당 사업이 완료된 후 1개월 이내에 법 제5조제1항에 따른 국제회의 전담조직의 장에게 사업 결과 보고서를 제출하여야 한다.

[전문개정 2011.11.24.]

7. 국제회의산업 육성 기반의 조성
➡법 제8조
⇒시행령 제12조

| 법 | 시행령 | 시행규칙 |
|---|---|---|
| 법 제8조(국제회의산업 육성기반의 조성) | 시행령 제12조(국제회의 산업 육성기반 조성사업 및 사업시행기관) | |

**법 제8조(국제회의산업 육성기반의 조성)**

① 문화체육관광부장관은 국제회의산업 육성기반을 조성하기 위하여 관계 중앙행정기관의 장과 협의하여 다음 각 호의 사업을 추진하여야 한다.〈개정 2008.2.29.〉

1. 국제회의시설의 건립
2. 국제회의 전문인력의 양성
3. 국제회의산업 육성기반의 조성을 위한 국제협력
4. 인터넷 등 정보통신망을 통하여 수행하는 전자국제회의 기반의 구축
5. 국제회의산업에 관한 정보와 통계의 수집 · 분석 및 유통
6. 그 밖에 국제회의산업 육성기반의 조성을 위하여 필요하다고 인정되는 사업으로서 대통령령으로 정하는 사업

② 문화체육관광부장관은 다음 각 호의 기관 · 법인 또는 단체(이하 "사업시행기관"이라 한다) 등으로 하여금 국제회의산업 육성기반의 조성을 위한 사업을 실시하게 할 수 있다.〈개정 2008.2.29.〉

1. 제5조제1항 및 제2항에 따라 지정 · 설치된 전담조직
2. 제14조제1항에 따라 지정된 국제회의도시
3. 「한국관광공사법」에 따라 설립된 한국관광공사
4. 「고등교육법」에 따른 대학 · 산업대학 및 전문대학
5. 그 밖에 대통령령으로 정하는 법인 · 단체

[전문개정 2007.12.21.]

**시행령 제12조(국제회의산업 육성기반 조성사업 및 사업시행기관)**

① 법 제8조제1항제6호에서 "대통령령으로 정하는 사업"이란 다음 각 호의 사업을 말한다.

1. 법 제5조에 따른 국제회의 전담조직의 육성
2. 국제회의산업에 관한 국외 홍보사업

② 법 제8조제2항제5호에서 "대통령령으로 정하는 법인 · 단체"란 국제회의산업의 육성과 관련된 업무를 수행하는 법인 · 단체로서 문화체육관광부장관이 지정하는 법인 · 단체를 말한다.
[전문개정 2011.11.16.]

8. 국제회의시설의 건립 및 운영 촉진 등
➡법 제9조
→시행규칙 제4조

| 법 | 시행령 | 시행규칙 |
| --- | --- | --- |
| 법 제9조(국제회의시설의 건립 및 운영 촉진) | | 시행규칙 제4조(국제회의시설의 지원) |

**법 제9조(국제회의시설의 건립 및 운영 촉진 등)**
문화체육관광부장관은 국제회의시설의 건립 및 운영 촉진 등을 위하여 사업시행기관이 추진하는 다음 각 호의 사업을 지원할 수 있다.〈개정 2008.2.29.〉

1. 국제회의시설의 건립
2. 국제회의시설의 운영
3. 그 밖에 국제회의시설의 건립 및 운영 촉진을 위하여 필요하다고 인정하는 사업으로서 문화체육관광부령으로 정하는 사업

[전문개정 2007.12.21.]

**시행규칙 제4조(국제회의시설의 지원)**
법 제9조제3호에서 "문화체육관광부령으로 정하는 사업"이란 국제회의시설의 국외 홍보활동을 말한다.
[전문개정 2011.11.24.]

9. 국제회의 전문인력의 교육·훈련 등
➡법 제10조
→시행규칙 제5조

| 법 | 시행령 | 시행규칙 |
| --- | --- | --- |
| 법 제10조(국제회의 전문인력의 교육 · 훈련 등) | | 시행규칙 제5조(전문인력의 교육 · 훈련) |

**법 제10조(국제회의 전문인력의 교육 · 훈련 등)**
문화체육관광부장관은 국제회의 전문인력의 양성 등을 위하여 사업시행기관이 추진하는 다음 각 호의 사업을 지원할 수 있다.〈개정 2008.2.29.〉

1. 국제회의 전문인력의 교육 · 훈련

2. 국제회의 전문인력 교육과정의 개발 · 운영
3. 그 밖에 국제회의 전문인력의 교육 · 훈련과 관련하여 필요한 사업으로서 문화체육관광부령으로 정하는 사업

[전문개정 2007.12.21.]

**시행규칙 제5조(전문인력의 교육 · 훈련)**

법 제10조제3호에서 "문화체육관광부령으로 정하는 사업"이란 국제회의의 전문인력 양성을 위한 인턴사원제도 등 현장실습의 기회를 제공하는 사업을 말한다.

[전문개정 2011.11.24.]

10. 국제협력의 촉진
➡법 제11조
→시행규칙 제6조

| 법 | 시행령 | 시행규칙 |
|---|---|---|
| 법 제11조(국제협력의 촉진) | | 시행규칙 제6조(국제협력의 촉진) |

**법 제11조(국제협력의 촉진)**

문화체육관광부장관은 국제회의산업 육성기반의 조성과 관련된 국제협력을 촉진하기 위하여 사업시행기관이 추진하는 다음 각 호의 사업을 지원할 수 있다.〈개정 2008.2.29.〉

1. 국제회의 관련 국제협력을 위한 조사 · 연구
2. 국제회의 전문인력 및 정보의 국제 교류
3. 외국의 국제회의 관련 기관 · 단체의 국내 유치
4. 그 밖에 국제회의 육성기반의 조성에 관한 국제협력을 촉진하기 위하여 필요한 사업으로서 문화체육관광부령으로 정하는 사업

[전문개정 2007.12.21.]

**시행규칙 제6조(국제협력의 촉진)**

법 제11조제4호에서 "문화체육관광부령으로 정하는 사업"이란 다음 각 호의 사업을 말한다.

1. 국제회의 관련 국제행사에의 참가
2. 외국의 국제회의 관련 기관 · 단체에의 인력 파견

[전문개정 2011.11.24.]

11. 전자국제회의 기반의 확충
➡법 제12조
→시행규칙 제7조

| 법 | 시행령 | 시행규칙 |
|---|---|---|
| 법 제12조(전자국제회의 기반의 확충) | | 시행규칙 제7조(전자국제회의 기반 구축) |

**법 제12조(전자국제회의 기반의 확충)**

① 정부는 전자국제회의 기반을 확충하기 위하여 필요한 시책을 강구하여야 한다.

② 문화체육관광부장관은 전자국제회의 기반의 구축을 촉진하기 위하여 사업시행기관이 추진하는 다음 각 호의 사업을 지원할 수 있다.〈개정 2008.2.29.〉

1. 인터넷 등 정보통신망을 통한 사이버 공간에서의 국제회의 개최
2. 전자국제회의 개최를 위한 관리체제의 개발 및 운영
3. 그 밖에 전자국제회의 기반의 구축을 위하여 필요하다고 인정하는 사업으로서 문화체육관광부령으로 정하는 사업

[전문개정 2007.12.21.]

**시행규칙 제7조(전자국제회의 기반 구축)**

법 제12조제2항제3호에서 "문화체육관광부령으로 정하는 사업"이란 전자국제회의 개최를 위한 국내외 기관 간의 협력사업을 말한다.
[전문개정 2011.11.24.]

12. 국제회의 정보의 유통 촉진
➡법 제13조
→시행규칙 제8조

| 법 | 시행령 | 시행규칙 |
|---|---|---|
| 법 제13조(국제회의 정보의 유통 촉진) | | 시행규칙 제8조(국제회의 정보의 유통 촉진) |

**법 제13조(국제회의 정보의 유통 촉진)**

① 정부는 국제회의 정보의 원활한 공급 · 활용 및 유통을 촉진하기 위하여 필요한 시책을 강구하여야 한다.

② 문화체육관광부장관은 국제회의 정보의 공급 · 활용 및 유통을 촉진하기 위하여 사업시행기관이 추진하는 다음 각 호의 사업을 지원할 수 있다.〈개정 2008.2.29.〉

1. 국제회의 정보 및 통계의 수집 · 분석

2. 국제회의 정보의 가공 및 유통
3. 국제회의 정보망의 구축 및 운영
4. 그 밖에 국제회의 정보의 유통 촉진을 위하여 필요한 사업으로 문화체육관광부령으로 정하는 사업

③ 문화체육관광부장관은 국제회의 정보의 공급 · 활용 및 유통을 촉진하기 위하여 필요하면 문화체육관광부령으로 정하는 바에 따라 관계 행정기관과 국제회의 관련 기관 · 단체에 대하여 국제회의 정보의 제출을 요청하거나 국제회의 정보를 제공할 수 있다. 〈개정 2008.2.29.〉

[전문개정 2007.12.21.]

### 시행규칙 제8조(국제회의 정보의 유통 촉진)

① 법 제13조제2항제4호에서 "문화체육관광부령으로 정하는 사업"이란 국제회의 정보의 활용을 위한 자료의 발간 및 배포를 말한다.

② 문화체육관광부장관은 법 제13조제3항에 따라 국제회의 정보의 제출을 요청하거나, 국제회의 정보를 제공할 때에는 요청하려는 정보의 구체적인 내용 등을 적은 문서로 하여야 한다.

[전문개정 2011.11.24.]

13. 국제회의도시의 지정 등
➡법 제14조
⇒시행령 제13조

| 법 | 시행령 | 시행규칙 |
|---|---|---|
| 법 제14조(국제회의도시의 지정 등) | 시행령 제13조(국제회의도시의 지정기준) | |

### 법 제14조(국제회의도시의 지정 등)

① 문화체육관광부장관은 대통령령으로 정하는 국제회의도시 지정기준에 맞는 특별시 · 광역시 및 시를 국제회의도시로 지정할 수 있다. 〈개정 2008.2.29., 2009.3.18.〉

② 문화체육관광부장관은 국제회의도시를 지정하는 경우 지역 간의 균형적 발전을 고려하여야 한다. 〈개정 2008.2.29.〉

③ 문화체육관광부장관은 국제회의도시가 제1항에 따른 지정기준에 맞지 아니하게 된 경우에는 그 지정을 취소할 수 있다. 〈개정 2008.2.29., 2009.3.18.〉

④ 문화체육관광부장관은 제1항과 제3항에 따른 국제회의도시의 지정 또는 지정취소를 한 경우에는 그 내용을 고시하여야 한

다.〈개정 2008.2.29.〉

⑤ 제1항과 제3항에 따른 국제회의도시의 지정 및 지정취소 등에 필요한 사항은 대통령령으로 정한다.

[전문개정 2007.12.21.]

### 시행령 제13조(국제회의도시의 지정기준)

법 제14조제1항에 따른 국제회의도시의 지정기준은 다음 각 호와 같다.

1. 지정대상 도시에 국제회의시설이 있고, 해당 특별시 · 광역시 또는 시에서 이를 활용한 국제회의산업 육성에 관한 계획을 수립하고 있을 것
2. 지정대상 도시에 숙박시설 · 교통시설 · 교통안내체계 등 국제회의 참가자를 위한 편의시설이 갖추어져 있을 것
3. 지정대상 도시 또는 그 주변에 풍부한 관광자원이 있을 것

[전문개정 2011.11.16.]

14. 국제회의도시의 지원
➡법 제15조

| 법 | 시행령 | 시행규칙 |
|---|---|---|
| 법 제15조(국제회의도시의 지원) | | |

### 법 제15조(국제회의도시의 지원)

문화체육관광부장관은 제14조제1항에 따라 지정된 국제회의도시에 대하여는 다음 각 호의 사업에 우선 지원할 수 있다.〈개정 2008.2.29.〉

1. 국제회의도시에서의 「관광진흥개발기금법」 제5조의 용도에 해당하는 사업
2. 제16조제2항 각 호의 어느 하나에 해당하는 사업

[전문개정 2007.12.21.]

15. 국제회의복합지구의 지정 등
➡법 제15조의2
⇒시행령 제13조의2, 제13조의3

| 법 | 시행령 | 시행규칙 |
|---|---|---|
| 법 제15조의2(국제회의복합지구의 지정 등) | 시행령 제13조의2(국제회의복합지구의 지정 등)<br>시행령 제13조의3국제회의복합지구 육성 · 진흥계획의 수립 등) | |

**법 제15조의2(국제회의복합지구의 지정 등)**

① 특별시장 · 광역시장 · 특별자치시장 · 도지사 · 특별자치도지사(이하 "시 · 도지사"라 한다)는 국제회의산업의 진흥을 위하여 필요한 경우에는 관할구역의 일정 지역을 국제회의복합지구로 지정할 수 있다.

② 시 · 도지사는 국제회의복합지구를 지정할 때에는 국제회의복합지구 육성 · 진흥계획을 수립하여 문화체육관광부장관의 승인을 받아야 한다. 대통령령으로 정하는 중요한 사항을 변경할 때에도 또한 같다.

③ 시 · 도지사는 제2항에 따른 국제회의복합지구 육성 · 진흥계획을 시행하여야 한다.

④ 시 · 도지사는 사업의 지연, 관리 부실 등의 사유로 지정목적을 달성할 수 없는 경우 국제회의복합지구 지정을 해제할 수 있다. 이 경우 문화체육관광부장관의 승인을 받아야 한다.

⑤ 시 · 도지사는 제1항 및 제2항에 따라 국제회의복합지구를 지정하거나 지정을 변경한 경우 또는 제4항에 따라 지정을 해제한 경우 대통령령으로 정하는 바에 따라 그 내용을 공고하여야 한다.

⑥ 제1항에 따라 지정된 국제회의복합지구는 「관광진흥법」 제70조에 따른 관광특구로 본다.

⑦ 제2항에 따른 국제회의복합지구 육성 · 진흥계획의 수립 · 시행, 국제회의복합지구 지정의 요건 및 절차 등에 필요한 사항은 대통령령으로 정한다.

[본조신설 2015.3.27.]

**시행령 제13조의2(국제회의복합지구의 지정 등)**

① 법 제15조의2제1항에 따른 국제회의복합지구 지정요건은 다음 각 호와 같다.

1. 국제회의복합지구 지정 대상 지역 내에 제3조제2항에 따른 전문회의시설이 있을 것
2. 국제회의복합지구 지정 대상 지역 내에서 개최된 회의에 참가한 외국인이 국제회의복합지구 지정일이 속한 연도의 전년도 기준 5천명 이상이거나 국제회의복합지구 지정일이 속한 연도의 직전 3년간 평균 5천명 이상일 것

3. 국제회의복합지구 지정 대상 지역에 제4조 각 호의 어느 하나에 해당하는 시설이 1개 이상 있을 것
4. 국제회의복합지구 지정 대상 지역이나 그 인근 지역에 교통시설 · 교통안내체계 등 편의시설이 갖추어져 있을 것

② 국제회의복합지구의 지정 면적은 400만 제곱미터 이내로 한다.

③ 특별시장 · 광역시장 · 특별자치시장 · 도지사 · 특별자치도지사(이하 "시 · 도지사"라 한다)는 국제회의복합지구의 지정을 변경하려는 경우에는 다음 각 호의 사항을 고려하여야 한다.

1. 국제회의복합지구의 운영 실태
2. 국제회의복합지구의 토지이용 현황
3. 국제회의복합지구의 시설 설치 현황
4. 국제회의복합지구 및 인근 지역의 개발계획 현황

④ 시 · 도지사는 법 제15조의2제4항에 따라 국제회의복합지구의 지정을 해제하려면 미리 해당 국제회의복합지구의 명칭, 위치, 지정 해제 예정일 등을 20일 이상 해당 지방자치단체의 인터넷 홈페이지에 공고하여야 한다.

⑤ 시 · 도지사는 국제회의복합지구를 지정하거나 지정을 변경한 경우 또는 지정을 해제한 경우에는 법 제15조의2제5항에 따라 다음 각 호의 사항을 관보, 「신문 등의 진흥에 관한 법률」 제2조제1호가목에 따른 일반일간신문 또는 해당 지방자치단체의 인터넷 홈페이지에 공고하고, 문화체육관광부장관에게 국제회의복합지구의 지정, 지정 변경 또는 지정 해제의 사실을 통보하여야 한다.

1. 국제회의복합지구의 명칭
2. 국제회의복합지구를 표시한 행정구역도와 지적도면
3. 국제회의복합지구 육성 · 진흥계획의 개요(지정의 경우만 해당한다)
4. 국제회의복합지구 지정 변경 내용의 개요(지정 변경의 경우만 해당한다)
5. 국제회의복합지구 지정 해제 내용의 개요(지정 해제의 경우만 해당한다)

[본조신설 2015.9.22.]

### 시행령 제13조의3(국제회의복합지구 육성 · 진흥계획의 수립 등)

① 법 제15조의2제2항 전단에 따른 국제회의복합지구 육성 · 진흥계획(이하 "국제회의복합지구 육성 · 진흥계획"이라 한다)에는 다음 각 호의 사항이 포함되어야 한다.

1. 국제회의복합지구의 명칭, 위치 및 면적
2. 국제회의복합지구의 지정 목적
3. 국제회의시설 설치 및 개선 계획
4. 국제회의집적시설의 조성 계획
5. 회의 참가자를 위한 편의시설의 설치 · 확충 계획
6. 해당 지역의 관광자원 조성 · 개발 계획
7. 국제회의복합지구 내 국제회의 유치 · 개최 계획
8. 관할 지역 내의 국제회의업 및 전시사업자 육성 계획
9. 그 밖에 국제회의복합지구의 육성과 진흥을 위하여 필요한 사항

② 법 제15조의2제2항 후단에서 "대통령령으로 정하는 중요한 사항"이란 국제회의복합지구의 위치, 면적 또는 지정 목적을 말한다.

③ 시 · 도지사는 수립된 국제회의복합지구 육성 · 진흥계획에 대하여 5년마다 그 타당성을 검토하고 국제회의복합지구 육성 · 진흥계획의 변경 등 필요한 조치를 하여야 한다.

[본조신설 2015.9.22.]

16. 국제회의집적시설의 지정 등
➡법 제15조의3
⇒시행령 제13조의4
→시행규칙 제9조의2

| 법 | 시행령 | 시행규칙 |
|---|---|---|
| 법 제15조의3(국제회의 집적시설의 지정 등) | 시행령 제13조의4(국제회의집적시설의 지정 등) | 시행규칙 제9조의2(국제회의집적시설의 지정신청) |

### 법 제15조의3(국제회의집적시설의 지정 등)

① 문화체육관광부장관은 국제회의복합지구에서 국제회의시설의 집적화 및 운영 활성화를 위하여 필요한 경우 시 · 도지사와 협의를 거쳐 국제회의집적시설을 지정할 수 있다.

② 제1항에 따른 국제회의집적시설로 지정을 받으려는 자(지방자치단체를 포함한다)는 문화체육관광부장관에게 지정을 신청하여야 한다.

③ 문화체육관광부장관은 국제회의집적시설이 지정요건에 미달

하는 때에는 대통령령으로 정하는 바에 따라 그 지정을 해제할 수 있다.

④ 그 밖에 국제회의집적시설의 지정요건 및 지정신청 등에 필요한 사항은 대통령령으로 정한다.

[본조신설 2015.3.27.]

### 시행령 제13조의4(국제회의집적시설의 지정 등)

① 법 제15조의3제1항에 따른 국제회의집적시설의 지정요건은 다음 각 호와 같다.

1. 해당 시설(설치 예정인 시설을 포함한다. 이하 이 항에서 같다)이 국제회의복합지구 내에 있을 것
2. 해당 시설 내에 외국인 이용자를 위한 안내체계와 편의시설을 갖출 것
3. 해당 시설과 국제회의복합지구 내 전문회의시설 간의 업무제휴 협약이 체결되어 있을 것

② 국제회의집적시설의 지정을 받으려는 자는 법 제15조의3제2항에 따라 문화체육관광부령으로 정하는 지정신청서를 문화체육관광부장관에게 제출하여야 한다.

③ 국제회의집적시설 지정 신청 당시 설치가 완료되지 아니한 시설을 국제회의집적시설로 지정받은 자는 그 설치가 완료된 후 해당 시설이 제1항 각 호의 요건을 갖추었음을 증명할 수 있는 서류를 문화체육관광부장관에게 제출하여야 한다.

④ 문화체육관광부장관은 법 제15조의3제3항에 따라 국제회의집적시설의 지정을 해제하려면 미리 관할 시 · 도지사의 의견을 들어야 한다.

⑤ 문화체육관광부장관은 법 제15조의3제1항에 따라 국제회의집적시설을 지정하거나 같은 조 제3항에 따라 지정을 해제한 경우에는 관보, 「신문 등의 진흥에 관한 법률」 제2조제1호가목에 따른 일반일간신문 또는 문화체육관광부의 인터넷 홈페이지에 그 사실을 공고하여야 한다.

⑥ 제1항부터 제5항까지에서 규정한 사항 외에 설치 예정인 국제회의집적시설의 인정 범위 등 국제회의집적시설의 지정 및 해제에 필요한 사항은 문화체육관광부장관이 정하여 고시한다.

[본조신설 2015.9.22.]

### 시행규칙 제9조의2(국제회의집적시설의 지정신청)

국제회의집적시설의 지정을 받으려는 자는 법 제15조의3제2항에 따라 별지 제2호서식의 지정신청서에 다음 각 호의 서류를 첨부하여 문화체육관광부장관에게 지정을 신청하여야 한다.

1. 지정 신청 당시 설치가 완료된 시설인 경우: 「국제회의산업 육성에 관한 법률 시행령」(이하 "영"이라 한다) 제4조 각 호의 어느 하나에 해당하는 시설에 해당하고 영 제13조의4제1항 각 호의 지정 요건을 갖추고 있음을 증명할 수 있는 서류
2. 지정 신청 당시 설치가 완료되지 아니한 시설의 경우: 설치가 완료되는 시점에는 영 제4조 각 호의 어느 하나에 해당하는 시설에 해당하고 영 제13조의4제1항 각 호의 요건을 충족할 수 있음을 확인할 수 있는 서류

[본조신설 2015.9.25.]

17. 부담금의 감면 등
➡법 제15조4

| 법 | 시행령 | 시행규칙 |
|---|---|---|
| 법 제15조의4(부담금의 감면 등) | | |

### 법제15조의4(부담금의 감면 등)

① 국가 및 지방자치단체는 국제회의복합지구 육성·진흥사업을 원활하게 시행하기 위하여 필요한 경우에는 국제회의복합지구의 국제회의시설 및 국제회의집적시설에 대하여 관련 법률에서 정하는 바에 따라 다음 각 호의 부담금을 감면할 수 있다.
  1. 「개발이익 환수에 관한 법률」 제3조에 따른 개발부담금
  2. 「산지관리법」 제19조에 따른 대체산림자원조성비
  3. 「농지법」 제38조에 따른 농지보전부담금
  4. 「초지법」 제23조에 따른 대체초지조성비
  5. 「도시교통정비 촉진법」 제36조에 따른 교통유발부담금

② 지방자치단체의 장은 국제회의복합지구의 육성·진흥을 위하여 필요한 경우 국제회의복합지구를 「국토의 계획 및 이용에 관한 법률」 제51조에 따른 지구단위계획구역으로 지정하고 같은 법 제52조제3항에 따라 용적률을 완화하여 적용할 수 있다.

[본조신설 2015.3.27.]

18. 재정지원
➡법 제16조
⇒시행령
제14,15조

| 법 | 시행령 | 시행규칙 |
|---|---|---|
| 법 제16조(재정지원) | 시행령 제14조(재정 지원 등)<br>시행령 제15조(지원금의 관리 및 회수) | |

**법 제16조(재정 지원)**

① 문화체육관광부장관은 이 법의 목적을 달성하기 위하여 「관광진흥개발기금법」 제2조제2항제3호에 따른 국외 여행자의 출국납부금 총액의 100분의 10에 해당하는 금액의 범위에서 국제회의산업의 육성재원을 지원할 수 있다.〈개정 2008.2.29.〉

② 문화체육관광부장관은 제1항에 따른 금액의 범위에서 다음 각 호에 해당되는 사업에 필요한 비용의 전부 또는 일부를 지원할 수 있다.〈개정 2008.2.29., 2015.3.27.〉

1. 제5조제1항 및 제2항에 따라 지정 · 설치된 전담조직의 운영
2. 제7조제1항에 따른 국제회의 유치 또는 그 개최자에 대한 지원
3. 제8조제2항제2호부터 제5호까지의 규정에 따른 사업시행기관에서 실시하는 국제회의산업 육성기반 조성사업
4. 제10조부터 제13조까지의 각 호에 해당하는 사업

4의2. 제15조의2에 따라 지정된 국제회의복합지구의 육성 · 진흥을 위한 사업

4의3. 제15조의3에 따라 지정된 국제회의집적시설에 대한 지원 사업

5. 그 밖에 국제회의산업의 육성을 위하여 필요한 사항으로서 대통령령으로 정하는 사업

③ 제2항에 따른 지원금의 교부에 필요한 사항은 대통령령으로 정한다.

④ 제2항에 따른 지원을 받으려는 자는 대통령령으로 정하는 바에 따라 문화체육관광부장관 또는 제18조에 따라 사업을 위탁받은 기관의 장에게 지원을 신청하여야 한다.〈개정 2008.2.29.〉

[전문개정 2007.12.21.]

**시행령 제14조(재정 지원 등)**

법 제16조제2항에 따른 지원금은 해당 사업의 추진 상황 등을 고려하여 나누어 지급한다. 다만, 사업의 규모 · 착수시기 등을 고려

하여 필요하다고 인정할 때에는 한꺼번에 지급할 수 있다.
[전문개정 2011.11.16.]

**시행령 제15조(지원금의 관리 및 회수)**

① 법 제16조제2항에 따라 지원금을 받은 자는 그 지원금에 대하여 별도의 계정(計定)을 설치하여 관리하여야 하고, 그 사용 실적을 사업이 끝난 후 1개월 이내에 문화체육관광부장관에게 보고하여야 한다.
② 법 제16조제2항에 따라 지원금을 받은 자가 법 제16조제2항 각 호에 따른 용도 외에 지원금을 사용하였을 때에는 그 지원금을 회수할 수 있다.
[전문개정 2011.11.16.]

19. 다른 법률과의 관계
➡법 제17조
→시행규칙 제10조

| 법 | 시행령 | 시행규칙 |
|---|---|---|
| 법 제17조(다른 법률과의 관계) | | 시행규칙 제10조(인가·허가 등의 의제를 위한 서류제출) |

**법 제17조(다른 법률과의 관계)**

① 국제회의시설의 설치자가 국제회의시설에 대하여 「건축법」 제11조에 따른 건축허가를 받으면 같은 법 제11조제5항 각 호의 사항 외에 다음 각 호의 허가·인가 등을 받거나 신고를 한 것으로 본다. 〈개정 2008.3.21., 2009.6.9., 2011.8.4., 2017.1.17., 2017.11.28.〉
1. 「하수도법」 제24조에 따른 시설이나 공작물 설치의 허가
2. 「수도법」 제52조에 따른 전용상수도 설치의 인가
3. 「화재예방, 소방시설 설치·유지 및 안전관리에 관한 법률」 제7조제1항에 따른 건축허가의 동의
4. 「폐기물관리법」 제29조제2항에 따른 폐기물처리시설 설치의 승인 또는 신고
5. 「대기환경보전법」 제23조, 「물환경보전법」 제33조 및 「소음·진동관리법」 제8조에 따른 배출시설 설치의 허가 또는 신고

② 국제회의시설의 설치자가 국제회의시설에 대하여 「건축법」 제22조에 따른 사용승인을 받으면 같은 법 제22조제4항 각 호의

사항 외에 다음 각 호의 검사를 받거나 신고를 한 것으로 본다.〈개정 2008.3.21., 2009.6.9., 2017.1.17.〉

1. 「수도법」 제53조에 따른 전용상수도의 준공검사
2. 「소방시설공사업법」 제14조제1항에 따른 소방시설의 완공검사
3. 「폐기물관리법」 제29조제4항에 따른 폐기물처리시설의 사용개시 신고
4. 「대기환경보전법」 제30조 및 「물환경보전법」 제37조에 따른 배출시설 등의 가동개시(稼動開始) 신고

③ 제1항과 제2항에 따른 허가 · 인가 · 검사 등의 의제(擬制)를 받으려는 자는 해당 국제회의시설의 건축허가 및 사용승인을 신청할 때 문화체육관광부령으로 정하는 관계 서류를 함께 제출하여야 한다.〈개정 2008.2.29.〉

④ 특별자치도지사 · 시장 · 군수 또는 구청장(자치구의 구청장을 말한다)이 건축허가 및 사용승인 신청을 받은 경우 제1항과 제2항에 해당하는 사항이 다른 행정기관의 권한에 속하면 미리 그 행정기관의 장과 협의하여야 하며, 협의를 요청받은 행정기관의 장은 그 요청을 받은 날부터 15일 이내에 의견을 제출하여야 한다.

[전문개정 2007.12.21.]

**시행규칙 제10조(인가 · 허가 등의 의제를 위한 서류 제출)**

법 제17조제3항에서 "문화체육관광부령으로 정하는 관계 서류"란 법 제17조제1항 및 제2항에 따라 의제(擬制)되는 허가 · 인가 · 검사 등에 필요한 서류를 말한다.

[전문개정 2011.11.24.]

20. 권한의 위탁
➡법 제18조
⇒시행령 제16조

| 법 | 시행령 | 시행규칙 |
|---|---|---|
| 법 제18조(권한의 위탁) | 시행령 제16조(권한의 위탁) | |

**법 제18조(권한의 위탁)**

① 문화체육관광부장관은 제7조에 따른 국제회의 유치 · 개최의 지원에 관한 업무를 대통령령으로 정하는 바에 따라 법인이나

단체에 위탁할 수 있다.〈개정 2008.2.29.〉

② 문화체육관광부장관은 제1항에 따른 위탁을 한 경우에는 해당 법인이나 단체에 예산의 범위에서 필요한 경비(經費)를 보조할 수 있다.〈개정 2008.2.29.〉

[전문개정 2007.12.21.]

**시행령 제16조(권한의 위탁)**

문화체육관광부장관은 법 제18조제1항에 따라 법 제7조에 따른 국제회의 유치·개최의 지원에 관한 업무를 법 제5조제1항에 따른 국제회의 전담조직에 위탁한다.

[전문개정 2011.11.16.]

# 제 5 장

# 카지노업

1. 개요
2. 핵심질문
3. 카지노업 창업관련 法 Road Map

# 제 5 장

# 카지노업

## 1. 개요

우리나라 카지노는 카지노업 허용을 통해 외국인 관광객을 유치하고, 외화수입을 확대하는 등 관광산업 진작의 일환으로 도입되었다. 카지노의 설립 근거가 된 최초의 법은 1961년 11월에 제정된 「복표발행현상기타사행행위단속법」이며, 1962년 9월 동법의 개정사항에 외국인을 상대로 하는 오락시설로서 외화획득에 기여할 수 있다고 인정될 때 이를 허가할 수 있게 규정하였다. 당초 카지노사업은 사행사업이라 하여 경찰청에서 관리하였으나, 1994년 8월 3일 「관광진흥법」이 개정되면서 관광산업으로 전환되어 이때부터 문화체육관광부에서 허가권과 지도 · 감독권을 갖게 되었다.

단, 제주도는 「제주특별자치도특별법」에 따라 2006년 7월부터 제주지역 카지노에 대하여는 제주특별자치도가 허가 및 지도감독 기능을 갖고 있다. 「관광진흥법」에 따라 카지노업은 내국인 출입을 허용하지 않는 것을 기본으로 하고 있으며 예외적으로 「폐광지역 개발 지원에 관한 특별법」에 의거 폐광지역의 경제 활성화를 위해 강원랜드 카지노는 내국인 출입이 가능한 카지노로 허가되어 2000년 1월 개장되었고 2025년까지 한시적으로 운영될 예정이다. 현재 카지노업을 규율하고 있는 규정은 관광진흥법령, 카지노업영업준칙(문화체육관광부 고시 제2008-23호, 2008년 7월 31일), 카지노전산시설기준(문화체육관광부 고시 제2008-30호, 2008년 10월 30일), 카지노검사업무

규정(2008년 10월 13일 문화체육관광부 승인), 카지노전산시설검사업무규정(2008년 11월 12일, 문화체육관광부 승인) 등이 있다.

세계적인 카지노 추세는 리조트 형태의 카지노로 가고 있으나 우리나라는 호텔에 부속된 단순한 영업형태로 영세성을 벗어나지 못하고 있는 실정이었고 그동안 외국인 투자자들은 제주특별자치도 등 대규모 지역개발에 대한 투자조건으로 카지노업의 허가를 요구함에 따라 문화체육관광부는 외국인 투자 유치 촉진을 통해 해당지역의 대규모 개발을 유도하고 카지노 리조트를 조성하는 등의 관광인프라 구축을 목적으로 관련법의 제 · 개정을 통하여 카지노업 허가특례규정을 다음과 같이 마련하여 시행하고 있다.

외국인 전용 카지노는 1967년 인천 올림포스 카지노 개설을 시작으로 2005년 신규허가 3개소를 포함하여 2017년 말 기준으로 전국에 16개 업체가 운영 중에 있다.

## 2. 핵심질문

1. 카지노업의 정의는?
   ➡ 법 제3조

2. 카지노업을 경영하려는 자는 누구의 허가를 받아야 하는가?
   ➡ 법 제5조 1항

3. 카지노업을 허가받는 데에 필요한 서류는?
   → 시행규칙 제6조

4. 카지노사업계획서에 포함되어야 하는 사항은?
   → 시행규칙 제6조 3항

5. 카지노업의 허가 요건은?
   ➡ 법 제21조

6. 문화체육관광부장관이 카지노업의 신규허가를 위해 공고하여야 하는 내용은?
   ➡ 법 제21조2

7. 카지노업의 결격사유는?
   ➡ 법 제22조

8. 카지노업의 시설기준은?

➡ 법 제23조

→ 시행규칙 제29조

9. 카지노전산시설의 검사 기한은?

→ 시행규칙 제30조 1항

→ 시행규칙 제30조 2항

10. 카지노전산시설의 검사 기한의 유효기간은?

→ 시행규칙 제30조 2항

11. 카지노전산시설 검사기관의 업무규정은?

→ 시행규칙 제31조

12. 카지노사업의 관광진흥개발기금의 비율은?

➡ 법 제30조

⇒ 시행령 제30조

13. 카지노사업자가 2년 이하의 징역 또는 2천만원 이하의 벌금을 내는 경우는?

➡ 법 제83조

14. 카지노사업자의 준수사항은?

➡ 법 제28조

## 3. 카지노업 창업관련 法 Road Map

1. 관광사업의 종류(법 제3조)
2. 허가와 신고(법 제5조)
   - 카지노업의 허가 등(시행규칙 제6조)
3. 허가 요건 등(법 제21조)
   - 허가의 공고 등(법 제21조의2)
   - 카지노업의 허가요건(시행령 제27조)
4. 결격사유(법 제22조)
5. 카지노업의 시설기준 등(법 제23조)
   - 카지노업의 시설기준 등(시행규칙 제29조)
   - 카지노 전산시설의 검사(시행규칙 제30조)
   - 카지노전산시설 검사기관의 업무규정 등(시행규칙 제31조)
6. 기금납부(법 제30조)
   - 관광진흥개발기금으로의 납부금 등(시행령 제30조)
7. 벌칙(법81조, 법 제83조)
   - 카지노사업자 등의 준수사항(법 제28조)

1. 관광사업의 종류
➡법 제3조

| 법 | 시행령 | 시행규칙 |
|---|---|---|
| 법 제3조<br>(관광사업의 종류) | | |

**법 제3조(관광사업의 종류)**

① 관광사업의 종류는 다음 각 호와 같다. 〈개정 2007.7.19, 2015.2.3〉

05_카지노업:전문 영업장을 갖추고 주사위 · 트럼프 · 슬롯머신 등 특정한 기구 등을 이용하여 우연의 결과에 따라 특정인에게 재산상의 이익을 주고 다른 참가자에게 손실을 주는 행위 등을 하는 업

2. 허가와 신고
➡법 제5조

– 카지노업의 허가 등
→시행규칙 제6조

| 법 | 시행령 | 시행규칙 |
|---|---|---|
| 법 제5조(허가와 신고) | | 시행규칙 제6조(카지노업의 허가 등) |

**법 제5조(허가와 신고)**

① 제3조제1항제5호에 따른 카지노업을 경영하려는 자는 전용영업장 등 문화체육관광부령으로 정하는 시설과 기구를 갖추어 문화체육관광부장관의 허가를 받아야 한다. 〈개정 2008.2.29.〉

② 제3조제1항제6호에 따른 유원시설업 중 대통령령으로 정하는 유원시설업을 경영하려는 자는 문화체육관광부령으로 정하는 시설과 설비를 갖추어 특별자치시장 · 특별자치도지사 · 시장 · 군수 · 구청장의 허가를 받아야 한다. 〈개정 2008.2.29., 2008.6.5., 2018.6.12〉

③ 제1항과 제2항에 따라 허가받은 사항 중 문화체육관광부령으로 정하는 중요 사항을 변경하려면 변경허가를 받아야 한다. 다만, 경미한 사항을 변경하려면 변경신고를 하여야 한다. 〈개정 2008.2.29.〉

④ 제2항에 따라 대통령령으로 정하는 유원시설업 외의 유원시설업을 경영하려는 자는 문화체육관광부령으로 정하는 시설과 설비를 갖추어 특별자치시장 · 특별자치도지사 · 시장 · 군수 · 구청장에게 신고하여야 한다. 신고한 사항 중 문화체육관광부령으로 정

하는 중요 사항을 변경하려는 경우에도 또한 같다.〈개정 2008.2.29., 2008.6.5., 2018.6.12.〉

⑤ 문화체육관광부장관 또는 특별자치시장·특별자치도지사·시장·군수·구청장은 제3항 단서에 따른 변경신고나 제4항에 따른 신고 또는 변경신고를 받은 경우 그 내용을 검토하여 이 법에 적합하면 신고를 수리하여야 한다. 〈신설 2018.6.12.〉

⑥ 제1항부터 제5항까지의 규정에 따른 허가 및 신고의 절차 등에 필요한 사항은 문화체육관광부령으로 정한다. 〈개정 2008.2.29., 2018.6.12.〉

**시행규칙 제6조(카지노업의 허가 등)**

① 법 제5조제1항에 따라 카지노업의 허가를 받으려는 자는 별지 제8호서식의 카지노업 허가신청서에 다음 각 호의 서류를 첨부하여 문화체육관광부장관에게 제출하여야 한다.〈개정 2008.3.6., 2015.4.22.〉

1. 신청인(법인의 경우에는 대표자 및 임원)이 내국인인 경우에는 성명 및 주민등록번호를 기재한 서류

1의2. 신청인(법인의 경우에는 대표자 및 임원)이 외국인인 경우에는법 제7조제1항 각 호 및 법 제22조제1항 각 호에 해당하지 아니함을 증명하는 다음 각 목의 어느 하나에 해당하는 서류. 다만, 법 또는 다른 법령에 따라 인·허가 등을 받아 사업자등록을 하고 해당 영업 또는 사업을 영위하고 있는 자(법인의 경우에는 최근 1년 이내에 법인세를 납부한 시점부터 허가 신청 시점까지의 기간 동안 대표자 및 임원의 변경이 없는 경우로 한정한다)는 해당 영업 또는 사업의 인·허가증 등 인·허가 등을 받았음을 증명하는 서류와 최근 1년 이내에 소득세(법인의 경우에는 법인세를 말한다)를 납부한 사실을 증명하는 서류를 제출하는 경우에는 그 영위하고 있는 영업 또는 사업의 결격사유 규정과 중복되는 법 제7조제1항 및 제22조제1항의 결격사유에 한하여 다음 각 목의 서류를 제출하지 아니할 수 있다.

가. 해당 국가의 정부나 그 밖의 권한 있는 기관이 발행한 서류 또는 공증인이 공증한 신청인의 진술서로서 「재외공관 공증법」에 다라 해당 국가에 주재하는 대한민국공관의

영사관이 확인한 서류

나. 「외국공문서에 대한 인증의 요구를 폐지하는 협약」을 체결한 국가의 경우에는 해당 국가의 정부나 그 밖의 권한 있는 기관이 발행한 서류 또는 공증인이 공증한 신청인의 진술서로서 해당 국가의 아포스티유(Apostille) 확인서 발급 권한이 있는 기관이 그 확인서를 발급한 서류

2. 정관(법인만 해당한다)
3. 사업계획서
4. 타인 소유의 부동산을 사용하는 경우에는 그 사용권을 증명하는 서류
5. 법 제21조제1항 및 영 제27조제2항에 따른 허가요건에 적합함을 증명하는 서류

② 제1항에 따른 신청서를 제출받은 문화체육관광부장관은 「전자정부법」 제36조제1항에 따른 행정정보의 공동이용을 통하여 다음 각 호의 서류를 확인하여야 한다. 다만, 제3호의 경우 신청인이 확인에 동의하지 아니하는 경우에는 그 서류를 첨부하도록 하여야 한다. 〈개정 2009.3.31., 2011.3.30., 2012.4.5., 2019.4.25.〉

1. 법인 등기사항증명서(법인만 해당한다)
2. 건축물대장
3. 「전기사업법 시행규칙」 제38조제3항에 따른 전기안전점검 확인서

③ 제1항제3호에 따른 사업계획서에는 다음 각 호의 사항이 포함되어야 한다.

1. 카지노영업소 이용객 유치계획
2. 장기수지 전망
3. 인력수급 및 관리계획
4. 영업시설의 개요(제29조에 따른 시설 및 영업종류별 카지노기구에 관한 사항이 포함되어야 한다)

④ 문화체육관광부장관은 제2항에 따른 확인 결과 「전기사업법」 제66조의2제1항에 따른 전기안전점검을 받지 아니한 경우에는 관계기관 및 신청인에게 그 내용을 통지하여야 한다. 〈신설 2012.4.5.〉

⑤ 문화체육관광부장관은 카지노업의 허가(제8조제1항에 따른 변

경허가를 포함한다)를 하는 경우에는 별지 제9호서식의 카지노업 허가증을 발급하고 별지 제10호서식의 카지노업 허가대장을 작성하여 관리하여야 한다.〈개정 2008.3.6., 2012.4.5.〉

⑥ 카지노업 허가증의 재발급에 관하여는 제5조를 준용한다.〈개정 2012.4.5.〉

3. 허가 요건 등
➡법 제21조

- 허가의 공고 등
➡법 제21조의2

- 카지노업의 허가 요건
⇒시행령 제27조

| 법 | 시행령 | 시행규칙 |
|---|---|---|
| 법 제21조(허가 요건 등)<br>법 제21조의2(허가의 공고 등) | 시행령 제27조(카지노업의 허가요건) | |

**법 제21조(허가 요건 등)**

① 문화체육관광부장관은 제5조제1항에 따른 카지노업(이하 "카지노업"이라 한다)의 허가신청을 받으면 다음 각 호의 어느 하나에 해당하는 경우에만 허가할 수 있다.〈개정 2008.2.29., 2008.6.5., 2018.6.12〉

1. 국제공항이나 국제여객선터미널이 있는 특별시·광역시·도·특별자치시·도·특별자치도(이하 "시·도"라 한다)에 있거나 관광특구에 있는 관광숙박업 중 호텔업 시설(관광숙박업의 등급 중 최상 등급을 받은 시설만 해당하며, 시·도에 최상 등급의 시설이 없는 경우에는 그 다음 등급의 시설만 해당한다) 또는 대통령령으로 정하는 국제회의업 시설의 부대시설에서 카지노업을 하려는 경우로서 대통령령으로 정하는 요건에 맞는 경우
2. 우리나라와 외국을 왕래하는 여객선에서 카지노업을 하려는 경우로서 대통령령으로 정하는 요건에 맞는 경우

② 문화체육관광부장관이 공공의 안녕, 질서유지 또는 카지노업의 건전한 발전을 위하여 필요하다고 인정하면 대통령령으로 정하는 바에 따라 제1항에 따른 허가를 제한할 수 있다.〈개정 2008.2.29.〉

**법 제21조의2(허가의 공고 등)**

① 문화체육관광부장관은 카지노업의 신규허가를 하려면 미리 다음 각 호의 사항을 정하여 공고하여야 한다.

1. 허가 대상지역
2. 허가 가능업체 수
3. 허가절차 및 허가방법
4. 세부 허가기준
5. 카지노업의 건전한 운영과 관광산업의 진흥을 위하여 문화체육관광부장관이 정하는 사항

② 문화체육관광부장관은 제1항에 따른 공고를 실시한 결과 적합한 자가 없을 경우에는 카지노업의 신규허가를 하지 아니할 수 있다.
[본조신설 2016.2.3.]

4. 결격사유
➡법 제22조

| 법 | 시행령 | 시행규칙 |
|---|---|---|
| 법 제22조(결격사유) | | |

**법 제22조(결격사유)**

① 다음 각 호의 어느 하나에 해당하는 자는 카지노업의 허가를 받을 수 없다.
1. 19세 미만인 자
2. 「폭력행위 등 처벌에 관한 법률」 제4조에 따른 단체 또는 집단을 구성하거나 그 단체 또는 집단에 자금을 제공하여 금고 이상의 형을 선고받고 형이 확정된 자
3. 조세를 포탈(逋脫)하거나 「외국환거래법」을 위반하여 금고 이상의 형을 선고받고 형이 확정된 자
4. 금고 이상의 실형을 선고받고 그 집행이 끝나거나 집행을 받지 아니하기로 확정된 후 2년이 지나지 아니한 자
5. 금고 이상의 형의 집행유예를 선고받고 그 유예기간 중에 있는 자
6. 금고 이상의 형의 선고유예를 받고 그 유예기간 중에 있는 자
7. 임원 중에 제1호부터 제6호까지의 규정 중 어느 하나에 해당하는 자가 있는 법인

② 문화체육관광부장관은 카지노업의 허가를 받은 자(이하 "카지노사업자"라 한다)가 제1항 각 호의 어느 하나에 해당하면 그 허가를 취소하여야 한다. 다만, 법인의 임원 중 그 사유에 해당하는 자가 있는 경우 3개월 이내에 그 임원을 바꾸어 임명한 때에는 그러하지 아니하다. 〈개정 2008.2.29.〉

5. 카지노업의 시설 기준 등
➡법 제23조

– 카지노업의 시설기준 등
→시행규칙 제29조
– 카지노 전산시설의 검사
→시행규칙 제30조

– 카지노전산시설 검사기관의 업무규정 등
→시행규칙 제31조

| 법 | 시행령 | 시행규칙 |
|---|---|---|
| 법 제23조(카지노업의 시설 기준 등) | | 시행규칙 제29조(카지노업의 시설기준 등)<br>시행규칙 제30조(카지노 전산시설의 검사)<br>시행규칙 제31조(카지노전산시설 검사기관의 업무규정 등) |

**법 제23조(카지노업의 시설기준 등)**

① 카지노업의 허가를 받으려는 자는 문화체육관광부령으로 정하는 시설 및 기구를 갖추어야 한다.〈개정 2008.2.29.〉

② 카지노사업자에 대하여는 문화체육관광부령으로 정하는 바에 따라 제1항에 따른 시설 중 일정 시설에 대하여 문화체육관광부장관이 지정·고시하는 검사기관의 검사를 받게 할 수 있다.〈개정 2008.2.29.〉

③ 카지노사업자는 제1항에 따른 시설 및 기구를 유지·관리하여야 한다.

**시행규칙 제29조(카지노업의 시설기준 등)**

① 법 제23조제1항에 따라 카지노업의 허가를 받으려는 자가 갖추어야 할 시설 및 기구의 기준은 다음 각 호와 같다.〈개정 2008.3.6.〉

1. 330제곱미터 이상의 전용 영업장
2. 1개 이상의 외국환 환전소
3. 제35조제1항에 따른 카지노업의 영업종류 중 네 종류 이상의 영업을 할 수 있는 게임기구 및 시설
4. 문화체육관광부장관이 정하여 고시하는 기준에 적합한 카지노 전산시설

② 제1항제4호에 따른 기준에는 다음 각 호의 사항이 포함되어야 한다. 〈개정 2019.10.7〉

1. 하드웨어의 성능 및 설치방법에 관한 사항
2. 네트워크의 구성에 관한 사항
3. 시스템의 가동 및 장애방지에 관한 사항
4. 시스템의 보안관리에 관한 사항

5. 환전관리 및 현금과 칩의 수불관리를 위한 소프트웨어에 관한 사항

**시행규칙 제30조(카지노 전산시설의 검사)**

① 카지노업의 허가를 받은 자(이하 "카지노사업자"라 한다)는 법 제23조제2항에 따라 제29조제1항제4호에 따른 카지노 전산시설(이하 "카지노전산시설"이라 한다)에 대하여 다음 각 호의 구분에 따라 각각 해당 기한 내에 문화체육관광부장관이 지정 · 고시하는 검사기관(이하 "카지노전산시설 검사기관"이라 한다)의 검사를 받아야 한다. 〈개정 2008.3.6.〉

1. 신규로 카지노업의 허가를 받은 경우: 허가를 받은 날(조건부 영업허가를 받은 경우에는 조건 이행의 신고를 한 날)부터 15일
2. 검사유효기간이 만료된 경우: 유효기간 만료일부터 3개월

② 제1항에 따른 검사의 유효기간은 검사에 합격한 날부터 3년으로 한다. 다만, 검사 유효기간의 만료 전이라도 카지노전산시설을 교체한 경우에는 교체한 날부터 15일 이내에 검사를 받아야 하며, 이 경우 검사의 유효기간은 3년으로 한다.

③ 제1항에 따라 카지노전산시설의 검사를 받으려는 카지노사업자는 별지 제27호서식의 카지노전산시설 검사신청서에 제29조제2항 각 호에 규정된 사항에 대한 검사를 하기 위하여 필요한 자료를 첨부하여 카지노전산시설 검사기관에 제출하여야 한다.

**시행규칙 제31조(카지노전산시설 검사기관의 업무규정 등)**

① 카지노전산시설 검사기관은 카지노전산시설 검사업무규정을 작성하여 문화체육관광부장관의 승인을 받아야 한다. 〈개정 2008.3.6.〉

② 제1항에 따른 카지노전산시설 검사업무규정에는 다음 각 호의 사항이 포함되어야 한다.

1. 검사의 소요기간
2. 검사의 절차와 방법에 관한 사항
3. 검사의 수수료에 관한 사항
4. 검사의 증명에 관한 사항
5. 검사원이 지켜야 할 사항

6. 그 밖의 검사업무에 필요한 사항

③ 카지노전산시설 검사기관은 별지 제28호서식의 카지노시설·기구 검사기록부를 작성·비치하고, 이를 5년간 보존하여야 한다.

6. 기금납부
➡법 제30조

- 관광진흥개발기금으로의 납부금 등
⇒시행령 제30조

| 법 | 시행령 | 시행규칙 |
|---|---|---|
| 법 제30조(기금납부) | 시행령 제30조(관광진흥개발기금으로의 납부금 등) | |

**법 제30조(기금 납부)**

① 카지노사업자는 총매출액의 100분의 10의 범위에서 일정 비율에 해당하는 금액을 「관광진흥개발기금법」에 따른 관광진흥개발기금에 내야 한다.

② 카지노사업자가 제1항에 따른 납부금을 납부기한까지 내지 아니하면 문화체육관광부장관은 10일 이상의 기간을 정하여 이를 독촉하여야 한다. 이 경우 체납된 납부금에 대하여는 100분의 3에 해당하는 가산금을 부과하여야 한다.〈개정 2008.2.29.〉

③ 제2항에 따른 독촉을 받은 자가 그 기간에 납부금을 내지 아니하면 국세 체납처분의 예에 따라 징수한다.

④ 제1항에 따른 총매출액, 징수비율 및 부과·징수절차 등에 필요한 사항은 대통령령으로 정한다.

⑤ 제1항에 따른 납부금 또는 제2항 후단에 따른 가산금을 부과받은 자가 부과된 납부금 또는 가산금에 대하여 이의가 있는 경우에는 부과받은 날부터 30일 이내에 문화체육관광부장관에게 이의를 신청할 수 있다.〈신설 2011.4.5.〉

⑥ 문화체육관광부장관은 제5항에 따라 이의신청을 받았을 때에는 그 신청을 받은 날부터 15일 이내에 이를 심의하여 그 결과를 신청인에게 서면으로 알려야 한다.〈신설 2011.4.5.〉

**시행령 제30조(관광진흥개발기금으로의 납부금 등)**

① 법 제30조제1항에 따른 총매출액은 카지노영업과 관련하여 고객으로부터 받은 총금액에서 고객에게 지불한 총금액을 공제한 금액을 말한다.

② 법 제30조제4항에 따른 관광진흥개발기금 납부금(이하 "납부금"이라 한다)의 징수비율은 다음 각 호의 어느 하나와 같다.

1. 연간 총매출액이 10억원 이하인 경우: 총매출액의 100분의 1
2. 연간 총매출액이 10억원 초과 100억원 이하인 경우: 1천만원+총매출액 중 10억원을 초과하는 금액의 100분의 5
3. 연간 총매출액이 100억원을 초과하는 경우: 4억6천만원+총매출액 중 100억원을 초과하는 금액의 100분의 10

③ 카지노사업자는 매년 3월 말까지 공인회계사의 감사보고서가 첨부된 전년도의 재무제표를 문화체육관광부장관에게 제출하여야 한다.〈개정 2008.2.29.〉

④ 문화체육관광부장관은 매년 4월 30일까지 제2항에 따라 전년도의 총매출액에 대하여 산출한 납부금을 서면으로 명시하여 2개월 이내의 기한을 정하여 한국은행에 개설된 관광진흥개발기금의 출납관리를 위한 계정에 납부할 것을 알려야 한다. 이 경우 그 납부금을 2회 나누어 내게 할 수 있되, 납부기한은 다음 각 호와 같다.〈개정 2008.2.29., 2010.2.24.〉

1. 제1회: 해당 연도 6월 30일까지
2. 제2회: 해당 연도 9월 30일까지
3. 삭제〈2010.2.24.〉
4. 삭제〈2010.2.24.〉

⑤ 카지노사업자는 천재지변이나 그 밖에 이에 준하는 사유로 납부금을 그 기한까지 납부할 수 없는 경우에는 그 사유가 없어진 날부터 7일 이내에 내야 한다.

7. 벌칙
➡법 제81조
➡법 제83조

– 카지노사업자 등의 준수사항
➡법 제28조

| 법 | 시행령 | 시행규칙 |
|---|---|---|
| 법 제81조(벌칙)<br>법 제83조(벌칙)<br>법 제28조(카지노사업자 등의 준수사항) | | |

### 법 제81조(벌칙)

다음 각 호의 어느 하나에 해당하는 자는 5년 이하의 징역 또는 5천만원 이하의 벌금에 처한다. 이 경우 징역과 벌금은 병과(併科)할 수 있다.

1. 제5조제1항에 따른 카지노업의 허가를 받지 아니하고 카지노업을 경영한 자

2. 제28조제1항제1호 또는 제2호를 위반한 자

**법 제83조(벌칙)**

① 다음 각 호의 어느 하나에 해당하는 카지노사업자(제28조제1항 본문에 따른 종사원을 포함한다)는 2년 이하의 징역 또는 2천만원 이하의 벌금에 처한다. 이 경우 징역과 벌금은 병과할 수 있다.〈개정 2007.7.19., 2011.4.5., 2015.2.3.〉

1. 제5조제3항에 따른 변경허가를 받지 아니하거나 변경신고를 하지 아니하고 영업을 한 자
2. 제8조제4항을 위반하여 지위승계신고를 하지 아니하고 영업을 한 자
3. 제11조제1항을 위반하여 관광사업의 시설 중 부대시설 외의 시설을 타인에게 경영하게 한 자
4. 제23조제2항에 따른 검사를 받아야 하는 시설을 검사를 받지 아니하고 이를 이용하여 영업을 한 자
5. 제25조제3항에 따른 검사를 받지 아니하거나 검사 결과 공인기준등에 맞지 아니한 카지노기구를 이용하여 영업을 한 자
6. 제25조제4항에 따른 검사합격증명서를 훼손하거나 제거한 자
7. 제28조제1항제3호부터 제8호까지의 규정을 위반한 자
8. 제35조제1항 본문에 따른 사업정지처분을 위반하여 사업정지 기간에 영업을 한 자
9. 제35조제1항 본문에 따른 개선명령을 위반한 자
10. 제35조제1항제19호를 위반한 자
11. 제78조제2항에 따른 보고 또는 서류의 제출을 하지 아니하거나 거짓으로 보고를 한 자나 같은 조 제3항에 따른 관계 공무원의 출입·검사를 거부·방해하거나 기피한 자

② 제4조제1항에 따른 등록을 하지 아니하고 야영장업을 경영한 자는 2년 이하의 징역 또는 2천만원 이하의 벌금에 처한다. 이 경우 징역과 벌금은 병과할 수 있다.〈신설 2015.2.3.〉

**법 제28조(카지노사업자 등의 준수 사항)**

① 카지노사업자(대통령령으로 정하는 종사원을 포함한다. 이하

이 조에서 같다)는 다음 각 호의 어느 하나에 해당하는 행위를 하여서는 아니 된다.

1. 법령에 위반되는 카지노기구를 설치하거나 사용하는 행위
2. 법령을 위반하여 카지노기구 또는 시설을 변조하거나 변조된 카지노기구 또는 시설을 사용하는 행위
3. 허가받은 전용영업장 외에서 영업을 하는 행위
4. 내국인(「해외이주법」 제2조에 따른 해외이주자는 제외한다)을 입장하게 하는 행위
5. 지나친 사행심을 유발하는 등 선량한 풍속을 해칠 우려가 있는 광고나 선전을 하는 행위
6. 제26조제1항에 따른 영업 종류에 해당하지 아니하는 영업을 하거나 영업 방법 및 배당금 등에 관한 신고를 하지 아니하고 영업하는 행위
7. 총매출액을 누락시켜 제30조제1항에 따른 관광진흥개발기금 납부금액을 감소시키는 행위
8. 19세 미만인 자를 입장시키는 행위
9. 정당한 사유 없이 그 연도 안에 60일 이상 휴업하는 행위

② 카지노사업자는 카지노업의 건전한 육성 · 발전을 위하여 필요하다고 인정하여 문화체육관광부령으로 정하는 영업준칙을 지켜야 한다. 이 경우 그 영업준칙에는 다음 각 호의 사항이 포함되어야 한다. 〈개정 2007.7.19., 2008.2.29.〉

1. 1일 최소 영업시간
2. 게임 테이블의 집전함(集錢函) 부착 및 내기금액 한도액의 표시 의무
3. 슬롯머신 및 비디오게임의 최소배당률
4. 전산시설 · 환전소 · 계산실 · 폐쇄회로의 관리기록 및 회계와 관련된 기록의 유지 의무
5. 카지노 종사원의 게임참여 불가 등 행위금지사항

# 제 6 장

# 유원시설업

1. 개요
2. 핵심질문
3. 유원시설업 창업관련 法 Road Map

제 6 장

# 유원시설업

## 1. 개요

유원시설업은 「관광진흥법」 제3조에 의거, 유기시설 또는 유기기구를 갖추고 이를 관광객에게 이용하게 하는 업으로서 종전 공중위생법상의 유기장업 중 종합유원시설업과 기타 유기장업이 「관광진흥법」의 개정(1999년 2월 8일)으로 관광사업으로 전환되었다.

유원시설업은 종합유원시설업, 일반유원시설업, 기타 유원시설업 등 3개의 업종으로 분류된다. 종합유원시설업은 대규모의 대지 또는 실내에 안전성검사 대상 유기기구 6종류 이상을 설치·운영하는 업을 말하고, 일반유원시설업은 안전성검사 대상 유기기구 1종류 이상을 설치·운영하는 업이며, 기타유원시설업은 안전성검사 대상이 아닌 유기기구를 설치·운영하는 업을 말한다.

2005년에는 「관광진흥법」 개정을 통해 유원시설업을 하고자 하는 자에 대하여 일정한 기간 내에 문화체육관광부령이 정하는 기준에 적합한 시설 및 설비를 갖출 것을 조건으로 하여 유원시설업을 허가할 수 있도록 하는 조건부 영업 허가제도를 도입하였으며, 기타유원시설업은 신고제로 운영하고 있다.

## 2. 핵심질문

1. 유원시설업의 정의?
   ➡ 법 제3조

2. 유원시설업의 종류?
   ⇒ 시행령 제2조

3. 허가 · 신고 대상 유원시설업은?
   ➡ 법 제5조
   ⇒ 시행령 제7조

4. 유원시설업의 설비 기준은?
   ➡ 법 제5조 3항
   → 시행규칙 제7조
   → 시행규칙 별표 1의2

5. 유원시설업(일반 · 종합)의 허가권자는?
   ➡ 법 제3조
   → 시행규칙 제7조 2항

6. 유원시설업(일반 · 종합) 허가 신청 서류는?
   → 시행규칙 제7조 2항

7. 유원시설업(일반 · 종합) 변경허가 및 변경신고의 경우는?
→ 시행규칙 제8조 1항
→ 시행규칙 제8조 2항
→ 시행규칙 제12조

8. 유원시설업(일반 · 종합) 변경허가 및 변경신고 기한 및 제출서류?
→ 시행규칙 제10조 1항
→ 시행규칙 제10조 2항
→ 시행규칙 제10조 3항
→ 시행규칙 제13조

9. 유원시설업(기타) 신고 시 갖추어야할 설비기준?
→ 시행규칙 제11조
→ 시행규칙 별표 1의2

10. 기타유원시설업 신고에 필요한 서류는?
→ 시행규칙 제11조 2항

11. 유원시설업별 조건부 허가 기간은?
⇒ 시행령 제31조

12. 물놀이형 유원시설업자의 준수사항은?
➡ 법 제32조
→ 시행규칙 제39조의2
→ 시행규칙 별표 10의2

13. 안전성검사 대상 유기시설 또는 유기기구와 안전성검사 대상이 아닌 유기기구 및 유기시설은?

→ 시행규칙 제40조

→ 시행규칙 별표 11

14. 안전성검사를 받은 유기기구 또는 유기시설 중 재검사를 받아야 하는 경우는?

→ 시행규칙 제40조 3항

15. 유원시설업 사업장에 배치해야 하는 안전관리자의 자격배치 기준은?

→ 시행규칙 제41조

→ 시행규칙 별표 12

16. 유원시설업자의 준수사항은?

→ 시행규칙 제42조

→ 시행규칙 별표 13

17. 등록취소의 경우는?

➡ 법 제35조

18. 행정처분의 기준은?

⇒ 시행령 제33조 1항

⇒ 시행령 별표 2

19. 폐쇄조치의 경우는?

➡ 법 제36조

20. 수수료 부과의 경우와 내용은?

➡ 법 제79조

→ 시행규칙 별표 23

# 3. 유원시설업 창업관련 法 Road Map

1. 유원시설업의 정의(법 제3조)
2. 유원시설업의 종류(시행령 제2조)
3. 유원시설업의 허가와 신고(법 제5조)
   - 허가대상 유원시설업(시행령 제7조)
   - 유원시설업의 시설 및 설비기준과 허가 신청 절차 등(시행규칙 제7조)
   - 변경허가 및 변경신고 사항 등(시행규칙 제8조)
   - 유원시설업의 변경허가 및 변경신고(시행규칙 제10조)
   - 유원시설업의 신고 등(시행규칙 제11조)
   - 신고사항 변경신고(시행규칙 제13조)
4. 조건부 영업허가(법 제31조)
   - 조건부 영업허가 기간 등(시행령 제31조)
   - 조건부 영업허가 신청(시행규칙 37조)
   - 조건이행의 신고 등(시행규칙 제38조)
   - 시설 및 설비의 설치기간 연장(시행규칙 제39조)
5. 물놀이형 유원시설업자의 준수사항(법 제32조)
   - 물놀이형 유기시설 · 유기기구의 안전 · 위생기준(시행규칙 제39조의2)
6. 안전성검사 등(법 제33조)
   - 유기시설 또는 유기기구의 안전성검사 등(시행규칙 제40조)
   - 안전관리자의 자격 · 배치기준 및 임무(시행규칙 제41조)
7. 영업질서 유지 등(법 제34조)
   - 유원시설업자의 준수사항(시행규칙 제42조)
8. 관광사업의 양수(법 제8조)
   - 관광사업의 지위승계(시행규칙 제16조)
   - 휴업 또는 폐업의 통보(시행규칙 제17조)

9. 등록 취소 등(법 제35조)
   - 사업계획승인시설의 착공 및 준공기간(시행령 제32조)
   - 행정처분의 기준 등(시행령 제33조)
   - 행정처분기록대장의 기록 · 유지(시행규칙 제43조)
10. 폐쇄조치 등(법 제36조)
11. 과징금의 부과(법 제37조/시행령 제35조)
12. 수수료(법 제79조/시행규칙 제69조)
13. 벌칙(법 제82,83조)

1. 유원시설업의 정의
➡법 제3조

| 법 | 시행령 | 시행규칙 |
|---|---|---|
| 법 제3조(관광사업의 종류) | 시행령 제2조(관광사업의 종류) | |

**법 제3조(관광사업의 종류)**

① 관광사업의 종류는 다음 각 호와 같다.〈개정 2007.7.19., 2015.2.3.〉

06_유원시설업

유기시설(遊技施設)이나 유기기구(遊技機具)를 갖추어 이를 관광객에게 이용하게 하는 업(다른 영업을 경영하면서 관광객의 유치 또는 광고 등을 목적으로 유기시설이나 유기기구를 설치하여 이를 이용하게 하는 경우를 포함한다)

② 제1항제1호부터 저4호까지, 제6호 및 제7호에 따른 관광사업은 대통령령으로 정하는 바에 따라 세분할 수 있다.

2. 유원시설업의 종류
⇒시행령 제2조

**시행령 제2조(관광사업의 종류)**

① 「관광진흥법」(이하 "법"이라 한다) 제3조제2항에 따라 관광사업의 종류를 다음과 같이 세분한다.〈개정 2008.2.29., 2008.8.26., 2009.1.20., 2009.8.6., 2009.10.7., 2009.11.2., 2011.12.30., 2013.11.29., 2014.7.16., 2014.10.28., 2014.11.28., 2016.3.22., 2019.4.9.〉

5. 유원시설업(遊園施設業)의 종류

가. 종합유원시설업: 유기시설이나 유기기구를 갖추어 관광객에게 이용하게 하는 업으로서 대규모의 대지 또는 실내에서 법 제33조에 따른 안전성검사 대상 유기시설 또는 유기기구 여섯 종류 이상을 설치하여 운영하는 업

나. 일반유원시설업: 유기시설이나 유기기구를 갖추어 관광객에게 이용하게 하는 업으로서 법 제33조에 따른 안전성검사 대상 유기시설 또는 유기기구 한 종류 이상을 설치하여 운영하는 업

다. 기타유원시설업: 유기시설이나 유기기구를 갖추어 관광객에게 이용하게 하는 업으로서 법 제33조에 따른 안전성검사 대상이 아닌 유기시설 또는 유기기구를 설치하여 운영하는 업

3. 유원시설업의 허가와 신고
➡법 제5조

- 허가대상 유원시설업
⇒시행령 제7조

- 유원시설업의 시설 및 설비기준과 허가 신청 절차 등
→시행규칙 제7조

- 변경허가 및 변경 신고 사항 등
→시행규칙 제8조

- 유원시설업의 변경허가 및 변경신고
→시행규칙 제10조

| 법 | 시행령 | 시행규칙 |
| --- | --- | --- |
| 법 제5조<br>(허가와 신고) | 시행령 제7조<br>(허가대상 유원시설업) | 시행규칙 제 7조(유원시설업의 시설 및 설비기준과 허가신청 절차 등)<br>시행규칙 제 8조(변경허가 및 변경신고 사항 등)<br>시행규칙 제10조(유원시설업의 변경허가 및 변경신고)<br>시행규칙 제11조(유원시설업의 신고 등)<br>시행규칙 제12조(중요사항의 변경신고)<br>시행규칙 제13조(신고사항 변경신고) |

**법 제5조(허가와 신고)**

① 제3조제1항제5호에 따른 카지노업을 경영하려는 자는 전용영업장 등 문화체육관광부령으로 정하는 시설과 기구를 갖추어 문화체육관광부장관의 허가를 받아야 한다.〈개정 2008.2.29.〉

② 제3조제1항제6호에 따른 유원시설업 중 대통령령으로 정하는 유원시설업을 경영하려는 자는 문화체육관광부령으로 정하는 시설과 설비를 갖추어 특별자치시장 · 특별자치도지사 · 시장 · 군수 · 구청장의 허가를 받아야 한다.〈개정 2008.2.29., 2008.6.5.,

- 유원시설업의 신고 등
→시행규칙 제11조

- 신고사항 변경신고
→시행규칙 제13조

2018.6.12.〉

③ 제1항과 제2항에 따라 허가받은 사항 중 문화체육관광부령으로 정하는 중요 사항을 변경하려면 변경허가를 받아야 한다. 다만, 경미한 사항을 변경하려면 변경신고를 하여야 한다. 〈개정 2008.2.29.〉

④ 제2항에 따라 대통령령으로 정하는 유원시설업 외의 유원시설업을 경영하려는 자는 문화체육관광부령으로 정하는 시설과 설비를 갖추어 특별자치시장·특별자치도지사·시장·군수·구청장에게 신고하여야 한다. 신고한 사항 중 문화체육관광부령으로 정하는 중요 사항을 변경하려는 경우에도 또한 같다. 〈개정 2008.2.29., 2008.6.5., 2018.6.12.〉

⑤ 문화체육관광부장관 또는 특별자치시장·특별자치도지사·시장·군수·구청장은 제3항 단서에 따른 변경신고나 제4항에 따른 신고 또는 변경신고를 받은 경우 그 내용을 검토하여 이 법에 적합하면 신고를 수리하여야 한다. 〈신설 2018.6.12.〉

⑥ 제1항부터 제5항까지의 규정에 따른 허가 및 신고의 절차 등에 필요한 사항은 문화체육관광부령으로 정한다. 〈개정 2008.2.29., 2018.6.12.〉

### 시행령 제7조(허가대상 유원시설업)

법 제5조제2항에서 "대통령령으로 정하는 유원시설업"이란 종합유원시설업 및 일반유원시설업을 말한다.

### 시행규칙 제7조(유원시설업의 시설 및 설비기준과 허가신청 절차 등)

① 법 제5조제2항에 따라 유원시설업을 경영하려는 자가 갖추어야 하는 시설 및 설비의 기준은 별표 1의2와 같다. 〈개정 2016.3.28.〉

② 법 제5조제2항에 따른 유원시설업의 허가를 받으려는 자는 별지 제11호서식의 유원시설업허가신청서에 다음 각 호의 서류를 첨부하여 특별자치시장·특별자치도지사·시장·군수·구청장(자치구의 구청장을 말한다. 이하 같다)에게 제출하여야 한다. 이 경우 6개월 미만의 단기로 유원시설업의 허가를 받으려는 자는 허가신청서에 해당 기간을 표시하여 제출하여야 한다. 〈개정 2009.3.31., 2015.3.6., 2015.4.22., 2016.12.30., 2019.10.16.〉

1. 영업시설 및 설비개요서
2. 신청인(법인의 경우에는 대표자 및 임원)이 내국인인 경우에는 성명 및 주민등록번호를 기재한 서류

2의2. 신청인(법인의 경우에는 대표자 및 임원)이 외국인인 경우에는 법 제7조제1항 각 호에 해당하지 아니함을 증명하는 다음 각 목의 어느 하나에 해당하는 서류. 다만, 법 또는 다른 법령에 따라 인·허가 등을 받아 사업자등록을 하고 해당 영업 또는 사업을 영위하고 있는 자(법인의 경우에는 최근 1년 이내에 법인세를 납부한 시점부터 허가 신청 시점까지의 기간 동안 대표자 및 임원의 변경이 없는 경우로 한정한다)는 해당 영업 또는 사업의 인·허가증 등 인·허가 등을 받았음을 증명하는 서류와 최근 1년 이내에 소득세(법인의 경우에는 법인세를 말한다)를 납부한 사실을 증명하는 서류를 제출하는 경우에는 그 영위하고 있는 영업 또는 사업의 결격사유 규정과 중복되는 법 제7조제1항의 결격사유에 한하여 다음 각 목의 서류를 제출하지 아니할 수 있다.

가. 해당 국가의 정부나 그 밖의 권한 있는 기관이 발행한 서류 또는 공증인이 공증한 신청인의 진술서로서 「재외공관 공증법」에 따라 해당 국가에 주재하는 대한민국공관의 영사관이 확인한 서류

나. 「외국공문서에 대한 인증의 요구를 폐지하는 협약」을 체결한 국가의 경우에는 해당 국가의 정부나 그 밖의 권한 있는 기관이 발행한 서류 또는 공증인이 공증한 신청인의 진술서로서 해당 국가의 아포스티유(Apostille) 확인서 발급 권한이 있는 기관이 그 확인서를 발급한 서류

3. 정관(법인만 해당한다)
4. 유기시설 또는 유기기구의 영업허가 전 검사를 받은 사실을 증명하는 서류(안전성검사의 대상이 아닌 경우에는 이를 증명하는 서류)
5. 법 제9조에 따른 보험가입 등을 증명하는 서류
6. 법 제33조제2항에 따른 안전관리자(이하 "안전관리자"라 한다)에 관한 별지 제12호서식에 따른 인적사항
7. 임대차계약서 사본(대지 또는 건물을 임차한 경우만 해당한다)

8. 다음 각 목의 사항이 포함된 안전관리계획서
   가. 안전점검 계획
   나. 비상연락체계
   다. 비상 시 조치계획
   라. 안전요원 배치계획(물놀이형 유기시설 또는 유기기구를 설치하는 경우만 해당한다)
   마. 유기시설 또는 유기기구 주요 부품의 주기적 교체 계획

③ 제2항에 따른 신청서를 제출받은 특별자치시장 · 특별자치도지사 · 시장 · 군수 · 구청장은 「전자정부법」 제36조제1항에 따른 행정정보의 공동이용을 통하여 법인 등기사항증명서(법인만 해당한다)를 확인하여야 한다. 〈개정 2009.3.31., 2011.3.30., 2019.4.25.〉

④ 특별자치시장 · 특별자치도지사 · 시장 · 군수 · 구청장은 유원시설업을 허가하는 경우에는 별지 제13호서식의 유원시설업 허가증을 발급하고 별지 제14호서식의 유원시설업 허가 · 신고관리대장을 작성하여 관리하여야 한다. 〈개정 2009.3.31., 2019.4.25.〉

⑤ 유원시설업 허가증의 재발급에 관하여는 제5조를 준용한다.

### [시행규칙 별표1의2]

[별표 1의2] 〈개정 2019.10.16.〉

**유원시설업의 시설 및 설비기준(제7조제1항 관련)**

1. 공통기준

| 구분 | 시설 및 설비기준 |
|---|---|
| 가. 실내에 설치한 유원시설업 | (1) 독립된 건축물이거나 다른 용도의 시설(「게임산업진흥에 관한 법률」 제2조제6호의2가목 또는 제7호에 따른 청소년게임제공업 또는 인터넷컴퓨터게임시설제공업의 시설은 제외한다)과 분리, 구획 또는 구분되어야 한다.<br>(2) 유원시설업 내에 「게임산업진흥에 관한 법률」 제2조제6호의2가목 또는 제7호에 따른 청소 |

| | |
|---|---|
| | 년게임제공업 또는 인터넷컴퓨터게임시설제공업을 하려는 경우 청소년게임제공업 또는 인터넷컴퓨터게임시설제공업의 면적비율은 유원시설업 허가 또는 신고 면적의 50퍼센트 미만이어야 한다. |
| 나. 종합유원시설업 및 일반유원시설업 | (1) 방송시설 및 휴식시설(의자 또는 차양시설 등을 갖춘 것을 말한다)을 설치하여야 한다.<br>(2) 화장실(유원시설업의 허가구역으로부터 100미터 이내에 공동화장실을 갖춘 경우는 제외한다)을 갖추어야 한다.<br>(3) 이용객을 지면으로 안전하게 이동시키는 비상조치가 필요한 유기시설 또는 유기기구에 대하여는 비상시에 이용객을 안전하게 대피시킬 수 있는 시설(축전지 또는 발전기 등의 예비전원설비, 사다리, 계단시설, 윈치, 로프 등 해당 시설에 적합한 시설)을 갖추어야 한다.<br>(4) 물놀이형 유기시설 또는 유기기구를 설치한 경우 다음 각 호의 시설을 갖추어야 한다.<br>① 수소이온화농도, 유리잔류염소농도를 측정할 수 있는 수질검사장비를 비치하여야 한다.<br>② 익수사고를 대비한 수상인명구조장비(구명구, 구명조끼, 구명로프 등)를 갖추어야 한다.<br>③ 물놀이 후 씻을 수 있는 시설(유원시설업의 허가구역으로부터 100미터 이내에 공동으로 씻을 수 있는 시설을 갖춘 경우는 제외한다)을 갖추어야 한다. |

## 2. 개별기준

| 구분 | 시설 및 설비기준 |
|---|---|
| 가. 종합유원시설업 | (1) 대지 면적(실내에 설치한 유원시설업의 경우에는 건축물 연면적)은 1만제곱미터 이상이어야 한다.<br>(2) 법 제33조제1항에 따른 안전성검사 대상 유기시설 또는 유기기구 6종 이상을 설치하여야 한다. |

| | |
|---|---|
| | (3) 정전 등 비상시 유기시설 또는 유기기구 이외 사업장 전체의 안전에 필요한 설비를 작동하기 위한 예비전원시설과 의무 시설(구급약품, 침상 등이 비치된 별도의 공간) 및 안내소를 설치하여야 한다.<br>(4) 음식점 시설 또는 매점을 설치하여야 한다. |
| 나. 일반유원시설업 | (1) 법 제33조제1항에 따른 안전성검사 대상 유기시설 또는 유기기구 1종 이상을 설치하여야 한다.<br>(2) 안내소를 설치하고, 구급약품을 비치하여야 한다. |
| 다. 기타유원시설업 | (1) 대지 면적(실내에 설치한 유원시설업의 경우에는 건축물 연면적)은 40제곱미터 이상이어야 한다.(시행규칙 제40조제1항 관련 별표 11 제2호나목2)에 해당되는 유기시설 또는 유기기구를 설치하는 경우는 제외한다)<br>(2) 법 제33조제1항에 따른 안전성검사 대상이 아닌 유기시설 또는 유기기구 1종 이상을 설치하여야 한다.<br>(3) 구급약품을 비치하여야 한다. |

3. 제1호 및 제2호의 기준에 관한 특례
   (1) 제1호 및 제2호에도 불구하고 제7조에 따라 6개월 미만의 단기로 일반유원시설업의 허가를 받으려 하거나 제11조에 따라 6개월 미만의 단기로 기타유원시설업의 신고를 하려는 경우에는 (2) 및 (3)의 기준을 적용한다.
   (2) 공통기준
      (가) 실내에 설치하는 경우에는 독립된 건축물이거나 다른 용도의 시설(「게임산업진흥에 관한 법률」 제2조제6호의2가목 또는 제7호에 따른 청소년게임제공업 또는 인터넷컴퓨터게임시설제공업의 시설은 제외한다)과 분리, 구획 또는 구분되어야 한다.
      (나) 실내에 설치한 유원시설업 내에 「게임산업진흥에 관한 법률」 제2조제6호의2가목 또는 제7호에 따른 청소년게임제공업 또는 인터넷컴퓨터게임시설제공업을 하려는 경우 청소년게임제공업 또는 인터넷컴퓨터게임시설제공업의 면적비율은 유원시설업 허가 또는 신고 면적의 50퍼

센트 미만이어야 한다.

(다) 구급약품을 비치하여야 한다.

(3) 개별기준

(가) 일반유원시설업

1) 법 제33조제1항에 따른 안전성검사 대상 유기시설 또는 유기기구 1종 이상을 설치하여야 한다.

2) 휴식시설 및 화장실을 갖추어야 하나, 불가피한 경우에는 허가구역으로부터 100미터 이내에 그 이용이 가능한 휴식시설 및 화장실을 갖추어야 한다.

3) 비상시 유기시설 또는 유기기구로부터 이용객을 안전하게 대피시킬 수 있는 시설(사다리, 로프 등)을 갖추어야 한다.

4) 물놀이형 유기시설 또는 유기기구를 설치한 경우 수질검사장비와 수상인명구조장비를 비치하여야 한다.

(나) 기타유원시설업

1) 대지 면적(실내에 설치한 유원시설업의 경우에는 건축물 연면적)은 40제곱미터 이상이어야 한다.(제40조제1항 관련 별표 11 제2호나목2)에 해당되는 유기시설 또는 유기기구를 설치하는 경우는 제외한다)

2) 법 제33조제1항에 따른 안전성검사 대상이 아닌 유기시설 또는 유기기구 1종 이상을 설치하여야 한다.

**시행규칙 제8조(변경허가 및 변경신고 사항 등)**

① 카지노업 또는 유원시설업의 허가를 받은 자가 법 제5조제3항 본문에 따라 다음 각 호의 어느 하나에 해당하는 사항을 변경하려는 경우에는 변경허가를 받아야 한다.〈개정 2016.12.30., 2018.1.25., 2018.1.25.〉

1. 카지노업의 경우

가. 대표자의 변경

나. 영업소 소재지의 변경

다. 동일구내(같은 건물 안 또는 같은 울 안의 건물을 말한다)로의 영업장소 위치 변경 또는 영업장소의 면적 변경

라. 별표 1의3 제1호에서 정한 경우에 해당하는 게임기구의 변경 또는 교체

마. 법 제23조제1항 및 이 규칙 제29조제1항제4호에 따른 카지노 전산시설 중 주전산기의 변경 또는 교체

바. 법 제26조에 따른 영업종류의 변경

2. 유원시설업의 경우

가. 영업소의 소재지 변경(유기시설 또는 유기기구의 이전을 수반하는 영업소의 소재지 변경은 제외한다)

나. 안전성검사 대상 유기시설 또는 유기기구의 영업장 내에서의 신설·이전·폐기

다. 영업장 면적의 변경

② 카지노업 또는 유원시설업의 허가를 받은 자가 법 제5조제3항 단서에 따라 다음 각 호의 어느 하나에 해당하는 사항을 변경하려는 경우에는 변경신고를 하여야 한다. 〈개정 2016.12.30., 2018.1.25.〉

1. 대표자 또는 상호의 변경(유원시설업만 해당한다)

2. 별표 1의3 제2호에서 정한 경우에 해당하는 게임기구의 변경 또는 교체(카지노업만 해당한다)

2의2. 법 제23조제1항 및 이 규칙 제29조제1항제4호에 따른 카지노 전산시설 중 주전산기를 제외한 시설의 변경 또는 교체(카지노업만 해당한다)

3. 안전성검사 대상이 아닌 유기시설 또는 유기기구의 신설·폐기(유원시설업만 해당한다)

4. 안전관리자의 변경(유원시설업만 해당한다)

5. 상호 또는 영업소의 명칭 변경(카지노업만 해당한다)

6. 안전성검사 대상 유기시설 또는 유기기구의 3개월 이상의 운행 정지 또는 그 운행의 재개(유원시설업만 해당한다)

7. 안전성검사 대상이 아닌 유기시설 또는 유기기구로서 제40조제4항 단서에 따라 정기 확인검사가 필요한 유기시설 또는 유기기구의 3개월 이상의 운행 정지 또는 그 운행의 재개(유원시설업만 해당한다)

**시행규칙 제10조(유원시설업의 변경허가 및 변경신고)**

① 법 제5조제3항 본문에 따라 유원시설업의 변경허가를 받으려는 자는 그 사유가 발생한 날부터 30일 이내에 별지 제16호서식의 유원시설업 허가사항 변경허가신청서에 다음 각 호의 서류를 첨부하여 특별자치시장·특별자치도지사·시장·군수·구청장에게 제출하여야 한다. 〈개정 2009.3.31., 2009.12.31., 2015.3.6.,

2016.12.30., 2019.4.25.〉

1. 허가증
2. 영업소의 소재지 또는 영업장의 면적을 변경하는 경우에는 그 변경내용을 증명하는 서류
3. 안전성검사 대상 유기시설 또는 유기기구를 신설 · 이전하는 경우에는 제40조제5항에 따른 검사결과서
4. 안전성검사 대상 유기시설 또는 유기기구를 폐기하는 경우에는 폐기내용을 증명하는 서류

② 법 제5조제3항 단서에 따라 유원시설업의 변경신고를 하려는 자는 그 변경사유가 발생한 날부터 30일 이내에 별지 제16호서식의 유원시설업 허가사항 변경신고서에 다음 각 호의 서류를 첨부하여 특별자치시장 · 특별자치도지사 · 시장 · 군수 · 구청장에게 제출하여야 한다.〈개정 2009.3.31., 2011.10.6., 2016.12.30., 2019.4.25.〉

1. 대표자 또는 상호를 변경하는 경우에는 그 변경내용을 증명하는 서류(대표자가 변경된 경우에는 그 대표자의 성명 · 주민등록번호를 기재한 서류를 포함한다)
2. 안전성검사 대상이 아닌 유기시설 또는 유기기구를 신설 · 폐기하는 경우에는 제40조제5항에 따른 검사결과서와 그 폐기 내용을 증명하는 서류
3. 안전관리자를 변경하는 경우 그 안전관리자에 관한 별지 제12호서식에 따른 인적사항
4. 제8조제2항제6호 또는 제7호에 해당하는 경우에는 그 내용을 증명하는 서류

③ 제2항에 따른 신고서를 제출받은 특별자치시장 · 특별자치도지사 · 시장 · 군수 · 구청장은 「전자정부법」 제36조제1항에 따른 행정정보의 공동이용을 통하여 법인 등기사항증명서(법인의 상호가 변경된 경우만 해당한다)를 확인하여야 한다.〈개정 2009.3.31., 2011.3.30., 2019.4.25.〉

**시행규칙 제11조(유원시설업의 신고 등)**

① 법 제5조제4항에 따른 유원시설업의 신고를 하려는 자가 갖추어야 하는 시설 및 설비기준은 별표 1의2와 같다.〈개정 2016.3.28.〉

② 법 제5조제4항에 따른 유원시설업의 신고를 하려는 자는 별지

제17호서식의 기타유원시설업 신고서에 다음 각 호의 서류를 첨부하여 특별자치시장 · 특별자치도지사 · 시장 · 군수 · 구청장에게 제출하여야 한다. 이 경우 6개월 미만의 단기로 기타유원시설업의 신고를 하려는 자는 신고서에 해당 기간을 표시하여 제출하여야 한다. 〈개정 2009.3.31., 2015.3.6., 2016.12.30., 2019.10.16.〉

1. 영업시설 및 설비개요서
2. 유기시설 또는 유기기구가 안전성검사 대상이 아님을 증명하는 서류
3. 법 제9조에 따른 보험가입 등을 증명하는 서류
4. 임대차계약서 사본(대지 또는 건물을 임차한 경우만 해당한다)
5. 다음 각 목의 사항이 포함된 안전관리계획서
   가. 안전점검 계획
   나. 비상연락체계
   다. 비상 시 조치계획
   라. 안전요원 배치계획(물놀이형 유기시설 또는 유기기구를 설치하는 경우만 해당한다)

③ 제2항에 따른 신고서를 제출받은 특별자치도지사 · 시장 · 군수 · 구청장은 「전자정부법」 제36조제1항에 따른 행정정보의 공동이용을 통하여 법인 등기사항증명서(법인만 해당한다)를 확인하여야 한다. 〈개정 2009.3.31., 2011.3.30.〉

④ 특별자치시장 · 특별자치도지사 · 시장 · 군수 · 구청장은 제2항에 따른 신고를 받은 경우에는 별지 제18호서식의 유원시설업 신고증을 발급하고, 별지 제14호서식에 따른 유원시설업 허가 · 신고 관리대장을 작성하여 관리하여야 한다. 〈개정 2009.3.31., 2019.4.25.〉

⑤ 유원시설업 신고증의 재발급에 관하여는 제5조를 준용한다.

**시행규칙 제12조(중요사항의 변경신고)**

법 제5조제4항 후단에서 "문화체육관광부령으로 정하는 중요사항"이란 다음 각 호의 사항을 말한다. 〈개정 2008.3.6., 2016.12.30.〉

1. 영업소의 소재지 변경(유기시설 또는 유기기구의 이전을 수반하는 영업소의 소재지 변경은 제외한다)
2. 안전성검사 대상이 아닌 유기시설 또는 유기기구의 신설 · 폐기 또는 영업장 면적의 변경

3. 대표자 또는 상호의 변경
4. 안전성검사 대상이 아닌 유기시설 또는 유기기구로서 제40조제4항 단서에 따라 정기 확인검사가 필요한 유기시설 또는 유기기구의 3개월 이상의 운행 정지 또는 그 운행의 재개

**시행규칙 제13조(신고사항 변경신고)**

법 제5조제4항 후단에 따라 신고사항의 변경신고를 하려는 자는 그 변경사유가 발생한 날부터 30일 이내에 별지 제19호서식의 기타유원시설업 신고사항 변경신고서에 다음 각 호의 서류를 첨부하여 특별자치시장 · 특별자치도지사 · 시장 · 군수 · 구청장에게 제출하여야 한다. 〈개정 2009.3.31., 2011.10.6., 2016.12.30., 2019.4.25.〉

1. 신고증
2. 영업소의 소재지 또는 영업장의 면적을 변경하는 경우에는 그 변경내용을 증명하는 서류
3. 안전성검사 대상이 아닌 유기시설 또는 유기기구를 신설하는 경우에는 제40조제5항에 따른 검사결과서
4. 안전성검사 대상이 아닌 유기시설 또는 유기기구를 폐기하는 경우에는 그 폐기내용을 증명하는 서류
5. 대표자 또는 상호를 변경하는 경우에는 그 변경내용을 증명하는 서류
6. 제12조제4호에 해당하는 경우에는 그 내용을 증명하는 서류

4. 조건부 영업허가
➡법 제31조

- 조건부 영업허가 기간 등
⇒시행령 제31조

- 조건부 영업허가 신청
→시행규칙 제37조

- 조건이행의 신고 등

| 법 | 시행령 | 시행규칙 |
|---|---|---|
| 법 제31조<br>(조건부 영업허가) | 시행령 제31조<br>(조건부 영업허가의 기간 등) | 시행규칙 제37조(유원시설업의 조건부 영업허가 신청)<br>시행규칙 제38조(조건이행내역서 제출 등)<br>시행규칙 제39조(시설 및 설비의 설치기간 연장) |

**법 제31조(조건부 영업허가)**

① 특별자치시장 · 특별자치도지사 · 시장 · 군수 · 구청장은 유원시설업 허가를 할 때 5년의 범위에서 대통령령으로 정하는 기간에 제5조제2항에 따른 시설 및 설비를 갖출 것을 조건으로

→시행규칙 제38조

- 시설 및 설비의 설치기간 연장
→시행규칙 제39조

허가할 수 있다. 다만, 천재지변이나 그 밖의 부득이한 사유가 있다고 인정하는 경우에는 해당 사업자의 신청에 따라 한 차례에 한하여 1년을 넘지 아니하는 범위에서 그 기간을 연장할 수 있다.〈개정 2008.6.5., 2011.4.5., 2018.6.12.〉

② 특별자치시장 · 특별자치도지사 · 시장 · 군수 · 구청장은 제1항에 따른 허가를 받은 자가 정당한 사유 없이 제1항에 따른 기간에 허가 조건을 이행하지 아니하면 그 허가를 즉시 취소하여야 한다.〈개정 2008.6.5., 2011.4.5., 2018.6.12.〉

③ 제1항에 따른 허가를 받은 자는 제1항에 따른 기간 내에 허가 조건에 해당하는 필요한 시설 및 기구를 갖춘 경우 그 내용을 특별자치시장 · 특별자치도지사 · 시장 · 군수 · 구청장에게 신고하여야 한다.〈신설 2011.4.5., 2018.6.12.〉

### 시행령 제31조(유원시설업의 조건부 영업허가 기간 등)

① 법 제31조제1항 본문에서 "대통령령으로 정하는 기간"이란 조건부 영업허가를 받은 날부터 다음 각 호의 구분에 따른 기간을 말한다.

1. 종합유원시설업을 하려는 경우: 5년 이내
2. 일반유원시설업을 하려는 경우: 3년 이내

② 법 제31조제1항 단서에서 "그 밖의 부득이한 사유"란 다음 각 호의 어느 하나에 해당하는 사유를 말한다.

1. 천재지변에 준하는 불가항력적인 사유가 있는 경우
2. 조건부 영업허가를 받은 자의 귀책사유가 아닌 사정으로 부지의 조성, 시설 및 설비의 설치가 지연되는 경우
3. 그 밖의 기술적인 문제로 시설 및 설비의 설치가 지연되는 경우

[전문개정 2011.10.6.]

### 시행규칙 제37조(유원시설업의 조건부 영업허가 신청)

① 법 제31조에 따라 조건부 영업허가를 받고자 하는 자는 별지 제11호서식의 유원시설업 조건부 영업허가 신청서에 제7조제2항제2호 및 제3호의 서류와 사업계획서를 첨부하여 특별자치시장 · 특별자치도지사 · 시장 · 군수 · 구청장에게 제출하여야 한다〈개정 2009.3.31., 2019.4.25.〉

② 제1항에 따른 신청서를 받은 특별자치시장 · 특별자치도지사 · 시장 · 군수 · 구청장은 「전자정부법」 제36조제1항에 따른 행정정보의 공동이용을 통하여 법인 등기사항증명서(법인만 해당한다)를 확인하여야 한다.〈개정 2009.3.31., 2011.3.30., 2019.4.25.〉

③ 제1항의 사업계획서에는 다음 각 호의 사항이 포함되어야 한다.

1. 법 제5조제2항에 따른 시설 및 설비 계획
2. 공사 계획, 공사 자금 및 그 조달 방법
3. 시설별 · 층별 면적, 시설개요, 조감도, 사업 예정 지역의 위치도, 시설배치 계획도 및 토지명세서

④ 특별자치시장 · 특별자치도지사 · 시장 · 군수 · 구청장은 유원시설업의 조건부 영업허가를 하는 경우에는 별지 제13호서식의 유원시설업 조건부 영업허가증을 발급하여야 한다.〈개정 2009.3.31., 2019.4.25.〉

**시행규칙 제38조(조건이행의 신고 등)**

① 법 제31조에 따라 유원시설업의 조건부 영업허가를 받은 자는 영 제31조제1항에 따른 기간 내에 그 조건을 이행한 경우에는 별지 제32호의2서식의 조건이행내역 신고서에 시설 및 설비내역서를 첨부하여 특별자치시장 · 특별자치도지사 · 시장 · 군수 · 구청장에게 제출하여야 한다.〈개정 2009.3.31., 2011.10.6., 2019.4.25.〉

② 제1항에 따른 조건이행내역 신고서를 제출한 자가 영업을 시작하려는 경우에는 별지 제11호서식의 유원시설업 허가신청서에 제7조제2항제4호부터 제6호까지의 서류를 첨부하여 특별자치시장 · 특별자치도지사 · 시장 · 군수 · 구청장에게 제출하여야 한다.〈개정 2009.3.31., 2011.10.6., 2019.4.25.〉

③ 특별자치시장 · 특별자치도지사 · 시장 · 군수 · 구청장은 제2항에 따라 받은 서류를 검토한 결과 유원시설업의 허가조건을 충족하는 경우에는 신청인에게 제37조제4항에 따른 조건부 영업허가증을 별지 제13호서식의 유원시설업 허가증으로 바꾸어 발급하고, 별지 제14호서식의 유원시설업 허가 · 신고 관리대장을 작성하여 관리하여야 한다.〈개정 2009.3.31., 2019.4.25.〉

[제목개정 2011.10.6.]

5. 물놀이형 유원시설업자의 준수사항
➡법 제32조

- 물놀이형 유기시설 · 유기기구의 안전 · 위생기준
→시행규칙 제39조의2

**시행규칙 제39조(조건부 영업허가의 기간 연장 신청)**
법 제31조제1항 단서에 따라 조건부 영업허가의 기간을 연장받으려는 자는 조건부 영업허가의 기간이 만료되기 전에 법 제31조제1항 단서 및 영 제31조제2항 각 호의 어느 하나에 해당하는 사유를 증명하는 서류를 특별자치시장 · 특별자치도지사 · 시장 · 군수 · 구청장에게 제출하여야 한다. 〈개정 2019.4.25.〉
[전문개정 2011.10.6.]

| 법 | 시행령 | 시행규칙 |
|---|---|---|
| 법 제32조<br>(물놀이형 유원시설업자의 준수사항) | | 시행규칙 제39조의2<br>(물놀이형 유기시설 · 유기기구의 안전 · 위생기준) |

**법 제32조(물놀이형 유원시설업자의 준수사항)**
제5조제2항 또는 제4항에 따라 유원시설업의 허가를 받거나 신고를 한 자(이하 "유원시설업자"라 한다)중 물놀이형 유기시설 또는 유기기구를 설치한 자는 문화체육관광부령으로 정하는 안전 · 위생기준을 지켜야 한다.
[전문개정 2009.3.25.]

**시행규칙 제39조의2(물놀이형 유원시설업자의 안전 · 위생기준)**
법 제32조에 따라 유원시설업자 중 물놀이형 유기시설 또는 유기기구를 설치한 자가 지켜야 하는 안전 · 위생기준은 별표 10의2와 같다.
[본조신설 2009.10.22.]
[제목개정 2016.12.30.]

**[시행규칙 별표10의2]**

[별표 10의2] 〈개정 2019.8.1.〉

물놀이형 유원시설업자의 안전 · 위생기준(제39조의2 관련)

1. 사업자는 사업장 내에서 이용자가 항상 이용 질서를 유지하도록 하여야 하며, 이용자의 활동에 제공되거나 이용자의 안전을 위하여 설치된 각종 시설 · 설비 · 장비 · 기구 등이 안전하고 정상적으

로 이용될 수 있는 상태를 유지하여야 한다.

2. 사업자는 물놀이형 유기시설 또는 유기기구의 특성을 고려하여 음주 등으로 정상적인 이용이 곤란하다고 판단될 때에는 음주자 등의 이용을 제한하고, 해당 유기시설 또는 유기기구별 신장 제한 등에 해당되는 어린이는 이용을 제한하거나 보호자와 동행하도록 하여야 한다.
3. 사업자는 물놀이형 유기시설 또는 유기기구의 정원, 주변 공간, 부속시설, 수상안전시설의 구비 정도 등을 고려하여 안전과 위생에 지장이 없다고 인정하는 범위에서 사업장의 동시수용 가능 인원을 산정하여 특별자치시장 · 특별자치도지사 · 시장 · 군수 · 구청장에게 제출하여야 하고, 기구별 정원을 초과하여 이용하게 하거나 동시수용 가능인원을 초과하여 입장시켜서는 아니 된다.
4. 사업자는 물놀이형 유기시설 또는 유기기구의 설계도에 제시된 유량이 공급되거나 담수되도록 하여야 하고, 이용자가 쉽게 볼 수 있는 곳에 수심 표시를 하여야 한다(수심이 변경되는 구간에는 변경된 수심을 표시한다).
5. 사업자는 풀의 물이 1일 3회 이상 여과기를 통과하도록 하여야 하며, 부유물 및 침전물의 유무를 상시 점검하여야 한다.
6. 의무 시설을 설치한 사업자는 의무 시설에 「의료법」에 따른 간호사 또는 「응급의료에 관한 법률」에 따른 응급구조사 또는 「간호조무사 및 의료유사업자에 관한 규칙」에 따른 간호조무사를 1명 이상 배치하여야 한다.
7. 사업자는 다음 각 목에서 정하는 항목에 관한 기준(해수를 이용하는 경우 「환경정책기본법 시행령」 제2조 및 별표 1 제3호라목의 Ⅱ등급 기준을 적용한다)에 따라 사업장 내 풀의 수질기준을 유지해야 한다.
   가. 유리잔류염소는 0.4㎎/l에서 2.0㎎/l까지 유지하도록 하여야 한다. 다만, 오존소독 등으로 사전처리를 하는 경우의 유리잔류염소농도는 0.2㎎/l 이상을 유지하여야 한다.
   나. 수소이온농도는 5.8부터 8.6까지 되도록 하여야 한다.
   다. 탁도는 2.8NTU 이하로 하여야 한다.
   라. 과망간산칼륨의 소비량은 15㎎/l 이하로 하여야 한다.
   마. 각 풀의 대장균군은 10밀리리터들이 시험대상 5개 중 양성이 2개 이하이어야 한다.

7의2. 사업자는 사업장 내 풀의 수질검사를 「먹는물관리법」 제43조 제1항에 따라 지정된 먹는물 수질검사기관에 의뢰하여 다음 각 목의 기준에 따라 실시해야 한다.

가. 제7호 각 목의 항목에 관한 수질검사: 연 1회 이상. 다만, 제7호 라목 및 마목의 항목에 관한 수질검사는 분기별로 1회 이상

나. 가목에도 불구하고 7월 및 8월의 경우에는 제7호 각 목의 항목에 관한 수질검사를 각각 1회 이상 실시해야 한다.

8. 사업자는 이용자가 쉽게 볼 수 있는 곳에 물놀이형 유기시설 또는 유기기구의 정원 또는 사업장 동시수용인원, 물의 순환 횟수, 수질검사 일자 및 수질검사 결과 등을 게시하여야 한다. 이 경우 수질검사 결과 중 제7호가목부터 마목까지의 규정에 관한 내용은 게시하고, 같은 호 다목부터 마목까지의 규정에 관한 내용은 관리일지를 작성하여 비치 · 보관하여야 한다.

9. 사업자는 물놀이형 유기시설 또는 유기기구에 대한 관리요원을 배치하여 그 이용 상태를 항상 점검하여야 한다.

10. 사업자는 이용자의 안전을 위한 안전요원 배치와 관련하여 다음 사항을 준수하여야 한다.

가. 안전요원이 할당 구역을 조망할 수 있는 적절한 배치 위치를 확보하여야 한다.

나. 수심 100센티미터를 초과하는 풀에서는 면적 660제곱미터당 최소 1인이 배치되어야 하고, 수심 100센티미터 이하의 풀에서는 면적 1,000제곱미터당 최소 1인을 배치하여야 한다.

다. 안전요원의 자격은 국민안전처장관이 지정하는 교육기관에서 발급하는 인명구조요원 자격증을 소지한 자, 대한적십자사나 「체육시설의 설치 · 이용에 관한 법률」 제34조에 따른 수영장 관련 체육시설업협회 등에서 실시하는 수상안전에 관한 교육을 받은 자 및 이와 동등한 자격요건을 갖춘 자만 해당한다. 다만, 수심 100센티미터 이하의 풀의 경우에는 문화체육관광부장관이 정하는 업종별 관광협회 또는 기관에서 실시하는 수상안전에 관한 교육을 받은 자도 배치할 수 있다.

11. 사업자는 안전요원이 할당한 구역 내에서 부상자를 신속하게 발견하여 응급처치를 이행할 수 있도록 이용자 안전관리계획, 안전요원 교육프로그램 및 안전 모니터링계획 등을 수립하여야 한다.

12. 사업자는 사업장 내에서 수영장 등 부대시설을 운영하는 경우 관계 법령에 따른 안전 · 위생기준을 준수하여야 한다.

6. 안전성검사 등
➡법 제33조

- 유기시설 또는 유기기구의 안전성검사 등
→시행규칙 제40조

- 안전관리자의 자격 · 배치기준 및 임무
→시행규칙 제41조

| 법 | 시행령 | 시행규칙 |
|---|---|---|
| 법 제33조<br>(안전성검사 등) | | 시행규칙 제40조(유기시설 또는 유기기구의 안전성검사 등)<br>시행규칙 제41조(안전관리자의 자격 · 배치기준 및 임무) |

### 법 제33조(안전성검사 등)

① 유원시설업자 및 유원시설업의 허가 또는 변경허가를 받으려는 자(조건부 영업허가를 받은 자로서 그 조건을 이행한 후 영업을 시작하려는 경우를 포함한다)는 문화체육관광부령으로 정하는 안전성검사 대상 유기시설 또는 유기기구에 대하여 문화체육관광부령에서 정하는 바에 따라 특별자치시장 · 특별자치도지사 · 시장 · 군수 · 구청장이 실시하는 안전성검사를 받아야 하고, 안전성검사 대상이 아닌 유기시설 또는 유기기구에 대하여는 안전성검사 대상에 해당되지 아니함을 확인하는 검사를 받아야 한다. 이 경우 특별자치도지사 · 시장 · 군수 · 구청장은 성수기 등을 고려하여 검사시기를 지정할 수 있다.〈개정 2008.2.29., 2009.3.25., 2011.4.5., 2018.6.12.〉

② 제1항에 따라 안전성검사를 받아야 하는 유원시설업자는 유기시설 및 유기기구에 대한 안전관리를 위하여 사업장에 안전관리자를 항상 배치하여야 한다.

③ 제2항에 따른 안전관리자는 문화체육관광부장관이 실시하는 유기시설 및 유기기구의 안전관리에 관한 교육(이하 "안전교육"이라 한다)을 정기적으로 받아야 한다.〈신설 2015.2.3.〉

④ 제2항에 따른 유원시설업자는 제2항에 따른 안전관리자가 안전교육을 받도록 하여야 한다.〈신설 2015.2.3.〉

⑤ 제2항에 따른 안전관리자의 자격 · 배치 기준 및 임무, 안전교육의 내용 · 기간 및 방법 등에 필요한 사항은 문화체육관광부령으로 정한다.〈개정 2008.2.29., 2015.2.3.〉

### 시행규칙 제40조(유기시설 또는 유기기구의 안전성검사 등)

① 법 제33조제1항에 따른 안전성검사 대상 유기시설 또는 유기기구와 안전성검사 대상이 아닌 유기시설 및 유기기구는 별표 11과 같다.〈개정 2016.12.30.〉

② 유원시설업의 허가 또는 변경허가를 받으려는 자(조건부 영업허가를 받은 자로서 제38조제2항에 따라 조건이행내역 신고서를 제출한 후 영업을 시작하려는 경우를 포함한다)는 제1항에 따른 안전성검사 대상 유기시설 또는 유기기구에 대하여 허가 또는 변경허가 전에 안전성검사를 받아야 하며, 허가 또는 변경허가를 받은 다음 연도부터는 연 1회 이상 정기 안전성검사를 받아야 한다. 다만, 최초로 안전성검사를 받은 지 10년이 지난 별표 11 제1호나목2)의 유기시설 또는 유기기구에 대하여는 반기별로 1회 이상 안전성 검사를 받아야 한다. 〈개정 2009.3.31., 2011.10.6., 2016.12.30.〉

③ 제2항에 따라 안전성검사를 받은 유기시설 또는 유기기구 중 다음 각 호의 어느 하나에 해당하는 유기시설 또는 유기기구는 재검사를 받아야 한다. 〈개정 2016.12.30.〉

1. 정기 또는 반기별 안전성검사 및 재검사에서 부적합 판정을 받은 유기시설 또는 유기기구
2. 사고가 발생한 유기시설 또는 유기기구(유기시설 또는 유기기구의 결함에 의하지 아니한 사고는 제외한다)
3. 3개월 이상 운행을 정지한 유기시설 또는 유기기구

④ 기타유원시설업의 신고를 하려는 자와 종합유원시설업 또는 일반유원시설업을 하는 자가 안전성검사 대상이 아닌 유기시설 또는 유기기구를 설치하여 운영하려는 경우에는 안전성검사 대상이 아님을 확인하는 검사를 받아야 한다. 다만, 별표 11 제2호나목2)의 유기시설 또는 유기기구는 최초로 확인검사를 받은 다음 연도부터는 2년마다 정기 확인검사를 받아야 하고, 그 확인검사에서 부적합 판정을 받은 유기시설 또는 유기기구는 재확인검사를 받아야 한다. 〈개정 2016.12.30.〉

⑤ 영 제65조제1항제3호에 따라 안전성검사 및 안전성검사 대상이 아님을 확인하는 검사에 관한 권한을 위탁받은 업종별 관광협회 또는 전문 연구 · 검사기관은 제2항부터 제4항까지의 규정에 따른 안전성검사 또는 안전성검사 대상이 아님을 확인하는 검사를 한 경우에는 문화체육관광부장관이 정하여 고시하는 바에 따라 검사결과서를 작성하여 지체 없이 검사신청인과 해당 유원시설업의 소재지를 관할하는 특별자치시장 · 특별자치도지사 · 시장 · 군수 · 구청장에게 각각 통지하여야 한다. 〈개정 2009.3.31.,

2015.3.6., 2019.4.25.〉

⑥ 제2항부터 제4항까지의 규정에 따른 유기시설 또는 유기기구에 대한 안전성검사 및 안전성검사 대상이 아님을 확인하는 검사의 세부기준 및 절차는 문화체육관광부장관이 정하여 고시한다.〈개정 2008.3.6.〉

⑦ 제5항에 따라 유기시설 또는 유기기구 검사결과서를 통지받은 특별자치시장 · 특별자치도지사 · 시장 · 군수 · 구청장은 그 안전성검사 또는 확인검사 결과에 따라 해당 사업자에게 다음 각 호의 조치를 하여야 한다.〈신설 2008.8.26., 2009.3.31., 2016.12.30., 2019.4.25.〉

1. 검사 결과 부적합 판정을 받은 유기시설 또는 유기기구에 대해서는 운행중지를 명하고, 재검사 또는 재확인검사를 받은 후 운행하도록 권고하여야 한다.
2. 검사 결과 적합 판정을 받았으나 개선이 필요한 사항이 있는 유기시설 또는 유기기구에 대해서는 개선을 하도록 권고할 수 있다.

⑧ 제3항제3호에 해당하여 재검사를 받은 경우에는 제2항에 따른 정기 안전성검사를 받은 것으로 본다.〈신설 2016.12.30.〉

⑨ 제8조제2항제7호 및 제12조제4호에 해당하여 변경신고를 한 경우 또는 「재난 및 안전관리기본법」 제30조에 따른 긴급안전점검 등이 문화체육관광부장관이 정하여 고시하는 바에 따라 이루어진 경우에는 제4항 단서에 따른 정기 확인검사에서 제외할 수 있다.〈신설 2016.12.30.〉

## [시행규칙 별표11]

[별표 11] 〈개정 2019.10.7〉

### 안전성검사 대상 유기시설 또는 유기기구와 안전성검사 대상이 아닌 유기시설 또는 유기기구(제40조제1항 관련)

1. 안전성검사 대상 유기시설 또는 유기기구

가. 대상

안전성검사 대상 유기시설 또는 유기기구는 위험요소가 많아 안전성검사를 받아야 하는 유기시설 또는 유기기구로서 제2호의 안전성검사의 대상이 아닌 유기시설 또는 유기기구에 해당하는 것을 제외한 유기시설 또는 유기기구를 말한다.

나. 구분

1) 안전성검사 대상 유기시설 또는 유기기구는 다음과 같이 구분한다.

가) 주행형

| 분류 | 내용 | 대표 유기시설 또는 유기기구 | 정의(유기시설 또는 유기기구의 유사기구명) |
|---|---|---|---|
| 궤도주행형 | 일정한 궤도(레일·로프 등)를 가지고 있으며 궤도를 이용하여 승용물이 운행되는 유기시설 또는 유기기구 | 스카이 사이클 | 일정높이의 레일위를 이용객이 승용물 페달을 밟으며 주행하는 시설·기구(공중자전거, 사이클 모노레일 등) |
| | | 모노레일 | 일정높이의 레일 위 또는 아래를 전기모터로 구동되는 연결된 승용물에 이용객이 탑승하여 주행하는 시설·기구(월드모노레일, 미니레일, 다크라이드, 관광열차 등) |
| | | 스카이 제트 | 일정높이의 레일 위를 엔진 또는 전기동력장치로 구동되는 개별 승용물에 이용객이 탑승하여 주행하는 시설·기구(하늘차 등) |
| | | 꼬마기차 | 견인차와 객차로 연결되어 일정 레일을 주행하는 시설·기구(판타지드림트레인, 개구쟁이열차, 순환열차, 축제열차, 동물열차 등) |
| | | 궤도 자동차 | 여러 가지 자동차형 연결 승용물이 일정 궤도를 따라 운행하는 시설·기구(빅트럭, 서키트2000, 클레식카, 해적소굴, 해피스카이, 스피드웨이, 자동차왕국, 로데오칸보이 등) |
| | | 정글 마우스 | 개별 승용물이 일정 레일을 따라 급회전 및 방향전환을 하는 시설·기구(크레이지마우스, 워터점핑, 매직캐슬, 깜 |

| | | | |
|---|---|---|---|
| | | | 짝마우스, 탑코스터 등) |
| | | 미니 코스터 | 전기 동력 장치로 구동되는 연결 승용물이 상하 굴곡이 있는 레일 위를 주행하는 기구(비룡열차, 슈퍼루프, 우주열차, 그랜드캐년, 드래곤코스터, 꿈돌이 코스터, 와일드 윈드, 자이언트루프, 링 오브 화이어 등) |
| | | 제트 코스터 | 승용물이 일정높이까지 리프팅 된 후 레일 위를 고속으로 자유낙하, 수평회전으로 주행하는 시설 · 기구(카멜백코스터, 스페이스2000, 독수리요새, 혜성특급, 다크코스터, 환상특급, 폭풍열차, 마운틴코스터 등) |
| | | 루프 코스터 | 승용물이 일정높이까지 리프팅 된 후 레일 위를 고속으로 자유낙하, 수평 · 수직, 스크류 회전으로 주행하는 시설 · 기구(공포특급, 루프스파이럴코스터, 판타지아스페셜, 부메랑코스터, 블랙홀2000 등) |
| | | 공중 궤도 라이드 | 천장 또는 상부에 설치된 일정 레일 아래를 따라 주행하는 승용물에 이용자가 탑승하여 관람하며 주행하는 시설 · 기구(바룬라이드 등) |
| | | 궤도 자전거 | 지면에 설치된 레일 위를 자전거형 승용물에 이용자가 탑승하여 페달을 밟으며 주행하는 시설 · 기구(철로자전거 등) |
| 주로 주행형 | 일정한 주로(도로 또는 이와 유사한 주로)를 가지고 있으며 그 주로를 이용하여 승용물이 운행되는 | 스포츠카 | 자동차형 승용물이 엔진 또는 전기 동력장치로 구동하여 정해진 주로(완충장치가 있는 별도로 구분된 영구적인 주로)를 따라 단독 주행하여 30 km/h이하(ISO 17842-1)로 주행하는 기구(전동카, 고카트 등) |
| | | 무궤도 | 견인차량에 객차를 연결하여 많은 이용 |

| | | | |
|---|---|---|---|
| | 유기시설 또는 유기기구 | 열차 | 자가 탑승하여 정해진 주로(페인트 표시 등)를 따라 이동하는 기구(패밀리열차, 코끼리열차, 트램카 등) |
| | | 봅슬레이 | 이용자가 무동력 승용물에 탑승하여 경사진 일정한 홈 형 주로를 따라 브레이크로 속도 조절하며 하강하는 시설 · 기구(슈퍼봅슬레이, 알파인슬라이드, 롤러루지 등) |
| 수로주행형 | 일정한 수로를 가지고 있으며 그 수로를 이용하여 승용물이 운행되는 유기시설 또는 유기기구 | 후룸 라이드 | 배 모양의 승용물을 일정 높이까지 리프팅하여 낙하시키면서 유속에 의해 수로를 따라 이동하는 시설 · 기구(후룸라이드, 급류타기 등) |
| | | 신밧드의 모험 | 배 모양의 승용물에 여러 명이 탑승하여 수로를 따라가면서 애니메이션을 즐기는 시설 · 기구(지구마을 등) |
| | | 래피드 라이드 | 이용객이 보트에 탑승하여 급류가 흐르는 일정한 수로를 따라 주행하는 기구(보트라이드, 아마존익스프레스 등) |
| 자유주행형 | 일정한 지역(공간 등)을 가지고 있으며 그 지역(지면, 수면)을 이용하여 승용물이 운행되는 유기시설 또는 유기기구 | 범퍼카 | 일정한 공간의 지면에서 전기 동력장치로 구동되는 승용물에 이용객이 탑승하여 핸들을 조작하여 좌우충돌을 하며 주행하는 기구(어린이범퍼카, 크레이지범퍼카, 박치기차 등) |
| | | 범퍼보트 | 일정한 공간의 수면에서 배터리방식 전기 동력장치로 구동되며 승용물에 이용객이 탑승하여 핸들 조작을 통해 좌우충돌을 하며 물놀이를 즐기는 기구(박치기보트 등) |
| | | 수륙양용 관람차 | 일정한 공간의 수면 또는 지면을 운행하는 승용물에 이용객이 탑승하여 주변을 관람하는 기구(로스트밸리 등) |

나) 고정형

| 분류 | 내용 | 대표 유기시설 또는 유기기구 | 정의(유기시설 또는 유기기구의 유사기구명) |
|---|---|---|---|
| 종회전고정형 | 수평축을 중심으로 하여 승용물이 수직방향으로 수직원운동 또는 요동운동을 하는 유기시설 또는 유기기구 | 회전 관람차 | 수평축을 중심으로 연결된 여러 개의 암 또는 스포크 구조물 등의 끝단에 승용물을 매달아 수직원운동으로 운행하는 기구(풍차놀이, 어린이관람차, 허니문카, 우주관람차, 나비휠, 대관람차 등) |
| | | 플라잉 카펫 | 수평축을 중심으로 2개 또는 4개의 암 한쪽 끝단에 승용물이 수평하게 연결되고 반대쪽 끝단에 균형추가 각각 연결되어 수직원운동으로 운행하는 기구(나는 소방차, 나는양탄자, 춤추는비행기, 개구장이버스, 지위즈, 자마이카 등) |
| | | 아폴로 | 수평축을 중심으로 암 한쪽 끝단에 승용물이 반대쪽 끝단에 균형추가 각각 연결되어 360° 수직원운동으로 운행하는 기구(샤크, 레인저, 우주유람선, 스카이마스터 등) |
| | | 레인보우 | 수평축을 중심으로 암 한쪽 끝단에는 승용물이 수평하게 연결되고 반대쪽 끝단에는 균형추가 각각 연결되어 수직원운동으로 운행하는 기구(무지개여행, 알라딘, 타임머신 등) |
| | | 바이킹 | 고정된 한 축을 중심으로 매달린 배모양의 승용물을 하부의 회전 동력장치가 마찰하는 방식으로 예각의 범위에서 진자운동하는 기구(미니바이킹, 콜럼버스대탐험, 스윙보트 등) |
| | | 고공파도 타기 | 2개의 수평 중심축에 각각의 균형추가 있는 암과 암의 끝단에 승용물을 서로 연결하거나 교차 연결하여 암을 수직원운동 시키는 기구(터미네이트, 스페이스루프, 인디아나존스, 탑스핀 등) |

| | | | |
|---|---|---|---|
| | | 스카이<br>코스터 | 2개의 지지부재 상부에 수평축을 연결하고 그 수평축에 그네형태로 와이어 로프로 승용물을 연결하여 인양 후 자유낙하시켜 진자운동으로 운행하는 기구(스카이코스터 등) |
| 횡회전고정형 | 수직축을 중심으로 승용물이 수평방향으로 수평원운동을 하는 유기시설 또는 유기기구 | 회전그네 | 수직축 상부에 수직축을 중심으로 회전하는 우산형태 구조물 끝단에 승용물을 메달아 수평원운동을 하는 기구(파도그네, 체인타워, 비행의자 등) |
| | | 회전목마 | 수직축을 중심으로 회전하는 회전원판 위에 다양한 형태와 크기의 목마 등을 고정하거나 각각의 크랭크축으로 목마가 상하로 움직이며 운행하는 기구(메리고라운드, 이층목마, 환상의궁전 등) |
| | | 티컵 | 수직축 중심으로 회전하는 회전원판(대회전)위에 커피잔 모양의 승용물이 개별회전(소회전)하며 운행하는 기구(회전컵, 스피닝버렐, 어린이왕국, 꼬마비행기, 데이트컵 등) |
| | | 회전보트 | 수직축을 중심으로 여러 암 끝에 연결된 보트가 원형 수로 위를 일정하게 수평원운동 하는 기구(젯트보트, 회전오리, 거북선, 오리보트 등) |
| | | 점프<br>라이드 | 수직축을 중심으로 여러개의 암 끝에 연결된 오토바이 모양의 승용물이 굴곡이 있는 레일을 따라 회전하는 기구(마린베이, 오토바이, 피에로, 딱정벌레, 도래미악단, 어린이광장, 어린이라이드 등) |
| | | 뮤직익스<br>드레스 | 경사면의 수직축을 중심으로 연결된 여러 암 끝의 승용물이 경사진 레일을 따라 회전하는 기구(해피세일러, 서프라이드, 나는썰매, 피터팬, 사랑열차, 록카페, 번개놀이 등) |

| | | | |
|---|---|---|---|
| | | 스윙댄스 | 원판형 승용물의 한쪽 끝을 실린더로 올리고 수직축 중심으로 회전하는 기구(크레이지크라운, 유에프오, 디스코라운드, 댄싱플라이 등) |
| | | 타가다 디스코 | 회전판이 회전하고 회전판 하부의 실린더 또는 캠 작동으로 회전판을 상하로 움직이는 기구(타가다, 디스코타가다 등) |
| | | 닌자 거북이 | 중심축이 기울어지면서 회전하고 그 끝에 승용물을 매달아 회전운동을 하는 기구(스페이스파이타, 라이온킹, 스페이스스테이션, 나는개구리, 터틀레이스 등) |
| 복합회전고정형 | 수평 및 수직방향으로 동시에 승용물이 회전·반회전 또는 직선운동을 하는 유기시설 또는 유기기구 | 회전 비행기 | 수직축을 중심으로 회전하는 각각의 암 끝단에 비행기형 승용물을 로프로 매달아 일정높이까지 끌어올려 회전하는 기구(탑비행기 등) |
| | | 우주 전투기 | 수직축을 중심으로 회전하고 연결된 암이 상하작동하며 암 끝단에 승용물이 고정되어 이용자가 가상전투게임으로 앞쪽 승용물을 떨어뜨릴 수 있는 기구(미니플라이트, 독수리요새, 아스트로파이타, 텔레콤베트, 아파치, 나는코끼리, 아라비안나이트, 삼바 등) |
| | | 점프보트 | 수직중심축 상부에 다수의 암을 연결하고 암의 끝단에 승용물을 연결하며 그 암을 상하로 움직여 수직중심축이 회전하는 기구(점핑보트, 점프앤스마일 등) |
| | | 다람쥐통 | 수직축을 중심으로 여러 암 끝에 매달린 승용물이 수직회전운동을 하며 암전체가 횡회전을 하는 기구(록큰롤, 투이스타 등) |
| | | 스페이스 자이로 | 실린더에 의해서 기울어진 원판의 승용물이 타원회전 운동하는 기구(팽이놀이, 스카이댄싱, 도라반도, 회전의자 등) |
| | | 엔터 프라이즈 | 중심축에 연결된 암 끝에 매달린 승용물이 중심축이 들려서 전체 회전운동을 하 |

| | | | |
|---|---|---|---|
| | | | 고 승용물도 회전하는 기구(비행기, 파라트루프 등) |
| | | 문어다리 | 방사형 아암 끝에 승용물이 연결되어 대형 암이 중심축을 회전하고 편심축의 회전에 의해서 승용물이 상하 운동 및 자전을 하는 기구(왕문어춤, 문어댄스, 하늘여행, 슈퍼아암 등) |
| | | 슈퍼스윙 | 회전체에 내려뜨린 암 끝에 승용물이 매달려 탑회전 원심력과 실린더에 의해 외측방향으로 밀리면서 회전하는 기구(미니스윙거, 아폴로2000 등) |
| | | 베이스볼 | 회전판을 기울어지도록 한쪽을 상승시키고 그 회전판이 회전하면서 개별 승용물도 회전하는 기구(플리퍼, 회전바구니, 월드컵2002, 카오스 등) |
| | | 브레이크 댄스 | 회전판이 돌면서 소형회전아암에 연결된 개별 승용물이 회전하는 기구(크레이지댄스, 스피디, 스타댄스, 매직댄스 등) |
| | | 풍선타기 | 풍선기구 모양의 승용물이 회전체에 매달려 회전, 상승하면서 이용객이 높은 하늘을 나는 기분을 느끼게 하는 기구(둥실비행선, 바룬레이스, 플라워레이스 등) |
| | | 허리케인 | 수직중심축에 매달린 회전하는 원형고리 모양의 승용물을 상부 또는 하부의 회전 동력장치에 의해 좌우로 예각, 둔각, 360도의 범위에서 수직회전 운동하는 기구(프리스윙, 자이로스윙, 토네이도, 블리자드 등) |
| | | 매직스윙 | 반원형 궤도내에서 회전 원형 승용물이 하부 동력장치에 의해서 좌우로 예각 범위 내에서 수직회전 운동하는 기구(자이로 스핀, UFO 등) |
| | | 슈퍼 라이드 | 다양한 형태의 복합 회전운동을 하는 유기기구.(칸칸, 에볼루션, 삼각바퀴, 첼린 |

| | | | 저, 우주선 등) |
|---|---|---|---|
| | | 사이버인 스페이스 | 원형의 승용물에 이용객이 탑승하여 수평, 수직축을 중심으로 회전하는 기구(자이로 캡슐 등) |
| 승강고정형 | 수평 및 수직 방향으로 승용물이 상하운동 및 좌우운동으로 운행되는 유기시설 또는 유기기구 | 패러 슈터타워 | 수직축에 개별 승용물 또는 나란히 연결된 의자형 승용물을 로프로 매달아 수직 상승 · 하강하는 기구(낙하산타기, 개구리점프 등) |
| | | 타워 라이드 | 수직축을 중심으로 승용물을 일정 높이까지 상승시켜 하강시키는 기구(슈퍼반스토마, 자이로드롭, 콘돌, 스페이스샷, 스카이타워 등) |
| | | 프레쉬 팡팡 | 유압실린더를 수직으로 위치시키고 피스톤의 상단에 좌석 승용물을 고정하여 피스톤의 왕복운동에 따라 좌석 승용물이 상하로 운동하는 기구(프레쉬팡팡 등) |

다) 관람형

| 분류 | 내용 | 대표 유기시설 또는 유기기구 | 정의(유기시설 또는 유기기구의 유사기구명) |
|---|---|---|---|
| 기계관람형 | 음향 · 영상 또는 보조기구를 이용하여 일정한 기계구조물 내에서 시뮬레이션을 체험하는 유기시설 또는 유기기구 | 영상 모험관 | 단일구동장치에 의해 승용물이 좌우 · 전후 요동하고 탑승자는 영상을 보면서 시뮬레이션을 체험하는 기구(아스트로제트, 사이버에어베이스, 시뮬레이션, 우주여행, 환상여행, 가상체험 등) |
| 입체관람 | 음향 · 영상 또는 보조기구를 이용하여 일정한 시 | 쇼킹 하우스 | 승용물 또는 기구가 작동하면서 착각을 느끼는 시설 · 기구(환상의집, 요술집, 착각의집, 귀신동굴 등) |

| | | | |
|---|---|---|---|
| 형 | 설(건축물 · 일정한 공간 등) 내에서 시뮬레이션을 체험하는 유기시설 또는 유기기구 | 다이나믹 시트 | 일정한 시설 내에 복수구동장치에 의해 좌석 승용물이 영상의 움직임과 동일하게 움직이며 이용객이 체험을 즐기는 시설 · 기구(다이나믹시어터, 시네마판타지아, 깜짝모험관 등) |

라) 놀이형

| 분류 | 내용 | 대표 유기시설 또는 유기기구 | 정의(유기시설 또는 유기기구의 유사기구명) |
|---|---|---|---|
| 일반놀이형 | 이용객 스스로가 일정한 시설(건축물, 공간 등)에서 설치된 기계 · 기구를 이용하는 유기시설 또는 유기기구 | 펀하우스 | 일정한 시설(건축물, 공간 등)에 미끄럼, 줄타기, 다람쥐 놀이 등 다양한 기구가 설치되어 이용객 스스로 이용하는 시설 · 기구(미로탐험, 유령의집, 오즈의성 등) |
| | | 모험놀이 | 일정한 시설(건축물, 공간 등)에 그물망타기, 미끄럼, 줄타기 등이 설치되어 이용객 스스로 다양한 놀이를 즐기는 시설 · 기구(어린이광장, 짝궁놀이터 등) |
| | | 에어 바운스 | 바운싱 또는 슬라이딩 놀이를 즐기는 공기 주입장치식 공기막 기구(에어바운스 등) |
| 물놀이형 | 물을 매개체로 하여 일정한 규격(틀 등)을 갖추어 이용자 스스로 물놀이기계 · 기구 등을 이용하는 유기시설 또는 유기기구 | 파도풀 | 담수된 풀 내에서 담수된 풀 내에서 다량의 물을 한번에 흘리거나 송풍시켜 파도를 일으키는 시설 · 기구(케리비안웨이브, 웨이브풀 등) |
| | | 유수풀 | 담수된 수로 내에서 펌프로 물을 흘려 이용객이 수로를 따라 즐기는 시설 · 기구(리버웨이 등) |
| | | 트랜 트리버 | 담수된 수로 내에서 펌프로 물을 흘리거나 탱크에 다량 담수하였다가 한 번에 유출시켜 이용객이 수로를 따라 즐기는 시설 · 기구(익스트림 리버 등) |

| | |
|---|---|
| 바디 슬라이드 | 이용자가 보조기구 없이 일정량의 물이 흐르는 슬라이드를 이용자가 미끄러져 내려오는 시설 · 기구(바디슬라이더, 워터봅슬레이, 〈삭제〉, 스피드슬라이드, 아쿠아루프 등) |
| 보올 슬라이드 | 이용자가 보조기구 없이 또는 튜브를 타고 일정량의 물이 흐르는 슬라이드를 미끄러져 내려오는 시설 · 기구(스페이스보올, 와이퍼 아웃 등) |
| 직선 슬라이드 | 이용자가 보조기구 없이 또는 매트를 이용하여 일정량의 물이 흐르는 수직평면상 직선형태로 구성된 단일구조의 한개 또는 여러개의 슬라이드를 이용자가 미끄러져 내려오는 시설 · 기구(레이싱 슬라이드 등) |
| 튜브 슬라이드 | 일정량의 물이 흐르는 원(반)통형 슬라이드를 이용자가 튜브(1인 또는 다인승)를 타고 미끄러져 내려오는 시설 · 기구(튜브라이더, 와일드블라스트, 패밀리슬라이드 등) |
| 토네이도 슬라이드 | 일정량의 물이 흐르는 원(반)통형 슬라이드 구간과 실린더형통 또는 깔대기형통(곡선형 법면)에서 스윙하는 구간을 이용자가 튜브를 타고 미끄러져 내려오는 시설 · 기구(토네이도엘리슬라이드, 월드엘리슬라이드, 슈퍼엑스슬라이드, 토네이도 엑스, 메일스트롬, 쓰나미슬라이드 등) |
| 부메랑고 | 일정량의 물이 흐르는 원(반)통형 슬라이드 구간과 곡선형 법면에서 스윙하는 구간을 이용자가 튜브를 타고 미끄러져 내려오는 시설 · 기구(부메랑슬라이드, 웨이브슬라이드, 사이드와인더 등) |

| | | | |
|---|---|---|---|
| | | 마스터 블라스트 | 일정량의 물이 흐르는 원(반)통형 슬라이드 구간에 물분사장치 또는 전기장치에 의해 이용자가 튜브를 가속되면서 미끄러져 내려오는 시설 · 기구(로켓슬라이드, 몬스터블라스트 등) |
| | | 서핑 라이더 | 유속이 빠른 경사 구간을 보조기구를 이용하여 서핑을 즐기는 시설 · 기구(플로우라이더 등) |
| | | 수중 모험놀이 | 물총, 슬라이드, 물바가지 등 다양한 체험을 하는 종합 시설 · 기구(모험놀이, 어린이풀, 자이언트 워터플렉스, 스플레쉬어드벤처 등) |
| | | 워터 에어 바운스 | 물놀이형 바운싱 또는 슬라이딩 놀이를 즐기는 공기 주입장치식 공기막 기구(워터에어바운스, 에어슬라이드 등) |

2) 최초로 허가전 안전성검사를 받은 지 10년이 지나면 반기별 1회 이상 안전성검사를 받아야 하는 유기시설 또는 유기기구는 다음과 같이 구분한다.

| 대분류 | 중분류 | 대표 유기시설 또는 유기기구 | 반기별 안전성검사 대상 |
|---|---|---|---|
| 주행형 | 궤도 주행형 | 스카이싸이클 | 지면에서 이용객 높이 5미터 이상 |
| | | 모노레일 | 전체 등급(종류) |
| | | 스카이제트 | 전체 등급(종류) |
| | | 궤도자동차 | 궤도가 지면과 수평하지 않은 경우 |
| | | 정글마우스 | 전체 등급(종류) |
| | | 미니코스터 | 전체 등급(종류) |
| | | 제트코스터 | 전체 등급(종류) |
| | | 루프코스터 | 전체 등급(종류) |
| | | 공중궤도라이드 | 전체 등급(종류) |

| | | | |
|---|---|---|---|
| | 수로 주행형 | 후룸라이드 | 수로길이 70미터 이상 또는 지면에서 이용객 높이 5미터 이상 |
| | | 신밧드의 모험 | 전체 등급(종류) |
| | | 래피드라이드 | 전체 등급(종류) |
| | 자유 주행형 | 수륙양용관람차 | 전체 등급(종류) |
| 고정형 | 종회전 고정형 | 회전관람차 | 지면에서 이용객 높이 5미터 이상 |
| | | 플라잉카펫 | 전체 등급(종류) |
| | | 아폴로 | 전체 등급(종류) |
| | | 레인보우 | 전체 등급(종류) |
| | | 바이킹 | 탑승인원 41인승 이상 |
| | | 고공파도타기 | 전체 등급(종류) |
| | | 스카이코스터 | 전체 등급(종류) |
| | 횡회전 고정형 | 회전그네 | 탑승인원 41인승 이상 |
| | | 뮤직익스프레스 | 전체 등급(종류) |
| | | 스윙댄스 | 전체 등급(종류) |
| | | 타가다디스코 | 전체 등급(종류) |
| | 복합 회전 고정형 | 회전비행기 | 전체 등급(종류) |
| | | 우주전투기 | 탑승인원 21인승 이상 |
| | | 점프보트 | 전체 등급(종류) |
| | | 다람쥐통 | 전체 등급(종류) |
| | | 스페이스자이로 | 전체 등급(종류) |
| | | 엔터프라이즈 | 전체 등급(종류) |
| | | 문어다리 | 전체 등급(종류) |
| | | 슈퍼스윙 | 탑승인원 21인승 이상 |
| | | 베이스볼 | 전체 등급(종류) |

| | | | |
|---|---|---|---|
| | | 브레이크댄스 | 전체 등급(종류) |
| | | 풍선타기 | 전체 등급(종류) |
| | | 허리케인 | 전체 등급(종류) |
| | | 매직스윙 | 탑승인원 21인승 이상 |
| | | 슈퍼라이드 | 전체 등급(종류) |
| | 승강 고정형 | 패러슈터타워 | 지면에서 이용객 높이 5미터 이상 |
| | | 타워라이드 | 전체 등급(종류) |
| | | 프레쉬팡팡 | 전체 등급(종류) |
| 놀이형 | 일반 놀이형 | 펀하우스 | 전체 등급(종류) |

## 2. 안전성검사 대상이 아닌 유기시설 또는 유기기구

가. 대상

안전성검사 대상이 아닌 유기시설 또는 유기기구는 위험요소가 적은 유기시설 또는 유기기구로서 최초 안전성검사 대상이 아님을 확인하는 검사와 정기적인 안전관리가 필요한 유기시설 또는 유기기구를 말한다.

나. 구분

1) 안전성검사 대상이 아닌 유기시설 또는 유기기구는 다음과 같이 구분한다.

| 유 형 | 내용 | 유기시설 또는 유기기구 |
|---|---|---|
| 가) 주행형 | 일정 궤도·주로·수로·지역(공간)을 가지고 있으며, 속도가 5 km/h 이하로 이용자 스스로가 참여하여 운행되는 유기시설 또는 유기기구 | 미니기차(레일 안쪽 길이 30미터 이하), 이티로보트(레일 안쪽 길이 30미터 이하), 배터리카, 멜로디페트, 수상사이클(수심 0.5미터 이하), 페달보트 및 배터리보트(수심 0.5미터 이하이며, 소인 1인 탑승하는 것) 등 |
| 나) 고정형 | 회전직경이 3미터 이 | 로데오타기, 회전형라이더(미니 |

| | | |
|---|---|---|
| | 내로 이용자 스스로가 참여하여 작동되는 유기시설 또는 유기기구 | 회전목마, 야자수 등), 미니 라이더(코인 라이더 등) 등 |
| 다) 관람형 | 일정한 시설물(기계 · 기구 · 건축물 · 보조기구 등) 내에서 이용자 스스로가 참여하여 체험하는 유기시설 또는 유기기구 | 영상모험관(탑승인원 5인승 이하이며, 탑승높이 2미터 이하), 미니시뮬레이션(탑승인원 5인승 이하이며, 탑승높이 2미터 이하), 다이나믹시트(탑승인원 10인승 이하), 3D 또는 4D입체영화관(좌석고정영상시설) 등 |
| 라) 놀이형 | 일정한 시설(기계 · 기구 · 공간 등) 내에서 보조기구 또는 장치를 이용하거나 기구에 포함된 구성물을 작동하여 이용자 스스로가 이용하거나 체험할 수 있는 기구로서 누구나 이용할 수 있고 사행성이 없는 유기시설 또는 유기기구 | 붕붕뜀틀, 미니모험놀이(플레이스페이스 포함, 탑승높이가 3미터 이하이며, 설치 면적이 120제곱미터 이하), 미니에어바운스(탑승높이가 3미터 이하이며, 설치면적이 120제곱미터 이하), 미니사격, 공쏘기, 광선총, 공굴리기, 표적맞추기, 물쏘기, 미니볼링, 미니농구, 공던지기, 공차기, 에어하키, 망치치기, 펀치, 미니야구, 스키타기, 팔씨름, 오토바이타기, 자동차경주, 자전거타기, 보트타기, 말타기, 뮤직댄스, 수상기구타기, 건슈팅 등 |
| | 일정한 시설(기계 · 기구 · 공간 등) 내에서 이용자 스스로가 참여하여 물놀이(수심 1미터 이하)를 체험하는 유기시설 또는 유기기구 | 미니슬라이드(슬라이드 길이 10미터 이하이며, 탑승높이 2미터 이하), 미니수중모험놀이(물버켓이 설치되지 않고 슬라이드 전체길이가 10미터 이하이며, 탑승높이 2미터 이하), 미니워터에어바운스(탑승높이가 3미터 이하이며, 설치 면적이 120제곱미터 이하) 등 |

2) 최초 확인검사 이후 정기 확인검사를 받아야 하는 유기시설 또는 유기기구는 다음과 같이 구분한다.

| 유 형 | 유기시설 또는 유기기구 |
|---|---|
| 가) 주행형 | 미니기차, 이티로보트 등 |
| 나) 고정형 | 로데오타기, 회전형라이더 등 |
| 다) 관람형 | 영상모험관, 미니시뮬레이션, 다이나믹시트 등 |
| 라) 놀이형 | 붕붕뜀틀, 미니모험놀이, 미니에어바운스, 미니슬라이드, 미니수중모험놀이, 미니워터에어바운스 등 |

다. 다른 법령에서 중복하여 관리하는 유기시설 또는 유기기구

1) 「게임산업진흥에 관한 법률」 제2조제1호 본문에 따른 게임물이면서 안전성검사 대상이 아닌 유기시설 또는 유기기구에 해당하는 경우에는 「게임산업진흥에 관한 법률」 제21조에 따라 전체이용가 등급을 받은 것이어야 한다.

2) 「어린이놀이시설 안전관리법」에 따라 설치검사 및 정기시설검사를 실시한 어린이놀이기구이면서 위의 가 및 나의 유기시설 또는 유기기구에 해당하는 경우에는 제40조에 따른 안전성검사 대상이 아님을 확인하는 검사 또는 정기 확인검사를 받은 것으로 본다.

**시행규칙 제41조(안전관리자의 자격 · 배치기준 및 임무 등)**

① 법 제33조제2항에 따라 유원시설업의 사업장에 배치하여야 하는 안전관리자의 자격 · 배치기준 및 임무는 별표 12와 같다. 〈개정 2015.8.4., 2016.12.30.〉

② 법 제33조제3항에 따른 유기시설 및 유기기구의 안전관리에 관한 교육(이하 "안전교육"이라 한다)의 내용은 다음 각 호와 같다. 〈신설 2015.8.4.〉

1. 유원시설 안전사고의 원인 및 대응요령
2. 유원시설 안전관리에 관한 법령
3. 유원시설 안전관리 실무
4. 그 밖에 유원시설 안전관리를 위하여 필요한 사항

③ 법 제33조제2항에 따른 안전관리자는 법 제33조제3항에 따라

유원시설업의 사업장에 처음 배치된 날부터 6개월 이내에 안전교육을 받아야 한다. 다만, 다른 유원시설업 사업장에서 제2항에 따른 안전교육을 받고 2년이 경과하지 아니한 경우에는 그러하지 아니하다.〈신설 2015.8.4., 2016.12.30.〉

④ 제3항에 따라 안전교육을 받은 안전관리자는 제3항에 따른 교육일부터 매 2년마다 1회 이상의 안전교육을 받아야 한다. 이 경우 1회당 안전교육 시간은 8시간 이상으로 한다.〈신설 2015.8.4.〉

⑤ 영 제65조제1항제3호의2에 따라 안전관리자의 안전교육에 관한 권한을 위탁받은 업종별 관광협회 또는 안전관련 전문 연구 · 검사기관은 안전교육이 종료된 후 1개월 이내에 그 교육결과를 해당 유원시설업의 소재지를 관할하는 특별자치시장 · 특별자치도지사 · 시장 · 군수 · 구청장에게 통지하여야 한다.〈신설 2015.8.4., 2019.4.25.〉

[제목개정 2015.8.4.]

### [시행규칙 별표12]

[별표 12] 〈개정 2016.12.30.〉

**안전관리자의 자격 · 배치기준 및 임무(제41조 관련)**

1. 안전관리자의 자격

| 구분 | 자격 |
|---|---|
| 종합유원시설업 | 가. 「국가기술자격법」에 따른 기계 · 전기 · 전자 또는 안전관리 분야의 산업기사 자격이상 보유한 자<br>나. 「고등교육법」에 따른 이공계 전문대학 또는 이와 동등 이상의 학교를 졸업한 자로서 종합유원시설업소 또는 일반유원시설업소에서 1년 이상 유기시설 및 유기기구 안전점검 · 정비업무를 담당한 자 또는 기계 · 전기 · 산업안전 · 자동차정비 등 유원시설업의 유사경력 2년 이상인 자<br>다. 「국가기술자격법」에 따른 기계 · 전기 · 전자 또는 안전관리 분야의 기능사 자격이상 보유한 자로서 종합유원시설업소 또는 일반유원시설업소에서 2년 이상 유기시설 및 유기기 |

| | |
|---|---|
| | 구 안전점검 · 정비업무를 담당한 자 또는 기계 · 전기 · 산업안전 · 자동차정비 등 유원시설업의 유사경력 3년 이상인 자 |
| 일반유원시설업 | 가. 「국가기술자격법」에 따른 기계 · 전기 · 전자 또는 안전관리 분야의 산업기사 또는 기능사 자격이상 보유한 자<br>나. 「고등교육법」에 따른 이공계 전문대학 또는 이와 동등 이상의 학교를 졸업한 자로서 종합유원시설업소 또는 일반유원시설업소에서 1년 이상 유기시설 및 유기기구 안전점검 · 정비업무를 담당한 자 또는 기계 · 전기 · 산업안전 · 자동차정비 등 유원시설업의 유사경력 2년 이상인 자<br>다. 「초 · 중등교육법」에 따른 공업계 고등학교 또는 이와 동등 이상의 학교를 졸업한 자로서 종합유원시설업소 또는 일반유원시설업소에서 2년 이상 유기시설 및 유기기구 안전점검 · 정비업무를 담당한 자 또는 기계 · 전기 · 산업안전 · 자동차정비 등 유원시설업의 유사경력 3년 이상인 자<br>라. 종합유원시설업 또는 일반유원시설업의 안전관리업무에 종사한 경력이 5년 이상인 자로서, 문화체육관광부장관이 지정하는 업종별 관광협회 또는 전문연구 · 검사기관에서 40시간 이상 안전교육을 이수한 자 |

2. 안전관리자의 배치기준

가. 안전성검사 대상 유기기구 1종 이상 10종 이하를 운영하는 사업자: 1명 이상

나. 안전성검사 대상 유기기구 11종 이상 20종 이하를 운영하는 사업자: 2명 이상

다. 안전성검사 대상 유기기구 21종 이상을 운영하는 사업자: 3명 이상

3. 안전관리자의 임무

가. 안전관리자는 안전운행 표준지침을 작성하고 유기시설 안전관리계획을 수립하고 이에 따라 안전관리업무를 수행하여야

한다.

나. 안전관리자는 매일 1회 이상 안전성검사 대상 유기시설 또는 유기기구에 대한 안전점검을 하고 그 결과를 안전점검기록부에 기록 · 비치하여야 하며, 이용객이 보기 쉬운 곳에 유기시설 또는 유기기구별로 안전점검표시판을 게시하여야 한다.

다. 유기시설과 유기기구의 운행자 및 유원시설 종사자에 대한 안전교육계획을 수립하고, 이에 따라 교육을 하여야 한다.

7. 영업질서 유지 등
➡법 제34조

- 유원시설업자의 준수사항
→시행규칙 제42조

| 법 | 시행령 | 시행규칙 |
|---|---|---|
| 법 제34조<br>(영업질서 유지 등) | | 시행규칙 제42조(유원시설업자의 준수사항) |

**법 제34조(영업질서 유지 등)**

① 유원시설업자는 영업질서 유지를 위하여 문화체육관광부령으로 정하는 사항을 지켜야 한다. 〈개정 2008.2.29.〉

② 유원시설업자는 법령을 위반하여 제조한 유기시설 · 유기기구 또는 유기기구의 부분품(部分品)을 설치하거나 사용하여서는 아니 된다.

**시행규칙 제42조(유원시설업자의 준수사항)**

법 제34조제1항에 따른 유원시설업자의 준수사항은 별표 13과 같다.

**[시행규칙 별표13]**

[별표 13] 〈개정 2016.12.30.〉

유원시설업자의 준수사항(제42조 관련)

1. 공통사항

(1) 사업자는 사업장 내에서 이용자가 항상 이용질서를 유지하게 하여야 하며, 이용자의 활동에 제공되거나 이용자의 안전을 위하여 설치된 각종 시설 · 설비 · 장비 · 기구 등이 안전하고 정상적으로 이용될 수 있는 상태를 유지하여야 한다.

(2) 사업자는 이용자를 태우는 유기시설 또는 유기기구의 경우 정

원을 초과하여 이용자를 태우지 아니하도록 하고, 운행 개시 전에 안전상태를 확인하여야 하며, 특히 안전띠 또는 안전대의 안전성 여부와 착용상태를 확인하여야 한다.

(3) 사업자는 운행 전 이용자가 외관상 객관적으로 판단하여 정신적·신체적으로 이용에 부적합하다고 인정되거나 유기시설 또는 유기기구 내에서 본인 또는 타인의 안전을 저해할 우려가 있는 경우에는 게시 및 안내를 통하여 이용을 거부하거나 제한하여야 하고, 운행 중에는 이용자가 정위치에 있는지와 이상행동을 하는지를 주의하여 관찰하여야 하며, 유기시설 또는 유기기구 안에서 장난 또는 가무행위 등 안전에 저해되는 행위를 하지 못하게 하여야 한다.

(4) 사업자는 이용자가 보기 쉬운 곳에 이용요금표·준수사항 및 이용시 주의하여야 할 사항을 게시하여야 한다.

(5) 사업자는 허가 또는 신고된 영업소의 명칭(상호)을 표시하여야 한다.

(6) 사업자는 조명이 60럭스 이상이 되도록 유지하여야 한다. 다만, 조명효과를 이용하는 유기시설은 제외한다.

(7) 사업자는 화재발생에 대비하여 소화기를 설치하고, 이용자가 쉽게 알아볼 수 있는 곳에 피난안내도를 부착하거나 피난방법에 대하여 고지하여야 한다.

(8) 사업자는 유관기관(허가관청·경찰서·소방서·의료기관·안전성검사등록기관 등)과 안전관리에 관한 연락체계를 구축하고, 사망 등 중대한 사고의 발생 즉시 등록관청에 보고하여야 하며, 안전사고의 원인 조사 및 재발 방지대책을 수립하여야 한다.

(9) 사업자는 제40조제8항에 따른 행정청의 조치사항을 준수하여야 한다.

(10) 사업자는 「게임산업진흥에 관한 법률」 제2조제1호 본문에 따른 게임물에 해당하는 유기시설 또는 유기기구에 대하여 「게임산업진흥에 관한 법률」 제28조제2호·제2호의2·제3호 및 제6호에 따라 사행성을 조장하지 아니하도록 하여야 하며, 「게임산업진흥에 관한 법률 시행령」 제16조에 따른 청소년게임제공업자의 영업시간 및 청소년의 출입시간을 준수하여야 한다.

2. 개별사항

가. 종합·일반유원시설업

(1) 사업자는 법 제33조제2항에 따라 안전관리자를 배치하고, 안전관리자가 그 업무를 적절하게 수행하도록 지도·감독

하는 등 유기시설 또는 유기기구를 안전하게 관리하여야 하며, 안전관리자가 교육 등으로 업무수행이 일시적으로 불가한 경우에는 유원시설업의 안전관리업무에 종사한 경력이 있는 자로 하여금 업무를 대행하게 하여야 한다.

(2) 사업자는 안전관리자가 매일 1회 이상 안전성검사 대상 및 대상이 아닌 유기시설 또는 유기기구에 대한 안전점검을 하고 그 결과를 안전점검기록부에 기록하여 1년 이상 보관하도록 하여야 하며, 이용자가 보기 쉬운 곳에 유기시설 또는 유기기구별로 안전점검표지판을 게시하여야 한다.

(3) 사업자는 안전관리자가 유기시설 또는 유기기구의 운행자 및 종사자에 대한 안전교육계획을 수립하여 주 1회 이상 안전교육을 실시하고, 그 교육일지를 기록 · 비치하여야 한다.

(4) 사업자는 운행자 및 종사자의 신규 채용시에는 사전 안전교육을 4시간 이상 실시하고, 그 교육일지를 기록 · 비치하여야 한다.

(5) 6개월 미만으로 단기 영업허가를 받은 사업자는 영업이 종료된 후 1개월 이내에 안전점검기록부와 교육일지를 시장 · 군수 · 구청장에게 제출하여야 한다.

나. 기타유원시설업

(1) 사업자 또는 종사자는 비상시 안전행동요령 등을 숙지하고 근무하여야 한다.

(2) 사업자는 본인 스스로 또는 종사자로 하여금 별표 11의 제2호나목1)에 해당하는 유기시설 또는 유기기구는 매일 1회 이상 안전점검을 하고 그 결과를 안전점검기록부에 기록하여 1년 이상 보관하도록 하여야 하며, 이용자가 보기 쉬운 곳에 유기시설 또는 유기기구별로 안전점검표지판을 게시하여야 한다.

(3) 사업자는 본인 스스로 또는 종사자에 대한 안전교육을 월 1회 이상 하고, 그 교육일지를 기록 · 비치하여야 하며, 별표 11 제2호나목2)에 해당하는 유기시설 또는 유기기구를 설치하여 운영하는 사업자는 제41조제2항에 따른 안전교육을 2년마다 1회 이상 4시간 이상 받아야 한다.

(4) 사업자는 종사자의 신규 채용시에는 사전 안전교육을 2시간 이상 실시하고, 그 교육일지를 기록 · 비치하여야 한다.

(5) 6개월 미만으로 단기 영업신고를 한 사업자는 영업이 종료된 후 1개월 이내에 안전점검기록부와 교육일지를 시장 · 군수 · 구청장에게 제출하여야 한다.

8. 관광사업의 양수
➡법 제8조

- 관광사업의 지위 승계
→시행규칙 제16조

- 휴업 또는 폐업의 통보
→시행규칙 제17조

| 법 | 시행령 | 시행규칙 |
|---|---|---|
| 제8조<br>(관광사업의 양수 등 | | 시행규칙 제16조 (관광사업의 지위승계)<br>시행규칙 제17조 (휴업 또는 폐업의 통보) |

**법 제8조(관광사업의 양수 등)**

① 관광사업을 양수(讓受)한 자 또는 관광사업을 경영하는 법인이 합병한 때에는 합병 후 존속하거나 설립되는 법인은 그 관광사업의 등록등 또는 신고에 따른 관광사업자의 권리 · 의무(제20조제1항에 따라 분양이나 회원 모집을 한 경우에는 그 관광사업자와 공유자 또는 회원 간에 약정한 사항을 포함한다)를 승계한다.

② 다음 각 호의 어느 하나에 해당하는 절차에 따라 문화체육관광부령으로 정하는 주요한 관광사업 시설의 전부를 인수한 자는 그 관광사업자의 지위(제20조제1항에 따라 분양이나 회원 모집을 한 경우에는 그 관광사업자와 공유자 또는 회원 간에 약정한 권리 및 의무 사항을 포함한다)를 승계한다. 〈개정 2008.2.29., 2010.3.31., 2016.12.27.〉

1. 「민사집행법」에 따른 경매
2. 「채무자 회생 및 파산에 관한 법률」에 따른 환가(換價)
3. 「국세징수법」, 「관세법」 또는 「지방세징수법」에 따른 압류재산의 매각
4. 그 밖에 제1호부터 제3호까지의 규정에 준하는 절차

③ 관광사업자가 제35조제1항 및 제2항에 따른 취소 · 정지처분 또는 개선명령을 받은 경우 그 처분 또는 명령의 효과는 제1항에 따라 관광사업자의 지위를 승계한 자에게 승계되며, 그 절차가 진행 중인 때에는 새로운 관광사업자에게 그 절차를 계속 진행할 수 있다. 다만, 그 승계한 관광사업자가 양수나 합병 당시 그 처분 · 명령이나 위반 사실을 알지 못하였음을 증명하면 그러하지 아니하다.

④ 제1항과 제2항에 따라 관광사업자의 지위를 승계한 자는 승계한 날부터 1개월 이내에 관할 등록기관등의 장에게 신고하여야 한다.

⑤ 관할 등록기관등의 장은 제4항에 따른 신고를 받은 경우 그 내용을 검토하여 이 법에 적합하면 신고를 수리하여야 한다. 〈신설 2018.6.12.〉

⑥ 제15조제1항 및 제2항에 따른 사업계획의 승인을 받은 자의 지위승계에 관하여는 제1항부터 제5항까지의 규정을 준용한다. 〈개정 2018.6.12.〉

⑦ 제1항과 제2항에 따른 관광사업자의 지위를 승계하는 자에 관하여는 제7조를 준용하되, 카지노사업자의 경우에는 제7조 및 제22조를 준용한다. 〈개정 2008.3.28., 2018.6.12.〉

⑧ 관광사업자가 그 사업의 전부 또는 일부를 휴업하거나 폐업한 때에는 관할 등록기관등의 장에게 알려야 한다. 다만, 카지노사업자가 카지노업을 휴업 또는 폐업하고자 하는 때에는 문화체육관광부령으로 정하는 바에 따라 미리 신고하여야 한다. 〈개정 2018.6.12., 2018.12.11.〉

**시행규칙 제16조(관광사업의 지위승계)**

① 법 제8조제2항에서 "문화체육관광부령으로 정하는 주요한 관광사업시설"이란 다음 각 호의 시설을 말한다.〈개정 2008.3.6., 2018.11.29.〉

1. 관광사업에 사용되는 토지와 건물
2. 영 제5조에 따른 관광사업의 등록기준에서 정한 시설(등록대상 관광사업만 해당한다)
5. 제7조제1항에 따른 유원시설업의 시설 및 설비기준에서 정한 시설(유원시설업만 해당한다)

② 법 제8조제4항에 따라 관광사업자의 지위를 승계한 자는 그 사유가 발생한 날부터 1개월 이내에 별지 제23호서식의 관광사업 양수(지위승계)신고서에 다음 각 호의 서류를 첨부하여 문화체육관광부장관, 특별자치시장 · 특별자치도지사 · 시장 · 군수 · 구청장 또는 지역별 관광협회장(이하 "등록기관등의 장"이라 한다)에게 제출하여야 한다.〈개정 2009.10.22., 2011.3.30., 2015.4.22., 2019.4.25.〉

1. 지위를 승계한 자(법인의 경우에는 대표자)가 내국인인 경우에는 성명 및 주민등록번호를 기재한 서류

1의2. 지위를 승계한 자(법인의 경우에는 대표자 및 임원)가

외국인인 경우에는 법 제7조제1항 각 호(카지노업의 경우에는 법 제22조제1항 각 호를 포함한다)에 해당하지 아니함을 증명하는 다음 각 목의 어느 하나에 해당하는 서류. 다만, 법 또는 다른 법령에 따라 인·허가 등을 받아 사업자등록을 하고 해당 영업 또는 사업을 영위하고 있는 자(법인의 경우에는 최근 1년 이내에 법인세를 납부한 시점부터 신고 시점까지의 기간 동안 대표자 및 임원의 변경이 없는 경우로 한정한다)는 해당 영업 또는 사업의 인·허가증 등 인·허가 등을 받았음을 증명하는 서류와 최근 1년 이내에 소득세(법인의 경우에는 법인세를 말한다)를 납부한 사실을 증명하는 서류를 제출하는 경우에는 그 영위하고 있는 영업 또는 사업의 결격사유 규정과 중복되는 법 제7조제1항(카지노업의 경우에는 법 제22조제1항을 포함한다)의 결격사유에 한하여 다음 각 목의 서류를 제출하지 아니할 수 있다.

가. 해당 국가의 정부나 그 밖의 권한 있는 기관이 발행한 서류 또는 공증인이 공증한 신청인의 진술서로서 「재외공관 공증법」에 따라 해당 국가에 주재하는 대한민국공관의 영사관이 확인한 서류

나. 「외국공문서에 대한 인증의 요구를 폐지하는 협약」을 체결한 국가의 경우에는 해당 국가의 정부나 그 밖의 권한 있는 기관이 발행한 서류 또는 공증인이 공증한 신청인의 진술서로서 해당 국가의 아포스티유(Apostille) 확인서 발급 권한이 있는 기관이 그 확인서를 발급한 서류

2. 양도·양수 등 지위승계를 증명하는 서류(시설인수 명세를 포함한다)

③ 제2항에 따른 신고서를 제출받은 담당공무원은 「전자정부법」 제36조제1항에 따른 행정정보의 공동이용을 통하여 지위를 승계한 자의 법인 등기사항증명서(법인만 해당한다)를 확인하여야 한다. 다만, 영 제65조에 따라 관광협회에 위탁된 업종의 경우에는 신고인으로 하여금 해당 서류를 첨부하도록 하여야 한다.〈개정 2009.3.31., 2011.3.30.〉

### 시행규칙 제17조(휴업 또는 폐업의 통보)

① 법 제8조제8항 본문에 따라 관광사업의 전부 또는 일부를 휴업하거나 폐업한 자는 휴업 또는 폐업을 한 날부터 30일 이내에 별지 제24호서식의 관광사업 휴업 또는 폐업 통보(신고)서를 등록기관등의 장에게 제출하여야 한다. 다만, 6개월 미만의 유원시설업 허가 또는 신고일 경우에는 폐업통보서를 제출하지 아니하여도 해당 기간이 끝나는 때에 폐업한 것으로 본다. 〈개정 2011.10.6., 2016.12.30., 2019.4.25., 2019.6.12.〉

② 법 제8조제8항 단서에 따라 카지노업을 휴업 또는 폐업하려는 자는 휴업 또는 폐업 예정일 10일 전까지 별지 제24호서식의 관광사업 휴업 또는 폐업 통보(신고)서에 카지노기구의 관리계획에 관한 서류를 첨부하여 문화체육관광부장관에게 제출해야 한다. 다만, 천재지변이나 그 밖의 부득이한 사유가 있는 경우에는 휴업 또는 폐업 예정일까지 제출할 수 있다. 〈신설 2019.6.12.〉

9. 등록 취소 등
➡법 제35조

- 사업계획승인시설의 착공 및 준공기간
⇒시행령 제32조

- 행정처분의 기준 등
⇒시행령 제33조

- 행정처분기록대장의 기록 · 유지
→시행규칙 제43조

| 법 | 시행령 | 시행규칙 |
|---|---|---|
| 법 제35조 (등록취소 등) | 시행령 제32조(사업계획승인시설의 착공 및 준공기간)<br>시행령 제33조(행정처분의 기준 등) | 시행규칙 제43조(행정처분기록대장의 기록·유지) |

### 법 제35조(등록취소 등)

① 관할 등록기관등의 장은 관광사업의 등록등을 받거나 신고를 한 자 또는 사업계획의 승인을 받은 자가 다음 각 호의 어느 하나에 해당하면 그 등록등 또는 사업계획의 승인을 취소하거나 6개월 이내의 기간을 정하여 그 사업의 전부 또는 일부의 정지를 명하거나 시설·운영의 개선을 명할 수 있다.〈개정 2007.7.19., 2009.3.25., 2011.4.5., 2014.3.11., 2015.2.3., 2015.5.18., 2015.12.22., 2018.12.11.〉

1. 제4조에 따른 등록기준에 적합하지 아니하게 된 경우 또는 변경등록기간 내에 변경등록을 하지 아니하거나 등록한 영업범위를 벗어난 경우

1의2. 제5조제2항 및 제4항에 따라 문화체육관광부령으로 정하는 시설과 설비를 갖추지 아니하게 되는 경우

2. 제5조제3항 및 제4항 후단에 따른 변경허가를 받지 아니하거나 변경신고를 하지 아니한 경우
2의2. 제6조제2항에 따른 지정 기준에 적합하지 아니하게 된 경우
3. 제8조제4항(같은 조 제5항에 따라 준용하는 경우를 포함한다)에 따른 기한 내에 신고를 하지 아니한 경우
3의2. 제8조제7항을 위반하여 휴업 또는 폐업을 하고 알리지 아니하는 경우
4. 제9조에 따른 보험 또는 공제에 가입하지 아니하거나 영업보증금을 예치하지 아니한 경우
4의2. 제10조제2항을 위반하여 사실과 다르게 관광표지를 붙이거나 관광표지에 기재되는 내용을 사실과 다르게 표시 또는 광고하는 행위를 한 경우
5. 제11조를 위반하여 관광사업의 시설을 타인에게 처분하거나 타인에게 경영하도록 한 경우
6. 제12조에 따른 기획여행의 실시요건 또는 실시방법을 위반하여 기획여행을 실시한 경우
7. 제14조를 위반하여 안전정보 또는 변경된 안전정보를 제공하지 아니하거나, 여행계약서 및 보험 가입 등을 증명할 수 있는 서류를 여행자에게 내주지 아니한 경우 또는 여행자의 사전 동의 없이 여행일정(선택관광 일정을 포함한다)을 변경하는 경우
8. 제15조에 따라 사업계획의 승인을 얻은 자가 정당한 사유 없이 대통령령으로 정하는 기간 내에 착공 또는 준공을 하지 아니하거나 같은 조를 위반하여 변경승인을 얻지 아니하고 사업계획을 임의로 변경한 경우
8의2. 제18조의2에 따른 준수사항을 위반한 경우
8의3. 제19조제1항 단서를 위반하여 등급결정을 신청하지 아니한 경우
9. 제20조제1항 및 제4항을 위반하여 분양 또는 회원모집을 하거나 같은 조 제5항에 따른 공유자·회원의 권익을 보호하기 위한 사항을 준수하지 아니한 경우
9의2. 제20조의2에 따른 준수사항을 위반한 경우
10. 제21조에 따른 카지노업의 허가 요건에 적합하지 아니하게

된 경우

11. 제23조제3항을 위반하여 카지노 시설 및 기구에 관한 유지 · 관리를 소홀히 한 경우
12. 제28조제1항 및 제2항에 따른 준수사항을 위반한 경우
13. 제30조를 위반하여 관광진흥개발기금을 납부하지 아니한 경우
14. 제32조에 따른 물놀이형 유원시설 등의 안전 · 위생기준을 지키지 아니한 경우
15. 제33조제1항에 따른 유기시설 또는 유기기구에 대한 안전성검사 및 안전성검사 대상에 해당되지 아니함을 확인하는 검사를 받지 아니하거나 같은 조 제2항에 따른 안전관리자를 배치하지 아니한 경우
16. 제34조제1항에 따른 영업질서 유지를 위한 준수사항을 지키지 아니하거나 같은 조 제2항을 위반하여 불법으로 제조한 부분품을 설치하거나 사용한 경우

16의2. 제38조제1항 단서를 위반하여 해당 자격이 없는 자를 종사하게 한 경우

17. 삭제〈2011.4.5.〉
18. 제78조에 따른 보고 또는 서류제출명령을 이행하지 아니하거나 관계 공무원의 검사를 방해한 경우
19. 관광사업의 경영 또는 사업계획을 추진함에 있어서 뇌물을 주고받은 경우
20. 고의로 여행계약을 위반한 경우(여행업자만 해당한다)

② 관할 등록기관등의 장은 관광사업의 등록등을 받은 자가 다음 각 호의 어느 하나에 해당하면 6개월 이내의 기간을 정하여 그 사업의 전부 또는 일부의 정지를 명할 수 있다.〈신설 2007.7.19., 2008.2.29., 2011.4.5.〉

1. 제13조제2항에 따른 등록을 하지 아니한 자에게 국외여행을 인솔하게 한 경우
2. 제27조에 따른 문화체육관광부장관의 지도와 명령을 이행하지 아니한 경우

③ 제1항 및 제2항에 따른 취소 · 정지처분 및 시설 · 운영개선명령의 세부적인 기준은 그 사유와 위반 정도를 고려하여 대통령령으로 정한다.〈개정 2007.7.19.〉

④ 관할 등록기관등의 장은 관광사업에 사용할 것을 조건으로 「

관세법」 등에 따라 관세의 감면을 받은 물품을 보유하고 있는 관광사업자로부터 그 물품의 수입면허를 받은 날부터 5년 이내에 그 사업의 양도·폐업의 신고 또는 통보를 받거나 그 관광사업자의 등록등의 취소를 한 경우에는 관할 세관장에게 그 사실을 즉시 통보하여야 한다.〈개정 2007.7.19.〉

⑤ 관할 등록기관등의 장은 관광사업자에 대하여 제1항 및 제2항에 따라 등록등을 취소하거나 사업의 전부 또는 일부의 정지를 명한 경우에는 제18조제2항에 따라 소관 행정기관의 장(외국인투자기업인 경우에는 기획재정부장관을 포함한다)에게 그 사실을 통보할 수 있다.〈개정 2007.7.19., 2008.2.29.〉

⑥ 관할 등록기관등의 장 외의 소관 행정기관의 장이 관광사업자에 대하여 그 사업의 정지나 취소 또는 시설의 이용을 금지하거나 제한하려면 미리 관할 등록기관등의 장과 협의하여야 한다.〈개정 2007.7.19.〉

⑦ 제1항 각 호의 어느 하나에 해당하는 관광숙박업자의 위반행위가 「공중위생관리법」 제11조제1항에 따른 위반행위에 해당하면 「공중위생관리법」의 규정에도 불구하고 이 법을 적용한다.〈개정 2007.7.19.〉

### 시행령 제32조(사업계획승인시설의 착공 및 준공기간)

법 제35조제1항제8호에서 "대통령령으로 정하는 기간"이란 다음 각 호의 기간을 말한다.〈개정 2009.6.30.〉

1. 2011년 6월 30일 이전에 법 제15조에 따른 사업계획의 승인을 받은 경우
   가. 착공기간: 사업계획의 승인을 받은 날부터 4년
   나. 준공기간: 착공한 날부터 7년
2. 2011년 7월 1일 이후에 법 제15조에 따른 사업계획의 승인을 받은 경우
   가. 착공기간: 사업계획의 승인을 받은 날부터 2년
   나. 준공기간: 착공한 날부터 5년

### 시행규칙 제43조(행정처분기록대장의 기록 · 유지)

영 제33조제2항에 따른 행정처분기록대장은 별지 제34호 서식에 따른다.

### 시행령 제33조(행정처분의 기준 등)

① 법 제35조제1항 및 제2항에 따라 문화체육관광부장관, 특별시장 · 광역시장 · 도지사 · 특별자치도지사(이하 "시 · 도지사"라 한다) 또는 시장 · 군수 · 구청장(이하 "등록기관등의 장"이라 한다)이 행정처분을 하기 위한 위반행위의 종류와 그 처분기준은 별표 2와 같다. 〈개정 2008.2.29., 2009.10.7., 2019.4.9.〉

② 등록기관등의 장이 제1항에 따라 행정처분을 한 경우에는 문화체육관광부령으로 정하는 행정처분기록대장에 그 처분내용을 기록 · 유지하여야 한다. 〈개정 2008.2.29.〉

### [시행령 별표 2]

[별표 2] 〈개정 2018.11.20.〉

행정처분의 기준(제33조제1항 관련)

1. 일반기준
   가. 위반행위가 두 가지 이상일 때에는 그 중 중한 처분기준(중한 처분기준이 같을 때에는 그 중 하나의 처분기준을 말한다. 이하 이 목에서 같다)에 따르며, 두 가지 이상의 처분기준이 모두 사업정지일 경우에는 중한 처분기준의 2분의 1까지 가중 처분할 수 있되, 각 처분기준을 합산한 기간을 초과할 수 없다.
   나. 위반행위의 횟수에 따른 행정처분의 기준은 최근 1년(카지노업에 대하여 행정처분을 하는 경우에는 최근 3년을 말한다)간 같은 위반행위로 행정처분을 받은 경우에 적용한다. 이 경우 행정처분 기준의 적용은 같은 위반행위에 대하여 최초로 행정처분을 한 날을 기준으로 한다.
   다. 나목에 따라 가중된 행정처분을 하는 경우 행정처분의 적용 차수는 그 위반행위 전 행정처분 차수(나목에 따른 기간 내에 행정처분이 둘 이상 있었던 경우에는 높은 차수를 말한다)의 다음 차수로 한다.
   라. 처분권자는 위반행위의 동기 · 내용 · 횟수 및 위반의 정도 등 1)부터 4)까지의 규정에 해당하는 사유를 고려하여 그 처분을 감경할 수 있다. 이 경우 그 처분이 사업정지인 경우에는 그 처분기준의 2분의 1의 범위에서 감경할 수 있다.
      1) 위반행위가 고의나 중대한 과실이 아닌 사소한 부주의나 오류로 인한 것으로 인정되는 경우

2) 위반의 내용 · 정도가 경미하여 소비자에게 미치는 피해가 적다고 인정되는 경우
3) 위반 행위자가 처음 해당 위반행위를 한 경우로서, 5년 이상 관광사업을 도범적으로 해 온 사실이 인정되는 경우
4) 위반 행위자가 해당 위반행위로 인하여 검사로부터 기소유예 처분을 받거나 법원으로부터 선고유예의 판결을 받은 경우

2. 개별기준

| 위반사항 | 근거법령 | 행정처분기준 | | | |
|---|---|---|---|---|---|
| | | 1차 | 2차 | 3차 | 4차 |
| 가. 법 제4조에 따른 등록기준에 적합하지 아니하게 된 경우 또는 변경등록기간 내에 변경등록을 하지 아니하거나 등록한 영업범위를 벗어난 경우 | 법 제35조 제1항 제1호 | | | | |
| 1) 등록기준에 적합하지 아니하게 된 경우 | | 시정명령 | 사업정지 15일 | 사업정지 1개월 | 취소 |
| 2) 변경등록기간 내에 변경등록을 하지 아니한 경우 | | 시정명령 | 사업정지 15일 | 사업정지 1개월 | 취소 |
| 3) 등록한 영업범위를 벗어난 경우 | | | | | |
| 가) 법 제16조제7항에 따른 관광숙박업(문화체육관광부장관이 정하여 고시하는 학교환경위생을 저하하는 행위만 해당한다) | | 사업정지 1개월 | 사업정지 2개월 | 취소 | |
| 나) 가) 외의 관광사업 | | 사업정지1개월 | 사업정지2개월 | 사업정지3개월 | 취소 |
| 나. 법 제5조제2항 및 제4항에 | 법 제35조 제1항 | 시정명령 | 사업정지 | 사업정지1 | 취소(신고 |

| 따라 문화체육관광부령으로 정하는 시설과 설비를 갖추지 아니하게 되는 경우 | 제1호의2 | | 10일 | 개월 | 업종의 경우에는 사업정지 3개월) |
|---|---|---|---|---|---|
| 다. 법 제5조제3항 및 제4항 후단에 따른 변경허가를 받지 아니하거나 변경신고를 하지 아니한 경우 | | | | | |
| 1) 카지노업 | | | | | |
| 가) 문화체육관광부령으로 정하는 중요 사항에 대하여 변경허가를 받지 아니하고 변경한 경우 | 법 제35조 제1항 제2호 | 사업정지 1개월 | 사업정지 3개월 | 취소 | |
| 나) 문화체육관광부령으로 정하는 경미한 사항에 대하여 변경신고를 하지 아니하고 변경한 경우 | | 사업정지 10일 | 사업정지 1개월 | 사업정지 3개월 | 취소 |
| 2) 유원시설업 | | | | | |
| 가) 허가 대상 유원시설업의 경우 문화체육관광부령으로 정하는 중요 사항에 대하여 변경허가를 받지 아니하고 변경한 경우 | | 사업정지 5일 | 사업정지 10일 | 사업정지 20일 | 취소 |
| 나) 허가 대상 유원시설업의경우 문화체육관광부령으로 정하는 경미한 사항에 대하여 변경신고를 하지 아니하고 변경한 경우 | | 시정명령 | 사업정지 5일 | 사업정지 10일 | 취소 |
| 다) 신고 대상 유원시설업의 경우 문화체육관광부령으로 | | 시정명령 | 사업정지 | 사업정지 | 영업소 폐쇄 |

| | | | | | |
|---|---|---|---|---|---|
| 정하는 중요 사항에 대하여 변경신고를 하지 아니하고 변경한 경우 | | | 5일 | 10일 | 명령 |
| 라. 법 제7조에 따른 결격사유에 해당하게 된 경우 | 법 제7조 제2항 | 취소(신고업종의 경우에는 영업소 폐쇄명령) | | | |
| 마. 법 제8조제4항(같은 조 제5항에 따라 준용되는 경우를 포함한다)에 따른 기한 내에 신고를 하지 아니한 경우 | 법 제35조 제1항 제3호 | 시정명령 | 사업정지 1개월 또는 사업계획 승인취소 | 사업정지 2개월 | 취소(신고업종의 경우에는 사업정지 3개월) |
| 바. 법 제8조제7항을 위반하여 휴업 또는 폐업을 하고 알리지 아니하는 경우 | 법 제35조 제1항 제3호의2 | 시정명령 | 취소(신고업종의 경우에는 시정명령) | 신고업종의 경우에는 영업소 폐쇄명령 | |
| 사. 법 제9조에 따른 보험 또는 공제에 가입하지 아니하거나 영업보증금을 예치하지 아니한 경우 | 법 제35조 제1항 제4호 | 시정명령 | 사업정지 1개월 | 사업정지2개월 | 취소(신고업종의 경우에는 사업정지 3개월) |
| 아. 법 제10조제2항을 위반하여 사실과 다르게 관광표 | 법 제35조 제1항 제4호의2 | 시정명령 | 사업정지 1개월 | 사업정지 2개월 | 취소(신고업종의 |

| | | | | | |
|---|---|---|---|---|---|
| 지를 붙이거나 관광표지에 기재되는 내용을 사실과 다르게 표시 또는 광고하는 행위를 한 경우 | | | | | 경우에는 사업정지 3개월) |
| 자. 법 제11조를 위반하여 관광사업의 시설을 타인에게 처분하거나 타인에게 경영하도록 한 경우 | 법 제35조 제1항 제5호 | | | | |
| 1) 카지노업 | | 사업정지 3개월 | 취소 | | |
| 2) 카지노업 외의 관광사업 | | 사업정지 1개월 | 사업정지 3개월 | 사업정지 5개월 | 취소(신고업종의 경우에는 사업정지 6개월) |
| 차. 법 제12조에 따른 기획여행의 실시요건 또는 실시방법을 위반하여 기획여행을 실시한 경우 | 법 제35조 제1항 제6호 | 사업정지 15일 | 사업정지 1개월 | 사업정지 3개월 | 취소 |
| 카. 법 제13조제2항에 따른 등록을 하지 않은 자에게 국외여행을 인솔하게 한 경우 | 법 제35조 제2항 제1호 | 사업정지 10일 | 사업정지 20일 | 사업정지 1개월 | 사업정지 3개월 |
| 타. 법 제14조를 위반한 경우<br>1) 법 제14조제1항을 위반하여 안전정보 또는 변경된 안전정보를 제공하지 않은 경우 | 법 제35조 제1항 제7호 | 시정명령 | 사업정지 5일 | 사업정지 10일 | 취소 |
| 2) 법 제14조제2항을 위반하여 여행계획서(여행일정표 및 약관을 포함한다) 및 보험 | | 시정명령 | 사업정지 10일 | 사업정지 20일 | 취소 |

| 위반행위 | 근거 법조문 | 1차 위반 | 2차 위반 | 3차 위반 | 4차 이상 위반 |
| --- | --- | --- | --- | --- | --- |
| 가입 등을 증명할 수 있는 서류를 여행자에게 내주지 아니한 경우 | | | | | |
| 3) 법 제14조제3항을 위반하여 여행자의 사전 동의 없이 여행일정(선택관광 일정을 포함한다)을 변경한 경우 | | 시정명령 | 사업정지 10일 | 사업정지 20일 | 취소 |
| 파. 법 제15조에 따라 사업계획의 승인을 얻은 자가 정당한 사유 없이 제32조에 따른 기간 내에 착공 또는 준공을 하지 아니하거나 법 제15조제1항 후단을 위반하여 변경승인을 얻지 아니하고 사업계획을 임의로 변경한 경우 | 법 제35조 제1항 제8호 | 시정명령 | 사업계획 승인 취소 | | |
| 하. 법 제18조의2에 따른 준수사항을 위반한 경우 | 법 제35조 제1항 제8호의2 | | | | |
| 1) 법 제18조의2제1호에 따른 준수사항을 위반한 경우 | | 취소 | | | |
| 2) 법 제18조의2제2호브터 제5호까지의 규정에 따른 준수사항을 위반한 경우 | | 사업정지 1개월 | 사업정지 2개월 | 사업정지 3개월 | 취소 |
| 거. 법 제19조제1항 단서를 위반하여 등급결정 신청을 하지 아니한 경우 | 법 제35조 제1항 제8호의3 | 시정명령 | 사업정지 10일 | 사업정지 20일 | 취소 |
| 너. 법 제20조제1항, 제4항 및 제5항을 위반한 경우<br>1) 법 제20조제1항을 위반하여 분양 또는 회원모집을 할 수 없는 자가 분양 또는 회원모집을 한 경우 | 법 제35조 제1항 제9호 | 시정명령 | 사업정지 1개월 또는 사업계획 승인 취소 | 사업정지 3개월 | 취소 |
| 2) 법 제20조제4항을 위반하여 분양 또는 회원모집 기준 및 절차를 위반하여 분양 또는 | | 시정명령 | 사업정지 1개월 | 사업정지 3개월 | 취소 |

| 위반행위 | 근거 법령 | 1차 위반 | 2차 위반 | 3차 위반 | 4차 이상 위반 |
|---|---|---|---|---|---|
| 회원모집을 한 경우 | | | 또는 사업계획 승인 취소 | | |
| 3) 법 제20조제5항에 따른 공유자 · 회원의 권익을 보호하기 위한 사항을 준수하지 아니한 경우 | | 시정명령 | 사업정지 1개월 또는 사업계획 승인 취소 | 사업정지 2개월 | 사업정지 3개월 |
| 더. 법 제20조의2에 따른 준수사항을 위반한 경우 | 법 제35조 제1항 제9호의2 | 시정명령 | 사업정지 15일 | 사업정지 1개월 | 취소 |
| 러. 법 제21조에 따른 카지노업의 허가 요건에 적합하지 아니하게 된 경우 | 법 제35조 제1항 제10호 | 시정명령 | 사업정지 1개월 | 사업정지 3개월 | 취소 |
| 머. 법 제22조에 따른 카지노업의 결격사유에 해당하게 된 경우 | 법 제22조 제2항 | 취소 | | | |
| 버. 법 제23조제3항을 위반하여 카지노 시설 및 기구에 관한 유지 · 관리를 소홀히 한 경우 | 법 제35조 제1항 제11호 | 사업정지 1개월 | 사업정지 3개월 | 취소 | |
| 서. 법 제27조에 따른 문화체육관광부장관의 지도와 명령을 이행하지 아니한 경우 | 법 제35조 제2항 제2호 | 사업정지 10일 | 사업정지 1개월 | 사업정지 3개월 | 사업정지 6개월 |
| 어. 법 제28조제1항 및 제2항에 따른 준수사항을 위반한 경우<br>1) 법령에 위반되는 카지노기구를 설치하거나 사용하는 경우 | 법 제35조 제1항 제12호 | 사업정지 3개월 | 취소 | | |
| 2) 법령을 위반하여 카지노기구 또는 시설을 변조하거나 변조된 카지노기구 또는 시 | | 사업정지 3개월 | 취소 | | |

| | | | | | | |
|---|---|---|---|---|---|---|
| | 설을 사용하는 경우 | | | | | |
| | 3) 허가받은 전용영업장 외에서 영업을 하는 경우 | | 사업정지 1개월 | 사업정지 3개월 | 취소 | |
| | 4) 카지노영업소에 내국인(「해외이주법」 제2조에 다른 해외이주자는 제외한다)을 입장하게 하는 경우 | | | | | |
| | 가) 고의로 입장시킨 경우 | | 사업정지 3개월 | 취소 | | |
| | 나) 과실로 입장시킨 경우 | | 시정명령 | 사업정지 10일 | 사업정지 1개월 | 사업정지 3개월 |
| | 5) 지나친 사행심을 유발하는 등 선량한 풍속을 해칠 우려가 있는 광고나 선전을 하는 경우 | | 시정명령 | 사업정지 10일 | 사업정지 1개월 | 사업정지 3개월 |
| | 6) 법 제26조제1항에 따른 영업 종류에 해당하지 아니하는 영업을 하거나 영업 방법 및 배당금 등에 관한 신고를 하지 아니하고 영업하는 경우 | | 사업정지 1개월 | 사업정지 3개월 | 취소 | |
| | 7) 총매출액을 누락시켜 법 제30조제1항에 따른 관광진흥개발기금 납부금액을 감소시키는 경우 | | 사업정지 3개월 | 취소 | | |
| | 8) 카지노영업소에 19세 미만인 자를 입장시키는 경우 | | 시정명령 | 사업정지 10일 | 사업정지 1개월 | 사업정지 3개월 |
| | 9) 정당한 사유 없이 그 연도 안에 60일 이상 휴업하는 경우 | | 사업정지 1개월 | 사업정지 3개월 | 취소 | |
| | 10) 문화체육관광부령으로 정하는 영업준칙을 지키지 아니하는 경우 | | 시정명령 | 사업정지 10일 | 사업정지 1개월 | 사업정지 3개월 |

| | | | | | |
|---|---|---|---|---|---|
| 저. 법 제30조를 위반하여 관광진흥개발기금을 납부하지 아니한 경우 | 법 제35조 제1항 제13호 | | | | |
| 1) 관광진흥개발기금의 납부를 1개월 미만 지연한 경우 | | 시정명령 | 사업정지 10일 | 사업정지 1개월 | |
| 2) 관광진흥개발기금의 납부를 1개월 이상 지연한 경우 | | 사업정지 10일 | 사업정지 1개월 | 사업정지 3개월 | |
| 3) 관광진흥개발기금의 납부를 3개월 이상 지연한 경우 | | 사업정지 1개월 | 사업정지 3개월 | 취소 | |
| 4) 관광진흥개발기금의 납부를 6개월 이상 지연한 경우 | | 사업정지 3개월 | 취소 | | |
| 5) 관광진흥개발기금의 납부를 1년 이상 지연한 경우 | | 취소 | | | |
| 처. 법 제32조에 따른 물놀이형 유원시설 등의 안전 · 위생기준을 지키지 아니한 경우 | 법 제35조 제1항 제14호 | 시정명령 | 사업정지 10일 | 사업정지1개월 | 취소(신고업종의 경우에는 사업정지 3개월) |
| 커. 법 제33조제1항에 따른 검사를 받지 아니하거나 같은 조 제2항에 따른 안전관리자를 배치하지 아니한 경우 | 법 제35조 제1항 제15호 | | | | |
| 1) 법 제33조제1항에 따른 유기시설 또는 유기기구에 대한 안전성검사를 받지 아니한 경우 | | 사업정지 20일 | 사업정지 1개월 | 취소 | |
| 2) 법 제33조제1항에 따른 안전성검사 대상에 해당되지 아니함을 확인하는 검사를 받 | | 사업정지 10일 | 사업정지 20일 | 사업정지 1개월 | 사업정지 3개월 |

| | | | | | |
|---|---|---|---|---|---|
| 지 아니한 경우 | | | | | |
| 3) 법 제33조제2항에 따른 안전관리자를 배치하지 아니한 경우 | | 사업정지 5일 | 사업정지 10일 | 사업정지 20일 | 취소 |
| 터. 법 제34조를 위반한 경우 | 법 제35조 제1항 제16호 | | | | |
| 1) 법 제34조제1항에 따른 영업질서 유지를 위한 준수사항을 지키지 아니한 경우 | | 시정명령 | 사업정지 10일 | 사업정지 20일 | 사업정지 1개월 |
| 2) 법 제34조제2항을 위반하여 불법으로 제조한 유기시설·유기기구 또는 유기기구의 부분품을 설치하거나 사용한 경우 | | 사업정지 15일 | 사업정지 1개월 | 사업정지 2개월 | 취소(신고업종의 경우에는 사업정지 3개월) |
| 퍼. 법 제38조제1항 단서를 위반하여 해당 자격이 없는 자를 종사하게 한 경우 | 법 제35조 제1항 제16호의2 | 시정명령 | 사업정지 15일 | 취소 | |
| 허. 법 제78조에 따른 보고 또는 서류제출명령을 이행하지 아니하거나 관계 공무원의 검사를 방해한 경우 | 법 제35조 제1항 제18호 | 사업정지 10일 | 사업정지 1개월 | 사업정지 2개월 | 취소(신고업종의 경우에는 사업정지 3개월) |
| 고. 관광사업의 경영 또는 사업계획을 추진함에 있어서 뇌물을 주고받은 경우 | 법 제35조 제1항 제19호 | 시정명령 | 사업정지 10일 또는 | 사업정지 20일 | 취소(신고업종의 경우 |

| | | | | | |
|---|---|---|---|---|---|
| 노. 고의로 여행계약을 위반한 경우(여행업자만 해당한다) | 법 제35조 제1항 제20호 | 시정 명령 | 사업 계획 승인 취소 사업 정지 10일 | 사업 정지 20일 | 에는 사업 정지 1개월) 취소 |

10. 폐쇄조치 등
➡법 제36조

| 법 | 시행령 | 시행규칙 |
|---|---|---|
| 법 제36조 (폐쇄조치 등) | | |

**법 제36조(폐쇄조치 등)**

① 관할 등록기관등의 장은 제5조제1항 · 제2항 또는 제4항에 따른 허가 또는 신고 없이 영업을 하거나 제24조제2항 · 제31조제2항 또는 제35조에 따른 허가의 취소 또는 사업의 정지명령을 받고 계속하여 영업을 하는 자에 대하여는 그 영업소를 폐쇄하기 위하여 관계 공무원에게 다음 각 호의 조치를 하게 할 수 있다.

1. 해당 영업소의 간판이나 그 밖의 영업표지물의 제거 또는 삭제
2. 해당 영업소가 적법한 영업소가 아니라는 것을 알리는 게시물 등의 부착
3. 영업을 위하여 꼭 필요한 시설물 또는 기구 등을 사용할 수 없게 하는 봉인(封印)

② 관할 등록기관등의 장은 제35조제1항제4호의2에 따라 행정처분을 한 경우에는 관계 공무원으로 하여금 이를 인터넷 홈페이지 등에 공개하게 하거나 사실과 다른 관광표지를 제거 또는 삭제하는 조치를 하게 할 수 있다. 〈신설 2014.3.11.〉

③ 관할 등록기관등의 장은 제1항제3호에 따른 봉인을 한 후 다음 각 호의 어느 하나에 해당하는 사유가 생기면 봉인을 해제할 수 있다. 제1항제2호에 따라 게시를 한 경우에도 또한 같다. 〈개정 2014.3.11.〉

11. 과징금의 부과
➡법 제37조
⇒시행령 제35조

1. 봉인을 계속할 필요가 없다고 인정되는 경우
2. 해당 영업을 하는 자 또는 그 대리인이 정당한 사유를 들어 봉인의 해제를 요청하는 경우

④ 관할 등록기관등의 장은 제1항 및 제2항에 따른 조치를 하려는 경우에는 미리 그 사실을 그 사업자 또는 그 대리인에게 서면으로 알려주어야 한다. 다만, 급박한 사유가 있으면 그러하지 아니하다.〈개정 2014.3.11.〉

⑤ 제1항에 따른 조치는 영업을 할 수 없게 하는 데에 필요한 최소한의 범위에 그쳐야 한다.〈개정 2014.3.11.〉

⑥ 제1항 및 제2항에 따라 영업소를 폐쇄하거나 관광표지를 제거·삭제하는 관계 공무원은 그 권한을 표시하는 증표를 지니고 이를 관계인에게 내보여야 한다.〈개정 2014.3.11.〉

| 법 | 시행령 | 시행규칙 |
|---|---|---|
| 법 제37조<br>(과징금의 부과) | 시행령 제37조(과징금의 부과 및 납부) | |

### 법 제37조(과징금의 부과)

① 관할 등록기관등의 장은 관광사업자가 제35조제1항 각 호 또는 제2항 각 호의 어느 하나에 해당되어 사업 정지를 명하여야 하는 경우로서 그 사업의 정지가 그 이용자 등에게 심한 불편을 주거나 그 밖에 공익을 해칠 우려가 있으면 사업 정지 처분을 갈음하여 2천만원 이하의 과징금(過徵金)을 부과할 수 있다.〈개정 2009.3.25.〉

② 제1항에 따라 과징금을 부과하는 위반 행위의 종류·정도 등에 따른 과징금의 금액과 그 밖에 필요한 사항은 대통령령으로 정한다.

③ 관할 등록기관등의 장은 제1항에 따른 과징금을 내야 하는 자가 납부기한까지 내지 아니하면 국세 체납처분의 예 또는 「지방세외수입금의 징수 등에 관한 법률」에 따라 징수한다.〈개정 2013.8.6.〉

### 시행령 제35조(과징금의 부과 및 납부)

① 등록기관등의 장은 법 제37조에 따라 과징금을 부과하려면 그 위반행위의 종류와 과징금의 금액 등을 명시하여 납부할 것을

서면으로 알려야 한다.

② 제1항에 따라 통지를 받은 자는 20일 이내에 과징금을 등록기관등의 장이 정하는 수납기관에 내야 한다. 다만, 천재지변이나 그 밖의 부득이한 사유로 그 기간에 과징금을 낼 수 없는 경우에는 그 사유가 없어진 날부터 7일 이내에 내야 한다.

③ 제2항에 따라 과징금을 받은 수납기관은 영수증을 납부자에게 발급하여야 한다.

④ 과징금의 수납기관은 제2항에 따라 과징금을 받은 경우에는 지체 없이 그 사실을 등록기관등의 장에게 통보하여야 한다.

⑤ 과징금은 분할하여 낼 수 없다.

12. 수수료
➡법 제79조
→시행규칙 제69조

| 법 | 시행령 | 시행규칙 |
|---|---|---|
| 법 제79조(수수료) | | 시행규칙 제69조 (수수료) |

**법 제79조(수수료)**

다음 각 호의 어느 하나에 해당하는 자는 문화체육관광부령으로 정하는 바에 따라 수수료를 내야 한다. 〈개정 2007.7.19., 2008.2.29., 2009.3.25., 2011.4.5., 2018.3.13., 2018.6.12.〉

1. 제4조제1항 및 제4항에 따라 여행업, 관광숙박업, 관광객 이용시설업 및 국제회의업의 등록 또는 변경등록을 신청하는 자
2. 제5조제1항 및 제3항에 따라 카지노업의 허가 또는 변경허가를 신청하는 자
3. 제5조제2항부터 제4항까지의 규정에 따라 유원시설업의 허가 또는 변경허가를 신청하거나 유원시설업의 신고 또는 변경신고를 하는 자
4. 제6조에 따라 관광 편의시설업 지정을 신청하는 자
5. 제8조제4항 및 제5항에 따라 지위 승계를 신고하는 자
6. 제15조제1항 및 제2항에 따라 관광숙박업, 관광객 이용시설업 및 국제회의업에 대한 사업계획의 승인 또는 변경승인을 신청하는 자
7. 제19조에 따라 관광숙박업의 등급 결정을 신청하는 자
8. 제23조제2항에 따라 카지노시설의 검사를 받으려는 자
9. 제25조제2항에 따라 카지노기구의 검정을 받으려는 자

10. 제25조제3항에 따라 카지노기구의 검사를 받으려는 자
11. 제33조제1항에 따라 안전성검사 또는 안전성검사 대상에 해당되지 아니함을 확인하는 검사를 받으려는 자
12. 제38조제2항에 따라 관광종사원 자격시험에 응시하려는 자
13. 제38조제2항에 따라 관광종사원의 등록을 신청하는 자
14. 제38조제4항에 따라 관광종사원 자격증의 재교부를 신청하는 자
15. 삭제 〈2018.12.11.〉
16. 제48조의10에 따라 한국관광 품질인증을 받으려는 자

### 시행규칙 제69조(수수료)

① 법 제79조제1호, 저2호, 제4호부터 제7호까지, 제10호, 제12호부터 제16호까지의 규정에 따른 수수료는 별표 23과 같다.〈개정 2011.10.6., 2018.6.14.〉

② 법 제79조제3호에 따른 유원시설업의 허가 · 변경허가 · 신고 또는 변경신고에 관한 수수료는 해당 시 · 군 · 구(자치구를 말한다. 이하 같다)의 조례로 정한다.

③ 법 제79조제8호에 따른 카지노시설의 검사에 관한 수수료는 카지노전산시설 검사기관의 검사공정별로 필요한 경비를 산출하여 이에 대한 직접인건비, 직접경비, 제경비 및 기술료를 합한 금액으로 한다.

④ 법 제79조제11호에 따른 유기시설 또는 유기기구의 안전성검사 또는 안전성검사 대상에 해당되지 아니함을 확인하는 검사에 관한 수수료는 문화체육관광부장관이 정하여 고시하되, 「엔지니어링산업 진흥법」 제31조제2항에 따른 엔지니어링사업의 대가 기준을 고려하여 검사의 난이도, 검사에 걸린 시간 등에 따른 유기기구 종류별 금액을 정하여야 한다. 〈개정 2019.10.16.〉

⑤ 제3항에 따른 경비의 산출기준은 「소프트웨어산업 진흥법」 제22조제4항 및 같은 법 시행령 제16조에 따른 소프트웨어기술자의 노임단가에 따르며, 직접인건비, 직접경비, 제경비 및 기술료의 범위와 요율 및 직접인건비의 기준금액은 「엔지니어링산업 진흥법」 제31조제2항에 따른 엔지니어링사업의 대가 기준에 따른다. 〈개정 2019. 10. 16.〉

⑥ 법 제79조제12호에 따라 관광종사원 자격시험에 응시하려고

납부한 수수료에 대한 반환기준은 다음 각 호와 같다.〈개정 2011.2.17.〉

1. 수수료를 과오납한 경우: 그 과오납한 금액의 전부
2. 시험 시행일 20일 전까지 접수를 취소하는 경우: 납입한 수수료의 전부
3. 시험관리기관의 귀책사유로 시험에 응시하지 못하는 경우: 납입한 수수료의 전부
4. 시험 시행일 10일 전까지 접수를 취소하는 경우: 납입한 수수료의 100분의 50

⑦ 제1항부터 제4항까지의 규정에 따른 수수료와 법 제80조에 따라 문화체육관광부장관의 권한이 한국관광공사, 한국관광협회중앙회, 지역별 관광협회, 업종별 관광협회, 카지노전산시설 검사기관, 카지노기구 검사기관, 유기시설 · 유기기구 안전성검사기관 또는 한국산업인력공단에 위탁된 업무에 대한 수수료는 해당 기관 또는 해당 기관이 지정하는 은행에 내야 한다.〈개정 2009.12.31.〉

### [시행규칙 별표23]

[별표 23] 〈개정 2019.4.25.〉

**수수료(제69조제1항 관련)**

| 납부자 | 금액 |
|---|---|
| 1. 법 제4조제1항부터 제4항까지의 규정에 따른 관광사업을 등록하는 자 | |
| 가. 관광사업의 신규등록 | 1) 외국인관광 도시민박업의 경우: 20,000원<br>2) 그 밖의 관광사업의 경우: 30,000원(숙박시설이 있는 경우 매 실당 700원을 가산한 금액으로 한다) |
| 나. 관광사업의 변경등록 | 1) 외국인관광 도시민박업의 경우: 15,000원 |

| | |
|---|---|
| | 2) 그 밖의 관광사업의 경우: 15,000원(숙박시설 중 객실 변경등록을 하는 경우 매 실당 600원을 가산한 금액으로 한다) |
| 2. 법 제5조제1항 및 제3항에 따른 카지노업의 허가를 신청하는 자 | |
| 가. 신규허가 | 100,000원<br>(온라인으로 신청하는 경우 90,000원) |
| 나. 변경허가 | 50,000원<br>(온라인으로 신청하는 경우 45,000원) |
| 3. 법 제6조에 따른 관광 편의시설업의 지정을 신청하는 자 | 20,000원 |
| 4. 법 제8조제4항 및 제5항에 따른 관광사업의 지위승계를 신고하는 자 | 20,000원 |
| 5. 법 제15조에 따른 사업계획의 승인을 신청하는 자 | |
| 가. 신규사업계획의 승인 | 50,000원<br>(숙박시설이 있는 경우 매 실당 500원을 가산한 금액) |
| 나. 사업계획 변경승인 | 50,000원<br>(숙박시설 중 객실변경이 있는 경우 매 실당 500원을 가산한 금액) |
| 6. 법 제19조에 따라 관광숙박업의 등급결정을 신청하는 자 | 등급결정에 관한 평가요원의 수 및 지급 수당 등을 고려하여 문화체육관광부장관이 정하여 고시하는 기준에 따른 금액 |
| 7. 법 제25조제3항에 따라 카지노기구(별표 8 제3호에 따른 머신게임만 해당한다)의 검사를 신청하는 자 | |
| 가. 신규로 반입·사용하거나 검사 유효기간이 만료되어 신청하는 | 대당 189,000원 |

| | |
|---|---|
| 경우 | |
| 나. 가목 외의 경우 | 기본료 100,000원 + 대당 25,000원 |
| 8. 법 제38조제2항에 따라 관광종사원 자격시험에 응시하려는 자 | 20,000원 |
| 9. 법 제38조제2항에 따라 관광종사원의 등록을 신청하는 자 | 5,000원 |
| 10. 법 제38조제4항에 따라 관광종사원 자격증의 재발급을 신청하는 자 | 3,000원 |
| 11. 삭제 〈2019.4.25.〉 | |
| 12. 법 제48조의 10제1항에 따라 한국관광 품질인증을 신청하는 자 | 품질인증에 관한 평가·심사인원의 수 및 지급 수당 등을 고려하여 문화체육관광부장관이 정하여 고시하는 기준에 따른 금액 |

13. 벌칙
➡법 제82조
➡법 제83조

| 법 | 시행령 | 시행규칙 |
|---|---|---|
| 법 제82조(벌칙)<br>법 제83조(벌칙) | | |

**법 제82조(벌칙)**

다음 각 호의 어느 하나에 해당하는 자는 3년 이하의 징역 또는 3천만원 이하의 벌금에 처한다. 이 경우 징역과 벌금은 병과할 수 있다.〈개정 2009.3.25., 2015.5.18.〉

1. 제4조제1항에 따른 등록을 하지 아니하고 여행업·관광숙박업(제15조제1항에 따라 사업계획의 승인을 받은 관광숙박업만 해당한다)·국제회의업 및 제3조제1항제3호나목의 관광객 이용시설업을 경영한 자
2. 제5조제2항에 따른 허가를 받지 아니하고 유원시설업을 경

영한 자

3. 제20조제1항 및 제2항을 위반하여 시설을 분양하거나 회원을 모집한 자
4. 제33조의2제3항에 따른 사용중지 등의 명령을 위반한 자

**법 제83조(벌칙)**

① 다음 각 호의 어느 하나에 해당하는 카지노사업자(제28조제1항 본문에 따른 종사원을 포함한다)는 2년 이하의 징역 또는 2천만원 이하의 벌금에 처한다. 이 경우 징역과 벌금은 병과할 수 있다.〈개정 2007.7.19., 2011.4.5., 2015.2.3.〉

1. 제5조제3항에 따른 변경허가를 받지 아니하거나 변경신고를 하지 아니하고 영업을 한 자
2. 제8조제4항을 위반하여 지위승계신고를 하지 아니하고 영업을 한 자
3. 제11조제1항을 위반하여 관광사업의 시설 중 부대시설 외의 시설을 타인에게 경영하게 한 자
4. 제23조제2항에 따른 검사를 받아야 하는 시설을 검사를 받지 아니하고 이를 이용하여 영업을 한 자
5. 제25조제3항에 따른 검사를 받지 아니하거나 검사 결과 공인기준등에 맞지 아니한 카지노기구를 이용하여 영업을 한 자
6. 제25조제4항에 다른 검사합격증명서를 훼손하거나 제거한 자
7. 제28조제1항제3호부터 제8호까지의 규정을 위반한 자
8. 제35조제1항 본문에 따른 사업정지처분을 위반하여 사업정지 기간에 영업을 한 자
9. 제35조제1항 본문에 따른 개선명령을 위반한 자
10. 제35조제1항제19호를 위반한 자
11. 제78조제2항에 따른 보고 또는 서류의 제출을 하지 아니하거나 거짓으로 보고를 한 자나 같은 조 제3항에 따른 관계 공무원의 출입·검사를 거부·방해하거나 기피한 자

② 제4조제1항에 따른 등록을 하지 아니하고 야영장업을 경영한 자는 2년 이하의 징역 또는 2천만원 이하의 벌금에 처한다. 이 경우 징역과 벌금은 병과할 수 있다.〈신설 2015.2.3.〉

제 7 장

# 관광 편의시설업

1. 개요 및 현황
2. 핵심질문
3. 관광 편의시설업 창업관련 法 Road Map

# 제 7 장

# 관광 편의 시설업

## 1. 개요 및 현황

관광 편의시설업은 종전의 관광지정시설업이 변경된 것으로서 관광사업 중 여행업, 관광숙박업, 관광객 이용시설업, 국제회의용역업을 제외한 사업이나 시설 가운데 관광진흥에 도움이 된다고 인정되는 것으로 「관광진흥법」이 정하는 바에 따라 시·도지사, 시장·군수·구청장(자치구의 구청장을 말함) 또는 지역별 관광협회에서 지정하도록 되어 있다. 현재 「관광진흥법」으로 지정된 관광 편의시설업(2018년 6월 현재)으로는 관광유흥음식점업, 관광극장유흥업, 외국인전용유흥음식점업, 관광식당업, 시내순환관광업, 관광사진업, 여객자동차 터미널시설업, 관광펜션업, 관광궤도업, 한옥체험업, 관광면세업 등 11가지가 있다.

20018년 6월 기준으로 관광 편의시설업으로 지정된 업체는 총 3,978개소이며 이 중 관광식당업은 총 1,529개 업체이며 관광유흥음식점 14개 업체, 관광극장유흥업 157개, 외국인전용유흥음식점업 384개 업체, 시내순환관광업 12개 업체이다. 관광사진업은 15개 업체이고 관광펜션업 514개 업체, 관광궤도업 10개 업체이고, 여객자동차 터미널시설업은 현재 2개가 지정되어 운영 중이다.

## 2. 핵심질문

1. 관광 편의시설업의 정의

   ➡ 법 제3조

2. 관광 편의시설업의 종류

   ⇒ 시행령 제2조

3. 관광 편의시설업의 지정은 누가하는가?

   ➡ 법 제6조

   → 시행규칙 제14조 1항

4. 관광 편의시설업의 지정기준은?

   → 시행규칙 제15조

   → 시행규칙 별표 2

5. 관광 편의시설업 지정 신청서류는?

   → 시행규칙 제14조 2항

6. 관광 편의시설업자 지정대장에 기재되어야 할 사항은?

   → 시행규칙 제14조 4항

# 3. 관광 편의시설업 창업관련 法 Road Map

1. 관광 편의시설업의 정의(법 제3조)
2. 관광 편의시설업의 종류(시행령 제2조)
3. 관광 편의시설업의 지정 및 지정기준(법 제6조/시행규칙 제14조, 제15조)

1. 관광 편의시설업의 정의
➡법 제3조

| 법 | 시행령 | 시행규칙 |
|---|---|---|
| 법 제3조<br>(관광사업의 종류) | 시행령 제2조(관광사업의 종류) | |

**법 제3조(관광사업의 종류)**

① 관광사업의 종류는 다음 각 호와 같다.〈개정 2007.7.19., 2015.2.3.〉

07_관광 편의시설업

제1호부터 제6호까지의 규정에 따른 관광사업 외에 관광 진흥에 이바지할 수 있다고 인정되는 사업이나 시설 등을 운영하는 업

② 제1항제1호부터 제4호까지, 제6호 및 제7호에 따른 관광사업은 대통령령으로 정하는 바에 따라 세분할 수 있다.

2. 관광 편의시설업의 종류
⇒시행령 제2조

**시행령 제2조(관광사업의 종류)**

① 「관광진흥법」(이하 "법"이라 한다) 제3조제2항에 따라 관광사업의 종류를 다음과 같이 세분한다. 〈개정 2008.2.29., 2008.8.26., 2009.1.20., 2009.8.6., 2009.10.7., 2009.11.2., 2011.12.30., 2013.11.29., 2014.7.16., 2014.10.28., 2014.11.28., 2016.3.22., 2019.4.9.〉

6. 관광 편의시설업의 종류

가. 관광유흥음식점업: 식품위생 법령에 따른 유흥주점 영

업의 허가를 받은 자가 관광객이 이용하기 적합한 한국 전통 분위기의 시설을 갖추어 그 시설을 이용하는 자에게 음식을 제공하고 노래와 춤을 감상하게 하거나 춤을 추게 하는 업

나. 관광극장유흥업: 식품위생 법령에 따른 유흥주점 영업의 허가를 받은 자가 관광객이 이용하기 적합한 무도(舞蹈) 시설을 갖추어 그 시설을 이용하는 자에게 음식을 제공하고 노래와 춤을 감상하게 하거나 춤을 추게 하는 업

다. 외국인전용 유흥음식점업: 식품위생 법령에 따른 유흥주점영업의 허가를 받은 자가 외국인이 이용하기 적합한 시설을 갖추어 외국인만을 대상으로 주류나 그 밖의 음식을 제공하고 노래와 춤을 감상하게 하거나 춤을 추게 하는 업

라. 관광식당업: 식품위생 법령에 따른 일반음식점영업의 허가를 받은 자가 관광객이 이용하기 적합한 음식 제공 시설을 갖추고 관광객에게 특정 국가의 음식을 전문적으로 제공하는 업

마. 관광순환버스업: 「여객자동차 운수사업법」에 따른 여객자동차운송사업의 면허를 받거나 등록을 한 자가 버스를 이용하여 관광객에게 시내와 그 주변 관광지를 정기적으로 순회하면서 관광할 수 있도록 하는 업

바. 관광사진업: 외국인 관광객과 동행하며 기념사진을 촬영하여 판매하는 업

사. 여객자동차터미널시설업: 「여객자동차 운수사업법」에 따른 여객자동차터미널사업의 면허를 받은 자가 관광객이 이용하기 적합한 여객자동차터미널시설을 갖추고 이들에게 휴게시설 · 안내시설 등 편익시설을 제공하는 업

아. 관광펜션업: 숙박시설을 운영하고 있는 자가 자연 · 문화 체험관광에 적합한 시설을 갖추어 관광객에게 이용하게 하는 업

자. 관광궤도업: 「궤도운송법」에 따른 궤도사업의 허가를 받은 자가 주변 관람과 운송에 적합한 시설을 갖추어 관광객에게 이용하게 하는 업

차. 한옥체험업: 한옥(주요 구조부가 목조구조로서 한식기

와 등을 사용한 건축물 중 고유의 전통미를 간직하고 있는 건축물과 그 부속시설을 말한다)에 숙박 체험에 적합한 시설을 갖추어 관광객에게 이용하게 하거나, 숙박 체험에 딸린 식사 체험 등 그 밖의 전통문화 체험에 적합한 시설을 함께 갖추어 관광객에게 이용하게 하는 업

카. 관광면세업: 다음의 어느 하나에 해당하는 자가 판매시설을 갖추고 관광객에게 면세물품을 판매하는 업
   1) 「관세법」 제196조에 따른 보세판매장의 특허를 받은 자
   2) 「외국인관광객 등에 대한 부가가치세 및 개별소비세 특례규정」 제5조에 따라 면세판매장의 지정을 받은 자

타. 관광지원서비스업: 주로 관광객 또는 관광사업자 등을 위하여 사업이나 시설 등을 운영하는 업으로서 문화체육관광부장관이 「통계법」 제22조제2항 단서에 따라 관광 관련 산업으로 분류한 쇼핑업, 운수업, 숙박업, 음식점업, 문화·오락·레저스포츠업, 건설업, 자동차임대업 및 교육서비스업 등. 다만, 법에 따라 등록·허가 또는 지정(이 영 제2조제6호가목부터 카목까지의 규정에 따른 업으로 한정한다)을 받거나 신고를 해야 하는 관광사업은 제외한다

② 제1항제6호아목은 「제주특별자치도 설치 및 국제자유도시 조성을 위한 특별법」을 적용받는 지역에 대하여는 적용하지 아니한다.

3. 관광 편의시설업의 지정 및 지정 기준
➡법 제6조
→시행규칙 제14,15조

| 법 | 시행령 | 시행규칙 |
|---|---|---|
| 법 제6조(지정) | | 시행규칙 제14조(관광 편의시설업의 지정신청)<br>시행규칙 제15조(관광 편의시설업의 지정기준) |

**법 제6조(지정)**

① 제3조제1항제7호에 따른 관광 편의시설업을 경영하려는 자는 문화체육관광부령으로 정하는 바에 따라 특별시장·광역시장·특별자치시장·도지사·특별자치도지사(이하 "시·도지사"

라 한다) 또는 시장 · 군수 · 구청장의 지정을 받아야 한다. 〈개정 2007.7.19., 2008.2.29., 2009.3.25., 2017.11.28., 2018.6.12.〉

② 제1항에 따른 관광 편의시설업으로 지정을 받으려는 자는 관광객이 이용하기 적합한 시설이나 외국어 안내서비스 등 문화체육관광부령으로 정하는 기준을 갖추어야 한다. 〈신설 2017.11.28.〉

[시행일: 2018.11.29.] 제6조

**시행규칙 제14조(관광 편의시설업의 지정신청)**

① 법 제6조제1항 및 영 제65조제1항제1호에 따라 관광 편의시설업의 지정을 받으려는 자는 다음 각 호의 구분에 따라 신청을 하여야 한다. 〈개정 2009.10.22., 2009.12.31., 2011.12.30., 2016.3.28., 2018.11.29., 2019.4.25., 2019.7.10.〉

1. 관광유흥음식점업, 관광극장유흥업, 외국인전용 유흥음식점업, 관광순환버스업, 관광펜션업, 관광궤도업, 한옥체험업, 관광면세업 및 관광지원서비스업: 특별자치시장 · 특별자치도지사 · 시장 · 군수 · 구청장
2. 관광식당업, 관광사진업 및 여객자동차터미널시설업: 지역별 관광협회

② 법 제6조제1항에 따라 관광 편의시설업의 지정을 받으려는 자는 별지 제21호서식의 관광 편의시설업 지정신청서에 다음 각 호의 서류를 첨부하여 제1항에 따라 특별자치시장 · 특별자치도지사 · 시장 · 군수 · 구청장 또는 지역별 관광협회에 제출하여야 한다. 다만, 제4호의 서류는 관광지원서비스업으로 지정을 받으려는 자만 제출한다. 〈개정 2009.10.22., 2011.12.30., 2015.4.22., 2016.3.28., 2018.11.29., 2019.4.25., 2019.7.10.〉

1. 신청인(법인의 경우에는 대표자 및 임원)이 내국인인 경우에는 성명 및 주민등록번호를 기재한 서류

1의2. 신청인(법인의 경우에는 대표자 및 임원)이 외국인인 경우에는 법 제7조제1항 각 호에 해당하지 아니함을 증명하는 다음 각 목의 어느 하나에 해당하는 서류. 다만, 법 또는 다른 법령에 따라 인 · 허가 등을 받아 사업자등록을 하고 해당 영업 또는 사업을 영위하고 있는 자(법인의 경우에는 최근 1년 이내에 법인세를 납부한 시점부터 지정 신청 시점까지의 기간 동안 대표자 및 임원의 변경이 없는 경우로 한정

한다)는 해당 영업 또는 사업의 인·허가증 등 인·허가 등을 받았음을 증명하는 서류와 최근 1년 이내에 소득세(법인의 경우에는 법인세를 말한다)를 납부한 사실을 증명하는 서류를 제출하는 경우에는 그 영위하고 있는 영업 또는 사업의 결격사유 구정과 중복되는 법 제7조제1항의 결격사유에 한하여 다음 각 목의 서류를 제출하지 아니할 수 있다.

가. 해당 국가의 정부나 그 밖의 권한 있는 기관이 발행한 서류 또는 공증인이 공증한 신청인의 진술서로서 「재외공관 공증법」에 따라 해당 국가에 주재하는 대한민국공관의 영사관이 확인한 서류

나. 「외국공문서에 대한 인증의 요구를 폐지하는 협약」을 체결한 국가의 경우에는 해당 국가의 정부나 그 밖의 권한 있는 기관이 발행한 서류 또는 공증인이 공증한 신청인의 진술서로서 해당 국가의 아포스티유(Apostille) 확인서 발급 권한이 있는 기관이 그 확인서를 발급한 서류

2. 업종별 면허증·허가증·특허장·지정증·인가증·등록증·신고증명서 사본(다른 법령에 따라 면허·허가·특허·지정·인가를 받거나 등록·신고를 해야 하는 사업만 해당한다)
3. 시설의 배치도 또는 사진 및 평면도
4. 다음 각 목의 어느 하나에 해당하는 서류

가. 평균매출액(「중소기업기본법 시행령」 제7조에 따른 방법으로 산출한 것을 말한다. 이하 같다) 검토의견서(공인회계사, 세무사 또는 「중소기업진흥에 관한 법률」 제46조에 따른 경영지도사가 작성한 것으로 한정한다)

나. 사업장이 법 제52조에 따라 관광지 또는 관광단지로 지정된 지역에 소재하고 있음을 증명하는 서류

다. 법 제48조의10제1항에 따라 한국관광 품질인증을 받았음을 증명하는 서류

라. 중앙행정기관의 장 또는 지방자치단체의 장이 공모 등의 방법을 통해 우수 관광사업으로 선정한 사업임을 증명하는 서류

③ 제2항에 따른 신청서를 받은 특별자치시장·특별자치도지사·시장·군수·구청장은 「전자정부법」 제36조제1항에 따른 행정

정보의 공동이용을 통하여 다음 각 호의 서류를 확인하여야 한다. 다만, 신청인이 확인에 동의하지 아니하는 경우(제2호만 해당한다)와 영 제65조에 따라 관광협회에 위탁된 업종의 경우에는 신청인으로 하여금 해당 서류를 첨부하도록 하여야 한다. 〈개정 2009.3.31., 2009.10.22., 2011.3.30., 2019.4.25., 2019.7.10.〉

1. 법인 등기사항증명서(법인만 해당한다)
2. 사업자등록증 사본

④ 특별자치시장 · 특별자치도지사 · 시장 · 군수 · 구청장 또는 지역별 관광협회는 제2항에 따른 신청을 받은 경우 그 신청내용이 별표 2의 지정기준에 적합하다고 인정되는 경우에는 별지 제22호서식의 관광 편의시설업 지정증을 신청인에게 발급하고, 관광 편의시설업자 지정대장에 다음 각 호의 사항을 기재하여야 한다. 〈개정 2009.10.22., 2019.4.25.〉

1. 상호 또는 명칭
2. 대표자 및 임원의 성명 · 주소
3. 사업장의 소재지

⑤ 관광 편의시설업 지정사항의 변경 및 관광 편의시설업 지정증의 재발급에 관하여는 제3조와 제5조를 각각 준용한다.

[제15조에서 이동, 종전 제14조는 삭제 〈2018.11.29.〉]

### 시행규칙 제15조(관광 편의시설업의 지정신청)

법 제6조제2항에서 “문화체육관광부령으로 정하는 기준”이란 별표 2와 같다.

[본조신설 2018. 11. 29.]

[종전 제15조는 제14조로 이동 〈2018.11.29.〉]

### [시행규칙 별표2]

[별표 2] 〈개정 2019.7.10.〉

**관광 편의시설업의 지정기준(제15조 관련)**

| 업종 | 지정기준 |
| --- | --- |
| 1. 관광유흥음식점업 | 가. 건물은 연면적이 특별시의 경우에는 330제곱미터 이상, 그 밖의 지역은 |

| | |
|---|---|
| | 200제곱미터 이상으로 한국적 분위기를 풍기는 아담하고 우아한 건물일 것<br>나. 관광객의 수용에 적합한 다양한 규모의 방을 두고 실내는 고유의 한국적 분위기를 풍길 수 있도록 서화 · 문갑 · 병풍 및 나전칠기 등으로 장식할 것<br>다. 영업장 내부의 노래소리 등이 외부에 들리지 아니하도록 할 것 |
| 2. 관광극장유흥업 | 가. 건물 연면적은 1,000제곱미터 이상으로 하고, 홀면적(무대면적을 포함한다)은 500제곱미터 이상으로 할 것<br>나. 관광객에게 민속과 가무를 감상하게 할 수 있도록 특수조명장치 및 배경을 설치한 50제곱미터 이상의 무대가 있을 것<br>다. 영업장 내부의 노래소리 등이 외부에 들리지 아니하도록 할 것 |
| 3. 외국인전용 유흥음식점업 | 가. 홀면적(무대면적을 포함한다)은 100제곱미터 이상으로 할 것<br>나. 홀에는 노래와 춤 공연을 할 수 있도록 20제곱미터 이상의 무대를 설치하고, 특수조명 시설을 갖출 것<br>다. 영업장 내부의 노래소리 등이 외부에 들리지 아니하도록 할 것<br>라. 외국인을 대상으로 영업할 것 |
| 4. 관광식당업 | 가. 인적요건<br>1) 한국 전통음식을 제공하는 경우에는 「국가기술자격법」에 따른 해당 조리사 자격증 소지자를 둘 것<br>2) 특정 외국의 전문음식을 제공하는 경우에는 다음의 요건 중 1개 이상의 요건을 갖춘 자를 둘 것<br>가) 해당 외국에서 전문조리사 자격을 취득한 자<br>나) 「국가기술자격법」에 따른 해당 조 |

| | |
|---|---|
| | 리사 자격증 소지자로서 해당 분야에서의 조리경력이 3년(다만, 2019년 6월 30일까지는 2년으로 한다) 이상인 자<br>다) 해당 외국에서 6개월 이상의 조리교육을 이수한 자 |
| | 나. 삭제 〈2014.9.16.〉<br>다. 최소 한 개 이상의 외국어로 음식의 이름과 관련 정보가 병기된 메뉴판을 갖추고 있을 것<br>라. 출입구가 각각 구분된 남·녀 화장실을 갖출 것 |
| 5. 관광순환버스업 | ○ 안내방송 등 외국어 안내서비스가 가능한 체제를 갖출 것 |
| 6. 관광사진업 | ○ 사진촬영기술이 풍부한 자 및 외국어 안내서비스가 가능한 체제를 갖출 것 |
| 7. 여객자동차터미널업 | ○ 인근 관광지역 등의 안내서 등을 비치하고, 인근 관광자원 및 명소 등을 소개하는 관광안내판을 설치할 것 |
| 8. 관광펜션업 | 가. 자연 및 주변환경과 조화를 이루는 3층(다만, 2018년 6월 30일까지는 4층으로 한다) 이하의 건축물일 것<br>나. 객실이 30실 이하일 것<br>다. 취사 및 숙박에 필요한 설비를 갖출 것<br>라. 바비큐장, 캠프파이어장 등 주인의 환대가 가능한 1종류 이상의 이용시설을 갖추고 있을 것(다만, 관광펜션이 수개의 건물 동으로 이루어진 경우에는 그 시설을 공동으로 설치할 수 있다)<br>마. 숙박시설 및 이용시설에 대하여 외국어 안내 표기를 할 것 |
| 9. 관광궤도업 | 가. 자연 또는 주변 경관을 관람할 수 있도록 개방되어 있거나 밖이 보이는 창 |

| | |
|---|---|
| | 을 가진 구조일 것<br>나. 안내방송 등 외국어 안내서비스가 가능한 체제를 갖출 것 |
| 10. 한옥체험업 | 가. 한 종류 이상의 전통문화 체험에 적합한 시설을 갖추고 있을 것<br>나. 이용자의 불편이 없도록 욕실이나 샤워시설 등 편의시설을 갖출 것 |
| 11. 관광면세업 | 가. 외국어 안내 서비스가 가능한 체제를 갖출 것<br>나. 한 개 이상의 외국어로 상품명 및 가격 등 관련 정보가 명시된 전체 또는 개별 안내판을 갖출 것<br>다. 주변 교통의 원활한 소통에 지장을 초래하지 않을 것 |
| 12. 관광지원서비스업 | 가. 다음의 어느 하나에 해당 할 것<br>1) 해당 사업의 평균매출액 중 관광객 또는 관광사업자와의 거래로 인한 매출액의 비율이 100분의 50 이상일 것<br>2) 법 제52조에 따라 관광지 또는 관광단지로 지정된 지역에서 사업장을 운영할 것<br>3) 법 제48조의10제1항에 따라 한국관광 품질인증을 받았을 것<br>4) 중앙행정기관의 장 또는 지방자치단체의 장이 공모 등의 방법을 통해 우수 관광사업으로 선정한 사업일 것<br>나. 시설 등을 이용하는 관광객의 안전을 확보할 것 |

제 8 장

# 외식사업

제 8 장

# 외식사업

## 1. 개요

농림축산식품부가 발간한 '2017 식품산업 주요 통계'를 보면 2015년 기준으로 국내 식품산업 규모는 192조원으로 전년도에 비해 17.1% 성장한 것으로 조사되었다. 특히 외식업 규모는 108조원으로 전년도보다 28.8%나 성장했다. 같은 기간 국내총생산(GDP) 성장률이 2.8%인 것에 비해 매우 빠른 성장세다. 농림축산식품부는 1인 가구의 증가와 외식 프랜차이즈의 확대를 외식업의 빠른 성장요인으로 들고 있다.

그러나 양적으로는 빠르게 성장했지만 그만큼 경쟁이 심화되어 대부분의 외식업체가 여전히 열악한 수준이다. 2015년 음식점과 주점 등 외식업체 수는 전년보다 6천 개 늘어난 65만7천 개로 인구 78명당 식당이나 주점이 1개씩 있는 꼴이다. 업체당 평균매출은 1억 6440만원으로 전년도보다 27.6% 증가했다. 하지만 5인 미만 영업업체의 비중이 86.5%로 전년과 거의 비슷해 대부분의 외식업체는 여전히 영세한 수준을 벗어나지 못하는 것으로 조사됐다.

인구대비 음식점 수가 지나치게 많고, 그래서 경쟁이 치열한 가운데 외식산업은 점차 기업형 업소가 증가하는 추세여서 영세한 개인사업자의 설 자리는 갈수록 좁아지고 있는 현실이다.

그럼에도 불구하고 외식업은 여전히 예비창업자들의 창업 선호도 1순위로 꼽히고 있다. 이는 외식업이 특별한 노하우나 경험 없이도 돈만 있으면 쉽게 창업할 수 있다는 잘못된 인식에서 비롯된 것으로, 외식업을 창업해서 1년 만에 폐점하는 비율이 30%에 육박하고 있는데도 창업과 폐업의 악순환은 되풀이 되고 있다.

창업과 폐업의 악순환은 일종의 '사회악'으로 반드시 개선돼야 할 사안이다. 외식업을 창업하는 사람들의 대부분이 정년퇴직이나 명예퇴직, 실직자로서 더 이상 우리 사회에서는 취업의 기회가 거의 없는 사람들이다. 이들이 폐점률이 높은 외식업에 뛰어들었다가 망할 경우 더 이상 재기할 가능성은 높지 않다. 이들의 실패로 인한 사회적 비용을 결국 국민이 부담해야 하는 형국이다.

국내 외식산업의 시장규모는 가계의 외식비중 확대로 앞으로도 일정 규모 이상 성장할 가능성이 높다. 그러나 외식산업이 국가경제 발전의 중요한 한 축을 담당하기 위해서는 산업이 선진화 · 고도화되어야 하는 것이 현시점에서의 과제다. 하지만 외식업체 가운데 연간 매출액이 3천억 원을 넘는 회사가 아직 3개에 불과할 정도로 외식산업은 영세성을 탈피하지 못하고 있어 시장 내부적으로 자발적인 선진화 · 고도화가 이뤄지길 기대하기는 어려운 상황이다.

본 장에서 소개하는 외식산업 진흥법은 외식산업이 선진화 · 고도화를 통하여 고용창출을 일으키고, 국가경제 성장에 일조하게 하기 위한 법률이라 말할 수 있다.

## 2. 핵심질문

1. 이 법의 목적은?
   ➡ 법 제1조
   ⇒ 시행령 제1조
   → 시행규칙 제1조

2. 외식산업관련 용어 정의?
   - 외식
   - 외식상품
   - 외식산업 + 그 밖에 대통령령이 정하는 산업
   - 외식사업자
   ➡ 법 제2조

3. 대통령령으로 정하는 외식산업이란?
   ⇒ 시행령 제2조

4. 외식산업의 진흥을 위하여 필요한 시책을 수립 · 시행은 누가 하는가?
   ➡ 법 제3조

5. 외식산업진흥기본계획
   - 누가 수립하는가?
   - 포함되어야 할 내용은?
   - 수립 이전에 거쳐야 하는 심의회의는?
   ➡ 법 제5조

6. 외식산업진흥에 필요한 인력 양성을 위해 추진할 수 있는 사업은?
   ➡ 법 제7조 1항

7. 외식산업 전문인력 양성기관
   - 지정기준은? ⇒ 시행령 제4조 1항
   - 지정 취소 경우는? ➡ 법 제7조 4항
   - 지정기관 신청서류 ⇒ 시행령 제4조 2항
   - 지정 시 혜택 ⇒ 시행령 제5조
   - 지정기준 → 시행규칙 제2조 2항, 시행규칙 별표 1
   - 지정 시 농림축산식품부장관 의무사항 → 시행규칙 제2조 3항

8. 농림축산식품부장관이 외식산업의 수출 경쟁력을 높이고 해외시장 진출을 활성화하기 위하여 할 수 있는 사업은?
   ➡ 법 제9조 1항
   - 이 사업을 위해 어떤 기관과 단체에 위탁할 수 있는가?
   ➡ 법 제9조 2항
   → 시행규칙 제6조

9. 외식산업통계 작성 관리는 누가 하는가?
   ➡ 법 제11조
   ⇒ 시행령 제7조 2항
   - 통계의 범위는?
   ⇒ 시행령 제7조 1항
   → 시행규칙 제3조

10. 외식사업자단체

- 누구의 인가를 받아야 하는가? ➡ 법 제12조 1항
- 사업자단체의 정관에 포함되어야 하는 사항은? ⇒ 시행령 제8조
- 사업자단체의 사업내용은? ➡ 법 제12조 3항
- 법 제12조 3항 5호에서 명시한 농림축산식품부령으로 정하는 사업이란?
→ 시행규칙 제6조

11. 농림축산식품부장관이 외식산업의 경영 및 유통 활성화를 위하여 지원할 수 있는 사업은?

➡ 법 제13조

12. 우수 외식업 지구란?

➡ 법 제14조 1항

- 우수 외식업 지구 지정 시 혜택은? ➡ 법 제13조, 법15조, 법16조
- 우수 외식업 지구 지정은 누가하는가? ➡ 법 제14조 1항
- 우수 외식업 지구 지정 조건은? ⇒ 시행령 제10조
- 시행령 제10조 5호에서 명시한 농림축산식품부령으로 정하는 식재료란?
  → 시행규칙 제7조, 시행규칙 별표 2
- 우수 외식업 지구 신청에 필요한 증빙서류는? ⇒ 시행령 제11조
- 우수 외식업 지구 신청서를 접수한 농림축산식품부장관의 행정 절차를 설명하세요. ⇒ 시행령 제12조
- 우수 외식업 지구 지정 취소의 경우는? ⇒ 시행령 제13조

13. 외식문화 선진화 촉진을 위해 농림축산식품부장관이 할 수 있는 일은?

➡ 법 제15조

14. 외식산업과 농어업 간의 연계를 강화하기 위하여 농림축산식품부장관이 할 수 있는 일은?

➡ 법 제16조

- 법 제16조 제3항에 따른 우수 식재료 사용 촉진을 위한 지원대상은?

⇒ 시행령 제14조 1항

15. '우수 외식사업자'란?

➡ 법 제17조 1항

- 우수 외식사업자 지정 시 혜택은? ➡ 법 제13조, 법 제15조, 법 제16조
- 우수 외식사업자 지정 분야 및 기준은? ⇒ 시행령 제15조
- 세부기준 → 시행규칙 별표 3
- 우수 외식사업자 지정 절차는? ⇒ 시행령 제16조 → 시행규칙 제11조
- 우수 외식사업자 지정 취소의 경우는? ➡ 법 제17조 3항 ⇒ 시행령 제18조

16. 청문이란?

➡ 법17조의2

17. 외식산업 진흥법에 명시된 농림축산식품부장관의 권한 및 업무에 대한 위탁 · 위임 범위는?

➡ 법18조

⇒ 시행령 19조

18. 우수 외식사업자 지정을 받지 않고 우수 외식사업자 표기를 하는 자에 대한 법적 처분은?

➡ 법20조

# 3. 외식산업 진흥법

1. 총칙
   - 목적(법 제1조)
   - 정의(법 제2조/시행령 제2조)
   - 국가 및 지방자치단체의 책무(법 제3조)
   - 다른 법률과의 관계(법 제4조)
2. 외식산업 진흥기반의 조성
   - 외식산업 진흥 기본계획의 수립 등(법 제5조)
   - 창업의 지원(법 제6조)
   - 외식산업 전문인력의 양성(법 제7조/시행령 제4조/시행령 제5조/시행규칙 제2조)
   - 국제교류 및 해외시장 진출 지원(법 제9조/시행령 제6조)
   - 외식상품 표준화의 추진(법 제10조)
   - 외식산업 통계의 작성 및 관리(법 제11조/시행령 제7조/시행규칙 제3조)
   - 사업자단체(법 제12조/시행령 제8조/시행규칙 제4조/시행규칙 제6조)
3. 외식산업의 경쟁력 강화
   - 외식산업의 경영 및 유통 활성화 지원(법 제13조)
   - 우수 외식업 지구의 지정 및 지정 취소 등(법 제14조/시행령 제10조/시행규칙 제7조)
   - 우수 외식업 지구의 지정 신청(시행령 제11조/시행규칙 제8조/시행령 제12조/시행규칙 제9조)
   - 우수 외식업 지구 지정의 취소(시행령 제13조)
   - 외식문화 선진화 촉진(법 제15조)
   - 우수 식재료 사용 촉진(법 제16조/시행령 제14조)
   - 우수 외식사업자의 지정 및 지정 취소(법 제17조/시행령 제15~18조/시행규칙 제10조/시행규칙 제11조)

4. 보칙
   - 청문(법 제17조의2)
   - 권한의 위임과 위탁 등(법 제18조/시행령 제19조)
   - 벌칙 적용에서의 공무원 의제(법 제19조)
5. 벌칙
   - 과태료(법 제20조/시행령 제20조)

1. 총칙

- 목적
➡법 제1조

- 정의
➡법 제2조
⇒시행령 제2조

- 국가 및 지방자치단체의 책무
➡법 제3조

- 다른 법률과의 관계
➡법 제4조

| 법 | 시행령 | 시행규칙 |
|---|---|---|
| 법 제1조(목적) | | |

**법 제1조(목적)**

이 법은 외식산업의 육성 및 지원에 필요한 사항을 정하여 외식산업 진흥의 기반을 조성하고 경쟁력을 강화함으로써 국민의 삶의 질 향상과 국민경제의 건전한 발전에 이바지하는 것을 목적으로 한다.

| 법 | 시행령 | 시행규칙 |
|---|---|---|
| 법 제2조(정의) | 시행령 제2조 (외식산업) | |

**법 제2조(정의)**

이 법에서 사용하는 용어의 뜻은 다음과 같다.

1. "외식"이란 가정에서 취사(炊事)를 통하여 음식을 마련하지 아니하고 음식점 등에서 음식을 사서 이루어지는 식사형태를 말한다.
2. "외식상품"이란 외식을 위하여 판매가 가능하도록 생산한 제품 및 외식과 관련된 서비스, 교육훈련, 운영체계, 상표 · 서비스표 등을 말한다.

3. “외식산업”이란 외식상품의 기획 · 개발 · 생산 · 유통 · 소비 · 수출 · 수입 · 가맹사업 및 이에 관련된 서비스를 행하는 산업과 그 밖에 대통령령으로 정하는 산업을 말한다.
4. “외식사업”이란 외식산업과 관련된 경제활동을 말한다.
5. “외식사업자”란 외식사업을 영위하는 자를 말한다.

**시행령 제2조(외식산업)**

「외식산업 진흥법」(이하 “법”이라 한다) 제2조제3호에서 “대통령령으로 정하는 산업”이란 다음 각 호의 어느 하나에 해당하는 산업을 말한다. 〈개정 2013.3.23.〉

1. 외식상품을 대상으로 하는 전시관 · 박물관 · 체험관 등의 조성업 및 운영업
2. 외식상품 관련 행사의 기획 · 운영 등에 관한 산업
3. 외식산업 중 둘 이상이 혼합된 산업
4. 그 밖에 농림축산식품부장관이 외식산업 진흥을 위하여 지원이 필요하다고 인정하는 산업

| 법 | 시행령 | 시행규칙 |
|---|---|---|
| 법 제3조(국가 및 지방자치단체의 책무) | | |

**법 제3조(국가 및 지방자치단체의 책무)**

국가와 지방자치단체는 외식산업의 진흥을 위하여 필요한 시책을 수립 · 시행하고, 그 시책의 추진에 필요한 재정 조치를 하여야 한다.

| 법 | 시행령 | 시행규칙 |
|---|---|---|
| 법 제4조(다른 법률과의 관계) | | |

**법 제4조(다른 법률과의 관계)**

이 법은 외식산업의 진흥에 관하여 「식품산업진흥법」과 그 밖의 다른 법률보다 우선하여 적용한다.

2. 외식산업 진흥기반의 조성

- 외식산업 진흥기본계획의 수립 등

➡법 제5조

→시행규칙 제1조의2

| 법 | 시행령 | 시행규칙 |
|---|---|---|
| 법 제5조(외식산업 진흥 기본 계획의 수립 등) | | 시행규칙 제1조의2(기본계획 및 시행계획의 수립에 따른 공표) |

**법 제5조(외식산업 진흥 기본계획의 수립 등)**

① 농림축산식품부장관은 외식산업을 진흥하고 경쟁력을 강화하기 위하여 관계 중앙행정기관의 장과 협의하여 5년마다 외식산업의 진흥 등에 관한 기본계획(이하 "기본계획"이라 한다)을 수립 · 시행하여야 한다. 〈개정 2013.3.23., 2018.9.18.〉

② 기본계획은 다음 각 호의 사항을 포함하여야 한다.

1. 외식산업의 진흥을 위한 시책의 기본방향
2. 외식산업의 부문별 육성 시책에 관한 사항
3. 외식산업 전문인력의 양성에 관한 사항
4. 외식산업 관련 조사 · 연구와 기술의 개발 및 보급에 관한 사항
5. 외식사업의 창업지원 등 외식사업자 육성에 관한 사항
6. 외식산업 관련 통계 · 정보화에 관한 사항
7. 외식산업의 국제협력 및 해외시장 진출의 지원에 관한 사항
8. 외식산업 발전의 촉진 및 유통 활성화 등 산업구조 선진화에 관한 사항
9. 외식산업과 농어업의 연계 강화에 관한 사항
10. 외식산업 진흥을 위한 사업 추진에 필요한 재원의 확보 및 효율적 운용에 관한 사항
11. 그 밖에 외식산업 진흥을 위하여 필요한 사항

③ 농림축산식품부장관은 기본계획을 「식품산업진흥법」 제5조에 따른 식품산업진흥심의회의 심의를 거쳐 확정한다. 〈개정 2013.3.23.〉

④ 농림축산식품부장관은 기본계획을 수립 · 시행하기 위하여 필요하면 지방자치단체, 「공공기관의 운영에 관한 법률」에 따른 공공기관(이하 "공공기관"이라 한다), 대학 · 연구소 및 외식사업자 등에게 협조를 요청할 수 있다. 〈개정 2013.3.23.〉

⑤ 농림축산식품부장관은 기본계획 및 시행계획을 수립한 때에는 관계 중앙행정기관의 장, 특별시장 · 광역시장 · 특별자치시장 · 도지사 · 특별자치도지사(이하 "시 · 도지사"라 한다)에게

통보하고 국회 소관 상임위원회에 제출하여야 한다. 〈신설 2018.9.18.〉

⑥농림축산식품부장관은 기본계획 및 시행계획을 수립한 때에는 농림축산식품부령으로 정하는 바에 따라 이를 공표하여야 한다. 〈신설 2018.9.18.〉

⑦ 농림축산식품부장관은 기본계획 및 시행계획을 수립 · 시행하기 위하여 필요하면 관계 중앙행정기관, 지방자치단체, 「공공기관의 운영에 관한 법률」에 따른 공공기관(이하 "공공기관"이라 한다), 대학 · 연구소 및 외식사업자 등에게 자료의 제출 등 협조를 요청할 수 있다. 이 경우 협조를 요청받은 관계 중앙행정기관 등은 정당한 사유가 없으면 이에 따라야 한다. 〈개정 2013.3.23., 2018.9.18.〉

[제목개정 2018.9.18.]

**시행규칙 제1조의2(기본계획 및 시행계획의 수립에 따른 공표)**
농림축산식품부장관은 「외식산업 진흥법」(이하 "법"이라 한다) 제5조제1항에 따른 외식산업의 진흥 등에 관한 기본계획 및 같은 조 제4항에 따른 연도별 시행계획을 수립한 때에는 1개월 이내에 농림축산식품부 홈페이지에 이를 공표하여야 한다.
[본조신설 2019. 5. 20.]

- 창업의 지원
➡법6조

| 법 | 시행령 | 시행규칙 |
|---|---|---|
| 법 제6조(창업의 지원) | | |

**법 제6조(창업의 지원)**
농림축산식품부장관은 외식산업의 창업을 촉진하고 외식사업자의 경영개선 등을 위하여 필요한 지원을 할 수 있다.〈개정 2013.3.23.〉

- 외식산업 전문인력의 양성
➡법 제7조
⇒시행령 제4조
⇒시행령 제5조

| 법 | 시행령 | 시행규칙 |
|---|---|---|
| 법 제7조(외식산업 전문인력의 양성) | 시행령 제4조(외식산업 전문인력 양성기관의 지정)<br>시행령 제5조(경비의 지원) | 시행규칙 제2조(인력양성기관 지정 절차등) |

→시행규칙 제2조

**법 제7조(외식산업 전문인력의 양성)**

① 농림축산식품부장관은 외식산업 진흥에 필요한 전문인력을 양성하기 위하여 다음 각 호의 사업을 추진할 수 있다. 〈개정 2013.3.23.〉

1. 외식산업에 종사하는 자의 자질 향상을 위한 교육 · 연수
2. 외식산업에 종사하려는 자의 취업 · 재취업 또는 창업의 촉진을 위한 교육 · 연수
3. 선진기법의 개발 · 보급
4. 그 밖에 외식산업 전문인력의 양성을 위하여 필요하다고 인정하는 사업

② 농림축산식품부장관은 제1항에 따른 사업을 추진하기 위하여 대통령령으로 정하는 바에 따라 대학, 연구소, 외식사업자의 사내교육기관, 그 밖의 전문기관을 외식산업 전문인력 양성기관으로 지정할 수 있다. 〈개정 2013.3.23.〉

③ 농림축산식품부장관은 제2항에 따라 지정된 외식산업 전문인력 양성기관에 대하여 대통령령으로 정하는 바에 따라 그 경비의 전부 또는 일부를 지원할 수 있다. 〈개정 2013.3.23.〉

④ 농림축산식품부장관은 외식산업 전문인력 양성기관이 다음 각 호의 어느 하나에 해당하는 경우에는 지정을 취소하거나 6개월 이내의 범위에서 기간을 정하여 업무의 전부 또는 일부를 정지할 수 있다. 다만, 제1호에 해당하는 경우에는 지정을 취소하여야 한다. 〈신설 2013.8.13.〉

1. 거짓이나 그 밖의 부정한 방법으로 지정을 받은 경우
2. 지정받은 사항을 위반하여 업무를 행한 경우
3. 제5항에 따른 지정기준에 적합하지 아니하게 된 경우

⑤ 외식산업 전문인력 양성기관의 지정 및 지정 취소의 기준, 절차 및 운영 등에 필요한 사항은 대통령령으로 정한다. 〈신설 2013.8.13.〉

**시행령 제4조(외식산업 전문인력 양성기관의 지정)**

① 농림축산식품부장관은 법 제7조제2항에 따라 다음 각 호의 어느 하나에 해당하는 기관을 외식산업 전문인력 양성기관(이하 "인력양성기관"이라 한다)으로 지정할 수 있다. 〈개정 2013.3.23.〉

1. 「고등교육법」 제2조 각 호에 따른 학교 중 외식산업 관련 교육과정을 개설 · 운영하는 학교

2. 제1호의 학교에 설치된 부설연구소 등으로서 외식산업에 관한 연구를 하는 연구기관
3. 「정부출연연구기관 등의 설립 · 운영 및 육성에 관한 법률」 제8조에 따라 설립한 정부출연연구기관으로서 외식산업에 관한 연구를 하는 연구기관
4. 「지방자치단체출연 연구원의 설립 및 운영에 관한 법률」 제4조에 따라 설립한 지방자치단체출연 연구원으로서 외식산업에 관한 연구를 하는 연구기관
5. 「특정연구기관 육성법」에 따라 정부의 보호 · 육성을 받을 수 있는 특정연구기관으로서 외식산업에 관한 연구를 하는 연구기관
6. 「공공기관의 운영에 관한 법률」 제4조에 따른 외식산업 관련 공공기관
7. 「민법」 제32조에 따라 설립된 외식산업 관련 비영리법인
8. 「근로자직업능력 개발법」 제2조제3호에 따른 외식산업 관련 직업능력개발훈련시설
9. 외식산업 관련 전문교육을 위하여 「학원의 설립 · 운영 및 과외교습에 관한 법률」에 따라 등록된 외식산업 관련 학원
10. 법 제12조에 따라 외식산업 진흥을 목적으로 설립된 사업자단체
11. 그 밖에 외식과 관련된 사업을 목적으로 설립된 기관 · 단체 및 외식사업자의 사내교육기관

② 제1항에 따라 인력양성기관으로 지정받으려는 자는 농림축산식품부령으로 정하는 지정 신청서에 다음 각 호의 서류를 첨부하여 농림축산식품부장관에게 제출하여야 한다. 〈개정 2013.3.23., 2013.5.31.〉

1. 교육시설 현황을 적은 서류
2. 교육과정 현황을 적은 서류
3. 강사 현황을 적은 서류

③ 인력양성기관이 갖추어야 하는 시설과 설비, 교육프로그램, 교육시간, 강사의 자격 등 인력양성기관의 지정 기준과 인력양성기관의 지정 절차, 관리 등에 필요한 사항은 농림축산식품부령으로 정한다. 〈개정 2013.3.23.〉

**시행령 제5조(경비의 지원)**

농림축산식품부장관은 법 제7조제3항에 따라 인력양성기관에 다음 각 호의 경비의 전부 또는 일부를 지원할 수 있다.〈개정 2013.3.23.〉

1. 외식산업 관련 교육자료의 개발 · 제공 등 교육프로그램 개발에 필요한 경비
2. 강사료, 수당 등 교육프로그램 운영에 필요한 경비
3. 실습 기자재 등 장비 구입비와 교육시설 관리 경비
4. 외식산업 전문인력 양성교육을 위한 조사 및 연구에 필요한 경비
5. 그 밖에 농림축산식품부장관이 외식산업 전문인력의 양성을 위하여 필요하다고 인정하는 경비

**시행규칙 제2조(인력양성기관 지정 절차 등)**

① 「외식산업 진흥법 시행령」(이하 "영"이라 한다) 제4조제2항에 따른 외식산업 전문인력 양성기관 지정신청서는 별지 제1호서식과 같다.

② 영 제4조제3항에 따른 외식산업 전문인력 양성기관의 지정기준은 별표 1과 같다.

③ 농림축산식품부장관은 영 제4조제1항에 따라 인력양성기관으로 지정할 경우 별지 제2호서식의 외식산업 전문인력 양성기관 지정서를 발급하고 다음 각 호의 사항을 공고하여야 한다. 〈개정 2013.3.23.〉

1. 지정번호 및 지정일
2. 외식산업 전문인력 양성기관 명칭
3. 외식산업 전문인력 양성기관 소재지
4. 대표자 성명
5. 교육 내용

## [시행규칙 별표1]

[별표 1]

### 외식산업 전문인력 양성기관의 지정 기준(제2조제2항 관련)

1. 시설과 설비
   가. 강의실: 내벽간 면적(바닥 면적)을 실측(實測)하여 계산한 면적이 30제곱미터 이상인 강의실 1개 이상
   나. 실습실: 내벽간 면적(바닥 면적)을 실측하여 계산한 면적이 60제곱미터 이상인 실습실 1개 이상
   다. 화장실: 남녀 구분이 있고, 교육과정 규모에 적절할 것
   라. 급수시설: 상수도를 사용하는 경우를 제외하고는 수질이 「먹는물관리법」 제5조제3항에 따른 기준에 맞을 것
   마. 조명시설: 야간 강의 시 책상면 및 흑판면의 조도가 150럭스 이상일 것
   사. 소방시설: 「소방기본법」에 따른 소방기구, 경보설비, 피난설비 등 방화 및 소방에 필요한 시설을 갖출 것
2. 교육프로그램
   가. 외식업소 창업 교육, 외식기업 취업 교육, 외식산업 종사자 보수교육, 외식 관련 자격증 취득 및 외식 관련 강사 양성과정 중 1개 이상을 운영할 것
   나. 외식경영, 외식마케팅, 외식 관련 법규, 외식 서비스 마인드, 상품 기획 및 개발, 위생, 조리, 그 밖에 물류 및 식자재 등 외식산업에 대한 교육과목을 포함하고 있을 것
3. 교육시간: 교육시간은 연 96시간 이상(실습을 포함한다)이 되도록 구성할 것
4. 강사의 자격
   가. 관련 교육과목에 대한 석사학위 이상의 자격을 가진 사람으로서 전문대학 이상의 교육기관에서 한 학기 이상 강의한 경험이 있을 것
   나. 관련 과목에 대한 실무행정에서 2년 이상의 경력이 있는 공무원
   다. 관련 과목에 대한 해당 업종의 실무경험이 5년 이상인 사람
   라. 외국인 강사의 경우 관련 전공 학사학위 이상 소지자 또는 조리전문학교를 수료한 사람으로서(실무경력 5년 이상), E-4 비자를 소지하고 있을 것
5. 평가관리: 교육 참가자들의 목표 달성 여부를 월 1회 이상 평가할 수 있는 프로그램을 갖출 것

- 국제교류 및 해외시장 진출 지원
➡법 제9조
⇒시행령 제6조

| 법 | 시행령 | 시행규칙 |
|---|---|---|
| 법 제9조(국제교류 및 해외시장 진출 지원) | 시행령 제6조(국제교류 및 해외시장 진출 사업 관련 위탁기관) | |

**법 제9조(국제교류 및 해외시장 진출 지원)**

① 농림축산식품부장관은 외식산업의 수출 경쟁력을 높이고 해외시장 진출을 활성화하기 위하여 다음 각 호의 사업을 추진할 수 있다.〈개정 2013.3.23.〉

1. 외식산업 관련 정보 · 기술 · 인력의 국제교류
2. 외식산업 관련 해외시장 개척 · 홍보활동 지원 및 국제박람회 등의 개최 · 참가
3. 외식산업 수출 관련 정보 제공 및 컨설팅 등의 지원
4. 외식산업 수출 관련 기관 · 단체와의 협력체계 구축
5. 그 밖에 국제교류 및 해외시장 진출 지원을 위하여 필요하다고 인정하는 사업

② 농림축산식품부장관은 제1항에 따른 사업을 효율적으로 지원하기 위하여 대통령령으로 정하는 관련 기관이나 단체에 이를 위탁하거나 대행하게 할 수 있다.〈개정 2013.3.23.〉

③ 농림축산식품부장관은 제2항에 따른 위탁 또는 대행 기관이나 단체에 필요한 경비 등을 지원할 수 있다.〈개정 2013.3.23.〉

**시행령 제6조(국제교류 및 해외시장 진출 사업 관련 위탁기관)**

법 제9조제2항에서 "대통령령으로 정하는 관련 기관이나 단체"란 다음 각 호의 어느 하나에 해당하는 기관 · 법인 또는 단체를 말한다.〈개정 2013.3.23.〉

1. 「공공기관의 운영에 관한 법률」 제4조에 따른 외식산업 관련 공공기관
2. 「민법」 제32조에 따라 설립된 외식산업 관련 비영리법인
3. 법 제12조에 따라 외식산업 진흥을 목적으로 설립된 사업자단체
4. 그 밖에 다른 법률에 따라 외식산업 발전을 목적으로 설립된 기관 · 단체로서 농림축산식품부장관이 소관 행정기관의 장과 협의하여 지정한 기관 · 단체

- 외식상품 표준화의 추진
➡법 제10조

| 법 | 시행령 | 시행규칙 |
|---|---|---|
| 법 제10조(외식상품 표준화의 추진) | | |

**법 제10조(외식상품 표준화의 추진)**

① 농림축산식품부장관은 외식상품의 효율적 개발, 품질 향상과 국제표준의 확보 등을 위하여 식재료나 경영기법 등 외식상품의 표준화를 추진하고 외식사업자에게 그 표준을 사용하도록 권고할 수 있다.〈개정 2013.3.23.〉

② 농림축산식품부장관은 외식상품의 표준화를 촉진하기 위하여 전문기관을 지정할 수 있으며, 지정된 전문기관에 필요한 경비 등을 지원할 수 있다.〈개정 2013.3.23.〉

-외식산업 통계의 작성 및 관리
➡법 제11조
⇒시행령 제7조
→시행규칙 제3조

| 법 | 시행령 | 시행규칙 |
|---|---|---|
| 법 제11조(외식산업 통계의 작성 및 관리) | 시행령 제7조(통계의 작성 및 관리 등) | 시행규칙 제3조(외식산업통계 작성·관리) |

**법 제11조(외식산업 통계의 작성 및 관리)**

① 농림축산식품부장관은 외식산업 관련 정책의 수립 · 시행을 위하여 외식산업에 관한 통계를 작성하여 관리할 수 있다.〈개정 2013.3.23.〉

② 농림축산식품부장관은 제1항에 따른 통계작성을 위하여 필요하다고 인정하는 경우 관계 중앙행정기관의 장, 지방자치단체의 장, 공공기관의 장, 외식사업자와 제12조에 따른 사업자단체에 자료의 제공을 요청할 수 있다. 이 경우 요청을 받은 관계 중앙행정기관의 장 등은 특별한 사정이 없으면 자료를 제공하여야 한다.〈개정 2013.3.23.〉

③ 제1항에 따른 통계 작성 및 관리 등에 필요한 사항은 대통령령으로 정한다.

**시행령 제7조(통계의 작성 및 관리 등)**

① 법 제11조에 따른 외식산업에 관한 통계(이하 "외식산업통계"라 한다)의 작성 범위는 다음 각 호와 같다.〈개정 2013.3.23.〉

1. 외식상품의 소비 · 유통 · 판매에 관한 사항
2. 외식사업자의 경영에 관한 사항
3. 국내외 외식산업의 동향 분석과 전망에 관한 사항
4. 그 밖에 농림축산식품부장관이 외식산업 진흥을 위하여 필요하다고 인정하는 사항

② 농림축산식품부장관은 다음 각 호의 어느 하나에 해당하는 기관 또는 단체에 외식산업통계의 작성 · 관리를 대행하게 할 수 있다.〈개정 2013.3.23.〉

1. 「공공기관의 운영에 관한 법률」 제4조에 따른 공공기관
2. 그 밖에 외식산업 정보 · 통계에 관한 분석을 위해 필요하다고 인정하는 기관 또는 단체

③ 제2항에 따라 외식산업통계를 작성하는 기관은 그 작성 결과를 농림축산식품부장관에게 제출하여야 한다.〈개정 2013.3.23.〉

④ 제1항부터 제3항까지에서 규정한 사항 외에 외식산업통계 작성 · 관리에 관한 구체적인 사항은 농림축산식품부령으로 정한다.〈개정 2013.3.23.〉

**시행규칙 제3조(외식산업통계 작성 · 관리)**

농림축산식품부장관은 영 제7조제4항에 따라 외식산업통계 작성 · 관리를 대행하는 기관으로 하여금 다음 각 호의 업무를 수행하게 할 수 있다.〈개정 2013.3.23.〉

1. 국내외 외식산업과 소비 동향에 관한 정보의 수집 · 분석 및 전망
2. 외식상품 관련 기술 · 연구 동향 분석
3. 외식산업통계 등 간행물의 발간
4. 외식산업통계 전산망 구축 · 운용과 관련 정보 제공
5. 그 밖에 외식산업 진흥을 위하여 필요하다고 농림축산식품부장관이 정하는 사항

- 사업자단체
➡법 제12조
⇒시행령 제8조
→시행규칙 제4조
→시행규칙 제6조

| 법 | 시행령 | 시행규칙 |
|---|---|---|
| 법 제12조(사업자단체) | 시행령 제8조(외식산업 사업자단체의 정관 기재사항 등) | 시행규칙 제4조(사업자단체의 정관 변경)<br>시행규칙 제6조(사업자단체의 사업) |

**법 제12조(사업자단체)**

① 외식사업자는 외식산업의 진흥을 위하여 농림축산식품부장관의 인가를 받아 사업자단체를 설립할 수 있다. 〈개정 2013.3.23.〉

② 제1항에 따른 사업자단체는 법인으로 하며, 정관기재사항 및 지도 · 감독 · 운영 · 지원 등에 필요한 사항은 대통령령으로 정한다. 〈개정 2015.7.20.〉

③ 제1항에 따른 사업자단체는 다음 각 호의 사업을 실시할 수 있다. 〈개정 2013.3.23.〉

1. 외식산업의 발전 방향에 관한 조사 · 연구 사업
2. 외식산업의 경쟁력 제고와 회원 상호 간의 이익 증진을 위한 사업
3. 외식산업과 농어업 간의 연계 강화를 위한 사업
4. 외식산업 종사자에 대한 교육사업
5. 그 밖에 외식산업의 진흥을 위하여 농림축산식품부령으로 정하는 사업

④ 제1항에 따른 사업자단체에 관하여는 이 법에서 규정한 것을 제외하고는 「민법」 중 사단법인에 관한 규정을 준용한다.

**시행령 제8조(외식산업 사업자단체의 정관 기재사항 등)**

① 법 제12조에 따른 사업자단체(이하 "사업자단체"라 한다)의 정관에는 다음 각 호의 사항이 포함되어야 한다.

1. 목적
2. 명칭
3. 주된 사무소 소재지
4. 자산에 관한 사항
5. 이사의 임면(任免)에 관한 사항
6. 회원 자격의 득실(得失)에 관한 사항
7. 총회 및 이사회에 관한 사항
8. 해산 사유를 정하였을 때에는 그 사유에 관한 사항

② 사업자단체는 정관을 변경하려는 경우 농림축산식품부령으로 정하는 정관 변경인가 신청서에 다음 각 호의 서류를 첨부하여 농림축산식품부장관에게 제출하여야 한다. 〈개정 2013.3.23.〉

1. 정관 변경 사유서
2. 개정될 정관(신 · 구 대비표를 포함한다)

3. 정관 변경에 관계되는 총회 또는 이사회의 회의록
4. 기본재산의 처분에 따른 정관 변경의 경우에는 처분의 사유, 처분재산의 목록, 처분의 방법 등을 적은 서류

③ 삭제〈2014.12.8.〉

**시행규칙 제4조(사업자단체의 정관 변경)**
영 제8조제2항에 따른 사업자단체 정관 변경인가 신청서는 별지 제3호서식과 같다.

**[시행규칙 별지 제3호]**

■ 외식산업 진흥법 시행규칙[별지 제3호서식] 〈개정 2014.8.29.〉

**사업자단체 정관 변경인가 신청서**

| 접수번호 | 접수일 | 처리기간 | 7일 |
|---|---|---|---|

| | | |
|---|---|---|
| 신청인 | 성명 | 생년월일<br>(외국인의 경우 국적) |
| | 주소 | 전화번호 |

| | | |
|---|---|---|
| 사업자단체 | 명칭 | 전화번호 |
| | 주사무소 소재지 | |
| | 대표자 성명 | 대표자 생년월일<br>(외국인의 경우 국적) |
| | 대표자 주소 | 대표자 전화번호 |
| | 설립허가일 | 설립허가번호 |

「민법」 제42조 · 제45조 · 제46조 및 「외식산업 진흥법 시행규칙」 제4조에 따라 위와 같이 정관 변경인가를 신청합니다.

년　월　일장

법인

신청인　　　　(서명 또는 인)

농림축산식품부장관　귀하

| | | |
|---|---|---|
| | | |
| 첨부서류 | 1. 정관 변경 사유서 1부<br>2. 개정될 정관(신 · 구조대비표를 첨부해야 합니다) 1부<br>3. 정관 변경에 관계되는 총회 또는 이사회의 회의록 사본 1부<br>4. 기본재산의 처분에 따른 정관 변경의 경우에는 처분의 사유, 처분재산의 목록, 처분의 방법 등을 적은 서류 1부 | 수수료<br><br>없음 |

처리절차

| 신청서 작성 | → | 접 수 | → | 서류 확인 및 검토 | → | 결 재 | → | 결과 통지 |
|---|---|---|---|---|---|---|---|---|
| 신청인 | | 농림축산식품부 (외식산업 담당부서) | | 농림축산식품부 (외식산업 담당부서) | | 농림축산식품부 (외식산업 담당부서) | | 농림축산식품부 (외식산업 담당부서) |

210mm×297mm[백상지 80g/㎡(재활용품)]

### 시행규칙 제6조(사업자단체의 사업)

법 제12조제3항제5호에서 "농림축산식품부령으로 정하는 사업"이란 다음 각 호의 사업을 말한다. 〈개정 2013.3.23., 2019.5.20〉

1. 원료 또는 외식상품의 공동 구매 · 판매 · 중개 사업
2. 외식산업 진흥을 위한 교육 · 홍보 사업
3. 외식산업에 대한 정보 제공 및 컨설팅 사업

4. 외식산업 관련 해외시장의 개척과 국제교류 및 협력 사업
5. 외국인의 외식산업 관련 국내 연수 및 취업에 관한 사업
6. 그 밖에 외식산업 진흥을 위하여 농림축산식품부장관이 필요하다고 인정하는 사업

3. 외식산업의 경쟁력 강화

- 외식산업의 경영 및 유통 활성화 지원
➡법 제13조

| 법 | 시행령 | 시행규칙 |
|---|---|---|
| 법 제13조(외식산업의 경영 및 유통 활성화 지원) | | |

**법 제13조(외식산업의 경영 및 유통 활성화 지원)**

농림축산식품부장관은 외식산업의 경영 및 유통을 활성화하기 위하여 다음 각 호에 해당하는 사업을 지원할 수 있다. 〈개정 2013.3.23.〉

1. 외식상품의 제조 · 가공 · 보관 · 배송 및 포장 등을 위한 공동조리 · 가공 · 물류시설 등의 설치 · 운영
2. 외식사업자에 대한 경영 · 기술 · 재무 및 마케팅 등의 컨설팅
3. 외식산업의 경쟁력 강화와 농어업과의 연계 강화를 위한 외식상품의 공동구매 · 공동판매 등에 관한 사업
4. 외식사업체의 전자상거래 및 유통물류정보시스템 구축 사업
5. 그 밖에 외식산업의 경영 및 유통 활성화를 위하여 필요한 사업

- 우수 외식업 지구의 지정 및 지정 취소 등
➡법 제14조
⇒시행령 제10조
→시행규칙 제7조

| 법 | 시행령 | 시행규칙 |
|---|---|---|
| 법 제14조(우수 외식업 지구의 지정 및 지정 취소 등) | 시행령 제10조(우수 외식업 지구의 지정 요건) | 시행규칙 제7조(우수 외식업 지구 지정에 필요한 식재료의 범위) |

**법 제14조(우수 외식업 지구의 지정 및 지정 취소 등)**

① 농림축산식품부장관은 외식산업을 활성화하기 위하여 우수한 음식점을 집중적으로 조성할 필요가 있다고 인정되는 지역을 우수 외식업 지구로 지정할 수 있다. 〈개정 2013.3.23.〉

② 지방자치단체, 그 밖에 우수 외식업 지구의 지정을 받으려는 자는 대통령령으로 정하는 바에 따라 그 지정을 신청하여야 한다.

③ 농림축산식품부장관은 우수 외식업 지구에 대하여 시설 및 거리환경 개선이나 홍보 활동 지원 등의 시책을 마련하여 시행할 수 있다.〈개정 2013.3.23.〉

④ 농림축산식품부장관은 외식사업자가 지켜야 할 사항 등을 우수 외식업 지구 지정의 조건으로 붙일 수 있다.〈개정 2013.3.23.〉

⑤ 농림축산식품부장관은 우수 외식업 지구가 다음 각 호의 어느 하나에 해당하는 경우에는 지정을 취소할 수 있다. 다만, 제1호에 해당하는 경우에는 취소하여야 한다.〈신설 2015.1.20.〉

1. 거짓이나 그 부의 부정한 방법으로 지정을 받은 경우
2. 제6항에 따른 지정기준에 적합하지 아니하게 된 경우

⑥ 우수 외식업 지구의 지정과 그 취소의 구체적인 기준과 절차 등에 필요한 사항은 대통령령으로 정한다.〈개정 2015.1.20.〉

[제목개정 2015.1.20.]

### 시행령 제10조(우수 외식업 지구의 지정요건)

법 제14조에 따른 우수 외식업 지구는 다음 각 호의 요건을 모두 갖춘 지역이어야 한다.〈개정 2013.3.23., 2013.5.31., 2014.12.8., 2016.12.30.〉

1. 외식업소 등 외식산업 관련 업체 비율이 해당 지구 전체 사업체의 50퍼센트 이상일 것
2. 해당 지구 내 외식업소의 수가 20개소 이상일 것
3. 조리기능사, 조리산업기사, 영양사 등 농림축산식품부장관이 정하여 고시하는 외식산업 관련 자격증을 소지한 사람을 1명 이상 보유한 외식업소의 비율이 해당 지구 전체 외식업소의 40퍼센트 이상일 것
4. 「식품위생법」, 조례 등에 따라 정부, 지방자치단체 및 공공기관에서 모범업소 등으로 지정한 외식업소의 비율이 해당 지구 전체 외식업소의 10퍼센트 이상일 것
5. 해당 지구 내 외식산업 관련 전체 식재료 중 농림축산식품부령으로 정하는 식재료의 사용비율이 40퍼센트 이상일 것

### 시행규칙 제7조(우수 외식업 지구 지정에 필요한 식재료의 범위)

영 제10조제5호에서 "농림축산식품부령으로 정하는 식재료"란 별표 2에 규정된 식재료를 말한다.〈개정 2013.3.23.〉

## [시행규칙 별표2]

[별표 2] 〈개정 2013.3.23.〉

### 우수 외식업 지구 지정에 필요한 식재료의 범위(제7조 관련)

1. 농산물
   가. 「농수산물 품질관리법」 제5조에 따른 표준규격품 중 농산물 표준규격이 상(上) 이상인 농산물. 다만, 표준규격이 정해져 있지 않은 농산물은 상품가치가 상 이상이어야 한다.
   나. 「농수산물 품질관리법」 제6조에 따른 농산물우수관리인증품
   다. 「농수산물 품질관리법」 제24조에 따른 농산물이력추적관리품
   라. 「농수산물 품질관리법」 제32조에 따른 지리적표시품
   마. 「친환경농업육성법」 제2조제2호의 친환경농산물

2. 축산물
   가. 「축산물위생관리법」 제9조제2항에 따라 위해요소중점관리기준을 적용하는 도축장에서 처리된 식육
   나. 「축산물위생관리법」 제9조제3항에 따라 위해요소중점관리기준적용작업장으로 지정받은 축산물가공장 또는 식육포장처리장에서 처리된 축산물

3. 수산물
   가. 「농수산물 품질관리법」 제20조에 따른 친환경수산물
   나. 「농수산물 품질관리법」 제5조에 따른 수산물표준규격품
   다. 「농수산물 품질관리법」 제14조에 따른 품질인증품
   라. 「농수산물 품질관리법」 제24조에 따른 수산물이력추적관리품
   마. 「농수산물 품질관리법」 제32조에 따른 지리적표시품 또는 상품가치가 상 이상인 수산물
   바. 「농수산물 품질관리법」 제70조에 따라 위해요소중점관리기준을 이행하는 작업장에서 처리된 수산물

4. 가공식품 및 기타
   가. 「식품산업진흥법」 제22조에 따라 품질인증을 받은 전통식품
   나. 「축산물위생관리법」 제9조에 따라 위해요소중점관리기준을 적용하는 업소에서 가공된 축산물가공품
   다. 「식품위생법」 제48조에 따른 위해요소중점관리기준적용업소에서 생산한 위해요소중점관리기준 적용 식품

- 우수 외식업 지구의 지정 신청
⇒시행령 제11조
⇒시행령 제12조
→시행규칙 제8조
→시행규칙 제9조

| 법 | 시행령 | 시행규칙 |
|---|---|---|
| | 시행령 제11조(우수외식업 지구의 지정 신청)<br>시행령 제12조(우수외식업 지구 지정절차 등) | 시행규칙 제8조(우수 외식업 지구 지정신청서)<br>시행규칙 제9조(우수 외식업 지구의 운영) |

### 시행령 제11조(우수 외식업 지구의 지정 신청)

법 제14조제2항에 따라 우수 외식업 지구의 지정을 받으려는 자는 농림축산식품부령으로 정하는 우수 외식업 지구 신청서에 다음 각 호의 사항이 포함된 사업계획서와 제10조 각 호의 요건을 확인할 수 있는 증명서류를 첨부하여 농림축산식품부장관에게 제출하여야 한다.〈개정 2013.3.23.〉

1. 외식업 지구의 특성 강화에 관한 사항
2. 음식점 시설 및 외식업 지구 환경 개선에 관한 사항
3. 식재료 공동구매 등 농어업 연계 강화에 관한 사항
4. 조리 · 서비스 교육 등 외식산업 전문인력 양성에 관한 사항
5. 요리 축제, 행사 등 홍보에 관한 사항
6. 외식 물가 안정에 관한 사항
7. 그 밖에 외식산업 활성화를 위하여 필요하다고 농림축산식품부장관이 인정하는 사항

### 시행규칙 제8조(우수 외식업 지구 지정신청서)

영 제11조 각 호 외의 부분에 따른 우수 외식업 지구 지정신청서는 별지 제4호서식과 같다.

### [시행규칙 별지4호]

■ 외식산업 진흥법 시행규칙 [별지 제4호서식]

행 정 기 관 명

수신자
(경유)
제 목: 우수 외식업 지구 지정 신청

「외식산업 진흥법」제14조 및 같은 법 시행규칙 제8조에 따라 아래와 같이 우수 외식업 지구 지정을 신청합니다.

| 신청내용 | 우수 외식업 지구 명 칭 | |
|---|---|---|
| | 우수 외식업 지구 위치 | |
| | 우수 외식업 지구 면적 | |
| | 우수 외식업 지구 지정 목적 | |

붙임: 1. 사업계획서 1부
2. 「외식산업 진흥법 시행령」 제10조에 따른 요건을 갖추었는지를 확인할 수 있는 증명서류. 끝.

**발 신 명 의** 직인

| 기안자직위(직급) 서명 | 검토자직위(직급)서명 | 결재권자직위 (직급)서명 | | |
|---|---|---|---|---|
| 협조자 | | | | |
| 시행 처리과-일련번호(시행일자) | 접수 처리과명-일련번호(접수일자) | | | |
| 우 주소 | / 홈페이지 주소 | | | |
| 전화() | 전송() / | 기안자의 공식 전자우편주소 | / | 공개구분 |

210㎜×297㎜[일반용지 60g/㎡(재활용품)]

### 시행령 제12조(우수 외식업 지구 지정절차 등)

① 농림축산식품부장관은 법 제14조에 따른 우수 외식업 지구를 지정하려면 관계 중앙행정기관의 장과 협의하여야 한다.〈개정 2013.3.23.〉

② 제1항에 따라 협의 요청을 받은 관계 중앙행정기관의 장은 특별한 사유가 없으면 그 요청을 받은 날부터 30일 이내에 의견을 제시하여야 한다.

③ 농림축산식품부장관은 우수 외식업 지구의 지정과 취소의 세부 사항을 심의하기 위하여 다음 각 호의 사람을 포함하여 15명 이내로 우수 외식업 지구 심사단(이하 "지구 심사단"이라 한다)을 구성하여야 한다. 〈개정 2013.3.23.〉

1. 외식 관련 학계 · 기관 및 단체의 전문가
2. 외식상품 소비자

④ 지구 심사단은 법 제14조제2항에 따른 우수 외식업 지구의 지정 신청을 받은 경우에는 해당 지역이 제10조에 따른 요건을 갖추었는지 등을 심사하여야 한다.

⑤ 지구 심사단은 제4항에 따른 심사 즉시 그 결과를 농림축산식품부장관에게 보고하여야 한다. 〈개정 2013.3.23.〉

⑥ 농림축산식품부장관은 제5항에 따라 지구 심사단으로부터 보고받은 심사 결과와 제11조에 따른 사업계획서를 종합적으로 검토하여 우수 외식업 지구를 지정하여야 한다. 〈개정 2013.3.23.〉

⑦ 우수 외식업 지구 운영에 관한 세부 사항은 농림축산식품부령으로 정한다. 〈개정 2013.3.23.〉

### 시행규칙 제9조(우수 외식업 지구의 운영)

농림축산식품부장관은 영 제12조제6항에 따라 지정된 우수 외식업 지구의 운영 상황을 주기적으로 확인할 수 있다.

[전문개정 2019.5.20.]

- 우수 외식업 지구 지정의 취소
⇒시행령 제13조

| 법 | 시행령 | 시행규칙 |
|---|---|---|
| | 시행령 제13조(우수 외식업 지구 지정의 취소) | |

### 시행령 제13조(우수 외식업 지구 지정의 취소)

농림축산식품부장관은 법 제14조제5항에 따라 우수 외식업 지구가 다음 각 호의 어느 하나에 해당하는 경우에는 그 지정을 취소하여야 한다.

1. 거짓이나 그 밖의 부정한 방법으로 지정을 받은 경우
2. 제10조에 따른 요건을 충족하지 못하게 된 경우

[전문개정 2013.5.31.]

- 외식문화 선진화 촉진
➡법 제15조

| 법 | 시행령 | 시행규칙 |
|---|---|---|
| 법 제15조(외식문화 선진화 촉진) | | |

**법 제15조(외식문화 선진화 촉진)**

① 농림축산식품부장관은 소비자의 권익을 증진하고 외식문화의 선진화를 촉진하기 위하여 사업자단체 또는 지방자치단체가 외식업체의 환경 및 서비스 등의 개선활동을 추진하도록 권장할 수 있다.〈개정 2013.3.23.〉

② 농림축산식품부장관은 제1항에 따른 사업자단체 또는 지방자치단체에 필요한 경비 등을 지원할 수 있다.〈개정 2013.3.23.〉

- 우수 식재료 사용 촉진
➡법 제16조
⇒시행령 제14조

| 법 | 시행령 | 시행규칙 |
|---|---|---|
| 법 제16조(우수 식재료 사용 촉진) | 시행령 제14조(우수 식재료의 사용 촉진 등) | |

**법 제16조(우수 식재료 사용 촉진)**

① 농림축산식품부장관은 외식산업과 농어업 간의 연계를 강화하기 위하여 외식사업자로 하여금 「식품산업진흥법」 제33조에 따른 우수 식재료 사용을 촉진하도록 하는 시책을 수립 · 시행할 수 있다.〈개정 2013.3.23.〉

② 농림축산식품부장관은 제1항에 따른 우수 식재료 사용 촉진을 위한 사업에 필요한 경비를 지원할 수 있다.〈개정 2013.3.23.〉

③ 제1항과 제2항에 따른 우수 식재료 사용 촉진을 위한 시책의 지원대상과 기준 · 절차 · 방법, 그 밖에 필요한 사항은 대통령령으로 정한다.

**시행령 제14조(우수 식재료의 사용 촉진 등)**

① 법 제16조제3항에 따른 우수 식재료 사용 촉진을 위한 시책의 지원대상은 다음 각 호와 같다.

1. 외식상품의 제조 · 유통 · 판매 · 중개업체
2. 외식사업자
3. 학교 등 단체 급식소 · 위탁급식업체
4. 농수산물 전처리(前處理) · 가공 업체

5. 우수 식재료 연구 · 개발 기관
6. 우수 식재료 사용을 촉진할 수 있는 사업자단체

② 농림축산식품부장관은 제1항에 따른 지원 대상자가 다음 각 호의 어느 하나에 해당하는 사업을 추진할 경우 그에 필요한 경비의 전부 또는 일부를 예산의 범위에서 지원할 수 있다.〈개정 2013.3.23.〉
1. 우수 식재료 구매 · 판매사업
2. 우수 식재료 단체급식 등 제공 사업
3. 우수 식재료 공급체계 구축 사업
4. 그 밖의 우수 식재료 사용 촉진을 위하여 농림축산식품부장관이 필요하다고 인정하는 사업

③ 제1항과 제2항에서 규정한 사항 외에 우수 식재료 사용 촉진을 위한 시책의 지원 절차 등에 관하여 필요한 사항은 농림축산식품부장관이 정하여 고시한다.〈개정 2013.3.23.〉

- 우수 외식사업자의 지정 및 지정 취소
➡법 제17조
⇒시행령 제15~18조
→시행규칙 제10조
→시행규칙 제11조

| 법 | 시행령 | 시행규칙 |
|---|---|---|
| 법 제17조(우수 외식사업자의 지정 및 지정 취소) | 시행령 제15조(우수외식사업자 지정 분야 및 기준 등)<br>시행령 제16조(우수외식사업자 지정 절차 등)<br>시행령 제17조(우수외식사업자 표시)<br>시행령 제18조(지정의 취소) | 시행규칙 제10조(우수외식사업자 지정 분야 및 지정 세부기준)<br>시행규칙 제11조(우수외식사업자 지정신청서) |

**법 제17조(우수 외식사업자의 지정 및 지정 취소)**

① 농림축산식품부장관은 외식사업자의 시설 · 서비스 및 품질 개선을 촉진하기 위하여 우수 외식사업자를 지정할 수 있다. 〈개정 2013.3.23.〉

② 제1항에 따라 지정을 받은 우수 외식사업자는 대통령령으로 정하는 바에 따라 우수 외식사업자 표시를 할 수 있다.

③ 농림축산식품부장관은 우수 외식사업자가 다음 각 호의 어느 하나에 해당하는 경우에는 지정을 취소할 수 있다. 다만, 제1호에 해당하는 경우에는 지정을 취소하여야 한다.〈신설 2015.1.20.〉
1. 거짓이나 그 밖의 부정한 방법으로 지정을 받은 경우
2. 제4항에 따른 지정기준에 적합하지 아니하게 된 경우

3. 관계 법률을 위반하여 영업정지 이상의 행정처분을 받은 경우

④ 제1항에 따른 지정과 그 취소의 구체적인 기준과 절차 등에 필요한 사항은 대통령령으로 정한다. 〈개정 2015.1.20.〉

[제목개정 2015.1.20.]

### 시행령 제15조(우수 외식사업자 지정 분야 및 기준 등)

법 제17조제1항에 따른 우수 외식사업자 지정은 개인형과 직영 · 가맹사업형 및 단체급식형으로 구분하여 지정하고, 그 지정을 위한 세부 기준은 다음 각 호의 구분에 따라 농림축산식품부령으로 정한다. 〈개정 2013.3.23.〉

1. 외식업소 경쟁력 강화
2. 소비자에게 안전한 외식상품 제공
3. 우수 식재료 소비 확대
4. 외식 물가 안정을 위한 노력

### 시행령 제16조(우수 외식사업자 지정 절차 등)

① 법 제17조에 따라 우수 외식사업자 지정을 받으려는 자는 농림축산식품부령으로 정하는 신청서에 농림축산식품부령으로 정하는 서류를 첨부하여 농림축산식품부장관에게 제출하여야 한다. 〈개정 2013.3.23.〉

② 농림축산식품부장관은 우수 외식사업자 지정과 취소의 세부사항을 심의하기 위하여 다음 각 호에 해당하는 사람을 포함하여 15명 이내로 우수 외식사업자 심사단(이하 "사업자 심사단"이라 한다)을 구성하여야 한다. 〈개정 2013.3.23.〉

1. 외식 관련 학계 · 기관 및 단체의 전문가
2. 외식상품 소비자

③ 사업자 심사단은 농림축산식품부령으로 정하는 세부 기준에 따라 우수 외식사업자 지정 신청이 적합한지를 심사한다. 〈개정 2013.3.23.〉

④ 사업자 심사단은 제3항에 따른 심사 즉시 그 결과를 농림축산식품부장관에게 보고하여야 한다. 〈개정 2013.3.23.〉

⑤ 농림축산식품부장관은 제4항에 따라 사업자 심사단으로부터 보고받은 심사 결과를 검토한 후 지정기준을 충족한다고 인정되는 자를 우수 외식사업자로 지정하여야 한다. 〈개정 2013.3.23.〉

⑥ 우수 외식사업자 운영에 관한 세부 사항은 농림축산식품부령으로 정한다. 〈개정 2013.3.23.〉

**시행령 제17조(우수 외식사업자 표시)**

제16조에 따라 지정받은 우수 외식사업자가 법 제17조제2항에 따라 표시할 수 있는 우수 외식사업자 표시는 농림축산식품부장관이 정하여 고시한다. 〈개정 2013.3.23.〉

**시행령 제18조(지정의 취소)**

농림축산식품부장관은 법 제17조제3항에 따라 우수 외식사업자가 다음 각 호의 어느 하나에 해당하는 경우에는 그 지정을 취소하여야 한다. 〈개정 2013.3.23.〉

1. 거짓이나 그 밖의 부정한 방법으로 지정을 받은 경우
2. 제15조에 따른 세부 기준을 충족하지 못하게 된 경우
3. 관계 법령을 위반하여 영업정지 이상의 행정처분을 받은 경우

**시행규칙 제10조(우수 외식사업자 지정 분야 및 지정 세부 기준)**

영 제15조에 따른 우수 외식사업자 지정 분야 및 지정을 위한 세부 기준은 별표 3과 같다.

**[시행규칙 별표3]**

[별표 3] 〈개정 2016.4.5.〉

**외식사업자 지정 분야 및 지정 세부 기준(제10조 관련)**

1. 지정 분야: 개인형, 직영·가맹사업형, 단체급식형

| 구분 | 기준 |
|---|---|
| 개인형 | 개인점포 또는 가맹점 단일점포를 경영하는 외식사업자로서 다음 각 목의 요건을 모두 갖춘 경우를 말한다.<br>가. 개인사업자로 등록하였을 것<br>나. 영업신고 후 6개월이 지난 업소일 것<br>다. 연 매출액 1억원 이상일 것 |
| 직영·가맹사업형 | 복수점포 또는 다점포를 경영하는 외식사업자로서 다음 각 목의 요건을 모두 갖춘 경우를 말한다.<br>가. 법인사업자로 등록하였을 것 |

| | |
|---|---|
| | 나. 영업신고 후 6개월이 지난 업소일 것<br>다. 자본금 3억원 이상, 점포 수 30개 이상일 것 |
| 단체 급식형 | 복수점포 또는 다점포를 경영하는 급식사업자로서 다음 각 목의 요건을 모두 갖춘 경우를 말한다.<br>가. 법인사업자로 등록하였을 것<br>나. 영업신고 후 6개월이 지난 업소일 것<br>다. 자본금 3억원 이상, 연 매출액 100억원 이상일 것 |

2. 개인형 지정기준

| 구분 | 평가지표 | 배점 | 평가 결과("○" 표시) | | | | |
|---|---|---|---|---|---|---|---|
| | | | 매우우수 | 우수 | 보통 | 미흡 | 아주미흡 |
| 가. 외식업소 경쟁력 강화 (50점) | 경영주의 경영능력 및 마인드 | 5 | 5 | 4 | 3 | 2 | 1 |
| | 메뉴 관리 및 개발 | 5 | 5 | 4 | 3 | 2 | 1 |
| | 서비스 · 위생 · 운영 관리 매뉴얼 제작 및 직원교육 | 10 | 10 | 8 | 6 | 4 | 2 |
| | 전문인력 보유(영양사, 조리사 등) | 5 | 5 | 4 | 3 | 2 | 1 |
| | 외식상품 품질 및 다른 업소와의 차별화 | 5 | 5 | 4 | 3 | 2 | 1 |
| | 메뉴 · 식재료의 표준화 및 전문성 | 10 | 10 | 8 | 6 | 4 | 2 |
| | 고객 접대 서비스 및 고객만족도 | 10 | 10 | 8 | 6 | 4 | 2 |
| 나. 소비자에게 안전한 외식상품 제공(25점) | 식재료 조달 및 품질관리 | 10 | 10 | 8 | 6 | 4 | 2 |
| | 업소환경, 조리시설 및 위생관리 | 10 | 10 | 8 | 6 | 4 | 2 |
| | 음식물 재활용 억제 등 음식문화 환경개선 | 5 | 5 | 4 | 3 | 2 | 1 |
| 다. 우수 식재료 소비확대(20점) | 우수 식재료 이용실태 | 10 | 10 | 8 | 6 | 4 | 2 |
| | 산지 직거래 구매실적 | 10 | 10 | 8 | 6 | 4 | 2 |
| 라. 외식 물가 안정을 위한 노력(5점) | 물가변동 대비 외식상품 가격인상의 적정성 | 5 | 5 | 4 | 3 | 2 | 1 |
| 합계 | 적합(85점 이상)/부적합(85점 미만) | | | | | | |

3. 직영·가맹사업형 ㅈ정기준

| 구분 | 평가지표 | 배점 | 평가 결과("○" 표시) | | | | |
|---|---|---|---|---|---|---|---|
| | | | 매우우수 | 우수 | 보통 | 미흡 | 아주미흡 |
| 가. 외식업소 경쟁력 강화 (50점) | 경영주의 경영능력 및 마인드 | 5 | 5 | 4 | 3 | 2 | 1 |
| | 메뉴관리 및 개발 | 5 | 5 | 4 | 3 | 2 | 1 |
| | 서비스·위생·운영관리 매뉴얼 제작 및 직원교육 | 10 | 10 | 8 | 6 | 4 | 2 |
| | 전문인력 보유(영양사, 조리사 등) | 5 | 5 | 4 | 3 | 2 | 1 |
| | 외식상품 품질 및 다른 업소와의 차별화 | 5 | 5 | 4 | 3 | 2 | 1 |
| | 본사 및 가맹본부 역량(인사관리, 마케팅관리, 정보화, R&D) | 5 | 5 | 4 | 3 | 2 | 1 |
| | 본사 및 가맹본부의 점포관리(교육훈련지원, 운영지원, 커뮤니케이션) | 10 | 10 | 8 | 6 | 4 | 2 |
| | 해외진출 실적 | 5 | 5 | 4 | 3 | 2 | 1 |
| 나. 소비자에게 안전한 외식상품 제공(25점) | 식재료 조달 및 품질관리 | 10 | 10 | 8 | 6 | 4 | 2 |
| | 업소환경, 조리시설 및 위생관리 | 10 | 10 | 8 | 6 | 4 | 2 |
| | 음식물 재활용 억제 등 음식문화 환경개선 | 5 | 5 | 4 | 3 | 2 | 1 |
| 다. 우수 식재료 소비 확대(20점) | 우수 식재료 이용실태 | 10 | 10 | 8 | 6 | 4 | 2 |
| | 산지 직거래 구매실적 | 10 | 10 | 8 | 6 | 4 | 2 |
| 라. 외식 물가 안정을 위한 노력(5점) | 물가변동 대비 외식상품 가격 인상의 적정성 | 5 | 5 | 4 | 3 | 2 | 1 |
| 합 계 | 적합(85점 이상) / 부적합(85점 미만) | | | | | | |

4. 단체급식형 지정기준

| 구분 | 평가지표 | 배점 | 평가 결과("○" 표시) | | | | |
|---|---|---|---|---|---|---|---|
| | | | 매우우수 | 우수 | 보통 | 미흡 | 아주미흡 |
| 가. 급식업소 경쟁력 강화 (45점) | 음식별 조리법 및 운영 매뉴얼화 작업 | 5 | 5 | 4 | 3 | 2 | 1 |
| | 식단구성의 전문성 및 품질경쟁력 | 5 | 5 | 4 | 3 | 2 | 1 |
| | 전문인력 보유 및 보수교육 (영양사, 조리사 등) | 5 | 5 | 4 | 3 | 2 | 1 |
| | 고객만족도 조사 프로그램 유무 | 5 | 5 | 4 | 3 | 2 | 1 |
| | 서비스 · 위생관리 · 식자재 관리 매뉴얼 구비 및 직원교육 프로그램 구축 유무 | 5 | 5 | 4 | 3 | 2 | 1 |
| | 직원의 복장, 청결 및 태도 | 5 | 5 | 4 | 3 | 2 | 1 |
| | 신청일 기준 2년 내 위생안전사고 관리 | 10 | 10 | 8 | 6 | 4 | 2 |
| | 음식물쓰레기 줄이기 등 음식문화 환경개선 | 5 | 5 | 4 | 3 | 2 | 1 |
| 나. 소비자에게 안전한 외식상품 제공(30점) | HACCP 지정 및 HACCP 시스템 도입 | 10 | 10 | 8 | 6 | 4 | 2 |
| | 원산지 및 영양 표시제 시행 | 10 | 10 | 8 | 6 | 4 | 2 |
| | 업소환경, 조리시설 및 주방환경 관리체계 | 10 | 10 | 8 | 6 | 4 | 2 |
| 다. 우수 식재료 소비확대(20점) | 우수 식재료 이용실태 | 10 | 10 | 8 | 6 | 4 | 2 |
| | 산지 직거래 구매실적 | 10 | 10 | 8 | 6 | 4 | 2 |
| 라. 외식 물가 안정을 위한 노력(5점) | 물가변동 대비 외식상품 가격인상의 적정성 | 5 | 5 | 4 | 3 | 2 | 1 |
| 합 계 | 적합(85점 이상) / 부적합(85점 미만) | | | | | | |

**시행규칙 제11조(우수 외식사업자 지정신청서)**

① 영 제16조제1항에 따른 우수 외식사업자 지정신청서는 별지 제5호서식과 같다.

② 영 제16조제1항에 따라 우수 외식사업자 지정신청서에 첨부하여야 하는 서류는 다음 각 호와 같다. 〈개정 2016.4.5.〉

1. 최근 1년간 식재료 구매 · 조달 실적이 있는 경우 그 실적을 증명할 수 있는 서류 1부
2. 산지 직거래 구매 실적이 있는 경우 그 실적을 증명할 수 있는 서류 1부
3. 조리사 자격증이 있는 경우 그 증명서 사본 1부
4. 그 밖에 지정과 관련하여 필요한 증명서 등 각 1부

③ 제1항에 따른 우수 외식사업자 지정신청서 제출 시 담당 공무원은 「전자정부법」 제36조제1항에 따른 행정정보의 공동이용을 통하여 신청인의 사업자등록증 및 영양사 면허증(면허 소지자만 해당한다)을 확인하여야 한다. 다만, 신청인이 확인에 동의하지 아니하는 경우에는 해당 서류의 사본을 첨부하게 하여야 한다.

4. 보칙

- 청문

➡법 제17조의2

| 법 | 시행령 | 시행규칙 |
|---|---|---|
| 법 제17조의2(청문) | | |

**법 제17조의2(청문)**

농림축산식품부장관은 다음 각 호의 어느 하나에 해당하는 처분을 하려면 청문을 하여야 한다.

1. 제14조제5항에 따른 우수 외식업 지구의 지정 취소
2. 제17조제3항에 따른 우수 외식사업자의 지정 취소

[본조신설 2015.1.20.]

- 권한의 위임과 위탁 등

➡법 제18조

⇒시행령 제19조

| 법 | 시행령 | 시행규칙 |
|---|---|---|
| 법 제18조(권한의 위임과 위탁 등) | 시행령 제19조(권한의 위임 및 업무의 위탁) | |

**법 제18조(권한의 위임과 위탁 등)**

① 농림축산식품부장관은 이 법에 따른 권한 또는 업무의 일부를 대통령령으로 정하는 바에 따라 농촌진흥청장, 시 · 도지사, 농수산물유통공사 사장, 외식산업 진흥을 목적으로 설립된 기관 · 법인 또는 단체에 위임 또는 위탁할 수 있다. 〈개정 2013.3.23., 2018.9.18.〉

② 농림축산식품부장관은 제1항에 따라 업무를 위탁받은 기관 · 법인 또는 단체가 해당 업무를 원활하게 수행할 수 있도록 필요한 지원을 할 수 있다. 〈개정 2013.3.23.〉

**시행령 제19조(권한의 위임 및 업무의 위탁)**

① 농림축산식품부장관은 법 제18조에 따라 다음 각 호의 권한을 특별시장 · 광역시장 · 도지사 또는 특별자치도지사(이하 "시 · 도지사"라 한다)에게 위임한다. 〈개정 2013.3.23.〉

1. 법 제14조에 따른 우수 외식업 지구의 지정 및 취소
2. 법 제17조에 따른 우수 외식사업자의 지정 및 취소

② 시 · 도지사는 제1항에 따라 농림축산식품부장관으로부터 위임받은 권한의 일부를 농림축산식품부장관의 승인을 받아 시장 · 군수 또는 자치구의 구청장에게 재위임할 수 있다. 이 경우 시 · 도지사는 그 재위임된 내용을 고시하여야 한다. 〈개정 2013.3.23.〉

③ 농림축산식품부장관은 법 제18조에 따라 다음 각 호 관련 업무를 「한국농수산식품유통공사법」에 따른 한국농수산식품유통공사에 위탁한다. 〈개정 2012.1.25., 2013.3.23.〉

1. 법 제7조제2항에 따른 외식산업 전문인력 양성을 위한 교육프로그램 구성 · 운영
2. 법 제9조제1항 각 호의 사업
3. 법 제10조에 따른 외식상품 표준화 추진
4. 법 제11조에 따른 외식산업통계의 작성 및 관리
5. 법 제13조에 따른 외식산업 경영과 유통 활성화 지원
6. 법 제16조에 따른 우수 식재료 사용 촉진을 위한 시책의 수립 · 시행 및 그에 필요한 경비의 지원

④ 농림축산식품부장관은 법 제18조에 따라 법 제8조에 따른 외식상품 연구 · 개발 사업 관련 업무를 농촌진흥청장에게 위임한

다. 〈개정 2013.3.23.〉

⑤ 농림축산식품부장관은 법 제18조에 따라 법 제8조에 따른 외식상품 연구·개발 사업 관련 업무를 다음 각 호의 기관·단체로서 위탁업무를 수행할 수 있는 인력과 장비를 갖춘 기관·단체에 위탁할 수 있다. 〈개정 2013.3.23.〉

1. 「과학기술분야 정부출연연구기관 등의 설립·운영 및 육성에 관한 법률」에 따른 한국식품연구원
2. 「농림수산식품과학기술 육성법」에 따른 농림수산식품기술기획평가원
3. 「정부출연연구기관 등의 설립·운영 및 육성에 관한 법률」에 따른 한국농촌경제연구원
4. 「공공기관의 운영에 관한 법률」 제4조에 따른 공공기관
5. 그 밖에 외식산업 관련 업무 수행을 위하여 농림축산식품부장관이 필요하다고 인정하는 기관 및 단체

⑥ 제5항의 위탁 업무를 수행할 수 있는 인력과 장비의 구체적 기준 등 필요한 사항은 농림축산식품부장관이 정하여 고시한다. 〈개정 2013.3.23.〉

- 벌칙 적용에서의 공무원 의제
➡법 제19조

| 법 | 시행령 | 시행규칙 |
|---|---|---|
| 법 제19조(벌칙 적용에서의 공무원 의제) | | |

**법 제19조(벌칙 적용에서의 공무원 의제)**

제18조에 따라 권한 또는 업무를 위탁받은 사무에 종사하는 자는 「형법」 제129조부터 제132조까지의 벌칙을 적용할 때에는 공무원으로 본다.

5. 벌칙

- 과태료
➡법 제20조
⇒시행령 제20조

| 법 | 시행령 | 시행규칙 |
|---|---|---|
| 법 제20조(과태료) | 시행령 제20조 | |

**법 제20조(과태료)**

① 제17조에 따른 지정을 받지 아니하고 우수 외식사업자 표시를 한 자에게는 500만원 이하의 과태료를 부과한다.

② 제1항에 따른 과태료는 대통령령으로 정하는 바에 따라 농림축산식품부장관이 부과 · 징수한다. 〈개정 2013.3.23.〉

### 시행령 제20조(과태료의 부과기준)

법 제20조제2항에 따른 과태료의 부과기준은 별표와 같다.

### [시행령 별표]

[별표] 〈개정 2016.12.30.〉

과태료의 부과기준(제20조 관련)

1. 일반기준
   가. 위반행위의 횟수에 따른 과태료의 가중된 부과기준은 최근 1년간 같은 위반행위로 과태료 부과처분을 받은 경우에 적용한다. 이 경우 그 기준 적용일은 같은 위반행위에 대한 과태료 부과일과 그 후 다시 같은 위반행위를 한 날을 기준으로 한다.
   나. 가목에 따라 가중된 부과처분을 하는 경우 가중처분의 적용 차수는 그 위반행위 전 부과처분 차수(가목에 따른 기간 내에 과태료 부과처분이 둘 이상 있었던 경우에는 높은 차수를 말한다)의 다음 차수로 한다.
   다. 농림축산식품부장관은 다음의 어느 하나에 해당하는 경우에는 제2호에 따른 과태료 금액의 2분의 1의 범위에서 그 금액을 줄일 수 있다. 다만, 과태료를 체납하고 있는 위반행위자의 경우에는 그러하지 아니하다.
      1) 위반행위자가 「질서위반행위규제법 시행령」 제2조의2제1항 각 호의 어느 하나에 해당하는 경우
      2) 자연재해, 화재 등으로 위반행위자의 재산에 현저한 손실이 발생하거나, 사업 여건의 악화로 사업이 중대한 위기에 처하는 등의 사정이 있는 경우
      3) 위반행위가 사소한 부주의나 오류 등 과실로 인한 것으로 인정되는 경우
      4) 위반행위자가 같은 위반행위로 다른 법률에 따라 과태료, 벌금 또는 영업정지 등의 처분을 받은 경우
      5) 위반행위자가 위법행위로 인한 결과를 시정하거나 해소한 경우
      6) 그 밖에 위반행위의 정도, 위반행위의 동기와 그 결과 등을 고려하여 줄일 필요가 있다고 인정되는 경우

2. 개별기준

| 위반행위 | 근거 법조문 | 과태료금액 (단위: 만원) | | |
|---|---|---|---|---|
| | | 1차 위반 | 2차 위반 | 3차 이상 위반 |
| 제17조제2항에 따라 지정을 받지 않고 우수 외식사업자 표시를 한 경우 | 법 제20조 제1항 | 100 | 200 | 300 |

제 9 장

# 가맹사업

제 9 장

# 가맹사업

## 9-1 가맹사업 진흥에 관한 법률

### 1. 개요

최근 자영업 창업의 일반적 형태로 자리잡은 프랜차이즈(본사가 가맹점에 상표와 노하우를 제공하고 그 대가를 받는 거래 관계) 브랜드 수가 5,200개를 돌파하고 가맹점도 22만 개를 넘어선 것으로 나타났다. 그러나 하루 평균 66개에 달하는 가맹점이 간판을 내릴 정도로 변화에 적응하지 못한 자영업자들이 도태되는 속도 또한 빨라지고 있다.

한국공정거래조정원의 자료에 의하면 2016년 말 기준 국내 프랜차이즈의 영업표지(브랜드) 수는 5,273개로 2015년 말(4,844개)에 비해 8.9% 증가했다. 브랜드 수를 업종별로 보면 한식이 1,261개로 가장 많았고, 치킨(392개), 분식(354개), 주점(339개), 커피(325개) 업종이 그 뒤를 이었다. 치킨 브랜드는 1년 만에 23개, 커피는 36개가 새로 생겼다.

전체 가맹점 수는 2015년 말 기준 총 21만8,997개인데, 이는 2014년 말에 비해 1만893개(5.2%) 증가한 것이다. 업

종별 가맹점 수로는 편의점(3만846개)이 가장 많았고, 치킨(2만4,678개), 한식(1만9,313개), 외국어교육(1만7,183개), 교과교육(1만4,769개) 등이 '톱5' 안에 들었다. 특정 브랜드별 가맹점 숫자를 보면 씨유편의점이 9,312곳의 가맹점을 보유, GS25(9,192개)를 제치고 전체 가맹점 수 1위에 올랐다. 비(非) 편의점 업종으로는 파리바게뜨(4위) 가맹점이 3,316개로 가장 많았다.

외식 업종 전체의 가맹점 연평균 매출은 3억315만원이었다. 매출액은 양식(4억4,419만원), 일식(4억3,173만원), 중식(4억2,106만원), 한식(4억177만원) 등의 순이었다. 치킨(1억7,614만원)과 커피(1억7,702만원)의 매출은 평균에 미치지 못했다.

브랜드를 앞세운 가맹점이 개인 사업자의 업소 수를 아직 넘어서진 못했지만 특정 업종에서는 상당히 높은 비중을 차지하고 있었다. 조사에서 외식업 가맹점 수는 10만6,890개로 집계됐는데, 이는 2015년 경제총조사에서 조사된 전체 음식점 수(47만3,614개)의 22.6%에 달하는 것이다. 거리에서 보는 식당 다섯 곳 중 하나는 프랜차이즈 소속이란 얘기다.

2015년 한 해에 늘어난 가맹점 수는 4만1,851개에 달했다. 그러나 같은 기간 가맹계약을 해지하거나 종료한 가맹점(폐점) 역시 2만4,181개였다. 하루 115개의 가맹점이 새로 생기고, 66곳이 사업을 접는 꼴이다.

창업과 폐업이 가장 활발한 업종은 한식, 치킨, 학원 등이었다. 2015년 한 해 4,522곳의 한식 프랜차이즈 가맹점이 창업을 했지만, 같은 기간 2,805곳의 한식 가맹점이 문을 닫았다. 같은 해 치킨 가맹점 역시 3,988곳이 새로 생기고 2,805곳이 간판을 내렸다.

특정 업종 전체 가맹점 중 폐점한 곳의 비율을 나타내는 폐점률을 보면 교과 교육(16.3%)과 기타 교육(15.7%)이 높게 나타나 사업자의 이탈이 심한 업종으로 분류됐다. 주점(13.7%), 한식(12.7%), 치킨(10.4%) 업종의 폐점률도 높았다. 이에 비해 커피(8.5%)와 편의점(5.2%)의 이탈 비율은 상대적으로 높지 않았다.

새롭게 생겼다 어느새 사라지는 브랜드의 생멸이 매우 활발한 시장 상황에서도 수십 년간 브랜드를 지킨 장수 프랜차이즈도 있었다. 1977년 문을 연 림스치킨은 40년째 영업 중이고 롯데리아(1980년 사업 개시), 페리카나(1981년), 버거킹(1985년), 맥시칸치킨(1985년) 등도 30년 이상 유지되고 있다.

가맹본부(본사) 한 곳이 여러 개의 브랜드를 가진 경우도 많았다. 특히 요리연구가 백종원씨가 대표로 있는 더본코리아의 브랜드 숫자는 무려 20개나 됐다. 대기업 중에서는 세븐일레븐, 바이더웨이, 롯데리아 등 11개 브랜드를 가진 롯데가 프랜차이즈 산업에서 가장 왕성한 활동을 하고 있는 것으로 나타났다.

본 장에서는 가맹사업진흥법과 가맹사업거래의 공정화에 관한 법률을 중심으로 가맹사업과 관련된 법률적 주요사항을 검토하기로 한다.

## 2. 핵심질문

1. 이 법의 목적은?
   ➡ 법 제1조
   ⇒ 시행령 제1조

2. 가맹사업 관련 용어의 이해
   – 가맹사업/가맹본부/가맹점사업자/가맹사업자
   ➡ 법 제2조

3. 가맹사업 진흥 기본계획 · 시행계획은 누가 수립하는가?
   ➡ 법 제4조 1항
   – 가맹사업 진흥 기본계획의 주기는? ➡ 법 제4조 1항
   – 가맹사업 진흥 시행계획의 주기는?
   – 가맹사업 진흥 기본계획에 포함되는 내용은? ➡ 법 제4조 2항
   – 시행계획에 포함되어야 할 사항은? ⇒ 시행령 제3조 2항

4. 가맹사업 진흥을 위한 기본계획과 시행계획 수립 시 실시하는 실태조사의 범위는?
   ⇒ 시행령 제4조 1항
   – 실태조사의 종류와 그 기간은? ⇒ 시행령 제4조 2항

5. 정부가 가맹사업의 물류 효율화 및 정보화 촉진을 위하여 추진할 수 있는 사업은?
   ➡ 법 제9조

6. 정부가 가맹사업자의 전문성을 높이기 위하여 추진할 수 있는 사업은?
➡ 법 제10조

7. 정부가 가맹사업과 관련되어 추진할 수 있는 기술개발사업은?
➡ 법 제11조

8. 정부가 가맹사업의 지식재산권 보호를 위하여 추진할 수 있는 사업은?
➡ 법 제12조

9. 산업통상자원부장관이 가맹사업에 대한 국민의 인식을 높이고 창업을 촉진하기 위하여 추진할 수 있는 사업은?
➡ 법 제15조

10. 정부가 가맹사업관련 자금을 지원할 수 있는 사항은?
➡ 법 제17조

11. '가맹사업 진흥에 관한 법률'에 따른 업무 중 산업통상자원부장관이 법인 또는 단체에 위탁은 어떤 경우인가?
➡ 법 제18조 1호

12. 법 제18조 1항 1호~4호까지의 업무를 위탁할 수 있는 법인 또는 단체는?
⇒ 시행령 제7조 1항

13. 법 제18조 1항 5호의 업무를 위탁할 수 있는 법인 또는 단체는?
⇒ 시행령 제7조 2항

# 3. 가맹사업 진흥에 관한 법률

1. 목적(법 제1조/시행령 제1조)
2. 정의(법 제2조)
3. 다른 법률과의 관계(법 제3조)
4. 기본계획(법 제4조)
5. 시행계획(법 제5조)
6. 관계 중앙행정기관의 장 등의 협조(법 제6조)
7. 실태조사(법 제7조/시행령 제4조)
8. 가맹사업의 물류 효율화 및 정보화 촉진(법 제9조)
9. 가맹사업자의 전문성 제고(법 제10조)
10. 기술개발사업 등(법 제11조)
11. 지식재산권의 보호(법 제12조)
12. 창업 지원(법 제13조)
13. 사업전환에 필요한 정보 제공 등(법 제14조)
14. 가맹사업 진흥활동(법 제15조)
15. 가맹사업의 국제화 촉진(법 제16조)
16. 자금의 지원(법 제17조/시행령 조문 전체)
17. 업무의 위탁(법 제18조/시행령 제7조)

1. 목적
➡법 제1조
⇒시행령 제1조

| 법 | 시행령 | 시행규칙 |
|---|---|---|
| 법 제1조(목적) | 시행령 제1조(목적) | |

**법 제1조(목적)**

이 법은 가맹사업의 진흥에 필요한 사항을 정하여 가맹사업 발전의 기반을 조성하고 가맹사업의 경쟁력을 강화함으로써 국민경제의 건전한 발전에 이바지함을 목적으로 한다.

**시행령 제1조(목적)**

이 영은 「가맹사업 진흥에 관한 법률」에서 위임된 사항과 그 시행에 필요한 사항을 규정함을 목적으로 한다.

2. 정의
➡법 제2조

| 법 | 시행령 | 시행규칙 |
|---|---|---|
| 법 제2조(정의) | | |

**법 제2조(정의)**

이 법에서 사용하는 용어의 뜻은 다음과 같다.

1. "가맹사업"이란 가맹본부가 가맹점사업자로 하여금 자기의 상표, 서비스표, 상호, 휘장(徽章) 또는 그 밖의 영업표지[이하 "영업표지(營業標識)"라 한다]를 사용하여 일정한 품질기준이나 영업방식에 따라 상품(원재료 및 부재료를 포함한다) 또는 용역을 판매하도록 하면서 이에 따른 경영 및 영업활동 등에 대한 지원·교육과 통제를 하고, 가맹점사업자는 이에 대한 대가로 가맹본부에 금전을 지급하는 계속적인 거래관계를 말한다.
2. "가맹본부"란 가맹계약에 따라 가맹점사업자에게 가맹사업을 경영할 수 있는 권리를 주는 사업자를 말한다.
3. "가맹점사업자"란 가맹계약에 따라 가맹본부로부터 자기의 책임과 비용으로 가맹사업을 경영할 수 있는 권리를 받은 사업자를 말한다.
4. "가맹사업자"란 가맹본부와 가맹점사업자를 말한다.

3. 다른 법률과의 관계
➡법 제2조

| 법 | 시행령 | 시행규칙 |
|---|---|---|
| 법 제3조(다른 법률과의 관계) | | |

**법 제3조(다른 법률과의 관계)**
가맹사업 지원 및 육성에 관하여 다른 법률에 특별한 규정이 있는 경우를 제외하고는 이 법으로 정하는 바에 따른다.

4. 기본계획
➡법 제4조

| 법 | 시행령 | 시행규칙 |
|---|---|---|
| 법 제4조(기본계획) | | |

**법제4조(기본계획)**
① 산업통상자원부장관은 가맹사업을 진흥하기 위하여 5년마다 관계 중앙행정기관의 장과의 협의를 거쳐 가맹사업 진흥 기본계획(이하 "기본계획"이라 한다)을 세워야 한다.〈개정 2008.2.29., 2013.3.23.〉
② 기본계획에는 다음 각 호의 사항이 포함되어야 한다.〈개정 2014.1.21.〉
1. 가맹사업 진흥의 기본방향
2. 가맹사업의 진흥을 위한 추진체계에 관한 사항
3. 가맹사업의 부문별 발전전략에 관한 사항
4. 가맹사업 발전의 기반 조성에 관한 사항
5. 가맹사업의 구조 개선 및 경쟁력 강화 방안
6. 가맹본부와 가맹점사업자 간의 상생협력 방안
7. 그 밖에 가맹사업의 진흥을 위하여 필요한 사항

5. 시행계획
➡법 제5조

| 법 | 시행령 | 시행규칙 |
|---|---|---|
| 법 제5조(시행계획) | 시행령 제3조(시행계획의 수립절차 등) | |

**법 제5조(시행계획)**
① 산업통상자원부장관은 기본계획을 시행하기 위하여 해마다 관

계 중앙행정기관의 장과의 협의를 거쳐 가맹사업 진흥 시행계획(이하 "시행계획"이라 한다)을 세워야 한다.〈개정 2008.2.29., 2013.3.23.〉

② 산업통상자원부장관과 관계 중앙행정기관의 장은 시행계획 중 소관 사항을 시행하고, 이에 필요한 재원을 확보하기 위하여 노력하여야 한다.〈개정 2008.2.29., 2013.3.23.〉

③ 관계 중앙행정기관의 장은 가맹사업을 진흥하기 위하여 필요한 때에는 특별시장·광역시장·도지사 및 특별자치도지사에게 시행계획을 시행하는 데에 필요한 조치를 취할 것을 요청할 수 있다.

### 시행령 제3조(시행계획의 수립 절차 등)

① 산업통상자원부장관은 관계 중앙행정기관으로부터 부문별 시행계획을 제출받아 법 제5조에 따른 가맹사업 진흥 시행계획(이하 "시행계획"이라 한다)을 수립한다.〈개정 2013.3.23., 2016.4.19.〉

② 시행계획에는 다음 각 호의 사항이 포함되어야 한다.

1. 단위사업별 사업내용, 사업주체, 소요자금 및 그 조달계획, 사업의 시행방법 등 세부적인 사업추진 내용
2. 자금지원 등 관련 부처별 행정지원에 관한 사항
3. 그 밖에 시행계획의 추진에 필요한 사항

③ 관계 중앙행정기관의 장은 해마다 10월 말일까지 다음 연도의 부문별 시행계획을 산업통상자원부장관에게 제출하여야 한다. 이 경우 행정안전부 소관 부문별 시행계획에는 지방자치단체의 의견이 종합·반영되어야 한다.〈개정 2013.3.23., 2014.11.19., 2017.7.26.〉

④ 관계 중앙행정기관의 장은 부문별 시행계획을 수립할 때에는 미리 산업통상자원부장관과 협의하여 기본계획과 연계되도록 하여야 한다.〈개정 2013.3.23.〉

⑤ 삭제〈2016.4.19.〉

⑥ 관계 중앙행정기관의 장은 부문별 시행계획을 수립하기 위하여 필요하면 관계 행정기관, 지방자치단체, 공공기관, 연구기관 또는 대학 등에 필요한 자료를 요청할 수 있다.

⑦ 시행계획은 특별한 사유가 없으면 해마다 11월 말일까지 확정한다.〈개정 2016.4.19.〉

6. 관계 중앙행정기관의 장 등의 협조
➡법 제6조

| 법 | 시행령 | 시행규칙 |
|---|---|---|
| 법 제6조(관계 중앙행정기관의 장 등의 협조) | | |

**법 제6조(관계 중앙행정기관의 장 등의 협조)**

산업통상자원부장관은 기본계획과 시행계획을 수립 · 시행하기 위하여 필요한 때에는 관계 중앙행정기관의 장 및 지방자치단체의 장에게 협조를 요청할 수 있다. 이 경우 협조를 요청받은 관계 중앙행정기관의 장 등은 특별한 사정이 없으면 요청에 따라야 한다.〈개정 2008.2.29., 2013.3.23.〉

7. 실태조사
➡법 제7조
⇒시행령 제4조

| 법 | 시행령 | 시행규칙 |
|---|---|---|
| 법 제7조(실태조사) | 시행령 제4조(실태조사의 범위 등) | |

**법 제7조(실태조사)**

① 산업통상자원부장관은 기본계획과 시행계획을 효율적으로 수립 · 추진하기 위하여 가맹사업에 대한 실태조사를 할 수 있다.〈개정 2008.2.29., 2013.3.23.〉

② 산업통상자원부장관은 가맹사업에 대한 실태조사를 위하여 필요한 때에는 관계 중앙행정기관의 장, 지방자치단체의 장 또는 「공공기관의 운영에 관한 법률」에 따른 공공기관(이하 "공공기관"이라 한다)의 장에게 관련 자료를 요청할 수 있다. 이 경우 자료를 요청받은 관계 중앙행정기관의 장 등은 특별한 사정이 없으면 요청에 따라야 한다.〈개정 2008.2.29., 2013.3.23.〉

③ 제1항에 따른 실태조사의 범위와 방법 등 필요한 사항은 대통령령으로 정한다.

**시행령 제4조(실태조사의 범위 등)**

① 법 제7조제1항에 따른 가맹사업 실태조사(이하 "실태조사"라 한다)의 범위는 다음 각 호와 같다.〈개정 2019.4.30.〉

1. 가맹사업의 시장 현황 및 영업 환경에 관한 사항
2. 가맹사업의 물류 및 정보화 환경에 관한 사항

3. 가맹사업의 인력 현황 및 그 수급 실태에 관한 사항
4. 가맹사업과 관련된 기술 현황 및 지식재산권 보호에 관한 사항
5. 가맹사업과 관련되는 국제동향에 관한 사항
6. 가맹본부와 가맹점사업자 사이의 거래행태에 관한 사항
7. 그 밖에 가맹사업의 진흥을 위한 정책 수립 및 시행에 필요한 사항

② 산업통상자원부장관은 실태조사를 다음 각 호의 구분에 따라 실시한다.〈개정 2013.3.23.〉
1. 정기조사: 가맹사업에 관한 계획 및 정책수립과 집행에 활용하기 위하여 3년마다 실시하는 조사
2. 수시조사: 산업통상자원부장관이 기본계획 · 시행계획 등을 효율적으로 수립하기 위하여 필요하다고 인정하는 경우 실시하는 조사

③ 산업통상자원부장관은 실태조사를 할 때 조사 대상자 선정기준을 정하고 조사의 일시, 취지 및 내용 등을 포함한 조사계획을 조사 대상자에게 미리 알려야 한다.〈개정 2013.3.23.〉

④ 산업통상자원부장관은 제3항에 따른 조사계획을 수립할 때에는 미리 관계 중앙행정기관의 장과 협의하여야 한다.〈개정 2013.3.23.〉

⑤ 산업통상자원부장관은 실태조사를 효율적으로 하기 위하여 정보통신망, 전자우편 등 전자적 방식을 사용할 수 있다.〈개정 2013.3.23.〉

⑥ 산업통상자원부장관은 가맹사업에 대한 실태조사를 하였을 경우 그 결과를 공표하여야 한다.〈개정 2013.3.23.〉

8. 가맹사업의 물류 효율화 및 정보화 촉진
➡법 제9조

| 법 | 시행령 | 시행규칙 |
|---|---|---|
| 법 제9조(가맹사업의 물류 효율화 및 정보화 촉진) | | |

**법 제9조(가맹사업의 물류 효율화 및 정보화 촉진)**

정부는 가맹사업의 물류 효율화 및 정보화를 촉진하기 위하여 다음 각 호의 사업을 추진할 수 있다.

1. 원재료 · 부재료 및 상품의 보관 · 배송 · 포장 등을 위한 공

동물류시설의 확충
2. 가맹사업 현황 및 물류시설에 관한 데이터베이스 및 정보제공시스템 구축
3. 판매시점 정보관리시스템의 개발 및 보급
4. 점포관리의 효율화를 위한 정보관리시스템의 개발 및 보급
5. 그 밖에 가맹사업의 물류 효율화 및 정보화를 촉진하기 위하여 필요하다고 인정하는 사업

9. 가맹사업자의 전문성 제고
➡법 제10조

| 법 | 시행령 | 시행규칙 |
|---|---|---|
| 법 제10조(가맹사업자의 전문성 제고) | | |

**법 제10조(가맹사업자의 전문성 제고)**

정부는 가맹사업자의 전문성을 높이기 위하여 다음 각 호의 사업을 추진할 수 있다.

1. 가맹사업에 종사하는 자의 자질 향상을 위한 교육 · 연수
2. 가맹사업에 관한 전문인력의 양성
3. 그 밖에 가맹사업자의 전문성을 높이기 위하여 필요하다고 인정하는 사업

10. 기술개발사업 등
➡법 제11조

| 법 | 시행령 | 시행규칙 |
|---|---|---|
| 법 제11조(기술개발사업 등) | | |

**법 제11조(기술개발사업 등)**

① 정부는 가맹사업과 관련된 다음 각 호의 기술개발사업을 추진할 수 있다.
  1. 가맹사업과 관련된 상품의 제조 및 관리 기술의 개발
  2. 영업표지의 디자인 개발

② 정부는 가맹사업의 기술개발에 관한 정보를 제공하기 위하여 필요한 시책을 마련할 수 있다.

11. 지식재산권의 보호
➡법 제12조

| 법 | 시행령 | 시행규칙 |
|---|---|---|
| 법 제12조(지식재산권의 보호) | | |

**법 제12조(지식재산권의 보호)**

① 정부는 가맹사업의 특허권 · 실용신안권 · 디자인권 · 상표권 · 저작권 등 지식재산권 보호시책을 마련하여야 한다.〈개정 2018.12.11.〉

② 정부는 가맹사업의 지식재산권을 보호하기 위하여 다음 각 호의 사업을 추진할 수 있다.〈개정 2016.1.27., 2018.12.11.〉

1. 가맹사업의 상품 · 영업표지에 대한 기술적 보호
2. 가맹사업의 권리자를 식별하기 위한 정보 등 권리관리정보의 표시 활성화
3. 가맹사업의 지식재산권 보호에 관한 데이터베이스 및 정보제공시스템 구축
4. 가맹사업의 지식재산권 관련 교육 · 홍보 · 컨설팅
5. 그 밖에 가맹사업의 지식재산권을 보호하기 위하여 필요하다고 인정하는 사업

[제목개정 2018.12.11.]

12. 창업 지원
➡법 제13조

| 법 | 시행령 | 시행규칙 |
|---|---|---|
| 법 제13조(창업 지원) | | |

**법 제13조(창업 지원)**

① 정부는 가맹사업의 창업을 활성화하기 위하여 가맹사업을 창업하려는 자(이하 "가맹사업창업자"라 한다)에 대하여 필요한 지원을 할 수 있다.

② 정부는 가맹사업창업자에게 창업 및 가맹사업의 성장 · 발전에 필요한 자금 · 인력 · 기술 · 판로 및 입지 등에 관한 정보를 제공하기 위하여 필요한 시책을 마련하여야 한다.

③ 정부는 중앙행정기관의 장, 지방자치단체의 장 또는 공공기관의 장에게 제2항에 따른 정보 제공에 필요한 자료를 요청할 수 있다.

13. 사업전환에 필요한 정보 제공 등
➡법 제14조

| 법 | 시행령 | 시행규칙 |
|---|---|---|
| 법 제14조(사업전환에 필요한 정보 제공 등) | | |

**법 제14조(사업전환에 필요한 정보 제공 등)**

① 정부는 가맹사업자로의 전환을 추진하는 중소기업자(「중소기업기본법」 제2조에 따른 중소기업자를 말한다. 이하 같다)와 다른 가맹사업으로의 전환을 추진하는 가맹사업자에게 기술·판로 및 진출 업종 등 사업전환에 필요한 정보를 제공하기 위하여 필요한 시책을 추진할 수 있다.

② 정부는 제1항에 따른 중소기업자와 가맹사업자에게 경영·기술·재무·회계 등의 개선을 위한 컨설팅 지원을 할 수 있다.

14. 가맹사업 진흥활동
➡법 제15조

| 법 | 시행령 | 시행규칙 |
|---|---|---|
| 법 제15조(가맹사업 진흥활동) | | |

**법 제15조(가맹사업 진흥활동)**

산업통상자원부장관은 가맹사업에 대한 국민의 인식을 높이고 창업을 촉진하기 위하여 다음 각 호의 사업을 추진할 수 있다.〈개정 2008.2.29., 2013.3.23.〉

1. 독창적인 아이디어를 기반으로 한 창업 사례 및 우수 상품·서비스의 발굴 및 포상
2. 창업박람회 및 우수 상품·서비스 전시회의 개최
3. 그 밖에 가맹사업의 창업 및 진흥에 관한 행사의 개최

15. 가맹사업의 국제화 촉진
➡법 제16조

| 법 | 시행령 | 시행규칙 |
|---|---|---|
| 법 제16조(가맹사업의 국제화 촉진) | | |

**법 제16조(가맹사업의 국제화 촉진)**

정부는 가맹사업의 국제화를 촉진하기 위하여 다음 각 호의 사업

16. 자금의 지원
➡법 제17조
⇒시행령 조문 전체

을 추진할 수 있다.

1. 가맹사업과 관련한 정보 · 기술 · 인력의 국제교류
2. 가맹사업과 관련한 국제학술대회 · 국제박람회 등의 개최
3. 해외 가맹사업 시장의 조사 · 분석과 수집 정보의 체계적인 제공
4. 가맹본부의 해외진출에 관한 컨설팅 지원
5. 그 밖에 가맹사업의 국제화를 위하여 필요하다고 인정하는 사업

| 법 | 시행령 | 시행규칙 |
|---|---|---|
| 법 제17조(자금의 지원) | 조문 전체 | |

**법 제17조(자금의 지원)**

정부는 다음 각 호의 해당 사항에 필요한 자금을 지원할 수 있다.

1. 가맹사업창업자의 가맹사업 창업 또는 아이디어의 사업화
2. 중소기업자가 가맹사업자로 전환하는 데에 필요한 경영환경 조성 및 시설 개선
3. 「가맹사업거래의 공정화에 관한 법률」 제6조의2에 따라 공정거래위원회에 정보공개서를 등록한 가맹본부(이하 이 조에서 "정보공개서를 등록한 가맹본부"라 한다)와 이에 속한 가맹점사업자의 정보화, 기술개발
4. 정보공개서를 등록한 가맹본부의 해외시장 개척
5. 그 밖에 가맹사업의 구조 개선을 촉진하기 위하여 필요하다고 인정되는 사항으로서 대통령령으로 정하는 사항

**시행령 제1조(목적)**

이 영은 「가맹사업 진흥에 관한 법률」에서 위임된 사항과 그 시행에 필요한 사항을 규정함을 목적으로 한다.

**시행령 제2조(기본계획의 수립절차 등)**

① 산업통상자원부장관은 관계 중앙행정기관으로부터 부문별 계획을 제출받아 이를 종합하여 「가맹사업 진흥에 관한 법률」(이하 "법"이라 한다) 제4조제1항에 따른 가맹사업 진흥 기본계획(이하 "기본계획"이라 한다)을 수립한다. 이 경우 행정안전부

소관 부문별 계획에는 지방자치단체의 의견이 종합 · 반영되어야 한다.〈개정 2013.3.23., 2014.11.19., 2016.4.19., 2017.7.26.〉

② 산업통상자원부장관은 제1항에 따른 관계 중앙행정기관의 부문별 계획의 작성 지침을 정하여 관계 중앙행정기관의 장에게 통보할 수 있다.〈개정 2013.3.23.〉

③ 삭제〈2016.4.19.〉

④ 관계 중앙행정기관의 장은 제1항에 따른 부문별 계획을 수립하기 위하여 필요하면 관계 행정기관, 지방자치단체, 「공공기관의 운영에 관한 법률」에 따른 공공기관(이하 "공공기관"이라 한다), 연구기관, 대학 등에 필요한 자료를 요청할 수 있다.

**시행령제3조(시행계획의 수립 절차 등)**

① 산업통상자원부장관은 관계 중앙행정기관으로부터 부문별 시행계획을 제출받아 법 제5조에 따른 가맹사업 진흥 시행계획(이하 "시행계획"이라 한다)을 수립한다.〈개정 2013.3.23., 2016.4.19.〉

② 시행계획에는 다음 각 호의 사항이 포함되어야 한다.

1. 단위사업별 사업내용, 사업주체, 소요자금 및 그 조달계획, 사업의 시행방법 등 세부적인 사업추진 내용
2. 자금지원 등 관련 부처별 행정지원에 관한 사항
3. 그 밖에 시행계획의 추진에 필요한 사항

③ 관계 중앙행정기관의 장은 해마다 10월 말일까지 다음 연도의 부문별 시행계획을 산업통상자원부장관에게 제출하여야 한다. 이 경우 행정안전부 소관 부문별 시행계획에는 지방자치단체의 의견이 종합 · 반영되어야 한다.〈개정 2013.3.23., 2014.11.19., 2017.7.26.〉

④ 관계 중앙행정기관의 장은 부문별 시행계획을 수립할 때에는 미리 산업통상자원부장관과 협의하여 기본계획과 연계되도록 하여야 한다.〈개정 2013.3.23.〉

⑤ 삭제〈2016.4.19.〉

⑥ 관계 중앙행정기관의 장은 부문별 시행계획을 수립하기 위하여 필요하면 관계 행정기관, 지방자치단체, 공공기관, 연구기관 또는 대학 등에 필요한 자료를 요청할 수 있다.

⑦ 시행계획은 특별한 사유가 없으면 해마다 11월 말일까지 확정한다.〈개정 2016.4.19.〉

**시행령 제4조(실태조사의 범위 등)**

① 법 제7조제1항에 따른 가맹사업 실태조사(이하 "실태조사"라 한다)의 범위는 다음 각 호와 같다. 〈개정 2019.4.30.〉

1. 가맹사업의 시장 현황 및 영업 환경에 관한 사항
2. 가맹사업의 물류 및 정보화 환경에 관한 사항
3. 가맹사업의 인력 현황 및 그 수급 실태에 관한 사항
4. 가맹사업과 관련된 기술 현황 및 지식재산권 보호에 관한 사항
5. 가맹사업과 관련되는 국제동향에 관한 사항
6. 가맹본부와 가맹점사업자 사이의 거래행태에 관한 사항
7. 그 밖에 가맹사업의 진흥을 위한 정책 수립 및 시행에 필요한 사항

② 산업통상자원부장관은 실태조사를 다음 각 호의 구분에 따라 실시한다. 〈개정 2013.3.23.〉

1. 정기조사: 가맹사업에 관한 계획 및 정책수립과 집행에 활용하기 위하여 3년마다 실시하는 조사
2. 수시조사: 산업통상자원부장관이 기본계획 · 시행계획 등을 효율적으로 수립하기 위하여 필요하다고 인정하는 경우 실시하는 조사

③ 산업통상자원부장관은 실태조사를 할 때 조사 대상자 선정기준을 정하고 조사의 일시, 취지 및 내용 등을 포함한 조사계획을 조사 대상자에게 미리 알려야 한다. 〈개정 2013.3.23.〉

④ 산업통상자원부장관은 제3항에 따른 조사계획을 수립할 때에는 미리 관계 중앙행정기관의 장과 협의하여야 한다. 〈개정 2013.3.23.〉

⑤ 산업통상자원부장관은 실태조사를 효율적으로 하기 위하여 정보통신망, 전자우편 등 전자적 방식을 사용할 수 있다. 〈개정 2013.3.23.〉

⑥ 산업통상자원부장관은 가맹사업에 대한 실태조사를 하였을 경우 그 결과를 공표하여야 한다. 〈개정 2013.3.23.〉

**시행령 제5조 삭제〈2016.4.19.〉**

### 시행령 제6조(자금의 지원)

법 제17조제5호에서 "대통령령으로 정하는 사항"이란 다음 각 호의 사항을 말한다.

1. 가맹본부와 가맹점사업자 간의 상생협력
2. 가맹사업에 관한 전문인력의 양성

[본조신설 2019.4.30.]

### 시행령 제7조(업무의 위탁)

① 산업통상자원부장관은 법 제18조제1항에 따라 법 제18조제1항 제1호부터 제4호까지의 업무를 다음 각 호의 어느 하나에 해당하는 법인 또는 단체에 위탁할 수 있다.〈개정 2012.1.25., 2013.3.23., 2016.4.19.〉

1. 「한국농수산식품유통공사법」에 따른 한국농수산식품유통공사
2. 「상공회의소법」에 따른 대한상공회의소
3. 법 제18조제1항제1호부터 제4호까지의 업무에 전문성이 있다고 인정되는 가맹사업에 관한 전문기관 또는 단체 중에서 산업통상자원부장관이 지정하여 고시하는 전문기관 또는 단체

② 산업통상자원부장관은 법 제18조제1항에 따라 법 제18조제1항 제5호의 업무를 다음 각 호의 어느 하나에 해당하는 법인 또는 단체에 위탁할 수 있다.〈개정 2013.3.23., 2016.4.19.〉

1. 「대한무역투자진흥공사법」에 따른 대한무역투자진흥공사
2. 법 제18조제1항제5호의 업무에 전문성이 있다고 인정되는 가맹사업에 관한 전문기관 또는 단체 중에서 산업통상자원부장관이 지정하여 고시하는 전문기관 또는 단체

③ 산업통상자원부장관은 제1항제3호 및 제2항제2호에 따른 법인 또는 단체를 지정하려는 때에는 위탁할 업무와 관련되는 실적 등이 우수한 법인 또는 단체를 지정하여야 한다.〈개정 2013.3.23.〉

④ 산업통상자원부장관은 제1항 및 제2항에 따라 업무를 위탁한 경우에는 위탁받은 자와 위탁한 업무 내용을 관보에 고시하여야 한다.〈신설 2016.4.19.〉

17. 업무의 위탁
➡법 제18조
⇒시행령 제7조

| 법 | 시행령 | 시행규칙 |
|---|---|---|
| 법 제18조<br>(업무의 위탁) | 시행령 제7조<br>(업무의 위탁) | |

**법 제18조(업무의 위탁)**

① 이 법에 따른 다음 각 호의 업무 중 산업통상자원부장관의 소관에 속하는 업무는 대통령령으로 정하는 바에 따라 대통령령으로 정하는 법인 또는 단체에 위탁할 수 있다.〈개정 2008.2.29., 2013.3.23., 2016.1.27.〉

1. 제9조에 따른 가맹사업의 물류 효율화 및 정보화 촉진에 관한 업무
2. 제10조에 따른 교육·연수 및 전문인력 양성에 관한 업무
3. 제12조에 따른 가맹사업의 산업재산권 보호에 관한 업무
4. 제15조에 따른 가맹사업 진흥활동에 관한 업무
5. 제16조에 따른 가맹사업의 국제화 촉진에 관한 업무

② 산업통상자원부장관은 제1항에 따라 업무를 위탁받은 법인 또는 단체가 해당 업무를 원활하게 수행할 수 있도록 필요한 지원을 할 수 있다.〈개정 2008.2.29., 2013.3.23.〉

**시행령 제7조(업무의 위탁)**

① 산업통상자원부장관은 법 제18조제1항에 따라 법 제18조제1항제1호부터 제4호까지의 업무를 다음 각 호의 어느 하나에 해당하는 법인 또는 단체에 위탁할 수 있다.〈개정 2012.1.25., 2013.3.23., 2016.4.19.〉

1. 「한국농수산식품유통공사법」에 따른 한국농수산식품유통공사
2. 「상공회의소법」에 따른 대한상공회의소
3. 법 제18조제1항제1호부터 제4호까지의 업무에 전문성이 있다고 인정되는 가맹사업에 관한 전문기관 또는 단체 중에서 산업통상자원부장관이 지정하여 고시하는 전문기관 또는 단체

② 산업통상자원부장관은 법 제18조제1항에 따라 법 제18조제1항제5호의 업무를 다음 각 호의 어느 하나에 해당하는 법인 또는 단체에 위탁할 수 있다.〈개정 2013.3.23., 2016.4.19.〉

1. 「대한무역투자진흥공사법」에 따른 대한무역투자진흥공사
2. 법 제18조제1항제5호의 업무에 전문성이 있다고 인정되는

가맹사업에 관한 전문기관 또는 단체 중에서 산업통상자원부장관이 지정하여 고시하는 전문기관 또는 단체

③ 산업통상자원부장관은 제1항제3호 및 제2항제2호에 따른 법인 또는 단체를 지정하려는 때에는 위탁할 업무와 관련되는 실적 등이 우수한 법인 또는 단체를 지정하여야 한다.〈개정 2013.3.23.〉

④ 산업통상자원부장관은 제1항 및 제2항에 따라 업무를 위탁한 경우에는 위탁받은 자와 위탁한 업무 내용을 관보에 고시하여야 한다.〈신설 2016.4.19.〉

# 9-2 가맹사업거래의 공정화에 관한 법률

## 1. 핵심질문

1. 이 법의 목적은?
   ➡ 법 제1조
   ⇒ 시항령 제1조

2. 이 법에서 사용하는 용어의 정의는?

3. 제2조 6호에서 언급된 가맹금의 범위에서 제외되는 대통령령으로 정한 대가란?
   ⇒ 시행령 제3조 1항

4. 법 제2조 6호 라목에서 언급된 가맹사업자가 가맹본부와의 계약에 의하여 허락받은 영업표지의 사용과 영업활동 등에 관한 지원 · 교육, 그 밖의 사항에 대하여 가맹본부에 정기적 또는 비정기적으로 지급하는 대통령령으로 정한 대가는?

5. 법 제2조 10호 대통령령에서 정하는 정보공개서의 내용은?
   ⇒ 시행령 별표 1

6. 이 법이 적용되지 않는 경우는?
➡ 법 제3조 1항
⇒ 시행령 제5조 참조

7. 신의성실의 원칙이란?
➡ 법 제4조

8. 가맹본부의 준수사항은?
➡ 법 제5조

9. 가맹사업자의 준수사항은?
➡ 법 제6조

10. 가맹본부가 가맹희망자에게 제공할 정보공개서는 어디에 등록해야 하는가?
➡ 법 제6조의 2-1항
- 가맹본부가 등록한 정보공개서의 기재내용 중 변경등록사항은?
➡ 법 제6조 2-2항
⇒ 시행령 별표 1의2
- 변경등록 의무 기일은? ⇒ 시행령 별표 1의2
- 가맹본부가 등록한 정보공개서의 기재내용 중 변경신고의 경우는?
⇒ 시행령 제5조 3-5항
⇒ 시행령 별표 1의2
- 정보공개서 등록 이후 취소의 경우는?
➡ 법 제6조의 4-1항
- 법 제6조의4 제1항 제3호에서 등록취소를 위한 대통령령의 중요사항이란?
⇒ 시행령 제5조 5:2항

11. 가맹본부가 가맹희망자에게 제공할 정보공개서는 어디에 등록해야 하는가?
➡ 법 제6조의 2-1항

12. 가맹본부가 법 제6조의 2 제1항에 따라 정보공개서를 등록하려는 경우 첨부해야 할 서류는?
⇒ 시행령 제5조의 2-1항

13. 공정거래위원회가 발급하는 등록증(등록증 취소 후 발급경우는?) 기일은?
⇒ 시행령 제5조의 2-3항

14. 가맹본부가 등록한 정보공개서의 기재 내용 중 변경등록사항은?
➡ 법 제6조의 2-2항
⇒ 시행령 별표 1의2

15. 정보공개서 등록 이후 취소의 경우는?
➡ 법 제6조의 4-1항

16. 가맹사업자가 가맹본부에 지급하는 가맹금을 예치해야 하는 대통령령으로 정한 기관은?
➡ 법 제6조의 5
⇒ 시행령 제5조의7

17. 예치기관의 장이 가맹사업자로 부터 예치금을 접수한 뒤 가맹본부에 통지해야 하는 기일은?
➡ 법 제6조의 5-2항

18. 예치기관의 장이 가맹본부로 부터 예치가맹금의 지급요청을 받은 이후 지급해야 하는 기일은?

➡ 법 제6조의 5-3항

19. 분쟁조정의 결과나 시정조치의 결과에 따라 가맹사업자에게 예치금을 반환하는 경우 예치기관의 장이 가맹사업자에게 예치금을 지급해야하는 기일은?

➡ 법 제6조의 5-7항

20. 가맹본부가 가맹사업자에게 정보를 제공함에 있어서 해서는 안되는 행위는?

➡ 법 제9조의 1항

21. 가맹본부가 가맹사업자 또는 가맹희망자에게 예상매출액 · 수익 · 매출총이익 · 순이익 등에 관한 정보를 제공할 경우 대통령령에 의하여 가맹본부에 비치해야 하는 자료는?

➡ 법 제9조의 4항

⇒ 시행령 제9조 1항

22. 가맹본부가 가맹희망자 또는 가맹사업자에게 1개월 이내에 가맹금을 반환해야 하는 경우는?

➡ 법 제10조 1항

23. 가맹사업자 또는 가맹희망자가 가맹금 반환을 요구할때 제출해야하는 서면내용은?

⇒ 시행령 제10조

24. 법 제10조 제1항 제4호에서 말하는 대통령령으로 정한 가맹사업의 중단일이란?

⇒ 시행령 제11조

25. 가맹계약서에 포함되어야 할 사항은?

➡ 법 제11조 2항

26. 가맹본부의 불공거래행위란?

➡ 법 제12조

⇒ 시행령 제12조의2

⇒ 시행령 별표 2

27. 가맹본부가 가맹사업자에게 요구할 수 있는 점포환경개선 내용과 조건은?

➡ 법 제12조의2

⇒ 시행령 제13조의2

28. 가맹본부의 영업시간 구속 행위로 보는 경우는?

➡ 법 제12조의3

⇒ 시행령 제13조의3

29. 가맹본부와 가맹사업자가 합의하여 합리적으로 영업지역을 변경할 수 있는 경우는?

➡ 법 제12조의4

⇒ 시행령 제13조의4

30. 가맹계약기간 갱신을 위한 요청기한은?
➡ 법 제13조 1항

31. '가맹점사업자단체'란?
➡ 법 제14조의 2-1항

33. 공제조합이란?
➡ 법 제15조의 2-1항
➡ 법 제15조의3
⇒ 시행령 제16조의4

34. '가맹사업거래분쟁조정협의회' 설치의 법적 근거는?
➡ 법 제16조
- '가맹사업거래분쟁조정위원회'는 어느 기관 소속인가? ➡ 법 제16조
- 협의회 구성은 총 몇 명인가? ➡ 법 제17조 1항
- 협의회 위원 구성 비율은? ➡ 법 제17조 2항
- 협의회 위원의 자격은? ➡ 법 제17조 3항
- 협의회 위원장은 누가 임명하는가? ➡ 법 제17조 4항
- 협의회 위원의 임기는? ➡ 법 제17조 5항
- 협의회 회의 종류와 종류별 심의사항은? ➡ 법 제19조 1항, 2항
- 협의회 전체회의는 누가 주재하는가? ➡ 법 제19조 4항
- 협의회 소회의는 누가 주재하는가? ➡ 법 제19조 5항
- 종류별 협의회 의결기준은? ➡ 법 제19조 4항, 5항
- 협의회 위원 제척의 경우는? ➡ 법 제20조 1항
- 분쟁당사자가 협의회 위원에게 협의회 조정에 대한 기피신청을 하는 경우는?
➡ 법 제20조 2항
- 협의회 위원이 조정에서 회피할 수 있는 경우는? ➡ 법 제20조 3항

- 협의회가 가맹사업거래의 분쟁을 조정하는 경우는? ➡ 법 제21조
- 분쟁당사자가 협의회에 조정을 신청할 경우 제출하는 서류는?

➡ 법 제21조 1항 ⇒ 시행령 제19조 1항, 2항

- 협의회가 조정을 거부하거나 중지할 수 있는 경우는?

➡ 법 제22조 3항 ⇒ 시행령 제22조

- 협의회가 조정절차를 종료해야 하는 경우는? ➡ 법 제23조 4항
- 이 경우 통보해야할 대상은? ➡ 법 제23조 5항
- 분쟁조정 종료서에 포함되는 내용은? ⇒ 시행령 제23조
- 협의회의 조정이 성립된 경우 작성하는 문서는? ➡ 법 제24조

**35.** 가맹거래사 자격증은 어떤 기관에서 실시하는가?

➡ 법 제27조 1항

- 가맹거래사가 될 수 없는 경우는? ➡ 법 제27조 2항
- 시험관련 조항 ⇒ 시행령 제28조
- 가맹거래사 실무수습관련 조항 ⇒ 시행령 제30조
- 가맹거래사의 주 업무는? ➡ 법 제28조
- 가맹거래사의 등록관련 조항 ➡ 법 제29조 ⇒ 시행령 제32조
- 가맹거래사의 등록취소와 자격정지의 경우는? ➡ 법 제31조

**36.** 공정거래위원회가 공정한 가맹사업거래 질서를 확립하기 위해 할 수 있는 업무는?

➡ 법 제32조의2

**37.** 이 법에 의하여 공정거래위원회의 조사개시대상이 되는 가맹사업의 거래기간은?

➡ 법 제32조

- 위반행위의 신고 시 신고자가 공정거래위원회에 제출하는 서류는?

⇒ 시행령 제32조 1항

- 공정거래위원회가 명할 수 있는 시정조치의 범위는? ➡ 법 제32조 1항

- 공정거래위원회로부터 시정권고를 받은 가맹본부가 권고에 대한 수락여부를 통지해야 하는 기일은? ➡ 법 제34조 2항
- 공정거래위원회의 시정권고 서류에 포함되어야 할 내용은? ⇒시행령 33조

38. 공정거래위원회가 부과할 수 있는 과징금의 범위는?
➡ 법 제35조 1항
- 과징금 부과 시 고려사항은? ➡ 법 제35조 2항

39. 가맹본부의 과실로 가맹사업자에게 지급해야 하는 배상액의 한도는?
➡ 법 제37조의 2-2항
- 법원이 배상액을 정할 때 고려해야할 사항은? ➡ 법 제37조의 2-3항

40. 이 법에 의한 공정거래위원회의 권한을 위임 받을 수 있는 대상은?
➡ 법 제39조 1항

41. 벌칙기준
➡ 법 제41조

42. 과태료기준
➡ 법 제43조
⇒ 시행령 별표 5

## 2. 가맹사업거래의 공정화에 관한 법률

1. 총칙
   - 목적(법 제1조/시행령 제1조)
   - 정의(법 제2조/시행령 제3조/시행령 제4조)
   - 적용배제(법 제3조/시행령 제5조)
2. 가맹사업거래의 기본원칙
   - 신의성실의 원칙(법 제4조)
   - 가맹본부의 준수사항(법 제5조)
   - 가맹점사업자의 준수사항(법 제6조)
3. 가맹사업거래의 공정화
   - 정보공개서의 등록 등(법 제6조의2/시행령 제5조의2~4)
   - 정보공개서 등록의 거부 등(법 제6조의3)
   - 정보공개서 등록의 취소(법 제6조의4/시행령 제5조의5)
   - 가맹금 예치 등(법 제6조의5/시행령 제5조의 7/시행령 제5조의8)
   - 정보공개서의 제공의무 등(법 제7조/시행령 제6조/시행령 제7조)
   - 허위 · 과장된 정보제공 등의 금지(법 제9조/시행령 제8조/시행령 제9조)
   - 가맹금의 반환(법 제10조/시행령 제10조/시행령 제11조)
   - 가맹계약서의 기재사항 등(법 제11조/시행령 제12조)
   - 불공정거래행위의 금지(법 제12조/시행령 제12조의2/시행령 제13조)
   - 부당한 점포환경개선 강요 금지 등(법 제12조의2/시행령 제13조의2)
   - 부당한 영업시간 구속 금지(법 제12조의3/시행령 제13조의3)
   - 부당한 영업지역 침해금지(법 제12조의4/시행령 제13조의4)
   - 업종별 거래기준 권고(법 제12조의7)
   - 광고 · 판촉행사 관련 집행 내영 통보 등(법 제12조의6/시행령 제13조의5)
   - 가맹계약의 갱신 등(법 제13조/시행령 제14조)
   - 가맹계약해지의 제한(법 제14조/시행령 제15조)

- 가맹점사업자단체의 거래조건 변경 협의 등(법 제14조의2)
- 자율규약(법 제15조)
- 가맹점사업자피해보상보험계약 등(법 제15조의2/시행령 제16조의2)
- 공제조합의 설립(법 제15조의3/시행령 제16조의4)
- 가맹본부와 가맹점사업자 간 협약체결의 권장 등(법 제15조의4)

4. 분쟁의 조정 등
   - 가맹사업거래분쟁조정협의회의 설치(법 제16조)
   - 협의회의 구성(법 제17조)
   - 공익을 대표하는 위원의 위촉제한(법 제18조)
   - 협의회의 회의(법 제19조)
   - 위원의 제척 · 기피 · 회피(법 제20조)
   - 협의회의 조정사항(법 제21조)
   - 조정의 신청 등(법 제22조/시행령 제19조)
   - 조정 등(법 제23조/시행령 제21조의2/시행령 제22조/시행령 제23조)
   - 조정조서의 작성과 그 효력(법 제24조)
   - 협의회의 조직 등에 관한 규정(법 제25조/시행령 제27조의2)
   - 가맹거래사(법 제27조/시행령 제28조/시행령 제29조/시행령 제30조)
   - 가맹거래사의 업무(법 제28조)
   - 가맹거래사의 등록(법 제29조/시행령 제32조)
   - 가맹거래사의 책임(법 제30조)
   - 가맹거래사의 등록취소와 자격정지(법 제31조)
   - 가맹사업거래에 대한 교육 등(법 제31조의2/시행령 제32조의2)
5. 공정거래위원회의 사건처리절차
   - 조사개시대상의 제한 등(법 제32조)
   - 서면실태조사(법 제32조의2)
   - 위반행위의 신고 등(법 제32조의3/시행령 제32조의3)
   - 시정조치(법 제33조)
   - 시정권고(법 제34조/시행령 제33조)
   - 과징금(법 제35조/시행령 제34조)
   - 관계행정기관의 장의 협조(법 제36조)

- 독점규제 및 공정거래에 관한 법률의 준용(법 제37조)
- 손해배상책임(법 제37조의2)
- 독점규제 및 공정거래에 관한 법률과의 관계(법 제38조)
- 권한의 위임과 위탁(법 제39조/시행령 제36조)
- 보고(법 제40조)

6. 벌칙
   - 벌칙(법 제41조)
   - 양벌규정(법 제42조)
   - 과태료(법 제43조/시행령 제37조)
   - 고발(법 제44조)

1. 총칙

- 목적
➡법 제1조
⇒시행령 제1조

| 법 | 시행령 | 시행규칙 |
|---|---|---|
| 법 제1조(목적) | 시행령 제1조(목적) | |

**법 제1조(목적)**

이 법은 가맹사업의 공정한 거래질서를 확립하고 가맹본부와 가맹점사업자가 대등한 지위에서 상호보완적으로 균형있게 발전하도록 함으로써 소비자 복지의 증진과 국민경제의 건전한 발전에 이바지함을 목적으로 한다.

**시행령 제1조(목적)**

이 영은 「가맹사업거래의 공정화에 관한 법률」에서 위임한 사항과 그 시행에 관하여 필요한 사항을 규정함을 목적으로 한다.〈개정 2008.1.31.〉

- 정의
➡법 제2조
⇒시행령 제3조
⇒시행령 제4조

| 법 | 시행령 | 시행규칙 |
|---|---|---|
| 법 제2조(정의) | 시행령 제3조(가맹금의 정의)<br>시행령 제4조(정보공개서의 기재사항) | |

**법 제2조(정의)**

이 법에서 사용하는 용어의 정의는 다음과 같다. 〈개정 2007.8.3., 2013.8.13.〉

1. "가맹사업"이라 함은 가맹본부가 가맹점사업자로 하여금 자기의 상표 · 서비스표 · 상호 · 간판 그 밖의 영업표지(이하 "영업표지"라 한다)를 사용하여 일정한 품질기준이나 영업방식에 따라 상품(원재료 및 부재료를 포함한다. 이하 같다) 또는 용역을 판매하도록 함과 아울러 이에 따른 경영 및 영업활동 등에 대한 지원 · 교육과 통제를 하며, 가맹점사업자는 영업표지의 사용과 경영 및 영업활동 등에 대한 지원 · 교육의 대가로 가맹본부에 가맹금을 지급하는 계속적인 거래관계를 말한다.
2. "가맹본부"라 함은 가맹사업과 관련하여 가맹점사업자에게 가맹점운영권을 부여하는 사업자를 말한다.
3. "가맹점사업자"라 함은 가맹사업과 관련하여 가맹본부로부터 가맹점운영권을 부여받은 사업자를 말한다.
4. "가맹희망자"란 가맹계약을 체결하기 위하여 가맹본부나 가맹지역본부와 상담하거나 협의하는 자를 말한다.
5. "가맹점운영권"이란 가맹점사업자가 가맹본부의 가맹사업과 관련하여 가맹점을 운영할 수 있는 계약상의 권리를 말한다.
6. "가맹금"이란 명칭이나 지급형태가 어떻든 간에 다음 각 목의 어느 하나에 해당하는 대가를 말한다. 다만, 가맹본부에 귀속되지 아니하는 것으로서 대통령령으로 정하는 대가를 제외한다.
   가. 가입비 · 입회비 · 가맹비 · 교육비 또는 계약금 등 가맹점사업자가 영업표지의 사용허락 등 가맹점운영권이나 영업활동에 대한 지원 · 교육 등을 받기 위하여 가맹본부에 지급하는 대가
   나. 가맹점사업자가 가맹본부로부터 공급받는 상품의 대금 등에 관한 채무액이나 손해배상액의 지급을 담보하기 위하여 가맹본부에 지급하는 대가
   다. 가맹점사업자가 가맹점운영권을 부여받을 당시에 가맹사업을 착수하기 위하여 가맹본부로부터 공급받는 정착

물 · 설비 · 상품의 가격 또는 부동산의 임차료 명목으로 가맹본부에 지급하는 대가

라. 가맹점사업자가 가맹본부와의 계약에 의하여 허락받은 영업표지의 사용과 영업활동 등에 관한 지원 · 교육, 그 밖의 사항에 대하여 가맹본부에 정기적으로 또는 비정기적으로 지급하는 대가로서 대통령령으로 정하는 것

마. 그 밖에 가맹희망자나 가맹점사업자가 가맹점운영권을 취득하거나 유지하기 위하여 가맹본부에 지급하는 모든 대가

7. "가맹지역본부"란 함은 가맹본부와의 계약에 의하여 일정한 지역 안에서 가맹점사업자의 모집, 상품 또는 용역의 품질유지, 가맹점사업자에 대한 경영 및 영업활동의 지원 · 교육 · 통제 등 가맹본부의 업무의 전부 또는 일부를 대행하는 사업자를 말한다.

8. "가맹중개인"이라 함은 가맹본부 또는 가맹지역본부로부터 가맹점사업자를 모집하거나 가맹계약을 준비 또는 체결하는 업무를 위탁받은 자를 말한다.

9. "가맹계약서"라 함은 가맹사업의 구체적 내용과 조건 등에 있어 가맹본부 또는 가맹점사업자(이하 "가맹사업당사자"라 한다)의 권리와 의무에 관한 사항(특수한 거래조건이나 유의사항이 있는 경우에는 이를 포함한다)을 기재한 문서를 말한다.

10. "정보공개서"란 다음 각 목에 관하여 대통령령으로 정하는 사항을 수록한 문서를 말한다.

가. 가맹본부의 일반 현황

나. 가맹본부의 가맹사업 현황(가맹점사업자의 매출에 관한 사항을 포함한다)

다. 가맹본부와 그 임원(「독점규제 및 공정거래에 관한 법률」 제2조제5호에 따른 임원을 말한다. 이하 같다)이 다음의 어느 하나에 해당하는 경우에는 해당 사실

1) 이 법, 「독점규제 및 공정거래에 관한 법률」 또는 「약관의 규제에 관한 법률」을 위반한 경우

2) 사기 · 횡령 · 배임 등 타인의 재산을 영득하거나 편취하는 죄에 관련된 민사소송에서 패소의 확정판결

을 받았거나 민사상 화해를 한 경우

3) 사기 · 횡령 · 배임 등 타인의 재산을 영득하거나 편취하는 죄를 범하여 형을 선고받은 경우

라. 가맹점사업자의 부담

마. 영업활동에 관한 조건과 제한

바. 가맹사업의 영업 개시에 관한 상세한 절차와 소요기간

사. 가맹본부의 경영 및 영업활동 등에 대한 지원과 교육 · 훈련에 대한 설명

11. "점포환경개선"이란 가맹점 점포의 기존 시설, 장비, 인테리어 등을 새로운 디자인이나 품질의 것으로 교체하거나 신규로 설치하는 것을 말한다. 이 경우 점포의 확장 또는 이전을 수반하거나 수반하지 아니하는 경우를 모두 포함한다.

12. "영업지역"이란 가맹점사업자가 가맹계약에 따라 상품 또는 용역을 판매하는 지역을 말한다.

### 시행령 제3조(가맹금의 정의)

① 「가맹사업거래의 공정화에 관한 법률」(이하 "법"이라 한다) 제2조제6호 각 목 외의 부분 단서에서 "대통령령으로 정하는 대가"란 다음 각 호의 어느 하나에 해당하는 대가를 말한다. 〈개정 2008.1.31.〉

1. 소비자가 신용카드를 사용하여 가맹점사업자의 상품이나 용역을 구매한 경우에 가맹점사업자가 신용카드사에 지불하는 수수료
2. 소비자가 상품권을 사용하여 가맹점사업자의 상품이나 용역을 구매한 경우에 가맹점사업자가 상품권 발행회사에 지급하는 수수료나 할인금
3. 소비자가 「전자금융거래법」 제2조제11호에 따른 직불전자지급수단 · 선불전자지급수단 또는 전자화폐를 사용하거나 「전자금융거래법」 제2조제19호에 따른 전자지급결제대행서비스를 이용하여 가맹점사업자의 상품이나 용역을 구매한 경우에 가맹점사업자가 지급수단 발행회사나 지급결제대행회사에 지급하는 수수료나 할인금
4. 법 제2조제6호다목에 따라 가맹본부에 지급하는 대가 중 적정한 도매가격(도매가격이 형성되지 아니하는 경우에는 가

맹점사업자가 정상적인 거래관계를 통하여 해당 물품이나 용역을 구입 · 임차 또는 교환할 수 있는 가격을 말하며 가맹본부가 해당 물품이나 용역을 다른 사업자로부터 구입하여 공급하는 경우에는 그 구입가격을 말한다. 이하 같다)

5. 그 밖에 가맹본부에 귀속되지 아니하는 금전으로서 소비자가 제3의 기관에 지불하는 것을 가맹본부가 대행하는 것

② 법 제2조제6호라목에서 "대통령령으로 정하는 것"이란 다음 각 호의 어느 하나에 해당하는 대가를 말한다. 〈신설 2008.1.31.〉

1. 가맹점사업자가 상표 사용료, 리스료, 광고 분담금, 지도훈련비, 간판류 임차료 · 영업지역 보장금 등의 명목으로 정액 또는 매출액 · 영업이익 등의 일정 비율로 가맹본부에 정기적으로 또는 비정기적으로 지급하는 대가
2. 가맹점사업자가 가맹본부로부터 공급받는 상품 · 원재료 · 부재료 · 정착물 · 설비 및 원자재의 가격 또는 부동산의 임차료에 대하여 가맹본부에 정기적으로 또는 비정기적으로 지급하는 대가 중 적정한 도매가격을 넘는 대가. 다만 가맹본부가 취득한 자신의 상품 등에 관한 「특허법」에 따른 권리에 대한 대가는 제외한다.

③ 공정거래위원회는 제1항제4호 및 제2항제2호에 따른 적정한 도매가격을 정하여 고시할 수 있다. 〈개정 2008.1.31.〉

### 시행령 제4조(정보공개서의 기재사항)

① 법 제2조제10호 각 목 외의 부분에서 "대통령령으로 정하는 사항"이란 별표 1의 기재사항(이하 "정보공개사항"이라 한다)을 말한다. 〈개정 2008.1.31.〉

② 정보공개서는 표지 · 목차 및 정보공개사항으로 구성하되 그 내용이 명확하고 구체적이며 가맹희망자가 이해하기 쉽도록 영업표지별로 별도의 문서로 작성되어야 한다. 〈개정 2008.1.31.〉

③ 가맹본부는 가맹사업의 경영에 필요한 내용으로서 별표 1에 규정되지 아니한 사항을 정보공개서에 기재할 수 있다. 〈신설 2008.1.31.〉

④ 공정거래위원회는 필요하다고 인정하는 경우 정보공개사항에 대하여 업종별 · 업태별 또는 용도별로 세부적인 사항을 정하여 고시할 수 있다. 〈개정 2008.1.31.〉

### [시행령 별표1]

[별표 1] 〈개정 2018. 4. 3.〉

정보공개서의 기재사항(제4조제1항 관련)

1. 정보공개서의 표지
   가. 정보공개서라는 한글 표시
   나. 다음의 문장
   이 정보공개서는 귀하께서 체결하려는 가맹계약 및 해당 가맹사업에 대한 전반적인 정보를 담고 있으므로 그 내용을 정확하게 파악한 후에 계약체결 여부를 결정하시기 바랍니다.
   「가맹사업거래의 공정화에 관한 법률」에 따라 가맹희망자에게는 정보공개서의 내용을 충분히 검토하고 판단할 수 있도록 일정한 기간이 주어집니다. 따라서 이 정보공개서를 제공받은 날부터 14일(변호사나 가맹거래사의 자문을 받은 경우에는 7일)이 지날 때까지는 가맹본부가 귀하로부터 가맹금을 받거나 귀하와 가맹계약을 체결할 수 없습니다.
   이 정보공개서는 법령에서 정한 기재사항을 담고 있는 것에 불과하며 그 내용의 사실 여부를 한국공정거래조정원이나 가맹사업 분야의 전문성을 갖춘 법인 · 단체 중 해당 업무를 수행할 수 있다고 공정거래위원회가 인정하여 고시하는 기관에서 모두 확인한 것은 아닙니다. 또한, 귀하께서는 어디까지나 가맹계약서의 내용에 따라 가맹사업을 운영하게 되므로 정보공개서의 내용에만 의존하여서는 아니 됩니다.
   다. 가맹본부의 상호, 영업표지, 주된 사무소의 소재지, 가맹사업과 관련하여 가맹본부가 운영하는 인터넷 홈페이지 주소, 가맹사업 담당부서, 가맹사업 안내 전화번호
   라. 정보공개서의 등록번호 및 최초 등록일
   마. 정보공개서의 최종 등록일

2. 가맹본부의 일반 현황
   가. 가맹본부의 설립일(법인인 경우 법인설립등기일, 개인인 경우 최초 사업자등록일을 말한다), 법인등록번호(법인인 경우만 해당한다) 및 사업자등록번호
   나. 가맹본부 및 가맹본부의 특수관계인[「독점규제 및 공정거래에 관한 법률 시행령」 제3조제1호에 따른 동일인관련자(가맹본부가 아닌 자의 사용인은 제외한다) 및 「독점규제 및 공정거래에 관한 법률 시행령」 제11조제1호에 따른 특수관계인을 말한다.

이하 같다) 중 정보공개일 현재 최근 3년 동안 가맹사업을 경영한 적이 있거나 경영하고 있는 특수관계인의 명칭, 상호, 영업표지, 주된 사무소의 소재지, 대표자의 이름, 대표전화번호(회사인 경우에는 회사의 대표번호를, 개인인 경우에는 주된 사무소의 대표번호를 기재한다. 이하 같다)

다. 가맹본부가 외국기업인 경우에는 가맹본부 및 가맹본부의 특수관계인 중 정보공개일 현재 최근 3년 동안 국내에서 가맹사업을 경영한 적이 있거나 경영하고 있는 특수관계인의 명칭, 상호, 영업표지, 국내의 주된 사무소의 소재지, 대표자의 이름, 대표전화번호, 국내에서 영업을 허락받은 기간(가맹본부가 다른 사업자에게 국내에서 가맹사업운영권을 부여한 경우에만 기재한다)

라. 가맹본부가 정보공개 바로 전 3년간 다른 기업(정보공개일 현재 최근 3년 동안 가맹사업을 경영한 적이 있거나 경영하고 있는 경우만 해당한다)을 인수 · 합병(다른 기업의 가맹사업 관련 사업을 양수 또는 양도한 경우도 포함한다. 이하 같다)하거나 다른 기업에 인수 · 합병된 경우 해당 기업의 명칭, 상호, 주된 사무소의 소재지, 대표자의 이름

마. 가맹희망자가 앞으로 경영할 가맹사업(이하 "해당 가맹사업"이라 한다)의 명칭, 상호, 서비스표, 광고, 그 밖의 영업표지

바. 가맹본부의 정보공개 바로 전 3개 사업연도의 재무상황에 관한 다음의 정보

1) 연도별 대차대조표 및 손익계산서. 다만, 가맹본부가 재무제표를 작성하지 아니하는 경우에는 매출액을 확인할 수 있는 「부가가치세법」에 따른 부가가치세신고서 등의 증명서류로 대신할 수 있다.

2) 연도별 가맹사업 관련 매출액(영업표지별로 나누어 기재하되, 분류가 어려운 경우에는 그 합계를 기재할 수 있다. 또한 관련 매출액 산정이 곤란한 경우 추정된 매출액임을 밝히고 상한과 하한을 표시한다)과 구체적인 산정기준

3) 개인사업자가 법인사업자로 전환한 경우 종전 개인사업자의 1)의 정보(정보공개 바로 전 3개 사업연도 정보만 해당한다)

사. 가맹본부의 현 임원(「독점규제 및 공정거래에 관한 법률」 제2조제5호에 따른 임원을 말한다. 이하 같다)의 명단(가맹사업 관련 임원과 관련되지 아니하는 임원을 나누어 기재한다) 및 정보공개일 현재 최근 3년 동안의 개인별 사업경력(재직했던 직위 및 사업기간을 포함한다)

아. 가맹본부의 정보공개 바로 전 사업연도 말 현재 임직원 수(상근 · 비상근 임원과 직원을 나누어 기재한다)

자. 가맹본부 및 가맹본부의 특수관계인이 정보공개일 현재 최근 3년 동안 가맹사업을 경영하였거나 경영하고 있는 경우 그러한 사실(영업표지별로 나누어 기재한다)

차. 가맹본부가 가맹점사업자에게 사용을 허용하는 지식재산권에 관한 다음의 정보

1) 등록 및 등록신청 여부(산업재산권의 경우 특허청 등록 · 등록신청 여부, 등록이 거부된 경우 그 사실,등록 · 출원번호 및 등록일 · 출원일을 포함한다)

2) 지식재산권 소유자 및 등록신청자의 이름

3) 사용이 허용되는 지식재산권의 등록 만료일

4) 가맹본부가 지식재산권의 사용을 허용받은 기간 및 사용 범위

3. 가맹본부의 가맹사업 현황

가. 해당 가맹사업을 시작한 날

나. 해당 가맹사업의 연혁(해당 가맹사업을 시작한 날 이후 해당 가맹사업을 경영한 가맹본부의 상호, 주된 사무소의 소재지, 대표자의 이름, 가맹사업 경영 기간)

다. 해당 가맹사업의 업종

라. 정보공개 바로 전 3개 사업연도 말 현재 영업 중인 해당 가맹사업의 전국 및 광역지방자치단체별 가맹점 및 직영점 총 수(가맹점과 직영점을 나누어 기재한다)

마. 해당 가맹사업과 관련하여 정보공개 바로 전 3년간 신규 개점, 계약 종료, 계약 해지, 명의 변경의 사정이 있는 가맹점의 수(연도별로 나누어 기재한다)

바. 해당 가맹사업 외에 가맹본부 및 가맹본부의 특수관계인이 경영하는 가맹사업의 업종, 영업표지 및 사업 시작일과 정보공개 바로 전 3개 사업연도 말 현재 영업 중인 가맹점 및 직영점의 총 수

사. 직전 사업연도에 영업한 가맹점사업자(전국 및 광역지방자치단체별로 나누어 기재하되, 바로 전 사업연도 말 현재 5명 미만의 가맹점사업자가 영업 중인 지역은 기재를 생략할 수 있다)당 지역별 연간 평균 매출액(정확한 매출액이 산정되지 아니하는 경우에는 추정된 매출액임을 밝히고, 상한과 하한을 표시하며, 매장 전용 면적 3.3㎡당 연간 평균 매출액을 함께 적는다)과 구체적인 산정기준

아. 해당 가맹사업을 경영하는 가맹지역본부(가맹본부가 직접 운영하는 지역사무소 등을 포함한다. 이하 이 목에서 같다)에 관한 다음의 정보

1) 가맹지역본부의 상호, 주된 사무소의 소재지, 대표자의 이름, 대표전화번호, 관리지역, 가맹본부와 맺은 계약기간

2) 가맹지역본부가 가맹계약 체결의 상대방인지 여부

3) 가맹지역본부가 관리하는 바로 전 사업연도 말 현재 영업 중인 가맹점 수)

자. 해당 가맹사업과 관련하여 가맹본부가 정보공개 바로 전 사업연도에 지출한 광고비 및 판촉비(광고 및 판촉 수단별로 나누어 기재하되, 분류가 어려운 경우에는 총액만 기재한다)

차. 가맹금 예치에 관한 사항

1) 해당 업무를 수행하는 기관의 상호, 담당 지점이나 부서의 이름과 소재지, 안내 전화번호

2) 가맹금 예치절차

3) 가맹희망자 또는 가맹점사업자의 소재지에 따라 예치기관이 달라지는 경우 관련된 정보

카. 피해보상보험계약 등의 체결 내역(해당 사실이 있는 경우만 기재한다)

1) 보험금액

2) 보장범위 및 지급조건

3) 보험금의 수령절차

4) 그 밖에 필요한 사항

### 4. 가맹본부와 그 임원의 법 위반 사실 등

가. 정보공개일 현재 최근 3년 동안 가맹사업거래와 관련하여 법, 「독점규제 및 공정거래에 관한 법률」 또는 「약관의 규제에 관한 법률」을 위반하여 공정거래위원회로부터 시정권고 이상의 조치를 받은 사실

나. 정보공개일 현재 최근 3년 동안 가맹사업거래와 관련하여 「가맹사업거래의 공정화에 관한 법률」 또는 「독점규제 및 공정거래에 관한 법률」을 위반하거나, 사기 · 횡령 · 배임 등 타인의 재물이나 재산상 이익을 영득 또는 이득하는 죄로 받은 유죄의 확정판결과 관련된 민사소송에서 패소의 확정판결을 받았거나, 민사상 화해를 한 사실

다. 정보공개일 현재 최근 3년 동안 사기 · 횡령 · 배임 등 타인의 재물이나 재산상 이익을 영득 또는 이득하는 죄를 범하여 형

의 선고를 받은 사실

5. 가맹점사업자의 부담

가. 영업개시 이전의 부담

1) 가맹점사업자가 해당 가맹사업을 시작하기 위하여 가맹본부에게 지급하여야 하는 대가의 내역과 그 반환조건 및 반환할 수 없는 경우에는 그 사유(계약금, 가입비, 할부금의 첫 지불액, 선급임차료, 교육비, 개점행사비 등 대가에 포함되는 구체적인 내용을 나누어 기재한다)

2) 보증금 · 담보목적물 등 계약 종료 시 가맹점사업자에게 반환되는 대가(가맹점사업자의 귀책사유 등으로 반환되지 아니하는 경우에는 그 사유를 기재한다)

3) 예치가맹금의 범위와 그 금액(가맹본부가 피해보상보험계약 등에 가입한 경우에도 법 제6조의5제1항에 따라 예치대상이 되는 가맹금의 액수를 기재한다)

4) 1)과 2) 외에 가맹점사업자 사업을 시작하는 데에 필요한 다른 대가(위치나 점포 크기 등에 따른 비용의 차이를 예시하되, 정확한 금액이 산정되지 않는 경우에는 추정된 금액임을 밝히고 상한과 하한을 표시하며, 매장 전용 면적 3.3㎡당 비용을 함께 적는다)의 내역, 지급대상과 그 반환조건 및 반환될 수 없는 경우에는 그 사유

가) 필수설비 · 정착물 · 인테리어 비용(가맹사업의 통일성을 위하여 가맹본부가 강제 또는 권장하는 경우만 해당한다)

나) 최초로 공급되는 상품의 비용 또는 용역의 비용

다) 설계 및 감리 비용

라) 그 밖의 필요 비용

5) 가맹점 입지 선정 주체 및 선정 기준

6) 가맹점사업자와 그 종업원의 채용 및 교육에 대한 기준

7) 가맹점 운영에 필요한 설비, 장비, 정착물 등의 물품 내역 및 공급 방법 · 공급 업체(가맹본부 또는 가맹본부가 지정한 자가 공급하는 경우만 해당한다)

나. 영업 중의 부담

1) 상표 사용료, 리스료, 광고 · 판촉료, 교육훈련비, 간판류 임차료, 영업표지 변경에 따른 비용, 리모델링(remodeling) 비용, 재고관리 및 회계처리 비용, 판매시점 관리 시스템(POS)을 포함한 운영 시스템 유지 비용 등 가맹점사업자가 해당

가맹사업을 경영하기 위하여 가맹본부 또는 가맹본부가 지정한 자에게 정기적으로 또는 비정기적으로 지급하여야 하는 모든 대가의 내역과 그 반환조건 및 반환될 수 없는 경우에는 그 사유(각각의 내역을 나누어 기재한다)

2) 가맹점사업자가 해당 가맹사업을 운영하는 과정에서 가맹본부가 가맹점사업자에게 가맹본부 또는 가맹본부가 지정한 자와 거래할 것을 강제 또는 권장하여 공급받는 품목에 대하여 가맹본부에 지급하는 대가 중 적정한 도매가격을 넘는 대가(이하 "차액가맹금"이라 한다)와 관련한 다음의 사항(부동산 임차료가 포함된 경우와 포함되지 않은 경우를 나누어 기재하며, 가맹본부가 직접 제조하거나 생산하여 가맹점사업자에게 공급하는 품목에 대한 정보는 기재하지 않을 수 있다)

가) 직전 사업연도의 가맹점당 평균 차액가맹금 지급금액[직전 사업연도 영업기간이 6개월 이상인 가맹점이 가맹본부에 지급한 차액가맹금의 합계액(직전 사업연도의 영업기간이 1년 미만인 가맹점의 경우 지급한 차액가맹금을 1년치로 환산한 금액을 반영한다)/직전 사업연도 영업기간이 6개월 이상인 가맹점 수]

나) 직전 사업연도의 가맹점당 매출액 대비 차액가맹금 지급금액의 비율[직전 사업연도 영업기간이 6개월 이상인 가맹점이 가맹본부에 지급한 차액가맹금의 합계액/직전 사업연도 영업기간이 6개월 이상인 가맹점 매출액의 합계액]

3) 가맹본부가 재고관리 · 회계처리 등에 관하여 가맹점사업자를 감독하는 내역

다. 계약 종료 후의 부담(부담이 없는 경우에는 그 사실을 기재한다)

1) 계약 연장이나 재계약 과정에서 가맹점사업자가 추가로 부담하여야 할 비용(점포 이전이 필요할 경우 그 비용도 포함한다)

2) 가맹본부의 사정에 의한 계약 등의 종료 시 조치사항

가) 가맹본부가 가맹사업을 다른 사업자에게 양도하는 경우 기존 가맹점사업자와의 계약승계 여부

나) 가맹본브가 사용을 허락한 지식재산권의 유효기간이 만료되는 경우 조치사항

다) 가맹본부가 해당 가맹사업을 중단하는 경우 조치사항

3) 가맹점사업자가 다른 사업자에게 가맹점운영권을 이전하려

는 경우, 가맹점사업자 또는 다른 사업자가 가맹본부에 부담하여야 할 대가

4) 계약종료 후 조치사항(가맹본부 또는 가맹본부가 지정한 자가 공급한 물품의 반품조건 등 재고물품 처리 방안을 포함한다)

6. 영업활동에 대한 조건 및 제한

가. 가맹점사업자가 해당 가맹사업을 시작하거나 경영하기 위하여 필요한 모든 부동산 · 용역 · 설비 · 상품 · 원재료 또는 부재료의 구입 또는 임차에 관한 다음의 사항

1) 가맹본부가 가맹점사업자에게 가맹본부 또는 가맹본부가 지정한 자와 거래할 것을 강제 또는 권장할 경우 그 강제 또는 권장의 대상이 되는 품목, 품목별 차액가맹금 수취 여부 및 공정거래위원회 고시로 정하는 주요 품목별 직전 사업연도 공급가격의 상 · 하한[가맹본부가 직접 공급하는 품목과 가맹본부가 지정한 자가 공급하는 품목을 구분하여 기재한다. 다만, 가맹사업이 소매업(편의점 등 소비자에 대해 각종 잡화를 종합적으로 판매하는 업종을 의미한다)에 해당하거나 차액가맹금을 수취하지 않는 경우에는 해당 정보의 기재를 생략할 수 있다]

2) 가맹본부가 가맹점사업자에게 가맹본부 또는 가맹본부가 지정한 자로부터 구입하도록 강제한 것과 관련하여 가맹본부의 특수관계인이 경제적 이익을 취하고 있는 경우 해당 특수관계인의 명칭, 가맹본부와 특수관계인 간 관계의 내용, 경제적 이익의 대상이 되는 상품 또는 용역의 명칭, 그 직전 사업연도에 해당 특수관계인에게 귀속된 경제적 이익의 내용(매출액, 임대수익 등을 의미하며, 정확한 금액이 산정되지 않는 경우에는 추정된 금액임을 밝히고 상한과 하한을 표시한다)

3) 가맹본부가 가맹점사업자에게 가맹본부 또는 가맹본부가 지정한 자와 거래할 것을 강제 또는 권장한 품목과 관련하여 가맹본부가 직전 사업연도에 납품업체, 용역업체 등으로부터 금전, 물품, 용역, 그 밖의 경제적 이익을 얻는 경우 해당 납품업체, 용역업체 등의 명칭, 그 경제적 이익의 내용[금전인 경우 판매장려금, 리베이트(rebate) 등 그 명칭에 관계없이 그 합계액을 기재하되, 정확한 금액이 산정되지 않는 경우에는 추정된 금액임을 밝혀 상한과 하한을 표시

하고, 금전이 아닌 경우에는 해당 상품이나 용역의 명칭 · 수량 등을 기재한다. 이하 4)에서도 같다)

4) 가맹본부가 가맹점사업자에게 가맹본부의 특수관계인과 거래(특수관계인의 상품 또는 용역이 가맹점사업자에게 직접 공급되거나 제3의 업체를 매개로 공급되는 경우를 포함한다)할 것을 강제한 품목과 관련하여 특수관계인이 직전 사업연도에 납품업체, 용역업체 등으로부터 경제적 이익을 얻는 경우 해당 납품업체, 용역업체 등의 명칭, 그 경제적 이익의 내용

나. 삭제 〈2018.3.30.〉

다. 삭제 〈2014.2.11〉

라. 상품 또는 용역, 거래상대방 및 가맹점사업자의 가격 결정을 제한하는 경우 이에 관한 상세한 내용

1) 가맹점사업자에게 지정된 상품 또는 용역만을 판매하도록 제한할 필요가 있는 경우에는 그 제한내용

2) 가맹점사업자의 거래상대방에 따라 상품 또는 용역의 판매를 제한할 필요가 있는 경우에는 그 제한내용

3) 가맹점사업자가 판매하는 상품 또는 용역의 가격을 정하여 이에 따르도록 권장하거나, 가맹점사업자가 판매가격을 결정 · 변경하기 전에 가맹본부와 협의할 필요가 있는 경우에는 그 제한내용

마. 가맹점사업자의 영업지역을 보호하기 위한 구체적인 내용

1) 법 제12조의4에 따라 가맹계약 체결 시 가맹점사업자의 영업지역을 설정하여 가맹계약서에 적는다는 사실과 가맹계약기간 중에는 정당한 사유 없이 가맹점사업자의 영업지역에서 동일한 업종의 직영점 · 가맹점(가맹본부 또는 그 계열회사가 운영하는 직영점 · 가맹점으로 한정한다)을 설치하지 아니한다는 사실(가맹본부 또는 그 계열회사가 보유하고 있는 영업표지 중 해당 가맹사업과 동일한 업종의 영업표지가 존재하는 경우 그 영업표지도 함께 적는다)

2) 영업지역의 설정 기준

3) 가맹계약 갱신과정에서 영업지역을 재조정할 수 있는 사유 및 영업지역을 재조정하는 경우에 가맹점사업자에게 미리 알리는 절차와 동의를 받는 방법

4) 가맹점사업자가 가맹본부로부터 보장받는 영업지역 밖의 고객에게 상품 및 용역을 판매하는 데 따르는 제한

5) 가맹본부가 가맹점사업자의 영업지역 내에서 대리점, 다른

영업표지를 사용한 가맹점 등을 통하여 가맹점사업자가 거래하는 상품이나 용역과 동일하거나 유사하여 대체재 관계에 놓일 수 있는 상품이나 용역을 거래하고 있는 경우 이에 관한 내용

6) 가맹본부가 온라인, 홈쇼핑, 전화권유판매 등을 통하여 가맹점사업자가 거래하는 상품이나 용역과 동일하거나 유사하여 대체재 관계에 놓일 수 있는 상품이나 용역을 거래하고 있는 경우 이에 관한 내용

7) 그 밖에 영업지역에 관한 내용

바. 계약기간, 계약의 갱신 · 연장 · 종료 · 해지 및 수정에 관한 상세한 내용

1) 가맹계약의 기간(계약 갱신 기간을 포함하며, 여러 가지의 기간이 있으면 모두 기재한다)

2) 계약 갱신 거절 사유

3) 계약 연장이나 재계약에 필요한 절차

4) 계약 종료, 해지 사유 및 그 절차(가맹본부 및 가맹점사업자의 권리를 각각 기재한다)

5) 계약 수정의 사유, 사전 통보 여부 및 동의 절차

사. 가맹점운영권의 환매 · 양도 · 상속 및 대리행사, 경업금지, 영업시간 제한, 가맹본부의 관리 · 감독 등에 관한 상세한 내용

1) 가맹점운영권의 환매 및 양도에 필요한 절차

2) 가맹점운영을 대행하거나 위탁할 수 있는지와 그에 필요한 요건

3) 가맹점사업자의 경업금지 범위(경업금지 기간, 업종, 지역을 기재한다)

4) 영업시간 및 영업일수 등의 제한에 대한 내용

5) 가맹점사업자가 고용하도록 권장되는 종업원 수 및 가맹점사업자가 직접 영업장에서 근무해야 하는지 여부

6) 가맹본부가 가맹점사업자의 영업장을 관리 · 감독하는지와 관리 · 감독하는 항목

아. 광고 및 판촉 활동

1) 광고의 목적(상품광고인지 가맹점 모집광고인지 등)에 따른 가맹본부와 가맹점사업자의 비용분담기준

2) 가맹점사업자가 가맹본부와 별개로 광고 및 판촉을 하려는 경우에 필요한 조건 및 절차

자. 해당 가맹사업의 영업비밀 보호 등에 관한 내용(가맹점사업자가 누설하지 아니하여야 할 영업비밀의 범위 및 그 기간을 포

함한다)

차. 가맹계약 위반으로 인한 손해배상에 관한 사항

7. 가맹사업의 영업 가시에 관한 상세한 절차와 소요기간

가. 가맹계약 체결을 위한 상담 · 협의 과정에서부터 가맹점 영업 개시까지 필요한 절차(시간 순서대로 기재하되 변호사나 가맹거래사의 자문을 받는 방법을 포함한다)

나. 각 절차에 걸리는 기간(기간이 늘어날 수 있다는 점과 그 사유를 기재하되, 정확한 기간이 산정되지 아니하는 경우에는 추정된 기간임을 밝히고 상한과 하한을 포함한 구간으로 표시한다)

다. 각 절차에 드는 비용(절차별로 구체적으로 기재하되, 정확한 비용이 산정되지 아니하는 경우에는 추정된 비용임을 밝히고 상한과 하한을 포함한 구간으로 표시한다)

라. 가맹계약 체결 이후 일어날 수 있는 분쟁의 해결 절차

8. 가맹본부의 경영 및 영업활동 등에 대한 지원(지원사항이 없는 경우에는 그 사실을 적는다)

가. 가맹점사업자의 점포환경개선 시 가맹본부의 비용지원에 관한 사항(법 제12조의2제2항에 따라 의무적으로 지급하여야 하는 최소한의 비용을 지급하는 경우라도 해당 내용을 적는다)

나. 판매촉진행사 시 인력지원 등 가맹본부가 지원하는 사항이 있는 경우 그 구체적 내용

다. 가맹본부가 가맹점사업자의 경영활동에 대한 자문을 하는 경우 그 구체적 방식 및 내용

라. 가맹본부가 가맹희망자 또는 가맹점사업자에게 직접 신용을 제공하거나 각종 금융기관의 신용 제공을 주선하는 경우에는 신용 제공에 더한 구체적 조건 및 신용 제공 금액

9. 교육 · 훈련에 대한 설명(교육 · 훈련 계획이 없는 경우에는 그 사실을 기재한다)

가. 교육 · 훈련의 주요내용(집단 강의 및 실습 교육을 구분한다) 및 필수적 사항인지 여부

나. 가맹점사업자에게 제공되는 교육 · 훈련의 최소시간

다. 가맹점사업자가 부담하는 교육 · 훈련비용

라. 교육 · 훈련을 받아야 하는 주체(가맹점사업자가 자기 대신에 지정한 자도 교육 · 훈련을 받을 수 있는 경우에는 이를 기재한다)

마. 정기적이고 의무적으로 실시되는 교육 · 훈련에 가맹점사업자가 불참할 경우에 가맹본부로부터 받을 수 있는 불이익

- 적용배제
➡법 제3조
⇒시행령 제5조

| 법 | 시행령 | 시행규칙 |
|---|---|---|
| 법 제3조(적용배제) | 시행령 제5조(적용배제) | |

**법 제3조(적용배제)**

① 이 법은 다음 각 호의 어느 하나에 해당하는 경우에는 적용하지 아니한다.〈개정 2012.2.17., 2013.8.13.〉

1. 가맹점사업자가 가맹금의 최초 지급일부터 6개월까지의 기간동안 가맹본부에게 지급한 가맹금의 총액이 100만원 이내의 범위에서 대통령령으로 정하는 금액을 초과하지 아니하는 경우
2. 가맹본부의 연간 매출액이 2억원 이내의 범위에서 대통령령으로 정하는 일정규모 미만인 경우. 다만, 가맹본부와 계약을 맺은 가맹점사업자의 수가 5개 이상의 범위에서 대통령령으로 정하는 수 이상인 경우는 제외한다.

② 제1항에도 불구하고 제9조 및 제10조(제10조제1항제1호는 제외한다)는 모든 가맹사업거래에 대하여 적용한다.〈신설 2013.8.13.〉

**시행령 제5조(적용배제)**

① 법 제3조제1항제1호에서 "대통령령으로 정하는 금액"이란 100만원을 말한다.〈개정 2012.5.7., 2014.2.11.〉

② 법 제3조제1항제2호 본문에서 "대통령령으로 정하는 일정규모"란 5천만원을 말한다. 다만, 해당 가맹본부가 가맹사업을 시작하기 전에 해당 가맹사업과 같은 품질기준이나 영업방식에 따라 상품이나 용역을 판매하는 직영점을 개설하여 1년 이상 운영하고 있는 경우에는 2억원(직영점의 매출액을 포함한다)으로 한다.〈개정 2008.1.31., 2012.5.7., 2014.2.11.〉

③ 제2항에 따른 금액의 산정은 바로 전 사업연도의 손익계산서상의 매출액으로 한다. 다만, 가맹본부가 손익계산서를 작성하지 아니하는 경우에는 「부가가치세법」에 따른 바로 전 2개 과세기간의 부가가치세확정신고서상의 과세표준과 면세수입금액을 합한 금액으로 한다.〈신설 2008.1.31., 2010.10.13.〉

④ 가맹본부가 가맹사업을 시작한 후 1년이 지나지 아니한 경우에는 사업을 시작한 때부터 마지막으로 부가가치세확정신고를

한 때까지의 부가가치세확정신고서(부가가치세확정신고를 하지 아니한 경우에는 부가가치세예정신고서)상의 과세표준과 면세수입금액을 합한 금액을 제3항 단서의 금액으로 본다. 〈신설 2008.1.31., 2010.10.13.〉

⑤ 법 제3조제1항제2호 단서에서 "대통령령으로 정하는 수"란 5개를 말한다. 〈신설 2014.2.11.〉

2. 가맹사업거래의 기본원칙

– 신의성실의 원칙
➡법 제4조

| 법 | 시행령 | 시행규칙 |
|---|---|---|
| 법 제4조(신의성실의 원칙) | | |

**법 제4조(신의성실의 원칙)**

가맹사업당사자는 가맹사업을 영위함에 있어서 각자의 업무를 신의에 따라 성실하게 수행하여야 한다.

– 가맹본부의 준수 사항
➡법 제5조

| 법 | 시행령 | 시행규칙 |
|---|---|---|
| 법 제5조(가맹본부의 준수사항) | | |

**법 제5조(가맹본부의 준수사항)**

가맹본부는 다음 각호의 사항을 준수한다.

1. 가맹사업의 성공을 위한 사업구상
2. 상품이나 용역의 품질관리와 판매기법의 개발을 위한 계속적인 노력
3. 가맹점사업자에 대하여 합리적 가격과 비용에 의한 점포설비의 설치, 상품 또는 용역 등의 공급
4. 가맹점사업자와 그 직원에 대한 교육 · 훈련
5. 가맹점사업자의 경영 · 영업활동에 대한 지속적인 조언과 지원
6. 가맹계약기간중 가맹점사업자의 영업지역안에서 자기의 직영점을 설치하거나 가맹점사업자와 유사한 업종의 가맹점을 설치하는 행위의 금지
7. 가맹점사업자와의 대화와 협상을 통한 분쟁해결 노력

- 가맹점사업자의 준수사항
➡법 제6조

| 법 | 시행령 | 시행규칙 |
|---|---|---|
| 법 제6조(가맹점사업자의 준수사항) | | |

**법 제6조(가맹점사업자의 준수사항)**

가맹점사업자는 다음 각호의 사항을 준수한다.

1. 가맹사업의 통일성 및 가맹본부의 명성을 유지하기 위한 노력
2. 가맹본부의 공급계획과 소비자의 수요충족에 필요한 적정한 재고유지 및 상품진열
3. 가맹본부가 상품 또는 용역에 대하여 제시하는 적절한 품질기준의 준수
4. 제3호의 규정에 의한 품질기준의 상품 또는 용역을 구입하지 못하는 경우 가맹본부가 제공하는 상품 또는 용역의 사용
5. 가맹본부가 사업장의 설비와 외관, 운송수단에 대하여 제시하는 적절한 기준의 준수
6. 취급하는 상품 · 용역이나 영업활동을 변경하는 경우 가맹본부와의 사전 협의
7. 상품 및 용역의 구입과 판매에 관한 회계장부 등 가맹본부의 통일적 사업경영 및 판매전략의 수립에 필요한 자료의 유지와 제공
8. 가맹점사업자의 업무현황 및 제7호의 규정에 의한 자료의 확인과 기록을 위한 가맹본부의 임직원 그 밖의 대리인의 사업장 출입허용
9. 가맹본부의 동의를 얻지 아니한 경우 사업장의 위치변경 또는 가맹점운영권의 양도 금지
10. 가맹계약기간중 가맹본부와 동일한 업종을 영위하는 행위의 금지
11. 가맹본부의 영업기술이나 영업비밀의 누설 금지
12. 영업표지에 대한 제3자의 침해사실을 인지하는 경우 가맹본부에 대한 영업표지침해사실의 통보와 금지조치에 필요한 적절한 협력

3. 가맹사업거래의 공정화

- 정보공개서의 등록 등
➡법 제6조의2
⇒시행령 제5조의제2~4조의4

| 법 | 시행령 | 시행규칙 |
|---|---|---|
| 법 제6조의2(정보공개서의 등록 등) | 시행령 제5조의2(정보공개서의 등록 등)<br>시행령 제5조의3(정보공개서의 변경등록 및 변경신고)<br>시행령 제5조의4(정보공개서의 공개 등) | |

**법 제6조의2(정보공개서의 등록 등)**

① 가맹본부는 가맹희망자에게 제공할 정보공개서를 대통령령으로 정하는 바에 따라 공정거래위원회 또는 특별시장 · 광역시장 · 특별자치시장 · 도지사 · 특별자치도지사(이하 "시 · 도지사"라 한다)에게 등록하여야 한다. 〈개정 2013.8.13., 2018.1.16.〉

② 가맹본부는 제1항에 따라 등록한 정보공개서의 기재사항 중 대통령령으로 정하는 사항을 변경하려는 경우에는 대통령령으로 정하는 기한 이내에 공정거래위원회 또는 시 · 도지사에게 기재사항의 변경등록을 하여야 한다. 다만, 대통령령으로 정하는 경미한 사항을 변경하려는 경우에는 신고하여야 한다. 〈신설 2013.8.13., 2018.1.16.〉

③ 공정거래위원회 및 시 · 도지사는 제1항 또는 제2항에 따라 등록 · 변경등록하거나 신고한 정보공개서를 공개하여야 한다. 다만, 「개인정보 보호법」 제2조제1호에 따른 개인정보와 「부정경쟁방지 및 영업비밀보호에 관한 법률」 제2조제2호에 따른 영업비밀은 제외한다. 〈개정 2013.8.13., 2016.12.20., 2018.1.16.〉

④ 공정거래위원회 및 시 · 도지사는 제3항에 따라 정보공개서를 공개하는 경우 해당 가맹본부에 공개하는 내용과 방법을 미리 통지하여야 하고, 사실과 다른 내용을 정정할 수 있는 기회를 주어야 한다. 〈개정 2013.8.13., 2016.3.29., 2018.1.16.〉

⑤ 공정거래위원회는 제3항에 따른 정보공개서의 공개(시 · 도지사가 공개하는 경우를 포함한다)를 위하여 예산의 범위 안에서 가맹사업정보제공시스템을 구축 · 운용할 수 있다. 〈개정 2013.8.13., 2018.1.16.〉

⑥ 그 밖에 정보공개서의 등록, 변경등록, 신고 및 공개의 방법과

절차는 대통령령으로 정한다.〈개정 2013.8.13.〉
[본조신설 2007.8.3.]

### 시행령 제5조의2(정보공개서의 등록 등)

① 법 제6조의2제1항에 따른 정보공개서의 등록기관은 다음 각 호의 구분에 따른다.〈신설 2018.12.18.〉

1. 가맹본부의 주된 사무소의 소재지(이하 이 항에서 "주사무소소재지"라 한다)가 서울특별시인 경우: 서울특별시장
2. 주사무소소재지가 인천광역시인 경우: 인천광역시장
3. 주사무소소재지가 경기도인 경우: 경기도지사
4. 주사무소소재지가 공정거래위원회가 정하여 고시하는 광역시 · 특별자치시 · 도 · 특별자치도인 경우: 해당 광역시장 · 특별자치시장 · 도지사 · 특별자치도지사
5. 주사무소소재지가 그 밖의 지역인 경우: 공정거래위원회

② 가맹본부는 법 제6조의2제1항에 따라 정보공개서를 등록하려는 경우에는 별지 제1호서식의 정보공개서 신규등록 신청서에 다음 각 호의 서류를 첨부하여 공정거래위원회 또는 특별시장 · 광역시장 · 특별자치시장 · 도지사 · 특별자치도지사(이하 "시 · 도지사"라 한다)에게 제출하여야 한다.〈개정 2010.10.13., 2012.5.7., 2018.12.18.〉

1. 정보공개서[문서 형태의 정보공개서와 함께 「정보통신망 이용촉진 및 정보보호 등에 관한 법률」 제2조제1항제1호에 따른 정보통신망(이하 "정보통신망"이라 한다)을 이용하여 전자적 파일을 제출하여야 한다]
2. 바로 전 3개 사업연도의 재무상태표 및 손익계산서(가맹본부가 재무제표를 작성하지 아니하는 경우에는 바로 전 3개 사업연도의 매출액을 확인할 수 있는 서류)
3. 바로 전 사업연도 말 현재 운영 중인 직영점 및 가맹점 목록(대표자, 소재지, 가맹계약 체결일 및 전화번호를 기재하여야 한다)
4. 가맹계약서 양식 사본
5. 바로 전 사업연도 말 현재 근무 중인 임직원 수를 확인할 수 있는 서류

6. 그 밖에 정보공개서 내용과 관련있는 서류로서 공정거래위원회 또는 시·도지사가 제출하도록 요구하는 서류

③ 제2항에 따라 신청서를 제출받은 공정거래위원회 또는 시·도지사는 「전자정부법」 제36조제1항에 따른 행정정보의 공동이용을 통하여 다음 각 호의 서류를 확인하여야 한다. 다만, 신청인이 제2호 및 제3호의 확인에 동의하지 아니하는 때에는 그 서류(제3호의 경우에는 사본)를 제출하도록 하여야 한다.〈개정 2010.10.13., 2018.12.18.〉

1. 법인 등기사항증명서(가맹본부가 법인인 경우로 한정한다)
2. 해당 법인의 설립등기 전에 등록신청하는 때에는 법인을 설립하려는 발기인의 주민등록표 초본
3. 사업자등록증(제4항에 따라 정보공개서 등록증을 내준 날부터 30일 이내에 공정거래위원회 또는 시·도지사가 확인하거나 신청인이 제출할 수 있다)

④ 공정거래위원회 또는 시·도지사는 제2항에 따른 등록신청이 있으면 등록신청일부터 30일(법 제6조의4에 따라 등록이 취소된 가맹본부가 다시 등록을 신청한 경우에는 2개월) 이내에 가맹본부에 별지 제2호서식의 정보공개서 등록증(이하 "등록증"이라 한다)을 내주어야 하며, 법 제6조의2제5항에 따른 가맹사업정보제공시스템(이하 "가맹정보시스템"이라 한다)에 등록에 관한 사항을 관리하여야 한다.〈신설 2010.10.13., 2014.2.11., 2018.12.18.〉

⑤ 공정거래위원회 또는 시·도지사는 제4항에도 불구하고 다음 각 호의 어느 하나에 해당하면 1회에 한하여 상당한 기간을 정하여 가맹본부에 필요한 내용의 변경 또는 보완을 요구하거나 정보공개서의 등록을 거부할 수 있다.〈개정 2010.10.13., 2018.12.18.〉

1. 정보공개서의 기재 사항이 사실과 다르거나 일부 내용이 빠진 경우
2. 제2항제2호부터 제6호까지의 첨부 서류를 제출하지 아니한 경우
3. 제3항제2호 및 제3호의 확인에 동의하지 아니하고 서류를 제출하지 아니한 경우

⑥ 공정거래위원회 또는 시 · 도지사는 다음 각 호의 어느 하나에 해당하면 정보공개서의 등록을 거부하여야 하고, 그 사실을 가맹본부에 통지하여야 한다.〈개정 2010.10.13., 2018.12.18.〉
   1. 정보공개서의 기재사항이나 첨부서류에 거짓이 있는 경우
   2. 제5항에 따른 변경 또는 보완 요구에 가맹본부가 따르지 아니한 경우
⑦ 가맹본부가 제5항에 따른 변경 또는 보완 요구에 따른 경우에는 그 요구에 따른 날을 등록신청을 한 날로 본다. 〈개정 2010.10.13., 2018.12.18.〉
⑧ 가맹본부는 가맹정보시스템을 통하여 제2항에 따른 정보공개서 등록신청을 할 수 있다. 〈신설 2010.10.13., 2018.12.18.〉
[본조신설 2008.1.31.]

**시행령 제5조의3(정보공개서의 변경등록 및 변경신고)**
① 법 제6조의2제2항 본문에서 "대통령령으로 정하는 사항"이란 별표 1의2에 따른 변경등록사항을 말한다.〈신설 2014.2.11.〉
② 법 제6조의2제2항 본문에서 "대통령령으로 정하는 기한"이란 별표 1의2에 따른 기한을 말한다.〈신설 2014.2.11.〉
③ 가맹본부는 별표 1의2에서 정한 변경등록사항이 변경된 경우에는 같은 표에서 정한 기한 내에 별지 제4호서식의 정보공개서 변경등록 신청서에 다음 각 호의 서류를 첨부하여 공정거래위원회 또는 시 · 도지사에게 제출하여야 한다. 이 경우 공정거래위원회 또는 시 · 도지사는 「전자정부법」 제36조제1항에 따른 행정정보의 공동이용을 통하여 법인 등기사항증명서와 사업자등록증을 확인(변경등록에 필요한 경우만 해당한다)하여야 하며, 신청인이 사업자등록증의 확인에 동의하지 아니하는 경우에는 그 서류를 첨부하도록 하여야 한다. 〈개정 2012.5.7., 2014.2.11., 2018.12.18.〉
   1. 변경된 정보공개서
   2. 변경내용을 증명하는 서류
   3. 등록증(등록증 기재사항을 변경하는 경우만 해당한다)
④ 변경등록 및 거부절차에 관하여는 제5조의2제1항 및 제3항부

터 제7항까지의 규정을 준용한다. 이 경우 제5조의2제4항 중 "30일"은 "20일"로 본다. 〈개정 2010.10.13., 2014.2.11., 2018.12.18.〉

⑤ 법 제6조의2제2항 단서에서 "대통령령으로 정하는 경미한 사항"이란 별표 1의2에 따른 변경신고사항을 말한다.〈개정 2010.10.13., 2014.2.11.〉

⑥ 가맹본부는 별표 1의2에서 정한 변경신고사항이 변경된 경우에는 같은 표에서 정한 기한 내에 별지 제4호서식의 정보공개서 변경신고서에 변경내용을 증명하는 서류를 첨부하여 공정거래위원회 또는 시·도지사에게 제출하여야 한다. 이 경우 공정거래위원회 또는 시·도지사는 「전자정부법」 제36조제1항에 따른 행정정보의 공동이용을 통하여 법인 등기사항증명서와 사업자등록증을 확인(변경신고에 필요한 경우만 해당한다)하여야 하며, 신고인이 사업자등록증의 확인에 동의하지 아니하는 경우에는 그 서류를 첨부하도록 하여야 한다.〈개정 2010.10.13., 2012.5.7., 2014.2.11., 2018.12.18.〉

⑦ 공정거래위원회 또는 시·도지사는 제3항에 따른 변경등록 신청 또는 제6항에 따른 변경신고가 있으면 가맹정보시스템에 변경등록 또는 변경신고에 관한 사항을 관리하여야 한다.〈개정 2010.10.13., 2014.2.11., 2018.12.18.〉

⑧ 가맹본부는 정보공개서를 변경등록하거나 변경신고하는 경우에는 정보통신망을 이용하여 전자적 파일 형태의 정보공개서를 함께 제출하여야 한다.〈개정 2014.2.11.〉

⑨ 삭제〈2016.9.29.〉

⑩ 삭제〈2016.9.29.〉

⑪ 가맹본부는 가맹정보시스템을 통하여 제3항에 따른 변경등록을 신청하거나 제6항에 따른 변경신고를 할 수 있다.〈신설 2016.9.29.〉

[본조신설 2008.1.31.]

## [시행령 별표1의2]

[별표 1의2] 〈개정 2018.12.18〉

**정보공개서의 변경 사항 및 변경 기한(제5조의3제1항 관련)**

<table>
<tr><th>구분</th><th>정보공개서 기재사항</th><th>변경 기한</th></tr>
<tr><td rowspan="3">변경<br>등록<br>사항</td><td>별표 1 제1호: 전체<br>별표 1 제2호: 가목, 나목(가맹본부와 관련된 정보만 해당한다), 다목부터 마목까지, 사목(대표자와 관련된 정보만 해당한다) 및 자목<br>별표 1 제3호: 나목<br>별표 1 제4호: 전체</td><td>변경사유가 발생한 날부터 30일</td></tr>
<tr><td>별표 1 제2호: 차목<br>별표 1 제3호: 아목1) 및 2)<br>별표 1 제5호: 가목, 나목1) · 3) 및 다목<br>별표 1 제6호: 나목부터 차목까지<br>별표 1 제8호: 전체<br>별표 1 제9호: 전체</td><td>변경사유가 발생한 분기가 끝난 후 30일</td></tr>
<tr><td>별표 1 제2호: 바목, 아목<br>별표 1 제3호: 다목 부터 사목까지, 아목 3) 및 자목<br>별표 1 제5호: 나목2)<br>별표 1 제6호: 가목</td><td>매 사업연도가 끝난 후 120일. 다만, 재무제표를 작성하는 개인사업자인 가맹본부는 매 사업연도가 끝난 후 180일 이내에 정보공개서 변경등록을 신청할 수 있다.</td></tr>
<tr><td>변경<br>신고<br>사항</td><td>별표 1 제2호: 나목(가맹본부의 특수관계인과 관련된 정보만 해당한다), 사목(대표자 이외의 임원과 관련된 정보만 해당한다)<br>별표 1 제3호: 가목, 차목 및 카목<br>별표 1 제7호: 전체</td><td>변경사유가 발생한 분기가 끝난 후 30일</td></tr>
</table>

### 시행령 제5조의4(정보공개서의 공개 등)

① 삭제〈2017.3.20.〉

② 공정거래위원회는 정보공개서를 공개하는 경우에는 법 제6조의2제4항에 따라 다음 각 호의 사항을 적은 서면으로 공개일 10일 전까지 가맹본부에 이를 미리 알려야 한다.〈개정 2014.2.11.〉

1. 공개 목적과 공개 기간
2. 공개 내용
3. 공개 방법
4. 가맹본부의 정정 또는 비공개 요구 방법

③ 제2항에 따른 통지를 받은 가맹본부는 공개하는 내용 중 사실과 다른 내용이 있거나 법 제6조의2제3항 단서에 해당하는 내용이 있으면 통지를 받은 날부터 7일 이내에 그 사실을 증명하는 서류를 첨부한 서면으로 공정거래위원회 또는 시 · 도지사에게 그 내용의 정정 또는 비공개를 요구할 수 있다. 이 경우 공정거래위원회 또는 시 · 도지사는 가맹본부의 요구가 정당하다고 인정되면 정보공개서의 공개 내용을 변경하거나 공개하지 아니하여야 한다. 〈개정 2017.3.20., 2018.12.18.〉

④ 삭제〈2012.5.7.〉

[본조신설 2008.1.31.]

- 정보공개서 등록의 거부 등
➡법 제6조의3

| 법 | 시행령 | 시행규칙 |
|---|---|---|
| 법 제6조의3(정보공개서 등록의 거부 등) | | |

### 법 제6조의3(정보공개서 등록의 거부 등)

① 공정거래위원회 및 시 · 도지사는 제6조의2에 따른 정보공개서 등록 신청이 다음 각 호의 어느 하나에 해당하는 경우에는 정보공개서의 등록을 거부하거나 그 내용의 변경을 요구할 수 있다.〈개정 2016.12.20., 2018.1.16.〉

1. 정보공개서나 그 밖의 신청서류에 거짓이 있거나 필요한 내용을 적지 아니한 경우
2. 정보공개서에 기재된 가맹사업의 내용에 다른 법률에서 금지하고 있는 사항이 포함되어 있는 경우

② 공정거래위원회 및 시 · 도지사는 정보공개서의 등록을 하였을

때에는 가맹본부에게 등록증을 내주어야 한다.〈개정 2016.12.20., 2018.1.16.〉

[본조신설 2007.8.3.]

- 정보공개서 등록의 취소
➡법 제6조의4
⇒시행령 제5조의5

| 법 | 시행령 | 시행규칙 |
|---|---|---|
| 법 제6조의4(정보공개서 등록의 취소) | 시행령 제5조의5(정보공개서 등록의 취소 등) | |

**법 제6조의4(정보공개서 등록의 취소)**

① 공정거래위원회 및 시 · 도지사는 정보공개서가 다음 각 호의 어느 하나에 해당하는 경우에는 그 등록을 취소할 수 있다. 다만, 제1호 및 제2호에 해당하는 경우에는 등록을 취소하여야 한다.〈개정 2013.8.13., 2016.12.20., 2018.1.16.〉

1. 거짓이나 그 밖의 부정한 방법으로 정보공개서가 등록된 경우
2. 제6조의3제1항제2호에 해당하는 경우
3. 제2조제10호 각 목의 기재사항 중 대통령령으로 정하는 중요한 사항(이하 "중요사항"이라 한다)이 누락된 경우
4. 가맹본부가 폐업 신고를 한 경우
5. 가맹본부가 정보공개서 등록취소를 요청하는 경우

② 공정거래위원회 및 시 · 도지사는 정보공개서 등록이 취소된 가맹본부의 명단을 공개할 수 있다.〈신설 2013.8.13., 2018.1.16.〉

[본조신설 2007.8.3.]

**시행령 제5조의5(정보공개서 등록의 취소 등)**

① 공정거래위원회 또는 시 · 도지사는 법 제6조의4제1항제1호 또는 제2호에 해당하는 사유로 정보공개서의 등록을 취소한 경우에는 취소한 날 부터 7일 이내에 해당 가맹본부에 서면으로 그 사실과 취소 사유를 알려야 한다. 〈개정 2014.2.11., 2017.3.20., 2018.12.18.〉

② 법 제6조의4제1항제3호에서 "대통령령으로 정하는 중요한 사항"(이하 "중요사항"이라 한다)이란 다음 각 호의 어느 하나에 해당하는 사항을 말한다.〈개정 2010.10.13., 2014.2.11., 2016.9.29., 2017.3.20.〉

1. 별표 1 제1호

2. 별표 1 제2호가목, 나목(가맹본부와 관련된 사항만 해당한다), 다목부터 바목까지, 사목(대표자와 관련된 사항만 해당한다), 아목부터 차목까지
3. 별표 1 제3호나목부터 카목까지
4. 별표 1 제4호부터 제6호까지, 제8호 및 제9호

③ 공정거래위원회 또는 시 · 도지사는 법 제6조의4제1항제3호에 해당하는 사유가 있는 경우에는 상당한 기간을 정하여 누락된 중요사항의 보완을 가맹본부에 요구하여야 한다. 다만, 다음 각 호의 어느 하나에 해당하는 경우에는 가맹본부의 귀책정도, 회생가능성, 가맹희망자가 입을 피해가능성, 기존 가맹점사업자에게 미치는 영향 등을 모두 고려하여 보완 요구 없이 정보공개서의 등록을 취소할 수 있다. 〈개정 2014.2.11., 2017.3.20., 2018.12.18.〉

1. 가맹본부가 휴업 또는 폐업 신고를 한 경우
2. 가맹본부가 파산을 신청한 경우
3. 가맹본부에 대하여 강제집행절차 또는 회생절차가 개시된 경우
4. 가맹본부가 발행한 어음 · 수표가 부도 등으로 지급거절된 경우
5. 가맹본부가 대표자의 사망 · 소재불명 등의 사유로 영업을 중단한 경우
6. 그 밖에 제1호부터 제5호까지의 규정에 준하는 경우로서 가맹본부가 가맹사업을 정상적으로 경영하기 어렵다고 공정거래위원회 또는 시 · 도지사가 판단하는 경우

④ 가맹본부는 제3항 각 호 외의 부분 본문에 따른 보완 요구를 받은 경우에는 누락된 중요사항을 보완하여 제5조의3에 따라 정보공개서의 변경등록을 신청하여야 한다.

[본조신설 2008.1.31.]

- 가맹금 예치 등
➡법 제6조의5
⇒시행령 제5조의7
⇒시행령 제5조의8

| 법 | 시행령 | 시행규칙 |
|---|---|---|
| 법 제6조의5(가맹금 예치 등) | 시행령 제5조의7(가맹금의 예치기관)<br>시행령 제5조의8(가맹금의 예치 등) | |

**법 제6조의5(가맹금 예치 등)**

① 가맹본부는 가맹점사업자(가맹희망자를 포함한다. 이하 이 조, 제15조의2 및 제41조제3항제1호에서 같다)로 하여금 가맹금(제2조제6호가목 및 나목에 해당하는 대가로서 금전으로 지급하는 경우에 한하며, 계약체결 전에 가맹금을 지급한 경우에는 그 가맹금을 포함한다. 이하 "예치가맹금"이라 한다)을 대통령령으로 정하는 기관(이하 "예치기관"이라 한다)에 예치하도록 하여야 한다. 다만, 가맹본부가 제15조의2에 따른 가맹점사업자피해보상보험계약 등을 체결한 경우에는 그러하지 아니하다.〈개정 2016.3.29.〉

② 예치기관의 장은 가맹점사업자가 예치가맹금을 예치한 경우에는 예치일부터 7일 이내에 그 사실을 가맹본부에 통지하여야 한다.

③ 가맹본부는 다음 각 호의 어느 하나에 해당하는 경우에는 예치기관의 장에게 대통령령으로 정하는 바에 따라 예치가맹금의 지급을 요청할 수 있다. 이 경우 예치기관의 장은 10일 이내에 예치가맹금을 가맹본부에 지급하여야 한다.

1. 가맹점사업자가 영업을 개시한 경우
2. 가맹계약 체결일부터 2개월이 경과한 경우. 다만, 2개월이 경과하기 전에 가맹점사업자가 제5항제1호부터 제3호까지의 규정 중 어느 하나에 해당하는 조치를 취한 사실을 예치기관의 장에게 서면으로 통보한 경우에는 그러하지 아니하다.

④ 가맹본부는 거짓이나 그 밖의 부정한 방법으로 예치가맹금의 지급을 요청하여서는 아니 된다.

⑤ 예치기관의 장은 제1호부터 제3호까지의 규정 중 어느 하나에 해당하는 경우에는 제24조에 따른 가맹사업거래분쟁조정협의회의 조정이나 그 밖의 분쟁해결의 결과(이하 "분쟁조정 등의 결과"라 한다) 또는 제33조에 따른 공정거래위원회의 시정조치가 확정될 때(공정거래위원회의 시정조치에 대하여 이의신청이 제기된 경우에는 재결이, 시정조치나 재결에 대하여 소가 제기된 경우에는 확정판결이 각각 확정된 때를 말한다. 이하 이 조에서 같다)까지 예치가맹금의 지급을 보류하여야 하고, 제4호에 해당하는 경우에는 예치가맹금의 지급요청을 거부하

거나 가맹본부에 그 내용의 변경을 요구하여야 한다.

1. 가맹점사업자가 예치가맹금을 반환받기 위하여 소를 제기한 경우
2. 가맹점사업자가 예치가맹금을 반환받기 위하여 알선, 조정, 중재 등을 신청한 경우
3. 가맹점사업자가 제10조의 위반을 이유로 가맹본부를 공정거래위원회에 신고한 경우
4. 가맹본부가 제4항을 위반하여 거짓이나 그 밖의 부정한 방법으로 예치가맹금의 지급을 요청한 경우

⑥ 예치기관의 장은 가맹본부 또는 가맹점사업자가 분쟁조정 등의 결과나 시정조치 결과를 첨부하여 예치가맹금의 지급 또는 반환을 요청하는 경우 요청일부터 30일 이내에 그 결과에 따라 예치가맹금을 가맹본부에 지급하거나 가맹점사업자에게 반환하여야 한다.

⑦ 예치기관의 장은 가맹점사업자가 가맹본부의 동의를 받아 예치가맹금의 반환을 요청하는 경우에는 제5항 및 제6항에도 불구하고 요청일부터 10일 이내에 예치가맹금을 가맹점사업자에게 반환하여야 한다.

⑧ 그 밖에 가맹금의 예치 등에 관하여 필요한 사항은 대통령령으로 정한다.

[본조신설 2007.8.3.]

### 시행령 제5조의7(가맹금의 예치기관)

법 제6조의5제1항 본문에서 "대통령령으로 정하는 기관"(이하 "예치기관"이라 한다)이란 다음 각 호의 기관을 말한다. 〈개정 2008.7.29., 2010.10.13.〉

1. 「은행법」 제2조제1항제2호 및 같은 법 제5조에 따른 금융회사
2. 「우체국 예금 · 보험에 관한 법률」에 따른 체신관서
3. 「보험업법」에 따른 보험회사
4. 「자본시장과 금융투자업에 관한 법률」에 따른 신탁업자

[본조신설 2008. 1. 31.]

[제5조의6에서 이동, 종전 제5조의7은 제5조의8로 이동 〈2018.12.18.〉]

### 시행령 제5조의8(가맹금의 예치 등)

① 가맹본부는 법 제6조의5제1항 본문에 따라 가맹점사업자(가맹희망자를 포함한다. 이하 이 조, 제5조의9 및 제16조의2에서 같다)로 하여금 가맹금을 예치하도록 할 경우에는 예치기관을 지정하여 가맹금의 예치에 관한 계약을 체결하여야 한다. 〈개정 2010.10.13., 2018.12.18.〉

② 가맹본부는 가맹점사업자에게 별지 제5호서식의 가맹금예치신청서(이하 "예치신청서"라 한다)를 내주어야 하며, 가맹점사업자는 예치신청서와 함께 법 제6조의5제1항 본문에 따른 예치가맹금(이하 "예치가맹금"이라 한다)을 예치하여 줄 것을 지정된 예치기관에 신청하여야 한다.

③ 가맹본부는 제2항에 따라 예치신청서를 내주는 경우에는 법 제6조의5제3항 각 호의 어느 하나에 해당하면 예치가맹금이 가맹본부에 귀속된다는 사실을 가맹점사업자에게 알려야 한다.

④ 예치기관의 장은 제2항에 따른 예치신청을 받은 경우에는 예치가맹금을 예치기관의 명의로 예치하여야 하고, 이를 다른 금융자산과 분리하여 관리하여야 한다.

⑤ 예치기관의 장은 제4항에 따라 예치가맹금을 예치한 경우에는 가맹본부와 가맹점사업자에게 각각 별지 제6호서식의 가맹금예치증서(이하 "예치증서"라 한다)를 내주어야 한다.

[본조신설 2008. 1. 31.]

[제5조의7에서 이동, 종전 제5조의8은 제5조의9로 이동 〈2018.12.18.〉]

- 정보공개서의 제공의무 등

➡법 제7조

⇒시행령 제6조

⇒시행령 제7조

| 법 | 시행령 | 시행규칙 |
|---|---|---|
| 법 제7조(정보공개서의 제공 의무 등) | 시행령 제6조(정보공개서의 제공 등)<br>시행령 제7조(정보공개서의 표준양식) | |

### 법 제7조(정보공개서의 제공의무 등)

① 가맹본부(가맹지역본부 또는 가맹중개인이 가맹점사업자를 모집하는 경우를 포함한다. 이하 같다)는 가맹희망자에게 제6조의2제1항 및 제2항에 따라 등록 또는 변경등록한 정보공개서를 내용증명우편 등 제공시점을 객관적으로 확인할 수 있는 대통

령령으로 정하는 방법에 따라 제공하여야 한다.〈개정 2007.8.3., 2013.8.13.〉

② 가맹본부는 제1항에 따라 정보공개서를 제공할 경우에는 가맹희망자의 장래 점포 예정지에서 가장 인접한 가맹점 10개(정보공개서 제공시점에 가맹희망자의 장래 점포 예정지가 속한 광역지방자치단체에서 영업 중인 가맹점의 수가 10개 미만인 경우에는 해당 광역지방자치단체 내의 가맹점 전체)의 상호, 소재지 및 전화번호가 적힌 문서(이하 "인근가맹점 현황문서"라 한다)를 함께 제공하여야 한다. 다만, 정보공개서를 제공할 때 장래 점포 예정지가 확정되지 아니한 경우에는 확정되는 즉시 제공하여야 한다.〈신설 2013.8.13.〉

③ 가맹본부는 등록된 정보공개서 및 인근가맹점 현황문서(이하 "정보공개서등"이라 한다)를 제1항의 방법에 따라 제공하지 아니하였거나 정보공개서등을 제공한 날부터 14일(가맹희망자가 정보공개서에 대하여 변호사 또는 제27조에 따른 가맹거래사의 자문을 받은 경우에는 7일로 한다)이 지나지 아니한 경우에는 다음 각 호의 어느 하나에 해당하는 행위를 하여서는 아니 된다.〈신설 2007.8.3., 2013.8.13.〉

1. 가맹희망자로부터 가맹금을 수령하는 행위. 이 경우 가맹희망자가 예치기관에 예치가맹금을 예치하는 때에는 최초로 예치한 날(가맹본부가 가맹희망자와 최초로 가맹금을 예치하기로 합의한 때에는 그 날)에 가맹금을 수령한 것으로 본다.
2. 가맹희망자와 가맹계약을 체결하는 행위

④ 공정거래위원회는 대통령령이 정하는 바에 따라 정보공개서의 표준양식을 정하여 가맹본부 또는 가맹본부로 구성된 사업자단체에게 그 사용을 권장할 수 있다.〈개정 2007.8.3., 2013.8.13.〉

[제목개정 2007.8.3.]

### 시행령 제6조(정보공개서의 제공 등)

① 가맹본부(가맹지역본부 또는 가맹중개인이 가맹점사업자를 모집하는 경우를 포함한다. 이하 같다)는 법 제7조제1항에 따라 가맹희망자에게 정보공개서를 제공할 경우에는 다음 각 호의 어느 하나에 해당하는 방법에 따라야 한다. 다만, 제3호 및 제4호의 경우에는 문서의 형태로 인쇄 또는 출력이 가능하도록 하

는 조치를 취하여야 한다.〈개정 2008.1.31., 2014.2.11., 2015.1.6.〉

1. 가맹희망자에게 정보공개서를 직접 전달하는 방법. 이 경우 다음 각 목의 모든 사항을 적은 서면을 작성(가목부터 다목까지의 사항은 가맹희망자가 자필로 작성하는 것을 말한다)하여 가맹희망자에게 주어야 한다.
   가. 정보공개서를 제공받았다는 사실, 제공받은 일시 및 장소
   나. 가맹희망자의 성명 · 주소 및 전화번호
   다. 가맹희망자의 서명 또는 기명날인
   라. 가맹본부의 서명 또는 기명날인
2. 가맹희망자에게 정보공개서의 제공시점을 확인할 수 있는 내용증명우편으로 제공하는 방법
3. 정보통신망을 이용하여 정보공개서의 내용을 게시한 후 게시사실을 가맹희망자에게 알리는 방법. 이 경우 가맹본부는 특정 가맹희망자가 정보공개서의 내용을 읽어 본 시간을 그 가맹희망자 및 가맹본부가 확인할 수 있는 시스템을 마련하여야 한다.
4. 가맹희망자의 전자우편 주소로 정보공개서의 내용이 포함된 전자적 파일을 보내는 방법. 이 경우 가맹본부는 전자우편의 발송시간과 수신시간의 확인이 가능한 방법으로 하여야 한다.

② 가맹본부는 제1항의 규정에 불구하고 가맹희망자의 편의를 위하여 필요하다고 인정하는 때에는 정보공개사항의 일부에 관하여 별도의 문서(이하 "설명서"라 한다)를 작성하여 이를 제공할 수 있다. 이 경우 설명서에 수록되는 정보공개사항의 목차는 정보공개서에 수록하여야 한다.

③ 가맹본부는 정보공개서를 제공한 후 가맹계약 체결 전에 중요사항이 변경된 경우에는 변경된 내용을 제1항 각 호의 어느 하나에 해당하는 방법으로 가맹희망자에게 지체 없이 알려야 한다.〈개정 2008.1.31.〉

④ 삭제〈2014.2.11.〉

⑤ 삭제〈2014.2.11.〉

**시행령 제7조(정보공개서의 표준양식)**

공정거래위원회는 법 제7조제4항에 따라 각 업종별 · 업태별 또는

용도별로 정보공개서의 표준양식을 정하여 고시할 수 있다.〈개정 2010.10.13., 2014.2.11.〉

- 허위 · 과장된 정보 제공 등의 금지
➡법 제9조
⇒시행령 제8조
⇒시행령 제9조

| 법 | 시행령 | 시행규칙 |
|---|---|---|
| 법 제9조(허위·과장된 정보제공 등의 금지) | 시행령 제8조(허위·과장의 정보제공행위 등의 유형)<br>시행령 제9조(예상수익상황에 대한 정보제공 등) | |

**법 제9조(허위 · 과장된 정보제공 등의 금지)**

① 가맹본부는 가맹희망자나 가맹점사업자에게 정보를 제공함에 있어서 다음 각 호의 행위를 하여서는 아니 된다.〈개정 2013.8.13.〉

1. 사실과 다르게 정보를 제공하거나 사실을 부풀려 정보를 제공하는 행위(이하 "허위 · 과장의 정보제공행위"라 한다)
2. 계약의 체결 · 유지에 중대한 영향을 미치는 사실을 은폐하거나 축소하는 방법으로 정보를 제공하는 행위(이하 "기만적인 정보제공행위"라 한다)

② 제1항 각 호의 행위의 유형은 대통령령으로 정한다.〈신설 2013.8.13.〉

③ 가맹본부는 가맹희망자나 가맹점사업자에게 다음 각 호의 어느 하나에 해당하는 정보를 제공하는 경우에는 서면으로 하여야 한다.〈개정 2007.8.3., 2013.8.13.〉

1. 가맹희망자의 예상매출액 · 수익 · 매출총이익 · 순이익 등 장래의 예상수익상황에 관한 정보
2. 가맹점사업자의 매출액 · 수익 · 매출총이익 · 순이익 등 과거의 수익상황이나 장래의 예상수익상황에 관한 정보

④ 가맹본부는 제3항에 따라 정보를 제공하는 경우에는 그 정보의 산출근거가 되는 자료로서 대통령령으로 정하는 자료를 가맹본부의 사무소에 비치하여야 하며, 영업시간 중에 언제든지 가맹희망자나 가맹점사업자의 요구가 있는 경우 그 자료를 열람할 수 있도록 하여야 한다.〈개정 2007.8.3., 2013.8.13.〉

⑤ 제3항에도 불구하고 다음 각 호의 어느 하나에 해당하는 가맹

본부는 가맹계약을 체결할 때 가맹희망자에게 대통령령으로 정하는 예상매출액의 범위 및 그 산출 근거를 서면(이하 "예상매출액 산정서"라 한다)으로 제공하여야 한다. 〈신설 2013.8.13.〉

1. 중소기업자(「중소기업기본법」 제2조제1항 또는 제3항에 따른 자를 말한다)가 아닌 가맹본부
2. 직전 사업연도 말 기준으로 가맹본부와 계약을 체결 · 유지하고 있는 가맹점사업자(가맹본부가 복수의 영업표지를 보유하고 있는 경우에는 동일 영업표지를 사용하는 가맹점사업자에 한정한다)의 수가 대통령령으로 정하는 수 이상인 가맹본부

⑥ 가맹본부는 예상매출액 산정서를 가맹계약 체결일부터 5년간 보관하여야 한다. 〈신설 2013.8.13.〉

⑦ 공정거래위원회는 예상매출액 산정서의 표준양식을 정하여 사용을 권장할 수 있다. 〈신설 2013.8.13.〉

### 시행령 제8조(허위·과장의 정보제공행위 등의 유형)

① 법 제9조제1항제1호에 따른 허위 · 과장의 정보제공행위의 유형은 다음 각 호와 같다.

1. 객관적인 근거 없이 가맹희망자의 예상수익상황을 과장하여 제공하거나 사실과 다르게 가맹본부가 최저수익 등을 보장하는 것처럼 정보를 제공하는 행위
2. 가맹희망자의 점포 예정지 상권의 분석 등과 관련하여 사실 여부가 확인되지 아니한 정보를 제공하는 행위
3. 가맹본부가 취득하지 아니한 지식재산권을 취득한 것처럼 정보를 제공하는 행위
4. 제1호부터 제3호까지의 규정에 따른 행위에 준하여 사실과 다르게 또는 사실을 부풀려 정보를 제공하는 행위로서 공정거래위원회가 정하여 고시하는 행위

② 법 제9조제1항제2호에 따른 기만적인 정보제공행위의 유형은 다음 각 호와 같다.

1. 중요사항을 적지 아니한 정보공개서를 가맹희망자에게 제공하는 행위
2. 가맹본부가 가맹점사업자에게 지원하는 금전, 상품 또는 용역 등이 일정 요건이 충족되는 경우에만 지원됨에도 불구하

고 해당 요건을 제시하지 아니하면서 모든 경우에 지원되는 것처럼 정보를 제공하는 행위

3. 제1호 또는 제2호에 따른 행위에 준하여 계약의 체결·유지에 중대한 영향을 미치는 사실을 은폐하거나 축소하는 방법으로 정보를 제공하는 행위로서 공정거래위원회가 정하여 고시하는 행위

[본조신설 2014.2.11.]

**시행령 제9조(예상수익상황에 대한 정보제공 등)**

① 법 제9조제4항에서 "대통령령으로 정하는 자료"란 다음 각 호의 자료를 말한다.〈개정 2008.1.31., 2010.10.13., 2014.2.11.〉

1. 현재수익 또는 예상수익의 산출에 사용된 사실적인 근거와 예측에 관한 자료
2. 현재수익 또는 예상수익의 산출근거가 되는 가맹사업의 점포(직영점과 가맹점을 포함한다. 이하 같다)의 수와 그 비율
3. 최근의 일정기간 동안에 가맹본부나 가맹중개인이 표시 또는 설명하는 현재수익 또는 예상수익과 같은 수준의 수익을 올리는 가맹점사업자의 수와 그 비율(이 경우 최근의 일정기간에 대하여 시작하는 날짜와 끝나는 날짜를 표시하여야 한다)

② 공정거래위원회는 제1항의 규정에 의한 자료에 대하여 업종별·업태별 또는 용도별로 세부적인 사항을 정하여 고시할 수 있다.

③ 법 제9조제5항 각 호 외의 부분에서 "대통령령으로 정하는 예상매출액의 범위"란 가맹희망자의 점포 예정지에서 영업개시일부터 1년간 발생할 것으로 예상되는 매출액의 최저액과 최고액으로 획정된 범위를 말한다. 이 경우 그 매출액의 최고액은 그 매출액의 최저액의 1.7배를 초과해서는 아니 된다.〈신설 2014.2.11.〉

④ 제3항에도 불구하고 가맹희망자의 점포 예정지가 속한 해당 특별시·광역시·특별자치시·도·특별자치도에 해당 가맹본부의 가맹점(직전 사업연도의 영업기간이 6개월 이상인 가맹점으로 한정한다. 이하 이 항에서 같다)이 5개 이상 있는 경우에는 그 점포 예정지에서 가장 인접한 가맹점 5개 중 별표 1의

3에 따른 직전 사업연도 매출환산액이 가장 작은 가맹점과 가장 큰 가맹점을 제외한 나머지 3개 가맹점의 같은 표에 따른 직전 사업연도 매출환산액 중 최저액과 최고액으로 획정된 범위로 제3항에 따른 범위를 갈음할 수 있다. 〈신설 2014.2.11.〉

⑤ 법 제9조제5항제2호에서 "대통령령으로 정하는 수"란 100개를 말한다. 〈신설 2014.2.11.〉

[제목개정 2014.2.11.]

**[시행령 별표1의3]**

[별표 1의3] 〈신설 2014.2.11〉

**직전 사업연도 매출환산액의 계산방법(제9조제4항 관련)**

1. 직전 사업연도의 영업기간이 1년인 가맹점의 경우

$$\text{직전 사업연도 매출환산액} = \frac{\text{직전 사업연도에 발생한 매출액(원)}}{\text{매장면적(m}^2\text{)}}$$

2. 직전 사업연도의 영업기간이 6개월 이상 1년 미만인 가맹점의 경우

$$\text{직전 사업연도 매출환산액} = \frac{\text{직전 사업년도에 발생한 매출액(원)}}{\text{매장면적(m}^2\text{)}} \times \frac{365}{\text{직전 사업년도 영업일수}}$$

- 가맹금의 반환
➡법 제10조
⇒시행령 제10조
⇒시행령 제11조

| 법 | 시행령 | 시행규칙 |
|---|---|---|
| 법 제10조(가맹금의 반환) | 시행령 제10조(가맹금 반환의 요구)<br>시행령 제11조(가맹사업의 중단일) | |

**법 제10조(가맹금의 반환)**

① 가맹본부는 다음 각 호의 어느 하나에 해당하는 경우에는 가맹희망자나 가맹점사업자가 대통령령으로 정하는 사항이 적힌 서면으로 요구하는 날부터 1개월 이내에 가맹금을 반환하여야 한다. 〈개정 2007.8.3., 2013.8.13.〉

1. 가맹본부가 제7조제3항을 위반한 경우로서 가맹희망자 또는 가맹점사업자가 가맹계약 체결 전 또는 가맹계약의 체결일부터 4개월 이내에 가맹금의 반환을 요구하는 경우
2. 가맹본부가 제9조제1항을 위반한 경우로서 가맹희망자가

가맹계약 체결 전에 가맹금의 반환을 요구하는 경우

3. 가맹본부가 제9조제1항을 위반한 경우로서 허위 또는 과장된 정보나 중요사항의 누락된 내용이 계약 체결에 중대한 영향을 준 것으로 인정되어 가맹점사업자가 가맹계약의 체결일부터 4개월 이내에 가맹금의 반환을 요구하는 경우
4. 가맹본부가 정당한 사유 없이 가맹사업을 일방적으로 중단하고 가맹점사업자가 대통령령으로 정하는 가맹사업의 중단일부터 4개월 이내에 가맹금의 반환을 요구하는 경우

② 제1항의 규정에 의하여 반환하는 가맹금의 금액을 정함에 있어서는 가맹계약의 체결경위, 금전이나 그 밖에 지급된 대가의 성격, 가맹계약기간, 계약이행기간, 가맹사업당사자의 귀책정도 등을 고려하여야 한다. 〈개정 2007.8.3.〉

### 시행령 제10조(가맹금 반환의 요구)

법 제10조제1항에 따라 가맹금의 반환을 요구하고자 하는 가맹점사업자 또는 가맹희망자는 다음 각 호의 사항이 기재된 서면으로 요구하여야 한다. 〈개정 2008.1.31.〉

1. 가맹금의 반환을 요구하는 가맹점사업자 또는 가맹희망자의 주소 · 성명
2. 가맹본부가 허위 또는 과장된 정보를 제공하거나 중요사항을 누락한 사실
3. 가맹본부가 허위 또는 과장된 정보를 제공하거나 중요사항을 누락하여 계약체결에 중대한 영향을 준 것으로 인정되는 사실
4. 가맹본부가 정당한 이유없이 가맹사업을 일방적으로 중단한 사실과 그 일자
5. 반환대상이 되는 가맹금의 금액
6. 가맹본부가 정보공개서를 제공하지 아니한 사실 또는 정보공개서를 제공한 날부터 14일(가맹희망자가 정보공개서에 대하여 변호사 또는 법 제27조에 따른 가맹거래사의 자문을 받은 경우에는 7일)이 지나지 아니한 상태에서 가맹희망자로부터 가맹금을 수령하거나 가맹희망자와 가맹계약을 체결한 사실과 그 날짜

**시행령 제11조(가맹사업의 중단일)**

법 제10조제1항제4호에서 "대통령령으로 정하는 가맹사업의 중단일"이란 다음 각 호의 어느 하나에 해당하는 날을 말한다.〈개정 2008.1.31.〉

1. 가맹본부가 가맹점사업자에게 가맹사업의 중단일을 통지하는 경우에는 그 통지가 가맹점사업자에게 도달된 날
2. 가맹본부가 가맹점사업자에게 미리 통지함이 없이 가맹사업을 영위하는데 중대한 영향을 미치는 부동산 · 용역 · 설비 · 상품 등의 거래를 10일 이상 중단하고 가맹점사업자가 서면으로 거래재개일을 정하여 거래재개를 요청하였음에도 불구하고 가맹본부가 이에 응하지 아니한 경우에는 위 서면으로 정한 거래재개일

- 가맹계약서의 기재사항 등
➡법 제11조
⇒시행령 제12조

| 법 | 시행령 | 시행규칙 |
|---|---|---|
| 법 제11조(가맹계약서의 기재 사항 등) | 시행령 제12조(가맹사업당사자의 권리 · 의무에 관한 사항) | |

**법 제11조(가맹계약서의 기재사항 등)**

① 가맹본부는 가맹희망자가 가맹계약의 내용을 미리 이해할 수 있도록 제2항 각 호의 사항이 적힌 문서를 가맹희망자에게 제공한 날부터 14일이 지나지 아니한 경우에는 다음 각 호의 어느 하나에 해당하는 행위를 하여서는 아니 된다.〈개정 2007.8.3., 2017.4.18.〉

1. 가맹희망자로부터 가맹금을 수령하는 행위. 이 경우 가맹희망자가 예치기관에 예치가맹금을 예치하는 때에는 최초로 예치한 날(가맹희망자가 최초로 가맹금을 예치하기로 가맹본부와 합의한 날이 있는 경우에는 그 날)에 가맹금을 수령한 것으로 본다.
2. 가맹희망자와 가맹계약을 체결하는 행위

② 가맹계약서는 다음 각호의 사항을 포함하여야 한다. 〈개정 2007.8.3., 2018.10.16.〉

1. 영업표지의 사용권 부여에 관한 사항
2. 가맹점사업자의 영업활동 조건에 관한 사항

3. 가맹점사업자에 대한 교육 · 훈련, 경영지도에 관한 사항
4. 가맹금 등의 지급에 관한 사항
5. 영업지역의 설정에 관한 사항
6. 계약기간에 관한 사항
7. 영업의 양도에 관한 사항
8. 계약해지의 사유에 관한 사항
9. 가맹희망자 또는 가맹점사업자가 가맹계약을 체결한 날부터 2개월(가맹점사업자가 2개월 이전에 가맹사업을 개시하는 경우에는 가맹사업개시일)까지의 기간 동안 예치가맹금을 예치기관에 예치하여야 한다는 사항. 다만, 가맹본부가 제15조의2에 따른 가맹점사업자피해보상보험계약 등을 체결한 경우에는 그에 관한 사항으로 한다.
10. 가맹희망자가 정보공개서에 대하여 변호사 또는 제27조에 따른 가맹거래사의 자문을 받은 경우 이에 관한 사항
11. 가맹본부 또는 가맹본부 임원의 위법행위 또는 가맹사업의 명성이나 신용을 훼손하는 등 사회상규에 반하는 행위로 인하여 가맹점사업자에게 발생한 손해에 대한 배상의무에 관한 사항
12. 그 밖에 가맹사업당사자의 권리 · 의무에 관한 사항으로서 대통령령이 정하는 사항

③ 가맹본부는 가맹계약서를 가맹사업의 거래가 종료된 날부터 3년간 보관하여야 한다.

④ 공정거래위원회는 가맹본부에게 건전한 가맹사업거래질서를 확립하고 불공정한 내용의 가맹계약이 통용되는 것을 방지하기 위하여 일정한 가맹사업거래에서 표준이 되는 가맹계약서의 작성 및 사용을 권장할 수 있다.

[제목개정 2007.8.3.]

**시행령 제12조(가맹사업당사자의 권리·의무에 관한 사항)**

법 제11조제2항제12호에서 "대통령령이 정하는 사항"이란 다음 각 호의 어느 하나에 해당하는 사항을 말한다.〈개정 2003.6.13., 2010.10.13., 2018.12.18.〉

1. 가맹금 등 금전의 반환조건에 관한 사항
2. 가맹점사업자의 영업설비 · 집기 등의 설치와 유지 ·

보수 및 그 비용의 부담에 관한 사항
3. 가맹계약의 종료 및 해지에 따른 조치 사항
4. 가맹본부가 가맹계약의 갱신을 거절할 수 있는 정당한 사유에 관한 사항
5. 가맹본부의 영업비밀에 관한 사항
6. 가맹계약 위반으로 인한 손해배상에 관한 사항
7. 가맹본부와 가맹점사업자 사이의 분쟁 해결 절차에 관한 사항
8. 가맹본부가 다른 사업자에게 가맹사업을 양도하는 경우에는 종전 가맹점사업자와의 계약에 관한 사항
9. 가맹본부의 지식재산권 유효기간 만료 시 조치에 관한 사항

- 불공정거래행위의 금지
➡법 제12조
⇒시행령 제12조의2
⇒시행령 제13조

| 법 | 시행령 | 시행규칙 |
|---|---|---|
| 법 제12조(불공정거래행위의 금지) | 시행령 제12조의2(위약금의 부당성 판단기준)<br>시행령 제13조(불공정거래행위의 유형 또는 기준) | |

**법 제12조(불공정거래행위의 금지)**

① 가맹본부는 다음 각 호의 어느 하나에 해당하는 행위로서 가맹사업의 공정한 거래를 저해할 우려가 있는 행위를 하거나 다른 사업자로 하여금 이를 행하도록 하여서는 아니된다.〈개정 2007.8.3., 2013.8.13., 2016.3.29.〉

1. 가맹점사업자에 대하여 상품이나 용역의 공급 또는 영업의 지원 등을 부당하게 중단 또는 거절하거나 그 내용을 현저히 제한하는 행위
2. 가맹점사업자가 취급하는 상품 또는 용역의 가격, 거래상대방, 거래지역이나 가맹점사업자의 사업활동을 부당하게 구속하거나 제한하는 행위
3. 거래상의 지위를 이용하여 부당하게 가맹점사업자에게 불이익을 주는 행위
4. 삭제〈2013.8.13.〉

5. 계약의 목적과 내용, 발생할 손해 등 대통령령으로 정하는 기준에 비하여 과중한 위약금을 부과하는 등 가맹점사업자에게 부당하게 손해배상 의무를 부담시키는 행위
6. 제1호부터 제3호까지 및 제5호 외의 행위로서 부당하게 경쟁가맹본부의 가맹점사업자를 자기와 거래하도록 유인하는 행위 등 가맹사업의 공정한 거래를 저해할 우려가 있는 행위

② 제1항 각호의 규정에 의한 행위의 유형 또는 기준은 대통령령으로 정한다.

### 시행령 제12조의2(위약금의 부당성 판단기준)

법 제12조제1항제5호에서 "계약의 목적과 내용, 발생할 손해 등 대통령령으로 정하는 기준"이란 다음 각 호의 기준을 말한다.

1. 계약의 목적과 내용
2. 발생할 손해액의 크기
3. 당사자 간 귀책사유 유무 및 정도
4. 해당 업종의 정상적인 거래관행

[본조신설 2014.2.11.]

### 시행령 제13조(불공정거래행위의 유형 또는 기준)

① 법 제12조제2항의 규정에 의한 불공정거래행위의 유형 또는 기준은 별표 2와 같다.

② 공정거래위원회는 필요하다고 인정하는 경우에 별표 2의 유형 또는 기준의 범위내에서 특정업종 또는 특정행위에 적용되는 세부적인 불공정거래행위의 유형 또는 기준을 정하여 고시할 수 있다.

### [시행령 별표2]

[별표 2] 〈개정 2014.2.11〉

**불공정거래행위의 유형 또는 기준(제13조제1항관련)**

1. 거래거절

법 제12조제1항제1호에 해당하는 행위의 유형 및 기준은 다음 각 목의 어느 하나와 같다. 다만, 가맹점사업자의 계약위반 등 가맹점사업자의 귀책사유로 가맹사업의거래관계를 지속하기 어려운 사정

이 발생하는 경우에는 그러하지 아니하다.

가. 영업지원 등의 거절

정당한 이유없이 거래기간 중에 가맹사업을 영위하는데 필요한 부동산 · 용역 · 설비 · 상품 · 원재료 또는 부재료의 공급과 이와 관련된 영업지원, 정보공개서 또는 가맹계약서에서 제공하기로 되어 있는 경영 및 영업활동에 관한 지원 등을 중단 또는 거절하거나 그 지원하는 물량 또는 내용을 현저히 제한하는 행위

나. 부당한 계약갱신 거절

부당하게 가맹점사업자와의 계약갱신을 거절하는 행위

다. 부당한 계약해지

부당하게 계약기간 중에 가맹점사업자와의 계약을 해지하는 행위

2. 구속조건부 거래

법 제12조제1항제2호에 해당하는 행위의 유형 및 기준은 다음 각 목의 어느 하나와 같다.

가. 가격의 구속

정당한 이유없이 가맹점사업자가 판매하는 상품 또는 용역의 가격을 정하여 그 가격을 유지하도록 하거나 가맹점사업자가 상품 또는 용역의 가격을 결정하는 행위를 부당하게 구속하는 행위. 다만, 다음의 어느 하나에 해당하는 행위는 제외한다.

(1) 판매가격을 정하여 가맹점사업자에게 이를 따르도록 권장하는 행위

(2) 가맹점사업자에게 판매가격을 결정하거나 변경하는 경우 그 내용에 관하여 사전에 협의하도록 하는 행위. 다만, 사전협의를 통해 판매가격을 강요하는 행위는 가격을 구속하는 행위로 본다.

나. 거래상대방의 구속

부동산 · 용역 · 설비 · 상품 · 원재료 또는 부재료의 구입 · 판매 또는 임대차 등과 관련하여 부당하게 가맹점사업자에게 특정한 거래상대방(가맹본부를 포함한다)과 거래할 것을 강제하는 행위. 다만, 다음의 요건을 모두 충족하는 경우에는 그러하지 아니하다.

(1) 부동산 · 용역 · 설비 · 상품 · 원재료 또는 부재료가 가맹사업을 경영하는 데에 필수적이라고 객관적으로 인정될 것

(2) 특정한 거래상대방과 거래하지 아니하는 경우에는 가맹본부의 상표권을 보호하고 상품 또는 용역의 동일성을 유지하기 어렵다는 사실이 객관적으로 인정될 것

(3) 가맹본부가 미리 정보공개서를 통하여 가맹점사업자에게 해당 사실을 알리고 가맹점사업자와 계약을 체결할 것

다. 가맹점사업자의 상품 또는 용역의 판매제한

가맹점사업자에게 부당하게 지정된 상품 또는 용역만을 판매하도록 하거나 거래상대방에 따라 상품 또는 용역의 판매를 제한하는 행위. 다만, 다음의 요건을 모두 충족하는 경우에는 그러하지 아니하다.

(1) 가맹점사업자의 상품 또는 용역의 판매를 제한하지 아니하는 경우에는 가맹본부의 상표권을 보호하고 상품 또는 용역의 동일성을 유지하기 어렵다는 사실이 객관적으로 인정될 것

(2) 가맹본부가 미리 정보공개서를 통하여 가맹점사업자에게 해당 사실을 알리고 가맹점사업자와 계약을 체결할 것

라. 영업지역의 준수강제

부당하게 가맹점사업자에게 영업지역을 준수하도록 조건을 붙이거나 이를 강제하는 행위. 다만, 다음 각 호의 어느 하나에 해당하는 행위는 그러하지 아니하다.

(1) 가맹본부가 가맹점사업자의 영업거점지역을 정하는 행위

(2) 가맹점사업자가 자기의 영업지역에서의 판매책임을 다한 경우에 영업지역 외의 다른 지역에서 판매할 수 있도록 하는 행위

(3) 가맹점사업자가 자기의 영업지역 외의 다른 지역에서 판매하고자 하는 경우 그 지역의 가맹점사업자에게 광고선전비 등 판촉비용에 상당하는 일정한 보상금을 지불하도록 하는 행위

마. 그 밖에 가맹점사업자의 영업활동의 제한

가목 내지 라목에 준하는 경우로서 부당하게 가맹점사업자의 영업활동을 제한하는 행위. 다만, 다음의 요건을 모두 충족하는 경우에는 그러하지 아니하다.

(1) 가맹점사업자의 영업활동을 제한하지 아니하는 경우에는 가맹본부의 상표권을 보호하고 상품 또는 용역의 동일성을 유지하기 어렵다는 사실이 객관적으로 인정될 것

(2) 가맹본부가 미리 정보공개서를 통하여 가맹점사업자에게 해당 사실을 알리고 가맹점사업자와 계약을 체결할 것

3. 거래상 지위의 남용

법 제12조제1항제3호에 해당하는 행위의 유형 및 기준은 다음 각 목의 어느 하나와 같다. 다만, 다음 각 목의 어느 하나에 해당하는 행위를 허용하지 아니하는 경우 가맹본부의 상표권을 보호하고 상품 또는 용역의 동일성을 유지하기 어렵다는 사실이 객관적으로 인정되는 경우로서 해당 사실에 관하여 가맹본부가 미리 정보공개서를 통하여 가맹점사업자에게 알리고 가맹점사업자와 계약을 체결하는 경우에는 그러하지 아니하다.

가. 구입강제: 가맹점사업자에게 가맹사업의 경영과 무관하거나 그 경영에 필요한 양을 넘는 시설 · 설비 · 상품 · 용역 · 원재료 또는 부재료 등을 구입 또는 임차하도록 강제하는 행위

나. 부당한 강요: 부당하게 경제적 이익을 제공하도록 강요하거나 가맹점사업자에게 비용을 부담하도록 강요하는 행위

다. 부당한 계약조항의 설정 또는 변경: 가맹점사업자가 이행하기 곤란하거나 가맹점사업자에게 불리한 계약조항을 설정 또는 변경하거나 계약갱신과정에서 종전의 거래조건 또는 다른 가맹점사업자의 거래조건보다 뚜렷하게 불리한 조건으로 계약조건을 설정 또는 변경하는 행위

라. 경영의 간섭: 정당한 이유없이 특정인과 가맹점을 같이 운영하도록 강요하는 행위

마. 판매목표 강제: 부당하게 판매 목표를 설정하고 가맹점사업자로 하여금 이를 달성하도록 강제하는 행위

바. 불이익제공: 가목부터 마목까지의 행위에 준하는 경우로서 가맹점사업자에게 부당하게 불이익을 주는 행위

4. 부당한 손해배상의무 부과행위

법 제12조제1항제5호에 해당하는 행위의 유형 및 기준은 다음 각 목의 어느 하나와 같다.

가. 과중한 위약금 설정 · 부과행위

1) 계약 중도해지 시 과중한 위약금 설정 · 부과 행위

계약해지의 경위 및 거래당사자 간 귀책사유 정도, 잔여계약기간의 정도, 중도해지 후 가맹본부가 후속 가맹점사업자와 계약을 체결하기 위하여 통상 소요될 것으로 예상되는 기간에 상당하는 손해액 등에 비추어 부당하게 과중한 위약금을 설정하여 계약을 체결하거나 이를 부과하는 행위

2) 과중한 지연손해금 설정 · 부과행위

상품 또는 용역에 대한 대금지급의 지연 시 지연경위, 정상

적인 거래관행 등에 비추어 과중한 지연손해금을 설정하여 계약을 체결하거나 이를 부과하는 행위

나. 소비자 피해에 대한 손해배상의무 전가행위
가맹본부가 가맹점사업자에게 공급한 물품의 원시적 하자 등으로 인하여 소비자 피해가 발생한 경우까지도 부당하게 가맹점사업자가 손해배상의무를 모두 부담하도록 계약을 체결하는 행위

다. 그 밖의 부당한 손해배상의무 부과행위
가목 또는 나목에 준하는 경우로서 가맹점사업자에게 부당하게 손해배상의무를 부담하도록 하거나 가맹본부가 부담해야 할 손해배상의무를 가맹점사업자에게 전가하는 행위

5. 그 밖의 불공정거래행위
법 제12조제1항제6호에 해당하는 행위란 가맹본부가 다른 경쟁가맹본부의 가맹점사업자를 자기와 거래하도록 하여 자기의 가맹점사업자의 영업에 불이익을 주거나 다른 경쟁가맹본부의 가맹사업에 불이익을 주는 행위를 말한다.

- 부당한 점포환경개선 강요 금지 등
➡법 제12조의2
⇒시행령 제13조의2

| 법 | 시행령 | 시행규칙 |
|---|---|---|
| 법 제12조의2(부당한 점포환경개선 강요 금지 등) | 시행령 제13조의2(점포환경개선 비용부담의 범위 및 절차 등) | |

**법 제12조의2(부당한 점포환경개선 강요 금지 등)**

① 가맹본부는 대통령령으로 정하는 정당한 사유 없이 점포환경개선을 강요하여서는 아니 된다.

② 가맹본부는 가맹점사업자의 점포환경개선에 소요되는 비용으로서 대통령령으로 정하는 비용의 100분의 40 이내의 범위에서 대통령령으로 정하는 비율에 해당하는 금액을 부담하여야 한다. 다만, 다음 각 호의 어느 하나에 해당하는 경우에는 그러하지 아니하다.

1. 가맹본부의 권유 또는 요구가 없음에도 가맹점사업자의 자발적 의사에 의하여 점포환경개선을 실시하는 경우
2. 가맹점사업자의 귀책사유로 인하여 위생 · 안전 및 이와 유사한 문제가 발생하여 불가피하게 점포환경개선을 하는 경우

③ 제2항에 따라 가맹본부가 부담할 비용의 산정, 청구 및 지급절차, 그 밖에 필요한 사항은 대통령령으로 정한다.

[본조신설 2013.8.13.]

**시행령 제13조의2(점포환경개선 비용부담의 범위 및 절차 등)**

① 법 제12조의2제1항에서 "대통령령으로 정하는 정당한 사유"란 다음 각 호의 어느 하나에 해당하는 경우를 말한다.

1. 점포의 시설, 장비, 인테리어 등의 노후화가 객관적으로 인정되는 경우
2. 위생 또는 안전의 결함이나 이에 준하는 사유로 인하여 가맹사업의 통일성을 유지하기 어렵거나 정상적인 영업에 현저한 지장을 주는 경우

② 법 제12조의2제2항 각 호 외의 부분 본문에서 "대통령령으로 정하는 비용"이란 다음 각 호의 비용을 말한다.

1. 간판 교체비용
2. 인테리어 공사비용(장비 · 집기의 교체비용을 제외한 실내건축공사에 소요되는 일체의 비용을 말한다). 다만, 가맹사업의 통일성과 관계 없이 가맹점사업자가 추가 공사를 함에 따라 드는 비용은 제외한다.

③ 법 제12조의2제2항 각 호 외의 부분 본문에서 "대통령령으로 정하는 비율"이란 다음 각 호의 구분에 따른 비율을 말한다.

1. 점포의 확장 또는 이전을 수반하지 아니하는 점포환경개선의 경우: 100분의 20
2. 점포의 확장 또는 이전을 수반하는 점포환경개선의 경우: 100분의 40

④ 가맹점사업자는 법 제12조의2제2항 각 호 외의 부분 본문에 따른 금액(이하 "가맹본부부담액"이라 한다)의 지급을 청구하려면 가맹본부에 공사계약서 등 공사비용을 증명할 수 있는 서류를 제출하여야 한다.

⑤ 가맹본부는 제4항에 따른 지급청구일부터 90일 이내에 가맹본부부담액을 가맹점사업자에게 지급하여야 한다. 다만, 가맹본부와 가맹점사업자 간에 별도의 합의가 있는 경우에는 1년의 범위에서 가맹본부부담액을 분할하여 지급할 수 있다.

⑥ 가맹본부는 제4항 및 제5항 본문에도 불구하고 가맹점사업자

가 가맹본부 또는 가맹본부가 지정한 자를 통하여 점포환경개선을 한 경우에는 점포환경개선이 끝난 날부터 90일 이내에 가맹본부부담액을 가맹점사업자에게 지급하여야 한다.〈신설 2018.4.3.〉

⑦ 가맹본부는 점포환경개선이 끝난 날부터 3년 이내에 가맹본부의 책임 없는 사유로 계약이 종료(계약의 해지 또는 영업양도를 포함한다)되는 경우에는 가맹본부부담액 중 나머지 기간에 비례하는 부담액은 지급하지 아니하거나 이미 지급한 경우에는 환수할 수 있다.〈개정 2018.4.3.〉

[본조신설 2014.2.11.]

- 부당한 영업시간 구속 금지
➡법 제12조의3
⇒시행령 제13조의3

| 법 | 시행령 | 시행규칙 |
|---|---|---|
| 법 제12조의3(부당한 영업시간 구속 금지) | 시행령 제13조의3(부당한 영업시간 구속 금지의 판단기준) | |

### 법 제12조의3(부당한 영업시간 구속 금지)

① 가맹본부는 정상적인 거래관행에 비추어 부당하게 가맹점사업자의 영업시간을 구속하는 행위(이하 "부당한 영업시간 구속"이라 한다)를 하여서는 아니 된다.

② 다음 각 호의 어느 하나에 해당하는 가맹본부의 행위는 부당한 영업시간 구속으로 본다.

1. 가맹점사업자의 점포가 위치한 상권의 특성 등의 사유로 대통령령으로 정하는 심야 영업시간대의 매출이 그 영업에 소요되는 비용에 비하여 저조하여 대통령령으로 정하는 일정한 기간 동안 영업손실이 발생함에 따라 가맹점사업자가 영업시간 단축을 요구함에도 이를 허용하지 아니하는 행위
2. 가맹점사업자가 질병의 발병과 치료 등 불가피한 사유로 인하여 필요 최소한의 범위에서 영업시간의 단축을 요구함에도 이를 허용하지 아니하는 행위

[본조신설 2013.8.13.]

### 시행령 제13조의3(부당한 영업시간 구속 금지의 판단기준)

① 법 제12조의3제2항제1호에서 "대통령령으로 정하는 심야 영업

시간대"란 오전 0시부터 오전 6시까지 또는 오전 1시부터 오전 6시까지를 말한다.〈개정 2018.4.3.〉

② 법 제12조의3제2항제1호에서 "대통령령으로 정하는 일정한 기간"이란 가맹점사업자가 영업시간 단축을 요구한 날이 속한 달의 직전 3개월을 말한다.〈개정 2018.4.3.〉

[본조신설 2014.2.11.]

- 부당한 영업지역 침해금지
➡법 제12조의4
⇒시행령 제13조의4

| 법 | 시행령 | 시행규칙 |
| --- | --- | --- |
| 법 제12조의4(부당한 영업지역 침해금지) | 시행령 제13조의4(영업지역 변경사유) | |

**법 제12조의4(부당한 영업지역 침해금지)**

① 가맹본부는 가맹계약 체결 시 가맹점사업자의 영업지역을 설정하여 가맹계약서에 이를 기재하여야 한다.

② 가맹본부가 가맹계약 갱신과정에서 상권의 급격한 변화 등 대통령령으로 정하는 사유가 발생하여 기존 영업지역을 변경하기 위해서는 가맹점사업자와 합의하여야 한다.〈개정 2018.1.16.〉

③ 가맹본부는 정당한 사유 없이 가맹계약기간 중 가맹점사업자의 영업지역 안에서 가맹점사업자와 동일한 업종(수요층의 지역적 · 인적 범위, 취급품목, 영업형태 및 방식 등에 비추어 동일하다고 인식될 수 있을 정도의 업종을 말한다)의 자기 또는 계열회사(「독점규제 및 공정거래에 관한 법률」 제2조제3호에 따른 계열회사를 말한다. 이하 같다)의 직영점이나 가맹점을 설치하는 행위를 하여서는 아니 된다.〈개정 2018.1.16.〉

[본조신설 2013.8.13.]

**시행령 제13조의4(영업지역 변경사유)**

법 제12조의4제2항에서 "상권의 급격한 변화 등 대통령령으로 정하는 사유가 발생하는 경우"란 다음 각 호의 어느 하나에 해당하는 경우를 말한다.

1. 재건축, 재개발 또는 신도시 건설 등으로 인하여 상권의 급격한 변화가 발생하는 경우
2. 해당 상권의 거주인구 또는 유동인구가 현저히 변동되는 경우
3. 소비자의 기호변화 등으로 인하여 해당 상품 · 용역에 대한

- 업종별 거래기준 권고
➡법 제12조의7

- 광고 · 판촉행사 관련 집행 내역 통보 등
➡법 제12조의6
⇒시행령 제13조의5

수요가 현저히 변동되는 경우
4. 제1호부터 제3호까지의 규정에 준하는 경우로서 기존 영업지역을 그대로 유지하는 것이 현저히 불합리하다고 인정되는 경우

[본조신설 2014.2.11.]

| 법 | 시행령 | 시행규칙 |
|---|---|---|
| 법 제12조의7(업종별 거래기준 권고) | | |

**법 제12조의7(업종별 거래기준 권고)**

공정거래위원회는 가맹사업거래의 공정한 거래질서 확립을 위하여 필요한 경우 업종별로 바람직한 거래기준을 정하여 가맹본부에 이의 준수를 권고할 수 있다.

[본조신설 2013.8.13.]

| 법 | 시행령 | 시행규칙 |
|---|---|---|
| 법 제12조의6(광고 · 판촉행사 관련 집행 내역 통보 등) | 시행령 제13조의5(광고 · 판촉행사 관련 집행 내역 통보 절차 등) | |

**법 제12조의6(광고 · 판촉행사 관련 집행 내역 통보 등)**

① 가맹본부는 가맹점사업자가 비용의 전부 또는 일부를 부담하는 광고나 판촉행사를 실시한 경우 그 집행 내역을 가맹점사업자에게 통보하고 가맹점사업자의 요구가 있는 경우 이를 열람할 수 있도록 하여야 한다.

② 제1항에 따른 집행 내역 통보 또는 열람의 구체적인 시기 · 방법 · 절차는 대통령령으로 정한다.

[본조신설 2016.3.29.]

**시행령 제13조의5(광고 · 판촉행사 관련 집행 내역 통보 절차 등)**

① 가맹본부는 법 제12조의6제1항에 따라 매 사업연도 종료 후 3개월 이내에 가맹점사업자에게 다음 각 호의 사항을 통보하여야 한다.
 1. 해당 사업연도에 실시한 광고나 판촉행사(해당 사업연도에

일부라도 비용이 집행된 경우를 포함한다. 이하 같다)별 명칭, 내용 및 실시기간

2. 해당 사업연도에 광고나 판촉행사를 위하여 전체 가맹점사업자로부터 지급받은 금액
3. 해당 사업연도에 실시한 광고나 판촉행사별로 집행한 비용 및 가맹점사업자가 부담한 총액

② 가맹본부가 가맹점사업자에게 제1항에 따른 통보를 하는 경우에는 제6조제1항 각 호의 어느 하나에 해당하는 방법을 준용한다. 다만, 제6조제1항제3호 후단은 준용하지 아니한다.

③ 가맹본부는 법 제12조의6제1항에 따라 가맹점사업자가 집행 내역의 열람을 요구하는 경우 열람의 일시 및 장소를 정하여 해당 자료를 열람할 수 있도록 하여야 한다.

[본조신설 2016.9.29.]

- 가맹계약의 갱신 등
➡법 제13조
⇒시행령 제14조

| 법 | 시행령 | 시행규칙 |
|---|---|---|
| 법 제13조(가맹계약의 갱신 등) | 시행령 제14조(가맹계약의 갱신거절사유 등) | |

**법 제13조(가맹계약의 갱신 등)**

① 가맹본부는 가맹점사업자가 가맹계약기간 만료 전 180일부터 90일까지 사이에 가맹계약의 갱신을 요구하는 경우 정당한 사유 없이 이를 거절하지 못한다. 다만, 다음 각 호의 어느 하나에 해당하는 경우에는 그러하지 아니하다.

1. 가맹점사업자가 가맹계약상의 가맹금 등의 지급의무를 지키지 아니한 경우
2. 다른 가맹점사업자에게 통상적으로 적용되는 계약조건이나 영업방침을 가맹점사업자가 수락하지 아니한 경우
3. 가맹사업의 유지를 위하여 필요하다고 인정되는 것으로서 다음 각 목의 어느 하나에 해당하는 가맹본부의 중요한 영업방침을 가맹점사업자가 지키지 아니한 경우
   가. 가맹점의 운영에 필요한 점포 · 설비의 확보나 법령상 필요한 자격 · 면허 · 허가의 취득에 관한 사항
   나. 판매하는 상품이나 용역의 품질을 유지하기 위하여 필요한 제조공법 또는 서비스기법의 준수에 관한 사항

다. 그 밖에 가맹점사업자가 가맹사업을 정상적으로 유지하기 위하여 필요하다고 인정되는 것으로서 대통령령으로 정하는 사항

② 가맹점사업자의 계약갱신요구권은 최초 가맹계약기간을 포함한 전체 가맹계약기간이 10년을 초과하지 아니하는 범위 내에서만 행사할 수 있다.

③ 가맹본부가 제1항에 따른 갱신 요구를 거절하는 경우에는 그 요구를 받은 날부터 15일 이내에 가맹점사업자에게 거절 사유를 적어 서면으로 통지하여야 한다.

④ 가맹본부가 제3항의 거절 통지를 하지 아니하거나 가맹계약기간 만료 전 180일부터 90일까지 사이에 가맹점사업자에게 조건의 변경에 대한 통지나 가맹계약을 갱신하지 아니한다는 사실의 통지를 서면으로 하지 아니하는 경우에는 계약 만료 전의 가맹계약과 같은 조건으로 다시 가맹계약을 체결한 것으로 본다. 다만, 가맹점사업자가 계약이 만료되는 날부터 60일 전까지 이의를 제기하거나 가맹본부나 가맹점사업자에게 천재지변이나 그 밖에 대통령령으로 정하는 부득이한 사유가 있는 경우에는 그러하지 아니하다.

[전문개정 2007.8.3.]

### 시행령 제14조(가맹계약의 갱신거절사유 등)

① 법 제13조제1항제3호다목에서 "대통령령으로 정하는 사항"이란 다음 각 호의 어느 하나에 해당하는 사항을 말한다.

1. 가맹본부의 가맹사업 경영에 필수적인 지식재산권의 보호에 관한 사항
2. 가맹본부가 가맹점사업자에게 정기적으로 실시하는 교육·훈련의 준수에 관한 사항. 다만, 가맹점사업자가 부담하는 교육·훈련 비용이 같은 업종의 다른 가맹본부가 통상적으로 요구하는 비용보다 뚜렷하게 높은 경우는 제외한다.

② 법 제13조제4항 단서에서 "대통령령으로 정하는 부득이한 사유"란 다음 각 호의 어느 하나에 해당하는 경우를 말한다.

1. 가맹본부나 가맹점사업자에게 파산 신청이 있거나 강제집행절차 또는 회생절차가 개시된 경우
2. 가맹본부나 가맹점사업자가 발행한 어음·수표가 부도 등

으로 지급거절된 경우
3. 가맹점사업자에게 중대한 일신상의 사유 등이 발생하여 더 이상 가맹사업을 경영할 수 없게 된 경우

[전문개정 2008.1.31.]

- 가맹계약해지의 제한
➡법 제14조
⇒시행령 제15조

| 법 | 시행령 | 시행규칙 |
|---|---|---|
| 법 제14조(가맹계약해지의 제한) | 시행령 제15조(가맹계약의 해지사유) | |

### 법 제14조(가맹계약해지의 제한)

① 가맹본부는 가맹계약을 해지하려는 경우에는 가맹점사업자에게 2개월 이상의 유예기간을 두고 계약의 위반 사실을 구체적으로 밝히고 이를 시정하지 아니하면 그 계약을 해지한다는 사실을 서면으로 2회 이상 통지하여야 한다. 다만, 가맹사업의 거래를 지속하기 어려운 경우로서 대통령령이 정하는 경우에는 그러하지 아니하다.〈개정 2007.8.3.〉
② 제1항의 규정에 의한 절차를 거치지 아니한 가맹계약의 해지는 그 효력이 없다.

### 시행령 제15조(가맹계약의 해지사유)

법 제14조제1항 단서에서 "대통령령이 정하는 경우"란 다음 각 호의 어느 하나에 해당하는 경우를 말한다.〈개정 2008.1.31., 2010.10.13., 2015.3.30.〉

1. 가맹점사업자에게 파산 신청이 있거나 강제집행절차 또는 회생절차가 개시된 경우
2. 가맹점사업자가 발행한 어음·수표가 부도 등으로 지불정지된 경우
3. 천재지변, 중대한 일신상의 사유 등으로 가맹점사업자가 더 이상 가맹사업을 경영할 수 없게 된 경우
4. 다음 각 목의 어느 하나에 해당하여 가맹사업에 중대한 장애를 초래한 경우
   가. 가맹점사업자가 공연히 허위사실을 유포함으로써 가맹본부의 명성이나 신용을 뚜렷이 훼손한 경우
   나. 가맹점사업자가 가맹점 운영과 관련되는 법령을 위반하

여 다음의 어느 하나에 해당하는 행정처분을 받음으로써 가맹본부의 명성이나 신용을 뚜렷이 훼손한 경우

1) 그 위법사실을 시정하라는 내용의 행정처분
2) 그 위법사실을 처분사유로 하는 과징금 · 과태료 등 부과처분
3) 그 위법사실을 처분사유로 하는 영업정지 명령

다. 가맹점사업자가 가맹본부의 영업비밀 또는 중요정보를 유출한 경우

5. 가맹점사업자가 가맹점 운영과 관련되는 법령을 위반하여 이를 시정하라는 내용의 행정처분(과징금 · 과태료 등의 부과처분을 포함한다)을 통보받고도 행정청이 정한 시정기한(시정기한을 정하지 아니한 경우에는 통보받은 날부터 10일) 내에 시정하지 않는 경우
6. 가맹점사업자가 가맹점 운영과 관련되는 법령을 위반하여 자격 · 면허 · 허가 취소 또는 영업정지 명령(15일 이내의 영업정지 명령을 받은 경우는 제외한다) 등 그 시정이 불가능한 성격의 행정처분을 받은 경우. 다만, 법령에 근거하여 행정처분을 갈음하는 과징금 등의 부과 처분을 받은 경우는 제외한다.
7. 가맹점사업자가 법 제14조제1항 본문에 따른 가맹본부의 시정요구에 따라 위반사항을 시정한 날부터 1년(계약갱신이나 재계약된 경우에는 종전 계약기간에 속한 기간을 합산한다) 이내에 다시 같은 사항을 위반하는 경우. 다만, 가맹본부가 시정을 요구하는 서면에 다시 같은 사항을 1년 이내에 위반하는 경우에는 법 제14조제1항의 절차를 거치지 아니하고 가맹계약이 해지될 수 있다는 사실을 누락한 경우는 제외한다.
8. 가맹점사업자가 가맹점 운영과 관련된 행위로 형사처벌을 받은 경우
9. 가맹점사업자가 공중의 건강이나 안전에 급박한 위해를 일으킬 염려가 있는 방법이나 형태로 가맹점을 운영하는 경우
10. 가맹점사업자가 정당한 사유 없이 연속하여 7일 이상 영업을 중단한 경우

- 가맹점사업자단체의 거래조건 변경 협의 등
➡법 제14조의2

| 법 | 시행령 | 시행규칙 |
|---|---|---|
| 법 제14조의2(가맹사업자단체의 거래조건 변경 협의 등) | | |

**법 제14조의2(가맹점사업자단체의 거래조건 변경 협의 등)**

① 가맹점사업자는 권익보호 및 경제적 지위 향상을 도모하기 위하여 단체(이하 "가맹점사업자단체"라 한다)를 구성할 수 있다.

② 특정 가맹본부와 가맹계약을 체결 · 유지하고 있는 가맹점사업자(복수의 영업표지를 보유한 가맹본부와 계약 중인 가맹점사업자의 경우에는 동일한 영업표지를 사용하는 가맹점사업자로 한정한다)로만 구성된 가맹점사업자단체는 그 가맹본부에 대하여 가맹계약의 변경 등 거래조건(이하 이 조에서 "거래조건"이라 한다)에 대한 협의를 요청할 수 있다.

③ 제2항에 따른 협의를 요청받은 경우 가맹본부는 성실하게 협의에 응하여야 한다. 다만, 복수의 가맹점사업자단체가 협의를 요청할 경우 가맹본부는 다수의 가맹점사업자로 구성된 가맹점사업자단체와 우선적으로 협의한다.

④ 제2항에 따른 협의와 관련하여 가맹점사업자단체는 가맹사업의 통일성이나 본질적 사항에 반하는 거래조건을 요구하는 행위, 가맹본부의 경영 등에 부당하게 간섭하는 행위 또는 부당하게 경쟁을 제한하는 행위를 하여서는 아니 된다.

⑤ 가맹본부는 가맹점사업자단체의 구성 · 가입 · 활동 등을 이유로 가맹점사업자에게 불이익을 주는 행위를 하거나 가맹점사업자단체에 가입 또는 가입하지 아니할 것을 조건으로 가맹계약을 체결하여서는 아니 된다.

[본조신설 2013.8.13.]

- 자율규약
➡법 제15조

| 법 | 시행령 | 시행규칙 |
|---|---|---|
| 법 제15조(자율규약) | | |

**법 제15조(자율규약)**

① 가맹본부 또는 가맹본부를 구성원으로 하는 사업자단체는 가

맹사업의 공정한 거래질서를 유지하기 위하여 자율적으로 규약을 정할 수 있다.

② 가맹본부 또는 가맹본부를 구성원으로 하는 사업자단체는 제1항의 규정에 의하여 자율규약을 정하고자 하는 경우 그 규약이 제12조제1항의 규정에 위반하는 지에 대한 심사를 공정거래위원회에 요청할 수 있다.

③ 공정거래위원회는 제2항의 규정에 의하여 자율규약의 심사를 요청받은 때에는 그 요청을 받은 날부터 60일 이내에 심사결과를 신청인에게 통보하여야 한다.

- 가맹점사업자피해보상보험계약 등

➡법 제15조의2

⇒시행령 16조의2

| 법 | 시행령 | 시행규칙 |
|---|---|---|
| 법 제15조의2(가맹점사업자피해보상보험계약 등) | 시행령 제16조의2(가맹점사업피해보상보험계약 등) | |

**법 제15조의2(가맹점사업자피해보상보험계약 등)**

① 가맹본부는 가맹점사업자의 피해를 보상하기 위하여 다음 각 호의 어느 하나에 해당하는 계약(이하 "가맹점사업자피해보상보험계약 등"이라 한다)을 체결할 수 있다. 〈개정 2012.2.17.〉

1. 「보험업법」에 따른 보험계약
2. 가맹점사업자 피해보상금의 지급을 확보하기 위한 「금융위원회의 설치 등에 관한 법률」 제38조에 따른 기관의 채무지급보증계약
3. 제15조의3에 따라 설립된 공제조합과의 공제계약

② 가맹점사업자피해보상보험계약 등에 의하여 가맹점사업자 피해보상금을 지급할 의무가 있는 자는 그 지급사유가 발생한 경우 지체 없이 이를 지급하여야 한다. 이를 지연한 경우에는 지연배상금을 지급하여야 한다.

③ 가맹점사업자피해보상보험계약 등을 체결하고자 하는 가맹본부는 가맹점사업자피해보상보험계약 등을 체결하기 위하여 매출액 등의 자료를 제출함에 있어서 거짓 자료를 제출하여서는 아니 된다.

④ 가맹본부는 가맹점사업자피해보상보험계약 등을 체결함에 있어서 가맹점사업자의 피해보상에 적절한 수준이 되도록 하여

야 한다.

⑤ 가맹점사업자피해보상보험계약 등을 체결한 가맹본부는 그 사실을 나타내는 표지를 사용할 수 있다.

⑥ 가맹점사업자피해보상보험계약 등을 체결하지 아니한 가맹본부는 제5항에 따른 표지를 사용하거나 이와 유사한 표지를 제작 또는 사용하여서는 아니 된다.

⑦ 그 밖에 가맹점사업자피해보상보험계약 등에 대하여 필요한 사항은 대통령령으로 정한다.

[본조신설 2007.8.3.]

**시행령 제16조의2(가맹점사업자피해보상보험계약 등)**

① 법 제15조의2제1항에 따라 가맹본부가 체결하는 가맹점사업자피해보상보험계약 등(이하 "피해보상보험계약 등"이라 한다)은 다음 각 호의 사항을 충족하여야 한다.

1. 가맹본부의 가맹금반환의무의 불이행 등으로 인한 가맹점사업자의 피해를 보상하는 내용일 것
2. 피보험자 · 채권자 또는 수익자는 해당 가맹본부와 가맹계약을 체결하거나 체결할 예정인 가맹점사업자 또는 가맹점사업자가 지정한 자로 할 것
3. 계약금액은 예치가맹금 이상으로 할 것
4. 정당한 사유 없이 가맹점사업자의 의사표시 방법을 제한하거나 가맹점사업자에게 지나친 입증책임을 지우지 아니할 것
5. 정당한 사유 없이 피해보상의 범위나 보험자 · 보증인 · 공제조합 또는 가맹본부의 책임을 한정하지 아니할 것
6. 계약기간은 2개월 이상으로 하고, 정당한 사유 없이 쉽게 계약을 해지할 수 있도록 하여 가맹점사업자에게 불이익을 주지 아니할 것
7. 그 밖에 가맹점사업자에게 예상하기 어려운 위험이나 손해를 줄 염려가 있거나 부당하게 불리한 약정을 두지 아니할 것
8. 보험금 · 보증금 또는 공제금은 해당 가맹본부와 가맹계약을 체결하거나 체결할 예정인 가맹점사업자 또는 가맹점사업자가 지정한 자가 직접 수령할 수 있도록 할 것

② 제1항 외에 가맹본부가 경영하는 가맹사업의 특성에 따른 피해보상보험계약 등의 구체적인 기준이나 피해보상의 내용 · 절

차와 보험의 표지 사용 등에 필요한 세부사항은 공정거래위원회가 정하여 고시할 수 있다.

[본조신설 2008.1.31.]

- 공제조합의 설립
➡법 제15조의3
⇒시행령 제16조의4

| 법 | 시행령 | 시행규칙 |
|---|---|---|
| 법 제15조의3(공제조합의 설립) | 시행령 제16조의4(공제조합의 정관기재사항) | |

법 제15조의3(공제조합의 설립)

① 가맹본부는 제15조의2제1항제3호에 따른 공제사업을 영위하기 위하여 공정거래위원회의 인가를 받아 공제조합(이하 "공제조합"이라 한다)을 설립할 수 있다.

② 공제조합은 법인으로 하며, 주된 사무소의 소재지에 설립등기를 함으로써 성립한다.

③ 공제조합에 가입한 가맹본부는 공제사업의 수행에 필요한 출자금 등을 조합에 납부하여야 한다.

④ 공제조합의 기본재산은 조합원의 출자금 등으로 조성한다.

⑤ 공제조합의 조합원의 자격, 임원에 관한 사항 및 출자금의 부담기준에 관한 사항은 정관으로 정한다.

⑥ 공제조합의 설립인가 기준 및 절차, 정관기재사항, 운영 및 감독 등에 관하여 필요한 사항은 대통령령으로 정한다.

⑦ 공제조합이 제1항에 따른 공제사업을 하고자 하는 때에는 공제규정을 정하여 공정거래위원회의 인가를 받아야 한다. 공제규정을 변경하고자 하는 때에도 또한 같다.

⑧ 제7항의 공제규정에는 공제사업의 범위, 공제료, 공제사업에 충당하기 위한 책임준비금 등 공제사업의 운영에 관하여 필요한 사항을 포함하여야 한다.

⑨ 공제조합에 관하여 이 법에 규정된 것을 제외하고는 「민법」 중 사단법인에 관한 규정을 준용한다.

⑩ 이 법에 따른 공제조합의 사업에 대하여는 「보험업법」을 적용하지 아니한다.

[본조신설 2007.8.3.]

**시행령 제16조의4(공제조합의 정관기재사항)**

① 법 제15조의3제6항에 따른 정관기재사항은 다음 각 호와 같다.

1. 목적
2. 명칭
3. 사무소의 소재지
4. 출자금과 그 납부방법 및 그 지분계산에 관한 사항
5. 조합원의 자격과 가입 · 탈퇴에 관한 사항
6. 조합원의 권리 · 의무에 관한 사항
7. 자산 및 회계에 관한 사항
8. 총회에 관한 사항
9. 운영위원회에 관한 사항
10. 임원 및 직원에 관한 사항
11. 융자에 관한 사항
12. 업무와 그 집행에 관한 사항
13. 정관의 변경에 관한 사항
14. 해산과 남은 재산의 처리에 관한 사항
15. 공고의 방법에 관한 사항

② 공제조합이 정관을 변경하려는 때에는 민법 제42조제2항에 따른다.

[본조신설 2008.1.31.]

– 가맹본부와 가맹점사업자 간 협약체결의 권장 등
➡법 제15조의4

| 법 | 시행령 | 시행규칙 |
|---|---|---|
| 법 제15조의4(가맹본부와 가맹점사업자 간 협약체결의 권장 등) | | |

**법 제15조의4(가맹본부와 가맹점사업자 간 협약체결의 권장 등)**

① 공정거래위원회는 가맹본부와 가맹점사업자가 가맹사업 관계 법령의 준수 및 상호 지원 · 협력을 약속하는 자발적인 협약을 체결하도록 권장할 수 있다.

② 공정거래위원회는 가맹본부와 가맹점사업자가 제1항에 따른 협약을 체결하는 경우 그 이행을 독려하기 위하여 포상 등 지원시책을 마련하여 시행하여야 한다.

③ 공정거래위원회는 제1항 및 제2항에 따른 협약의 내용 · 체결

4. 분쟁의 조정 등

- 가맹사업거래분쟁 조정협의회의 설치
➡법 제16조

- 협의회의 구성
➡법 제17조

절차 · 이행실적평가 및 지원시책 등에 필요한 사항을 정한다.
[본조신설 2013.8.13.]

| 법 | 시행령 | 시행규칙 |
|---|---|---|
| 법 제16조(가맹사업거래분쟁조정협의회의 설치) | | |

**법 제16조(가맹사업거래분쟁조정협의회의 설치)**

① 가맹사업에 관한 분쟁을 조정하기 위하여 「독점규제 및 공정거래에 관한 법률」 제48조의2제1항에 따른 한국공정거래조정원(이하 "조정원"이라 한다)에 가맹사업거래분쟁조정협의회(이하 "협의회"라 한다)를 둔다.〈개정 2018.3.27.〉

② 시 · 도지사는 특별시 · 광역시 · 특별자치시 · 도 · 특별자치도(이하 "시 · 도"라 한다)에 협의회를 둘 수 있다.〈신설 2018.3.27.〉

[전문개정 2007.8.3.]

| 법 | 시행령 | 시행규칙 |
|---|---|---|
| 법 제17조(협의회의 구성) | | |

**법 제17조(협의회의 구성)**

① 협의회는 위원장 1인을 포함한 9인의 위원으로 구성한다.

② 위원은 공익을 대표하는 위원, 가맹본부의 이익을 대표하는 위원, 가맹점사업자의 이익을 대표하는 위원으로 구분하되 각각 동수로 한다.

③ 조정원에 두는 협의회(이하 "조정원 협의회"라 한다)의 위원은 조정원의 장이 추천한 자와 다음 각 호의 어느 하나에 해당하는 자중 공정거래위원회 위원장이 임명 또는 위촉하는 자가 되고, 시 · 도에 두는 협의회(이하 "시 · 도 협의회"라 한다)의 위원은 조정원의 장이 추천한 자와 다음 각 호의 어느 하나에 해당하는 자 중 시 · 도지사가 임명 또는 위촉하는 자가 된다.〈개정 2005.12.29., 2007.8.3., 2018.3.27.〉

1. 대학에서 법률학 · 경제학 · 경영학을 전공한 자로서 「고등교육법」 제2조제1호 · 제2호 또는 제5호에 따른 학교나 공인

된 연구기관에서 부교수 이상의 직 또는 이에 상당하는 직에 있거나 있었던 자
2. 판사 · 검사 직에 있거나 있었던 자 또는 변호사의 자격이 있는 자
3. 독점금지 및 공정거래업무에 관한 경험이 있는 4급 이상 공무원(고위공무원단에 속하는 일반직공무원을 포함한다)의 직에 있거나 있었던 자

④ 조정원 협의회의 위원장은 공익을 대표하는 위원중에서 공정거래위원회 위원장이 임명 또는 위촉하고, 시 · 도 협의회의 위원장은 공익을 대표하는 위원 중에서 시 · 도지사가 임명 또는 위촉한다.〈개정 2007.8.3., 2018.3.27.〉
⑤ 위원의 임기는 3년으로 하고 연임할 수 있다.
⑥ 위원중 결원이 생긴 때에는 제3항의 규정에 의하여 보궐위원을 위촉하여야 하며, 그 보궐위원의 임기는 전임자의 잔임기간으로 한다.

- 공익을 대표하는 위원의 위촉 제한
➡법 제18조

| 법 | 시행령 | 시행규칙 |
|---|---|---|
| 법 제18조(공약을 대표하는 위원의 위촉제한) | | |

**법 제18조(공익을 대표하는 위원의 위촉제한)**

① 공익을 대표하는 위원은 위촉일 현재 가맹본부 또는 가맹점사업자의 임원 · 직원으로 있는 자중에서 위촉될 수 없다.
② 공정거래위원회 위원장 및 시 · 도지사는 공익을 대표하는 위원으로 위촉받은 자가 가맹본부 또는 가맹점사업자의 임원 · 직원으로 된 때에는 즉시 해촉하여야 한다.〈개정 2007.8.3., 2018.3.27.〉

- 협의회의 회의
➡법 제19조

| 법 | 시행령 | 시행규칙 |
|---|---|---|
| 법 제19조(협의회의 회의) | | |

**법 제19조(협의회의 회의)**

① 협의회의 회의는 위원 전원으로 구성되는 회의(이하 "전체회

의"라 한다)와 공익을 대표하는 위원, 가맹본부의 이익을 대표하는 위원, 가맹점사업자의 이익을 대표하는 위원 각 1인으로 구성되는 회의(이하 "소회의"라 한다)로 구분한다. 〈개정 2007.8.3.〉

② 협의회의 전체회의는 다음 각 호의 사항을 심의 · 의결한다. 〈신설 2013.8.13.〉

1. 소회의가 전체회의에서 처리하도록 결정한 사항
2. 협의회 운영세칙의 제정 · 개정에 관한 사항
3. 그 밖에 전체회의에서 처리할 필요가 있다고 인정하는 사항으로서 협의회의 위원장이 전체회의에 부치는 사항

③ 협의회의 소회의는 제2항 각 호 외의 사항을 심의 · 의결한다. 〈개정 2013.8.13.〉

④ 협의회의 전체회의는 위원장이 주재하며, 재적위원 과반수의 출석으로 개의하고, 출석위원 과반수의 찬성으로 의결한다. 〈개정 2007.8.3., 2013.8.13.〉

⑤ 협의회의 소회의는 공익을 대표하는 위원이 주재하며, 구성위원 전원의 출석과 출석위원 전원의 찬성으로 의결한다. 이 경우 소회의의 의결은 협의회의 의결로 보되, 회의의 결과를 전체회의에 보고하여야 한다. 〈신설 2007.8.3., 2013.8.13.〉

⑥ 위원장이 사고로 직무를 수행할 수 없을 때에는 공익을 대표하는 위원중에서 공정거래위원회 위원장 또는 시 · 도지사가 지명하는 위원이 그 직무를 대행한다. 〈개정 2007.8.3., 2013.8.13., 2018.3.27.〉

⑦ 조정의 대상이 된 분쟁의 당사자인 가맹사업당사자(이하 "분쟁당사자"라 한다)는 협의회의 회의에 출석하여 의견을 진술하거나 관계자료를 제출할 수 있다. 〈개정 2007.8.3., 2013.8.13.〉

– 위원의 제척 · 기피 · 회피
➡법 제20조

| 법 | 시행령 | 시행규칙 |
|---|---|---|
| 법 제20조(위원의 제척 · 기피 · 회피) | | |

**법 제20조(위원의 제척 · 기피 · 회피)**

① 위원은 다음 각 호의 어느 하나에 해당하는 경우에는 해당 조정사항의 조정에서 제척된다. 〈개정 2016.3.29.〉

1. 위원 또는 그 배우자나 배우자이었던 자가 해당 조정사항의

분쟁당사자가 되거나 공동권리자 또는 의무자의 관계에 있는 경우
2. 위원이 해당 조정사항의 분쟁당사자와 친족관계에 있거나 있었던 경우
3. 위원 또는 위원이 속한 법인이 분쟁당사자의 법률 · 경영 등에 대하여 자문이나 고문의 역할을 하고 있는 경우
4. 위원 또는 위원이 속한 법인이 해당 조정사항에 대하여 분쟁당사자의 대리인으로 관여하거나 관여하였던 경우 및 증언 또는 감정을 한 경우

② 분쟁당사자는 위원에게 협의회의 조정에 공정을 기하기 어려운 사정이 있는 때에 협의회에 그 위원에 대한 기피신청을 할 수 있다.〈개정 2016.3.29.〉

③ 위원이 제1항 또는 제2항의 사유에 해당하는 경우에는 스스로 해당 조정사항의 조정에서 회피할 수 있다.〈개정 2016.3.29.〉

- 협의회의 조정사항
➡법 제21조

| 법 | 시행령 | 시행규칙 |
|---|---|---|
| 법 제21조(협의회의 조정사항) | | |

**법 제21조(협의회의 조정사항)**
협의회는 공정거래위원회 또는 분쟁당사자가 요청하는 가맹사업거래의 분쟁에 관한 사항을 조정한다.

- 조정의 신청 등
➡법 제22조
⇒시행령 제19조

| 법 | 시행령 | 시행규칙 |
|---|---|---|
| 법 제22조(조정의 신청 등) | 시행령 제19조(분쟁조정의 신청) | |

**법 제22조(조정의 신청 등)**
① 분쟁당사자는 제21조의 규정에 의하여 협의회에 대통령령이 정하는 사항이 기재된 서면으로 그 조정을 신청할 수 있다.

② 분쟁당사자가 서로 다른 협의회에 분쟁조정을 신청하거나 여러 협의회에 중복하여 분쟁조정을 신청한 때에는 다음 각 호의 협의회 중 가맹점사업자가 선택한 협의회에서 이를 담당한다.〈신설 2018.3.27.〉

1. 조정원 협의회
2. 가맹점사업자의 주된 사업장이 소재한 시·도 협의회
3. 가맹본부의 주된 사업장이 소재한 시·도 협의회

③ 공정거래위원회는 가맹사업거래의 분쟁에 관한 사건에 대하여 협의회에 그 조정을 의뢰할 수 있다.〈개정 2018.3.27.〉

④ 협의회는 제1항의 규정에 의하여 조정을 신청받은 때에는 즉시 그 조정사항을 분쟁당사자에게 통지하여야 한다.〈개정 2007.8.3., 2018.3.27.〉

⑤ 제1항에 따른 분쟁조정의 신청은 시효중단의 효력이 있다. 다만, 신청이 취하되거나 각하된 때에는 그러하지 아니하다.〈신설 2017.4.18., 2018.3.27.〉

⑥ 제5항 단서의 경우에 6개월 내에 재판상의 청구, 파산절차참가, 압류 또는 가압류, 가처분을 한 때에는 시효는 최초의 분쟁조정의 신청으로 인하여 중단된 것으로 본다.〈신설 2017.4.18., 2018.3.27.〉

⑦ 제5항 본문에 따라 중단된 시효는 다음 각 호의 어느 하나에 해당하는 때부터 새로이 진행한다.〈신설 2017.4.18., 2018.3.27.〉
1. 분쟁조정이 이루어져 조정조서를 작성한 때
2. 분쟁조정이 이루어지지 아니하고 조정절차가 종료된 때

[시행일: 2019.1.1.] 제22조

### 시행령 제19조(분쟁조정의 신청)

① 법 제22조제1항의 규정에 의하여 분쟁의 조정을 신청하고자 하는 자는 다음 각호의 사항이 기재된 서면을 협의회에 제출하여야 한다.〈개정 2018.12.18.〉
1. 신청인과 피신청인의 성명 및 주소(분쟁당사자가 법인인 경우에는 법인의 명칭, 주된 사무소의 소재지, 그 대표자의 성명 및 주소를 말한다)
2. 대리인이 있는 경우에는 그 성명 및 주소
3. 신청의 이유
4. 동일 사안에 대하여 다른 협의회에 분쟁조정을 신청한 경우에는 그 사실
5. 동일 사안에 대하여 법 제22조제4항에 따라 다른 분쟁당사자의 분쟁조정신청을 통지받은 경우에는 그 사실

② 제1항의 규정에 의한 서면에는 다음 각호의 서류를 첨부하여야 한다.
1. 분쟁조정신청의 원인 및 사실을 증명하는 서류
2. 대리인이 신청하는 경우 그 위임장
3. 그 밖에 분쟁조정에 필요한 증거서류 또는 자료

- 조정 등
➡법 제23조
⇒시행령 제21조의2
⇒시행령 제22조
⇒시행령 제23조

| 법 | 시행령 | 시행규칙 |
|---|---|---|
| 법 제23조(조정 등) | 시행령 제21조의2(분쟁조정 절차의 개시)<br>시행령 제22조(분쟁조정의 거부 및 중지하는 내용 등)<br>시행령 제23조(분쟁조정의 종료 등) | |

**법 제23조(조정 등)**

① 협의회는 제22조제1항에 따라 조정을 신청 받거나 같은 조 제2항에 따라 조정을 의뢰 받는 경우에는 대통령령으로 정하는 바에 따라 지체 없이 분쟁조정 절차를 개시하여야 한다. 〈신설 2016.3.29.〉

② 협의회는 분쟁당사자에게 조정사항에 대하여 스스로 조정하도록 권고하거나 조정안을 작성하여 이를 제시할 수 있다. 〈개정 2016.3.29.〉

③ 협의회는 다음 각 호의 어느 하나에 해당되는 경우에는 그 조정을 거부하거나 중지할 수 있다. 〈개정 2007.8.3., 2016.3.29.〉
1. 분쟁당사자의 일방이 조정을 거부한 경우
2. 이미 법원에 소를 제기하였거나 조정의 신청이 있은 후 법원에 소를 제기한 경우 또는 조정의 신청이 있은 후 분쟁당사자가 「중재법」에 따른 중재합의를 한 경우
3. 신청의 내용이 관계법령 또는 객관적인 자료에 의하여 명백하게 인정되는 등 조정을 할 실익이 없는 것으로서 대통령령이 정하는 사항이 발생하는 경우

④ 협의회는 다음 각 호의 어느 하나에 해당되는 경우에는 조정절차를 종료하여야 한다. 〈개정 2007.8.3., 2016.3.29.〉
1. 분쟁당사자가 협의회의 권고 또는 조정안을 수락하거나 스

스로 조정하는 등 조정이 성립된 경우
2. 조정을 신청 또는 의뢰 받은 날부터 60일(분쟁당사자 쌍방이 기간연장에 동의한 경우에는 90일로 한다)이 경과하여도 조정이 성립하지 아니한 경우
3. 제3항에 의하여 조정이 중지된 경우로서 조정절차를 진행할 실익이 없는 경우

⑤ 협의회는 제3항에 의하여 조정을 거부 또는 중지하거나 제4항에 의하여 조정절차를 종료한 경우에는 대통령령이 정하는 바에 따라 공정거래위원회 및 시 · 도에 조정의 경위, 조정거부 · 중지 또는 종료의 사유 등과 관계서류를 서면으로 지체없이 보고하여야 하고 분쟁당사자에게 그 사실을 통보하여야 한다. 〈개정 2016.3.29., 2018.3.27.〉

⑥ 협의회는 해당 조정사항에 관한 사실을 확인하기 위하여 필요한 경우 조사를 하거나 분쟁당사자에 대하여 관련자료의 제출이나 출석을 요구할 수 있다. 〈개정 2016.3.29.〉

⑦ 공정거래위원회는 조정사항에 관하여 조정절차가 종료될 때까지 해당 분쟁당사자에게 시정조치를 권고하거나 명하여서는 아니된다. 다만, 공정거래위원회가 이미 제32조의 규정에 의하여 조사중인 사건에 대하여는 그러하지 아니하다. 〈개정 2016.3.29.〉

[시행일: 2019.1.1.] 제23조

### 시행령 제21조(분장조정신청의 보완 등)

① 위원장은 제19조의 규정에 의한 분쟁조정의 신청에 대하여 보완이 필요하다고 인정될 때에는 상당한 기간을 정하여 그 보완을 요구하여야 한다.

② 제1항에 따른 보완에 소요된 기간은 법 제23조제4항제2호에 따른 기간에 이를 산입하지 아니한다. 〈개정 2016.9.29.〉

### 시행령 제22조(분쟁조정의 거부 및 중지하는 내용 등)

법 제23조제3항제3호에서 "대통령령이 정하는 사항이 발생하는 경우"란 다음 각 호의 어느 하나에 해당하는 경우를 말한다. 〈개정 2008.1.31., 2016.9.29., 2018.12.18.〉

1. 신청인이 정당한 사유없이 기한내에 분쟁조정신청을 보완하지 아니한 경우

2. 신청의 내용과 직접적인 이해관계가 없는 자가 조정신청을 한 경우
3. 신청인이 부당한 이익을 얻을 목적으로 조정신청을 한 것으로 인정되는 경우
4. 분쟁의 성격상 조정을 하는 것이 적당하지 아니하다고 인정되는 경우
5. 신청인이 같은 사안에 대하여 같은 취지로 2회 이상 조정신청을 한 경우
6. 신청인이 협의회에서 이미 끝난 분쟁조정과 같은 사안을 공정거래위원회에 신고하여 다시 협의회에 넘겨진 경우
7. 법 제22조제2항에 따라 가맹점사업자가 조정절차를 담당할 다른 협의회를 선택하는 경우

**시행령 제23조(분쟁조정의 종료 등)**

① 협의회는 법 제23조제5항에 따라 조정을 거부 또는 중지하거나 조정절차를 종료한 경우 분쟁조정종료서를 작성한 후 그 사본을 첨부하여 다음 각 호의 구분에 따라 보고해야 한다.
  1. 「독점규제 및 공정거래에 관한 법률」 제48조의2제1항에 따른 한국공정거래조정원(이하 "조정원"이라 한다)에 두는 협의회: 공정거래위원회에 보고
  2. 시 · 도에 두는 협의회: 공정거래위원회 및 해당 시 · 도지사에게 각각 보고

② 제1항에 따른 분쟁조정종료서에는 다음 각 호의 사항을 기재해야 한다.
  1. 조정신청인의 주소 · 성명
  2. 조정대상 분쟁의 개요
     가. 가맹사업거래 당사자의 일반현황
     나. 가맹사업거래의 개요
     다. 분쟁의 경위
     라. 조정의 쟁점(가맹사업거래 당사자의 의견을 기술한다)
  3. 조정의 거부 · 중지 또는 종료사유(법 제23조제3항 각 호 및 같은 조 제4항 각 호에 규정된 사유별로 상세하게 기술한다)

[전문개정 2018.12.18.]

- 조정조서의 작성과 그 효력
➡법 제24조

| 법 | 시행령 | 시행규칙 |
|---|---|---|
| 법 제24조(조정조서의 작성과 그 효력) | | |

**법 제24조(조정조서의 작성과 그 효력)**

① 협의회는 조정사항에 대하여 조정이 성립된 경우 조정에 참가한 위원과 분쟁당사자가 기명날인하거나 서명한 조정조서를 작성한다.〈개정 2016.3.29., 2018.4.17.〉

② 협의회는 분쟁당사자가 조정절차를 개시하기 전에 조정사항을 스스로 조정하고 조정조서의 작성을 요구하는 경우에는 그 조정조서를 작성하여야 한다.〈개정 2016.3.29.〉

③ 분쟁당사자는 제1항 또는 제2항에 따른 조정에서 합의된 사항을 이행하여야 하고, 이행결과를 공정거래위원회에 제출하여야 한다.〈신설 2018.12.31.〉

④ 공정거래위원회는 제3항에 따른 이행이 이루어진 경우에는 제33조제1항에 따른 시정조치 및 제34조제1항에 따른 시정권고를 하지 아니한다.〈신설 2018.12.31.〉

⑤ 제1항 또는 제2항에 따라 조정조서를 작성한 경우 조정조서는 재판상 화해와 동일한 효력을 갖는다.〈신설 2016.3.29., 2018.12.31.〉

- 협의회의 조직 등에 관한 규정
➡법 제25조
⇒시행령 제27조의2

| 법 | 시행령 | 시행규칙 |
|---|---|---|
| 법 제25조(협의회의 조직 등에 관한 규정) | 시행령 제27조의2(협의회의 운영세칙) | |

**법 제25조(협의회의 조직 등에 관한 규정)**

제16조 내지 제24조의 규정외에 협의회의 조직·운영·조정절차 등에 관하여 필요한 사항은 대통령령으로 정한다.

**시행령 제27조의2(협의회의 운영세칙)**

이 영에 규정된 것 외에 협의회의 조직·운영·조정절차 등에 필요한 사항은 협의회의 심의·의결을 거쳐협의회의 위원장이 정한다.
[본조신설 2008.1.31.]

- 가맹거래사
➡법 제27조
⇒시행령 제28조
⇒시행령 제29조
⇒시행령 제30조

| 법 | 시행령 | 시행규칙 |
|---|---|---|
| 법 제27조(가맹거래사) | 시행령 제28조(가맹거래사 자격시험)<br>시행령 제29조(응시수수료)<br>시행령 제30조(가맹거래사의 실무수습) | |

**법 제27조(가맹거래사)**

① 공정거래위원회가 실시하는 가맹거래사 자격시험에 합격한 후 대통령령이 정하는 바에 따라 실무수습을 마친 자는 가맹거래사의 자격을 가진다.〈개정 2004.1.20., 2007.8.3.〉

② 다음 각 호의 어느 하나에 해당하는 자는 가맹거래사가 될 수 없다.〈개정 2007.8.3., 2017.4.18.〉

1. 미성년자 · 피성년후견인 또는 피한정후견인
2. 파산선고를 받고 복권되지 아니한 자
3. 금고 이상의 실형의 선고를 받고 그 집행이 종료(종료된 것으로 보는 경우를 포함한다)되거나 집행을 받지 아니하기로 확정된 후 2년이 경과되지 아니한 자
4. 금고 이상의 형의 집행유예를 받고 그 집행유예기간중에 있는 자
5. 제31조의 규정에 의하여 가맹거래사의 등록이 취소된 날부터 2년이 경과되지 아니한 자

③ 제1항에 따른 시험에 응시한 사람이 그 시험에 관하여 부정한 행위를 한 경우에는 해당 시험을 무효로 하고 그 시험의 응시일부터 5년간 시험의 응시자격을 정지한다.〈신설 2016.3.29.〉

④ 가맹거래사 자격시험의 시험과목 · 시험방법, 실무수습의 기간 등 자격시험 및 실무수습에 관하여 필요한 사항은 대통령령으로 정한다.〈신설 2004.1.20., 2007.8.3., 2016.3.29.〉

[제목개정 2007.8.3.]

**시행령 제28조(가맹거래사 자격시험)**

① 공정거래위원회는 법 제27조에 따른 가맹거래사 자격시험(이하 "시험"이라 한다)을 제1차시험과 제2차시험으로 구분하여 매년 1회 이상 실시한다.〈개정 2008.1.31.〉

② 공정거래위원회는 시험을 시행하고자 할 때에 시험의 일시 · 장소 · 방법 · 과목 · 응시자격 및 응시절차 등 필요한 사항을 시험시행일 3개월 전에 「신문 등의 진흥에 관한 법률」 제9조제1항에 따라 전국을 보급지역으로 등록한 일반일간신문 등에 공고하여야 한다. 〈개정 2008.1.31., 2010.1.27., 2012.5.7.〉

③ 제2차시험은 제1차시험에 합격한 자 또는 제1차시험을 면제받은 자에 한하여 응시할 수 있다.

④ 시험방법은 다음 각호에 의한다.

1. 제1차시험은 선택형으로 하되, 기입형을 가미할 수 있다.
2. 제2차시험은 논문형으로 하되, 기입형을 가미할 수 있다.

⑤ 제1차시험 및 제2차시험의 과목은 별표 3과 같다.

⑥ 제1차시험에 합격한 자에 대하여는 다음 회의 시험에 한하여 제1차시험을 면제한다.

⑦ 시험의 합격자는 매과목 100점을 만점으로 하여 매과목 40점 이상, 전과목 평균 60점 이상을 득점한 자로 한다.

⑧ 공정거래위원회는 시험의 합격자가 결정된 때에는 이를 관보에 게재하고, 합격자에 대하여는 합격증서를 교부하여야 한다.

⑨ 삭제〈2016.9.29.〉

⑩ 시험의 응시자격, 시험방법, 시험문제의 출제, 시험합격자의 결정 등 시험의 시행에 관하여 필요한 사항을 심의하기 위하여 공정거래위원회에 가맹거래사시험위원회를 둘 수 있다. 〈개정 2008.1.31.〉

⑪ 그 밖에 시험관리에 관하여 필요한 사항은 공정거래위원회가 정하여 고시한다.

[전문개정 2004.3.22.]

### [시행령 별표3]

[별표 3] 〈개정 2008.1.31〉

**가맹거래사 시험과목(제28조제5항관련)**

| 구분 | 시험과목 |
|---|---|
| 1차시험 | ○ 경제법[독점규제 및 공정거래에 관한 법령(제3장 기업결합의 제한 및 경제력집중의 억제를 제외한다) 및 약관의 규제에 관한 법령] |

| | |
|---|---|
| | ○ 민법(제1편 총칙, 제2편 물권 및 제3편제2장 계약만 해당한다)<br>○ 경영학 |
| 2차시험 | ○ 가맹사업거래의 공정화에 관한 법령 및 실무<br>○ 가맹계약에 관한 이론 및 실무 |

### 시행령 제29조(응시수수료)

① 시험에 응시하고자 하는 자는 공정거래위원회가 정하는 금액의 응시수수료를 납부하여야 한다.

② 공정거래위원회는 제1항에 따른 응시수수료를 납부한 자가 시험 응시 의사를 철회할 경우에는 응시수수료의 전부 또는 일부를 반환하여야 한다.〈개정 2008.1.31.〉

③ 응시수수료의 반환에 필요한 사항은 공정거래위원회가 정하여 고시한다.〈신설 2008.1.31.〉

[전문개정 2004.3.22.]

### 시행령 제30조(가맹거래사의 실무수습)

① 가맹거래사의 실무수습 기간은 100시간 이상으로 한다.〈개정 2008.1.31.〉

② 실무수습의 구체적인 내용, 기간 및 방법 등은 공정거래위원회가 정하여 고시한다.

[전문개정 2004.3.22.]

- 가맹거래사의 업무
➡법 제28조

| 법 | 시행령 | 시행규칙 |
|---|---|---|
| 법 제28조(가맹거래사의 업무) | | |

### 법 제28조(가맹거래사의 업무)

가맹거래사는 다음 각 호의 사항에 관한 업무를 수행한다.〈개정 2013.8.13., 2017.4.18.〉

1. 가맹사업의 사업성에 관한 검토
2. 정보공개서와 가맹계약서의 작성 · 수정이나 이에 관한 자문
3. 가맹점사업자의 부담, 가맹사업 영업활동의 조건 등에 관한

자문
4. 가맹사업당사자에 대한 교육·훈련이나 이에 대한 자문
5. 가맹사업거래 분쟁조정 신청의 대행 및 의견의 진술
6. 정보공개서 등록의 대행

[전문개정 2007.8.3.]

- 가맹거래사의 등록
➡법 제29조
⇒시행령 제32조

| 법 | 시행령 | 시행규칙 |
|---|---|---|
| 법 제29조(가맹거래사의 등록) | 시행령 제32조(가맹거래사의 등록 등) | |

**법 제29조(가맹거래사의 등록)**

① 가맹거래사 자격이 있는 자가 제28조에 따른 가맹거래사의 업무를 개시하고자 하는 경우에는 대통령령이 정하는 바에 따라 공정거래위원회에 등록하여야 한다.〈개정 2004.1.20., 2007.8.3.〉

② 제1항의 규정에 의하여 등록을 한 가맹거래사는 공정거래위원회가 정하는 바에 다라 5년마다 등록을 갱신하여야 한다.〈개정 2007.8.3.〉

③ 제1항의 규정에 의하여 등록을 한 가맹거래사가 아닌 자는 제27조의 규정에 의한 가맹거래사임을 표시하거나 이와 유사한 용어를 사용하여서는 아니된다.〈개정 2007.8.3.〉

[제목개정 2007.8.3.]

**시행령 제32조(가맹거래사의 등록 등)**

① 법 제29조제1항에 따라 가맹거래사등록을 하려는 자는 공정거래위원회가 정하는 바에 의하여 등록신청서를 공정거래위원회에 제출하여야 한다.〈개정 2008.1.31.〉

② 공정거래위원회는 제1항에 따른 등록신청이 있는 때에는 가맹거래사등록부에 다음 각호의 사항을 기재하고 신청인에게 등록증을 교부하여야 한다.〈개정 2008.1.31.〉
1. 가맹거래사의 주소·성명 및 주민등록번호
2. 사무소의 명칭 및 소재지
3. 등록번호
4. 그 밖에 공정거래위원회가 정하는 사항

③ 가맹거래사등록을 한 자가 제2항에 따라 교부받은 등록증을

잃어버리거나 그 등록증이 못쓰게 된 때에는 재교부신청서를 공정거래위원회에 제출하여야 한다.〈개정 2008.1.31.〉

④ 제3항의 규정에 의하여 등록증의 재교부를 받은 후 잃어버렸던 등록증을 발견한 때에는 지체없이 이를 반환하여야 한다.

⑤ 그 밖에 가맹거래사의 등록 및 등록갱신에 필요한 세부사항은 공정거래위원회가 정하여 고시한다.〈신설 2008.1.31.〉

– 가맹거래사의 책임
➡법 제30조

| 법 | 시행령 | 시행규칙 |
|---|---|---|
| 법 제30조(가맹거래사의 책임) | | |

**법 제30조(가맹거래사의 책임)**

① 가맹거래사는 성실히 직무를 수행하며 품위를 유지하여야 한다.〈개정 2007.8.3.〉

② 가맹거래사는 직무를 수행함에 있어서 고의로 진실을 감추거나 허위의 보고를 하여서는 아니된다.〈개정 2007.8.3.〉

[제목개정 2007.8.3.]

– 가맹거래사의 등록취소와 자격정지
➡법 제31조

| 법 | 시행령 | 시행규칙 |
|---|---|---|
| 법 제31조(가맹거래사의 등록 취소와 자격정지) | | |

**법 제31조(가맹거래사의 등록취소와 자격정지)**

① 공정거래위원회는 제29조의 규정에 의하여 등록을 한 가맹거래사가 다음 각 호의 어느 하나에 해당하는 경우에는 그 등록을 취소할 수 있다. 다만, 제1호 및 제2호에 해당하는 경우에는 그 등록을 취소하여야 한다.〈개정 2007.8.3.〉

1. 허위 그 밖의 부정한 방법으로 등록 또는 갱신등록을 한 경우
2. 제27조제2항의 규정에 의한 결격사유에 해당하게 된 경우
3. 업무수행과 관련하여 알게 된 비밀을 다른 사람에게 누설한 경우
4. 가맹거래사 등록증을 다른 사람에게 대여한 경우
5. 업무수행과 관련하여 고의 또는 중대한 과실로 다른 사람에

- 가맹사업거래에 대한 교육 등
➡법 제31조의2
⇒시행령 제32조의2

게 중대한 손해를 입힌 경우
② 제29조제2항의 규정에 의한 갱신등록을 하지 아니한 가맹거래사는 그 자격이 정지된다. 이 경우 공정거래위원회가 고시로서 정하는 바에 따라 보수교육을 받고 갱신등록을 한 때에는 그 때부터 자격이 회복된다.〈개정 2007.8.3.〉
③ 제1항에 따라 가맹거래사의 등록을 취소하려는 경우에는 청문을 실시하여야 한다.〈신설 2012.2.17.〉
[제목개정 2007.8.3.]

| 법 | 시행령 | 시행규칙 |
|---|---|---|
| 법 제31조의2(가맹사업거래에 대한 교육 등) | 시행령 제32조의2(교육기관의 지정기준) | |

**법 제31조의2(가맹사업거래에 대한 교육 등)**
① 공정거래위원회는 공정한 가맹사업거래질서를 확립하기 위하여 다음 각 호의 업무를 수행할 수 있다.
1. 가맹본부에 대한 교육 · 연수
2. 가맹희망자 및 가맹점사업자에 대한 교육 · 연수
3. 가맹거래사에 대한 교육 · 연수(제27조제1항에 따른 실무수습을 포함한다)
4. 가맹본부가 이 법을 자율적으로 준수하도록 유도하기 위한 자율준수프로그램의 보급 · 확산
5. 그 밖에 공정한 가맹사업거래질서 확립을 위하여 필요하다고 인정하는 업무

② 공정거래위원회는 제1항의 업무를 대통령령으로 정하는 시설 · 인력 및 교육실적 등의 기준에 적합한 법인으로서 공정거래위원회가 지정하는 기관 또는 단체(이하 "교육기관 등"이라 한다)에 위탁할 수 있다.
③ 교육기관 등은 제1항에 따른 업무를 수행하는데 필요한 재원을 조달하기 위하여 수익사업을 할 수 있다.
④ 공정거래위원회는 교육기관 등이 제1항에 따른 업무를 충실히 수행하지 못하거나 대통령령으로 정하는 기준에 미치지 못하는 경우에는 지정을 취소하거나 3개월 이내의 기간을 정하여 지정의 효력을 정지할 수 있다.

⑤ 교육기관 등의 지정절차 및 방법, 제3항에 따른 수익사업 등에 관하여 필요한 사항은 공정거래위원회가 정하여 고시한다.
[본조신설 2007.8.3.]

### 시행령 제32조의2(교육기관의 지정기준)

법 제31조의2제2항에서 "대통령령으로 정하는 시설 · 인력 및 교육실적 등의 기준"은 별표 4와 같다.
[본조신설 2008.1.31.]

### [시행령 별표4]

[별표 4] 〈개정 2012.2.29〉

**교육기관 등의 지정기준(제32조의2 관련)**

1. 시설 기준
   가. 바닥 면적이 150㎡ 이상으로서 집합교육을 할 수 있는 1개 이상의 강의실을 두어야 한다. 다만, 강의실은 교육기관 등이 직접 소유하거나 교육이 진행되는 기간 동안 계속하여 임차하여야 한다.
   나. 10명 이상이 동시에 영상교육을 받을 수 있는 시설을 갖추어야 한다.
2. 인력 기준
   가. 법 제31조의2제1항제1호부터 제3호까지의 업무를 수행하는 전임강사를 1명 이상 두어야 한다.
   나. 가목의 전임강사는 다음 어느 하나에 해당하는 자로 한다.
      1) 대학에서 법학 · 경제학 · 경영학 중 한 가지 이상을 전공한 자로서 「고등교육법」 제2조에 따른 학교나 공인된 연구기관에서 조교수 이상 또는 이에 상당하는 직에 재직 중이거나 그 직에 있었던 자
      2) 판사나 검사의 직에 있었던 자 또는 변호사의 자격이 있는 자
      3) 가맹거래사로 등록한 자
      4) 가맹사업거래 관련 업무를 5년 이상 수행한 자
      5) 공정거래위원회에서 5급 이상의 직에 5년 이상 근무한 경력이 있는 자(재직 중인 자는 제외한다)
   다. 관리직원은 3명 이상 두어야 한다.

3. 교육실적 기준(다음 각 목의 어느 하나만 충족하면 기준을 만족하는 것으로 본다)
   가. 지정일 바로 전 3년 동안 가맹본부 50개 이상이나 가맹희망자

및 가맹점사업자 100명 이상, 또는 가맹거래사 30명 이상의 교육·연수를 수행한 실적이 있을 것

나. 지정일 바로 전 3년 동안 가맹사업 관련 분쟁조정 실적이 30건 이상일 것

다. 「고등교육법」 제2조에 따른 학교로서 지정일 바로 전 3년 동안 별표 3에 열거된 가맹거래사 1차 시험과목 중 한 가지 이상을 매 학기 개설할 것

5. 공정거래위원회의 사건처리절차

- 조사개시대상의 제한 등

➡법 제32조

| 법 | 시행령 | 시행규칙 |
|---|---|---|
| 법 제32조(조사개시대상의 제한 등) | | |

**법 제32조(조사개시대상의 제한 등)**

① 이 법의 규정에 따라 공정거래위원회의 조사개시대상이 되는 가맹사업거래는 그 거래가 종료된 날부터 3년을 경과하지 아니한 것에 한정한다. 다만, 그 거래가 종료된 날부터 3년 이내에 제22조제1항에 따른 조정이 신청되거나 제32조의3제1항에 따라 신고된 가맹사업거래의 경우에는 그러하지 아니하다. 〈개정 2018.12.31.〉

② 공정거래위원회는 다음 각 호의 구분에 따른 기간이 경과한 경우에는 이 법 위반행위에 대하여 이 법에 따른 시정조치를 명하거나 과징금을 부과하지 아니한다. 다만, 법원의 판결에 따라 시정조치 또는 과징금 부과처분이 취소된 경우로서 그 판결이유에 따라 새로운 처분을 하는 경우에는 그러하지 아니하다. 〈신설 2018.12.31.〉

1. 공정거래위원회가 이 법 위반행위에 대하여 제32조의3제1항 전단에 따른 신고를 받고 같은 조 제2항에 따라 조사를 개시한 경우: 신고일부터 3년
2. 제1호의 경우 외에 공정거래위원회가 이 법 위반행위에 대하여 제32조의3제2항에 따라 조사를 개시한 경우: 조사개시일부터 3년

[제목개정 2018.12.31.]

- 서면실태조사
➡법 제32조의2

| 법 | 시행령 | 시행규칙 |
|---|---|---|
| 법 제32조의2(서면실태조사) | | |

**법 제32조의2(서면실태조사)**

① 공정거래위원회는 가맹사업거래에서의 공정한 거래질서 확립을 위하여 가맹본부와 가맹점사업자 등 사이의 거래에 관한 서면실태조사를 실시하여 그 결과를 공표하여야 한다.〈개정 2016.12.20.〉

② 공정거래위원회가 제1항에 따라 서면실태조사를 실시하려는 경우에는 조사대상자의 범위, 조사기간, 조사내용, 조사방법, 조사절차 및 조사결과 공표범위 등에 관한 계획을 수립하여야 하고, 조사대상자에게 거래실태 등 조사에 필요한 자료의 제출을 요구할 수 있다.

③ 공정거래위원회가 제2항에 따라 자료의 제출을 요구하는 경우에는 조사대상자에게 자료의 범위와 내용, 요구사유, 제출기한 등을 명시하여 서면으로 알려야 한다.

④ 가맹본부는 가맹점사업자로 하여금 제2항에 따른 자료를 제출하지 아니하게 하거나 거짓 자료를 제출하도록 요구해서는 아니 된다.〈신설 2018.4.17.〉

[본조신설 2013.8.13.]

[시행일: 2018.10.18.] 제32조의2

- 위반행위의 신고 등
➡법 제32조의3
⇒시행령 제32조의3

| 법 | 시행령 | 시행규칙 |
|---|---|---|
| 법 제32조의3(위반행위의 신고 등) | 시행령 제32조의3(위반행위의 신고 및 신고의 통지) | |

**법 제32조의3(위반행위의 신고 등)**

① 누구든지 이 법에 위반되는 사실이 있다고 인정할 때에는 그 사실을 공정거래위원회에 신고할 수 있다. 이 경우 공정거래위원회는 대통령령으로 정하는 바에 따라 신고자가 동의한 경우에는 가맹본부 또는 가맹지역본부에게 신고가 접수된 사실을

통지하여야 한다.

② 공정거래위원회는 제1항 전단에 따른 신고가 있거나 이 법에 위반되는 혐의가 있다고 인정할 때에는 필요한 조사를 할 수 있다.

③ 제1항 후단에 따라 공정거래위원회가 가맹본부 또는 가맹지역본부에게 통지한 때에는 「민법」 제174조에 따른 최고가 있은 것으로 본다. 다만, 신고된 사실이 이 법의 적용대상이 아니거나 제32조제1항 본문에 따른 조사개시대상행위의 제한 기한을 경과하여 공정거래위원회가 심의절차를 진행하지 아니하기로 한 경우, 신고된 사실에 대하여 공정거래위원회가 무혐의로 조치한 경우 또는 신고인이 신고를 취하한 경우에는 그러하지 아니하다.〈개정 2018.12.31.〉

④ 공정거래위원회는 제2항에 따라 조사를 한 경우에는 그 결과(조사결과 시정조치 명령 등의 처분을 하고자 하는 경우에는 그 처분의 내용을 포함한다)를 서면으로 해당 사건의 당사자에게 통지하여야 한다.

[본조신설 2016.12.20.]

### 시행령 제32조의3(위반행위의 신고 및 신고의 통지)

① 법 제32조의3제1항 전단에 따라 신고를 하려는 자는 다음 각 호의 사항을 적은 서면(전자문서를 포함한다. 이하 이 조에서 같다)을 공정거래위원회에 제출하여야 한다. 다만, 긴급하거나 부득이한 경우에는 구두로 신고할 수 있다.

1. 신고자의 성명 · 주소
2. 가맹본부 또는 가맹지역본부의 성명 또는 명칭(법인인 경우에는 그 대표자의 성명을 포함한다)과 그 주소
3. 위반행위의 내용과 이를 입증할 수 있는 자료

② 공정거래위원회는 제1항에 따른 신고를 접수한 날부터 15일 이내에 신고자가 다음 각 호의 동의를 하는지 여부를 확인하기 위한 서면을 신고자에게 직접 발급하거나 송부하여야 한다.

1. 신고가 접수된 사실을 공정거래위원회가 가맹본부 또는 가맹지역본부에 통지하는 것에 대한 동의
2. 제1호의 통지를 하는 경우 신고자 및 신고내용도 함께 통지하는 것에 대한 동의

③ 신고자는 제2항 각 호 외의 부분에 따른 서면을 발급받거나 송부받은 날부터 15일 이내에 제2항 각 호의 동의 여부를 공정거래위원회에 서면으로 통지하여야 하며, 그 기간 내에 통지하지 아니한 경우에는 동의를 하지 아니한 것으로 본다.

④ 공정거래위원회는 제3항에 따라 신고자로부터 동의한다는 통지를 받은 경우에는 그 통지를 받은 날부터 7일 이내에 신고접수 사실, 신고자 및 신고내용을 기재한 서면을 가맹본부 또는 가맹지역본부에 직접 발급하거나 송부하여야 한다.

[본조신설 2017.3.20.]

[종전 제32조의3은 제32조의4로 이동〈2017.3.20.〉]

- 시정조치
➡법 제33조

| 법 | 시행령 | 시행규칙 |
|---|---|---|
| 법 제33조(시정조치) | | |

**법 제33조(시정조치)**

① 공정거래위원회는 제6조의5제1항 · 제4항, 제7조제3항, 제9조제1항, 제10조제1항, 제11조제1항 · 제2항, 제12조제1항, 제12조의2제1항 · 제2항, 제12조의3제1항 · 제2항, 제12조의4, 제12조의5, 제12조의6제1항, 제14조의2제5항, 제15조의2제3항 · 제6항을 위반한 가맹본부에 대하여 가맹금의 예치, 정보공개서등의 제공, 점포환경개선 비용의 지급, 가맹금 반환, 위반행위의 중지, 위반내용의 시정을 위한 필요한 계획 또는 행위의 보고 그 밖에 위반행위의 시정에 필요한 조치를 명할 수 있다.〈개정 2007.8.3., 2013.8.13., 2016.3.29., 2018.1.16.〉

② 공정거래위원회는 제24조의 규정에 의하여 협의회의 조정이 이루어진 경우에는 특별한 사유가 없는 한 제1항에 따른 시정조치 및 제34조제1항에 따른 시정권고를 하지 아니한다.〈개정 2007.8.3.〉

③ 공정거래위원회는 제1항에 따라 시정명령을 하는 경우에는 가맹본부에게 시정명령을 받았다는 사실을 공표하거나 거래상대방에 대하여 통지할 것을 명할 수 있다.〈개정 2007.8.3.〉

- 시정권고
➡법 제34조
⇒시행령 제33조

| 법 | 시행령 | 시행규칙 |
| --- | --- | --- |
| 법 제34조(시정권고) | 시행령 제33조(시정권고절차) | |

**법 제34조(시정권고)**

① 공정거래위원회는 이 법의 규정을 위반한 가맹본부에 대하여 제33조의 규정에 의한 시정조치를 명할 시간적 여유가 없는 경우에는 대통령령이 정하는 바에 따라 시정방안을 마련하여 이에 따를 것을 권고할 수 있다. 이 경우 그 권고를 수락한 때에는 시정조치를 한 것으로 본다는 뜻을 함께 통지하여야 한다. 〈개정 2016.3.29.〉

② 제1항의 규정에 의한 권고를 받은 가맹본부는 그 권고를 통지받은 날부터 10일 이내에 이를 수락하는 지의 여부에 관하여 공정거래위원회에 통지하여야 한다. 〈개정 2016.3.29.〉

③ 제1항의 규정에 의한 권고를 받은 가맹본부가 그 권고를 수락한 때에는 제33조의 규정에 의한 시정조치를 받은 것으로 본다. 〈개정 2016.3.29.〉

**시행령 제33조(시정권고절차)**

법 제34조제1항의 규정에 의한 시정권고는 다음 각호의 사항을 명시한 서면으로 하여야 한다.

1. 법위반내용
2. 권고사항
3. 시정기한
4. 수락여부통지기한
5. 수락거부시의 조치

- 과징금
➡법 제35조
⇒시행령 제34조

| 법 | 시행령 | 시행규칙 |
| --- | --- | --- |
| 법 제35조(과징금) | 시행령 제34조(과징금의 산정방법 등) | |

**법 제35조(과징금)**

① 공정거래위원회는 제6조의5제1항 · 제4항, 제7조제3항, 제9조제

1항, 제10조제1항, 제11조제1항 · 제2항, 제12조제1항, 제12조의2제1항 · 제2항, 제12조의3제1항 · 제2항, 제12조의4, 제12조의5, 제12조의6제1항, 제14조의2제5항, 제15조의2제3항 · 제6항을 위반한 가맹본부에 대하여 대통령령으로 정하는 매출액(대통령령으로 정하는 사업자의 경우에는 영업수익을 말한다. 이하 같다)에 100분의 2를 곱한 금액을 초과하지 아니하는 범위에서 과징금을 부과할 수 있다. 다만, 그 위반행위를 한 가맹본부가 매출액이 없거나 매출액의 산정이 곤란한 경우로서 대통령령으로 정하는 경우에는 5억원을 초과하지 아니하는 범위에서 과징금을 부과할 수 있다.〈개정 2016.3.29., 2018.1.16.〉

② 공정거래위원회는 제1항에 따라 과징금을 부과하는 경우에는 다음 각 호의 사항을 고려하여야 한다.

1. 위반행위의 내용 및 정도
2. 위반행위의 기간 및 횟수
3. 위반행위로 취득한 이익의 규모 등

③ 이 법을 위반한 회사인 가맹본부가 합병을 하는 경우에는 그 가맹본부가 한 위반행위는 합병 후 존속하거나 합병으로 설립되는 회사가 한 위반행위로 보아 과징금을 부과 · 징수할 수 있다.

④ 공정거래위원회는 이 법을 위반한 회사인 가맹본부가 분할되거나 분할합병되는 경우 분할되는 가맹본부의 분할일 또는 분할합병일 이전의 위반행위를 다음 각 호의 어느 하나에 해당하는 회사의 행위로 보고 과징금을 부과 · 징수할 수 있다.

1. 분할되는 회사
2. 분할 또는 분할합병으로 설립되는 새로운 회사
3. 분할되는 회사의 일부가 다른 회사에 합병된 후 그 다른 회사가 존속하는 경우 그 다른 회사

⑤ 공정거래위원회는 이 법을 위반한 회사인 가맹본부가 「채무자 회생 및 파산에 관한 법률」 제215조에 따라 신회사를 설립하는 경우에는 기존 회사 또는 신회사 중 어느 하나의 행위로 보고 과징금을 부과 · 징수할 수 있다.

⑥ 제1항에 따른 과징금의 부과기준은 대통령령으로 정한다.

[전문개정 2013.8.13.]

### 시행령 제34조(과징금의 산정방법 등)

① 법 제35조제1항 본문에서 "대통령령으로 정하는 매출액"이란 해당 가맹본부가 위반기간(위반행위의 개시일부터 종료일까지의 기간을 말한다. 이하 이 조에서 같다) 동안 관련 가맹점사업자 또는 가맹희망자에게 판매한 상품이나 용역의 매출액 또는 이에 준하는 금액(이하 "관련매출액"이라 한다)을 말한다. 〈개정 2014.2.11.〉

② 법 제35조제1항 본문에서 "대통령령으로 정하는 사업자"란 상품 또는 용역의 대가의 합계액을 재무제표 등에서 영업수익으로 적는 사업자를 말한다. 〈신설 2014.2.11.〉

③ 법 제35조제1항 단서에서 "대통령령으로 정하는 경우"란 다음 각 호의 어느 하나에 해당하는 경우를 말한다. 〈신설 2014.2.11.〉

1. 영업중단 등으로 인하여 영업실적이 없는 경우
2. 위반기간 등을 확정할 수 없어 관련매출액의 산정이 곤란한 경우
3. 재해 등으로 인하여 매출액 산정자료가 소멸 또는 훼손되는 등 객관적인 매출액의 산정이 곤란한 경우

④ 법 제35조제1항에 따른 과징금의 부과기준은 별표 4의2와 같다. 〈신설 2014.2.11.〉

⑤ 그 밖에 과징금의 부과절차에 필요한 세부사항은 공정거래위원회가 정하여 고시한다. 〈개정 2014.2.11.〉

[전문개정 2008.1.31.]

### [시행령 별표4의2]

[별표 4의2[〈신설 2014.2.11〉

<u>과징금의 부과기준</u>(제34조제4항 관련)

1. 과징금 부과여부의 결정

과징금은 위반행위의 내용 및 정도를 우선적으로 고려하고, 시장상황 등을 종합적으로 고려하여 그 부과여부를 결정하되, 다음 각 목의 어느 하나에 해당하는 경우에는 원칙적으로 과징금을 부과한다.

가. 가맹사업의 공정한 거래질서를 크게 저해하는 경우
나. 가맹점사업자 등에게 미치는 영향이 큰 경우
다. 위반행위에 의하여 부당이득이 발생한 경우

라. 그 밖에 가목부터 다목까지에 준하는 경우로서 공정거래위원회가 정하여 고시하는 경우

2. 과징금의 산정기준

과징금은 법 제35조제2항 각 호의 사항과 이에 영향을 미치는 사항을 고려하여 산정하되, 가목에 따른 기본 산정기준에 나목에 따른 위반행위의 기간 및 횟수 등에 따른 조정과 다목에 따른 가맹본부의 고의 · 과실 등에 따른 조정을 거쳐 라목에 따른 부과과징금을 산정한다.

가. 기본 산정기준

1) 법 제35조제2항제1호에 따른 위반행위의 내용 및 정도에 따라 위반행위의 중대성 정도를 "중대성이 약한 위반행위", "중대한 위반행위", "매우 중대한 위반행위"로 구분하고, 위반행위의 중대성의 정도별로 2)의 기준에 따라 산정한다.

2) 가맹본부의 관련매출액에 중대성의 정도별로 정하는 부과기준율을 곱하여 산정한다. 다만, 제34조제3항 각 호의 어느 하나에 해당하는 경우에는 5억원 이내에서 중대성의 정도를 고려하여 산정한다.

3) 위반기간은 위반행위의 개시일부터 종료일까지의 기간으로 하며, 관련매출액은 가맹본부의 회계자료 등을 참고하여 정하는 것을 원칙으로 한다.

나. 위반행위의 기간 및 횟수 등에 따른 조정(이하 "1차 조정"이라 한다)

법 제35조제2항제2호에 따른 위반행위의 기간 및 횟수를 고려하여 기본 산정기준의 100분의 50의 범위에서 공정거래위원회가 정하여 고시하는 기준에 따라 조정한다.

다. 가맹본부의 고의 · 과실 등에 따른 조정(이하 "2차 조정"이라 한다)

법 제35조제2항 각 호의 사항에 영향을 미치는 가맹본부의 고의 · 과실, 위반행위의 성격과 사정 등의 사유를 고려하여 1차 조정된 기본 산정기준의 100분의 50의 범위에서 공정거래위원회가 정하여 고시하는 기준에 따라 조정한다.

라. 부과과징금

1) 가맹본부의 현실적 부담능력이나 그 위반행위가 시장에 미치는 효과, 그 밖에 시장 또는 경제여건 및 법 제35조제2항제3호에 따른 위반행위로 취득한 이익의 규모 등을 충분히 반영하지 못하여 과중하다고 인정되는 경우에는 2차 조정된 기본 산정기준의 100분의 50의 범위에서 감액하여 부과과징

금으로 정할 수 있다. 다만, 가맹본부의 과징금 납부능력의 현저한 부족, 가맹본부가 속한 시장·산업 여건의 현저한 변동 또는 지속적 악화, 경제위기, 그 밖에 이에 준하는 사유로 불가피하게 100분의 50을 초과하여 감액하는 것이 타당하다고 인정되는 경우에는 100분의 50을 초과하여 감액할 수 있다.

2) 2차 조정된 기본 산정기준을 감액하는 경우에는 공정거래위원회의 의결서에 그 이유를 명시하여야 한다.

3) 가맹본부의 채무상태가 지급불능 또는 지급정지 상태에 있거나 부채의 총액이 자산의 총액을 초과하는 등의 사유로 인하여 가맹본부가 객관적으로 과징금을 납부할 능력이 없다고 인정되는 경우에는 과징금을 면제할 수 있다.

3. 세부기준의 제정

기본 산정기준의 부과기준율, 관련매출액 산정에 관한 세부기준, 1차 조정 및 2차 조정, 그 밖에 과징금의 부과에 필요한 세부적인 기준과 방법 등에 관한 사항은 공정거래위원회가 정하여 고시한다.

- 관계행정기관의 장의 협조
➡법 제36조

| 법 | 시행령 | 시행규칙 |
|---|---|---|
| 법 제36조(관계행정기관의 장의 협조) | | |

**법 제36조(관계행정기관의 장의 협조)**

공정거래위원회는 이 법의 시행을 위하여 필요하다고 인정하는 때에는 관계행정기관의 장의 의견을 듣거나 관계행정기관의 장에 대하여 조사를 위한 인원의 지원 그 밖의 필요한 협조를 요청할 수 있다.

- 독점규제 및 공정거래에 관한 법률의 준용
➡법 제37조

| 법 | 시행령 | 시행규칙 |
|---|---|---|
| 법 제37조(독점규제 및 공정거래에 관한 법률의 준용) | | |

**법 제37조(「독점규저 및 공정거래에 관한 법률」의 준용)**

① 이 법에 의한 공정거래위원회의 조사·심의·의결 및 시정권

고에 관하여는 「독점규제 및 공정거래에 관한 법률」 제42조, 제43조, 제43조의2, 제44조, 제45조, 제50조제1항 내지 제4항, 제52조, 제52조의2, 제53조, 제53조의2 및 제55조의2의 규정을 준용한다.〈개정 2007.8.3., 2016.12.20.〉

② 이 법에 의한 과징금의 부과 · 징수에 관하여는 「독점규제 및 공정거래에 관한 법률」 제55조의4부터 제55조의8까지를 준용한다.〈개정 2004.12.31., 2007.8.3., 2013.8.13.〉

③ 이 법에 의한 이의신청, 소의 제기 및 불복의 소의 전속관할에 관하여는 「독점규제 및 공정거래에 관한 법률」 제53조, 제53조의2, 제54조, 제55조의 규정을 준용한다.〈개정 2007.8.3., 2016.3.29., 2017.4.18.〉

④ 이 법에 의한 직무에 종사하거나 종사하였던 공정거래위원회의 위원, 공무원 또는 협의회에서 가맹사업거래에 관한 분쟁의 조정업무를 담당하거나 담당하였던 자에 대하여는 독점규제및공정거래에관한법률 제62조의 규정을 준용한다.

⑤ 삭제〈2007.8.3.〉

[제목개정 2007.8.3.]

– 손해배상책임
➡법 제37조의2

| 법 | 시행령 | 시행규칙 |
|---|---|---|
| 법 제37조의2(손해배상책임) | | |

**법 제37조의2(손해배상책임)**

① 가맹본부는 이 법의 규정을 위반함으로써 가맹점사업자에게 손해를 입힌 경우에는 가맹점사업자에 대하여 손해배상의 책임을 진다. 다만, 가맹본부가 고의 또는 과실이 없음을 입증한 경우에는 그러하지 아니하다.

② 제1항에도 불구하고 가맹본부가 제9조제1항, 제12조제1항제1호 및 제12조의5를 위반함으로써 가맹점사업자에게 손해를 입힌 경우에는 가맹점사업자에게 발생한 손해의 3배를 넘지 아니하는 범위에서 배상책임을 진다. 다만, 가맹본부가 고의 또는 과실이 없음을 입증한 경우에는 그러하지 아니하다.〈개정 2018.1.16.〉

③ 법원은 제2항의 배상액을 정할 때에는 다음 각 호의 사항을 고

려하여야 한다.

1. 고의 또는 손해 발생의 우려를 인식한 정도
2. 위반행위로 인하여 가맹점사업자가 입은 피해 규모
3. 위법행위로 인하여 가맹본부가 취득한 경제적 이익
4. 위반행위에 따른 벌금 및 과징금
5. 위반행위의 기간 · 횟수
6. 가맹본부의 재산상태
7. 가맹본부의 피해구제 노력의 정도

④ 제1항 또는 제2항에 따라 손해배상청구의 소가 제기된 경우 「독점규제 및 공정거래에 관한 법률」 제56조의2 및 제57조를 준용한다.

[본조신설 2017.4.18.]

- 독점규제 및 공정거래에 관한 법률와의 관계
➡법 제38조

| 법 | 시행령 | 시행규칙 |
|---|---|---|
| 법 제38조(독점규제 및 공정거래에 관한 법률과의 관계) | | |

**법 제38조(「독점규제 및 공정거래에 관한 법률」과의 관계)**

가맹사업거래에 관하여 이 법의 적용을 받는 사항에 대하여는 「독점규제 및 공정거래에 관한 법률」 제23조제1항제1호(부당하게 거래를 거절하는 행위에 한한다) · 제3호(부당하게 경쟁자의 고객을 자기와 거래하도록 유인하는 행위에 한한다) · 제4호 · 제5호(거래의 상대방의 사업활동을 부당하게 구속하는 조건으로 거래하는 행위에 한한다) 및 동법 제29조제1항의 규정을 적용하지 아니한다. 〈개정 2007.8.3.〉

[제목개정 2007.8.3.]

- 권한의 위임과 위탁
➡법 제39조
⇒시행령 제36조

| 법 | 시행령 | 시행규칙 |
|---|---|---|
| 법 제39조(권한의 위임과 위탁) | 시행령 제36조(업무의 위탁) | |

**법 제39조(권한의 위임과 위탁)**

① 이 법에 의한 공정거래위원회의 권한은 그 일부를 대통령령이

정하는 바에 따라 소속기관의 장이나 시 · 도지사에게 위임하거나 다른 행정기관의 장에게 위탁할 수 있다. 〈개정 2007.8.3., 2018.3.27.〉

② 공정거래위원회는 다음 각 호의 어느 하나에 해당하는 업무를 대통령령으로 정하는 바에 따라 「독점규제 및 공정거래에 관한 법률」 제48조의2에 따라 설립된 한국공정거래조정원이나 관련 법인 · 단체에 위탁할 수 있다. 이 경우 제1호의 위탁관리에 소요되는 경비의 전부 또는 일부를 지원할 수 있다. 〈개정 2007.8.3., 2012.2.17.〉

1. 제6조의2 및 제6조의3에 따른 정보공개서의 등록, 등록 거부 및 공개 등에 관한 업무
2. 제27조제1항에 따른 가맹거래사 자격시험의 시행 및 관리 업무

### 시행령 제36조(업무의 위탁)

① 공정거래위원회는 법 제39조제2항제1호에 따라 정보공개서의 등록, 등록 거부 및 공개 등에 관한 업무를 「독점규제 및 공정거래에 관한 법률」 제48조의2에 따른 한국공정거래조정원이나 가맹사업 분야의 전문성을 갖춘 법인 · 단체 중 해당 업무를 수행할 수 있다고 공정거래위원회가 인정하여 고시하는 기관에 위탁할 수 있다. 〈개정 2012.5.7.〉

② 공정거래위원회는 법 제39조제2항제2호에 따라 가맹거래사 자격시험의 시행 및 관리 업무를 「한국산업인력공단법」에 따른 한국산업인력공단에 위탁한다.

[전문개정 2008.1.31.]

[제목개정 2012.5.7.]

– 보고
➡법 제40조

| 법 | 시행령 | 시행규칙 |
|---|---|---|
| 법 제40조(보고) | | |

### 법 제40조(보고)

공정거래위원회는 제39조의 규정에 의하여 위임 또는 위탁한 사무에 대하여 위임 또는 위탁받은 자에게 필요한 보고를 하게 할

수 있다.

6. 벌칙

-벌칙
➡법 제41조

| 법 | 시행령 | 시행규칙 |
|---|---|---|
| 법 제41조(벌칙) | | |

**법 제41조(벌칙)**

① 제9조제1항의 규정에 위반하여 허위·과장의 정보제공행위나 기만적인 정보제공행위를 한 자는 5년 이하의 징역 또는 3억원 이하의 벌금에 처한다.〈개정 2007.8.3., 2013.8.13.〉

② 다음 각 호의 어느 하나에 해당하는 자는 3년 이하의 징역 또는 1억원 이하의 벌금에 처한다.〈개정 2007.8.3., 2018.1.16.〉

1. 제12조의5를 위반하여 가맹점사업자에게 불이익을 주는 행위를 하거나 다른 사업자로 하여금 이를 행하도록 한 자
2. 제33조제1항에 다른 시정조치의 명령에 따르지 아니한 자
3. 제37조제4항의 규정에 의하여 준용되는 「독점규제 및 공정거래에 관한 법률」 제62조의 규정에 위반한 자

③ 다음 각 호의 어느 하나에 해당하는 자는 2년 이하의 징역 또는 5천만원 이하의 벌금에 처한다.〈개정 2007.8.3., 2013.8.13.〉

1. 제6조의5제1항을 위반하여 가맹점사업자로부터 예치가맹금을 직접 수령한 자
2. 제7조제3항을 위반하여 가맹금을 수령하거나 가맹계약을 체결한 자
3. 제15조의2제6항을 위반하여 가맹점사업자피해보상보험계약 등을 체결하였다는 사실을 나타내는 표지 또는 이와 유사한 표지를 제작하거나 사용한 자

④ 제6조의5제4항을 위반하여 거짓이나 그 밖의 부정한 방법으로 예치가맹금의 지급을 요청한 자는 예치가맹금의 2배에 상당하는 금액 이하의 벌금에 처한다.〈신설 2007.8.3.〉

- 양벌규정
➡법 제42조

| 법 | 시행령 | 시행규칙 |
|---|---|---|
| 법 제42조(양벌규정) | | |

법 제42조(양벌규정)
법인의 대표자나 법인 또는 개인의 대리인, 사용인, 그 밖의 종업원이 그 법인 또는 개인의 업무에 관하여 제41조의 위반행위를 하면 그 행위자를 벌하는 외에 그 법인 또는 개인에게도 해당 조문의 벌금형을 과(科)한다. 다만, 법인 또는 개인이 그 위반행위를 방지하기 위하여 해당 업무에 관하여 상당한 주의와 감독을 게을리하지 아니한 경우에는 그러하지 아니하다.
[전문개정 2010.3.22.]

- 과태료
➡법 제43조
⇒시행령 제37조

| 법 | 시행령 | 시행규칙 |
|---|---|---|
| 법 제43조(과태료) | 시행령 제37조(과태료의 부과기준) | |

법 제43조(과태료)
① 가맹본부가 제3호 또는 제4호의 규정에 해당하는 경우에는 1억원이하, 제1호, 제1호의2 또는 제2호의 규정에 해당하는 경우에는 5천만원 이하의 과태료를 부과한다.〈개정 2007.8.3., 2013.8.13., 2018.4.17.〉
1. 제32조의2제2항에 따른 자료를 제출하지 아니하거나 거짓의 자료를 제출한 자
1의2. 제32조의2제4항을 위반하여 가맹점사업자로 하여금 자료를 제출하지 아니하게 하거나 거짓 자료를 제출하도록 요구한 자
2. 제37조제1항의 규정에 의하여 준용되는 「독점규제 및 공정거래에 관한 법률」 제50조제1항제1호의 규정에 위반하여 정당한 사유 없이 2회이상 출석하지 아니한 자
3. 제37조제1항의 규정에 의하여 준용되는 「독점규제 및 공정거래에 관한 법률」 제50조제1항제3호 또는 동조제3항의 규정에 의한 보고 또는 필요한 자료나 물건의 제출을 정당한 사유없이 하지 아니하거나, 허위의 보고 또는 자료나 물건을 제출한 자
4. 제37조제1항의 규정에 의하여 준용되는 「독점규제 및 공정거래에 관한 법률」 제50조제2항의 규정에 의한 조사를 정당한 사유없이 거부 · 방해 또는 기피한 자

② 삭제〈2018.4.17.〉

③ 가맹본부의 임원이 제1항제3호에 해당하는 경우에는 5천만원 이하, 같은 항 제1호, 제1호의2 또는 제2호에 해당하는 경우에는 1천만원 이하의 과태료를 부과한다.〈개정 2018.4.17.〉

④ 가맹본부의 종업원 또는 이에 준하는 법률상 이해관계에 있는 자가 제1항제3호에 해당하는 경우에는 5천만원 이하, 같은 항 제2호에 해당하는 경우에는 1천만원 이하, 같은 항 제1호 또는 제1호의2에 해당하는 경우에는 500만원 이하의 과태료를 부과한다.〈개정 2018.4.17.〉

⑤ 제37조제1항의 규정에 의하여 준용되는 「독점규제 및 공정거래에 관한 법률」 제43조의2의 규정에 의한 질서유지명령에 응하지 아니한 자는 100만원 이하의 과태료에 처한다.〈개정 2007.8.3.〉

⑥ 다음 각 호의 어느 하나에 해당하는 자에게는 1천만원 이하의 과태료를 부과한다.〈개정 2007.8.3., 2013.8.13.〉

1. 제6조의2제2항 본문을 위반하여 기한 내에 변경등록을 하지 아니하거나 거짓으로 변경등록을 한 자
2. 제9조제3항을 위반하여 같은 항 각 호의 어느 하나에 해당하는 정보를 서면으로 제공하지 아니한 자
3. 제9조제4항을 위반하여 근거자료를 비치하지 아니하거나 자료요구에 응하지 아니한 자
4. 제9조제5항을 위반하여 예상매출액 산정서를 제공하지 아니한 자
5. 제9조제6항을 위반하여 예상매출액 산정서를 보관하지 아니한 자
6. 제11조제3항을 위반하여 가맹계약서를 보관하지 아니한 자

⑦ 다음 각 호의 어느 하나에 해당하는 자에게는 300만원 이하의 과태료를 부과한다.〈개정 2007.8.3., 2013.8.13.〉

1. 제6조의2제2항 단서를 위반하여 신고를 하지 아니하거나 거짓으로 신고한 자
2. 제29조제3항을 위반하여 가맹거래사임을 표시하거나 유사한 용어를 사용한 자

⑧ 제1항부터 제7항까지의 규정에 따른 과태료는 대통령령으로 정하는 바에 따라 공정거래위원회가 부과·징수한다.〈신설

2007.8.3.〉
⑨ 삭제〈2010.3.22.〉
⑩ 삭제〈2010.3.22.〉
⑪ 삭제〈2010.3.22.〉

### 시행령 제37조(과태료의 부과기준)

법 제43조제1항 및 제3항부터 제7항까지의 규정에 따른 과태료의 부과기준은 별표 5와 같다.〈개정 2018.7.10.〉
[전문개정 2014.2.11.]

### [시행령 별표5]

[별표5] 〈개정 2018.7.10.〉 [시행일 : 2018.10.18.] 제2호자목, 차목, 카목, 타목, 파목, 하목

과태료의 부과기준(제37조 관련)

1. 일반기준
   가. 위반행위의 횟수에 따른 과태료의 부과기준은 최근 1년간 같은 위반 행위를 한 경우에 적용한다. 이 경우 위반행위에 대하여 과태료 부과처분을 한 날과 다시 같은 위반행위(처분 후의 위반행위만 해당한다)를 한 날을 각각 기준으로 하여 위반횟수를 계산한다.
   나. 공정거래위원회는 위반행위의 정도, 위반횟수, 위반행위의 동기와 결과 등을 고려하여 제2호의 개별기준에 따른 과태료 금액의 2분의 1의 범위에서 그 금액을 경감하거나 가중할 수 있다. 다만, 가중하는 경우에는 법 제43조제6항 및 제7항에 따른 과태료 금액의 상한을 초과할 수 없다.

2. 개별기준

(단위: 만원)

| 위반행위 | 근거 법조문 | 과태료 금액 | | |
|---|---|---|---|---|
| | | 1차 위반 | 2차 위반 | 3차 이상 위반 |
| 가. 법 제6조의2제2항 본문을 위반하여 기한 내에 변경등록을 하지 않거나 거짓으로 | 법 제43조 제6항제1호 | 200 | 500 | 1,000 |

| | | | | |
|---|---|---|---|---|
| 변경등록을 한 경우 | | | | |
| 나. 법 제6조의2제2항 단서를 위반하여 신고를 하지 않거나 거짓으로 신고한 경우 | 법 제43조 제7항제1호 | 60 | 150 | 300 |
| 다. 법 제9조제3항을 위반하여 같은 항 각 호의 어느 하나에 해당하는 정보를 서면으로 제공하지 않은 경우 | 법 제43조 제6항제2호 | 500 | 700 | 1,000 |
| 라. 법 제9조제4항을 의반하여 근거자료를 비치하지 아니하거나 자료요구에 응하지 않은 경우 | 법 제43조 제6항제3호 | 500 | 700 | 1,000 |
| 마. 법 제9조제5항을 위반하여 예상매출액 산정서를 제공하지 않은 경우 | 법 제43조 제6항제4호 | 500 | 700 | 1,000 |
| 바. 법 제9조제6항을 우반하여 예상매출액 산정서를 보관하지 않은 경우 | 법 제43조 제6항제5호 | 500 | 700 | 1,000 |
| 사. 법 제11조제3항을 위반하여 가맹계약서를 보관하지 않은 경우 | 법 제43조 제6항제6호 | 140 | 350 | 700 |
| 아. 법 제29조제3항을 위반하여 가맹거래사임을 표시하거나 유사한 용어를 사용한 경우 | 법 제43조 제7항제2호 | 60 | 150 | 300 |
| 자. 법 제32조의2제2항에 따른 자료를 제출하지 않거나 거짓의 자료를 제출한 경우 | 법 제43조 제1항제1호, 같은 조 제3항 및 제4항 | | | |
| 1) 가맹본부 | | 250 | 500 | 1,000 |
| 2) 가맹본부의 임원 | | 50 | 100 | 200 |
| 3) 가맹본부의 종업원 또는 이에 준하는 법률상 이해 | | 25 | 50 | 100 |

| | | | | |
|---|---|---|---|---|
| 관계에 있는 자 | | | | |
| 차. 법 제32조의2제4항을 위반하여 가맹점사업자로 하여금 자료를 제출하지 않게 하거나 거짓 자료를 제출하도록 요구한 경우 | 법 제43조 제1항제1호의2, 같은 조 제3항 및 제4항 | | | |
| 1) 가맹본부 | | 250 | 500 | 1,000 |
| 2) 가맹본부의 임원 | | 50 | 100 | 200 |
| 3) 가맹본부의 종업원 또는 이에 준하는 법률상 이해관계에 있는 자 | | 25 | 50 | 100 |
| 카. 법 제37조제1항의 규정에 의하여 준용되는 「독점규제 및 공정거래에 관한 법률」 제43조의2의 규정에 의한 질서유지명령에 응하지 않은 경우 | 법 제43조 제5항 | 50 | 75 | 100 |
| 타. 법 제37조제1항의 규정에 의하여 준용되는 「독점규제 및 공정거래에 관한 법률」 제50조제1항제1호의 규정에 위반하여 정당한 사유 없이 2회 이상 출석하지 않은 경우 | 법 제43조 제1항제2호, 같은 조 제3항 및 제4항 | | | |
| 1) 가맹본부 | | 1,000 | 2,500 | 5,000 |
| 2) 가맹본부의 임원 | | 200 | 500 | 1,000 |
| 3) 가맹본부의 종업원 또는 이에 준하는 법률상 이해관계에 있는 자 | | 200 | 500 | 1,000 |
| 파. 법 제37조제1항의 규정에 의하여 준용되는 「독점규제 및 공정거래에 관한 법률」 제50조제1항제3호 또는 같은 조 제3항의 규정 | 법 제43조 제1항제3호, 같은 조 제3항 및 제4항 | | | |

| | | | | |
|---|---|---|---|---|
| 에 의한 보고 또는 필요한 자료나 물건의 제출을 정당한 사유없이 하지 않거나, 허위의 보고 또는 자료나 물건을 제출한 경우 | | | | |
| 1) 가맹본부 | | 2,000 | 5,000 | 10,000 |
| 2) 가맹본부의 임원 | | 1,000 | 2,500 | 5,000 |
| 3) 가맹본부의 종업원 또는 이에 준하는 법률상 이해관계에 있는 자 | | 1,000 | 2,500 | 5,000 |
| 하. 법 제37조제1항의 규정에 의하여 준용되는 「독점규제 및 공정거래에 관한 법률」 제50조제2항의 규정에 의한 조사를 정당한 사유없이 거부·방해 또는 기피한 경우 | 법 제43조 제1항제4호 | 5,000 | 7,500 | 10,000 |

- 고발
➡법 제44조

| 법 | 시행령 | 시행규칙 |
|---|---|---|
| 법 제44조(고발) | | |

**법 제44조(고발)**

① 제41조제1항, 제2항제1호·제2호 및 제3항의 죄는 공정거래위원회의 고발이 있어야 공소를 제기할 수 있다. 〈개정 2018.1.16.〉

② 공정거래위원회는 제41조제1항, 제2항제1호·제2호 및 제3항의 죄중 그 위반의 정도가 객관적으로 명백하고 중대하다고 인정하는 경우에는 검찰총장에게 고발하여야 한다. 〈개정 2018.1.16.〉

③ 검찰총장은 제2항의 규정에 의한 고발요건에 해당하는 사실이 있음을 공정거래위원회에 통보하여 고발을 요청할 수 있다. 〈개정 2013.8.13.〉

④ 공정거래위원회가 제2항에 따른 고발요건에 해당하지 아니한다고 결정하더라도 감사원장, 중소벤처기업부장관은 사회적

파급효과, 가맹희망자나 가맹점사업자에게 미친 피해 정도 등 다른 사정을 이유로 공정거래위원회에 고발을 요청할 수 있다.〈신설 2013.8.13., 2017.7.26.〉

⑤ 제3항 또는 제4항에 따른 고발요청이 있는 때에는 공정거래위원회 위원장은 검찰총장에게 고발하여야 한다.〈신설 2013.8.13.〉

⑥ 공정거래위원회는 공소가 제기된 후에는 고발을 취소하지 못한다.〈개정 2013.8.13.〉

저자약력


## 최영민

〈학력〉
프랑스 Lyon II 대학교 관광학과 학사
프랑스 Lyon II 대학교 관광학과 석사(관광자원개발 전공)
영국 Surrey 대학교 관광대학 박사(관광기획 전공)

〈경력〉
제주도 한라대학교 관광경영학과 조교수
순천향대학교 관광경영학과 조교수
현)숙명여자대학교 문화관광학부 정교수


〈논문〉
저비용 항공사의 서비스 품질이 브랜드개성 및 고객충성도에 미치는 영향(2018)
온라인관광정보가 문화관광유산지 선택에 미치는 영향에 관한 연구(2018)
음식축제 방문동기가 관광지 선택과 만족도에 미치는 영향(2018)
북한산 국립공원 탐방객의 환경적 행동의도에 관한 연구(2017)
슬로시티 관광체험이 관광태도 및 만족도에 미치는 영향(2014)
여행상품 등급제 시행 전후의 여행상품 서비스 품질에 대한 실무자 인식의 차이(2014) 외 다수

〈저서〉
문화관광법규집 - 관광편 -(2001), 백산출판사
문화관광법규집 - 문화편 -(2002), 백산출판사
관광관련법규의 이해(2007), 백산출판사
관광과 세계문화(2008), 백산출판사
음식 관광(2010), 대왕사

저자와의
합의하에
인지첩부
생략

관광 · 외식사업 창업을 위한 **법의 이해와 적용**

2018년 8월 15일 초 판 1쇄 발행
2020년 2월 15일 제2판 1쇄 발행

**지은이** 최영민
**펴낸이** 진욱상
**펴낸곳** (주)백산출판사
**교 정** 편집부
**본문디자인** 오행복
**표지디자인** 오정은

**등 록** 2017년 5월 29일 제406-2017-000058호
**주 소** 경기도 파주시 회동길 370(백산빌딩 3층)
**전 화** 02-914-1621(代)
**팩 스** 031-955-9911
**이메일** edit@ibaeksan.kr
**홈페이지** www.ibaeksan.kr

ISBN 979-11-90323-64-2 93980
**값 30,000원**